Hans-Jürgen Fründt

Costa de la Luz

„Un paraíso (si el viento lo permite)"

Ein Paradies (wenn der Wind es erlaubt)

aus: GEO Español, Heft 159

Impressum

Hans-Jürgen Fründt
Reise Know-How Costa de la Luz

erschienen im
Reise Know-How Verlag Peter Rump GmbH
Osnabrücker Str. 79, 33649 Bielefeld

7., neu bearbeitete und komplett aktualisierte Auflage 2014

Gestaltung
Umschlag: G. Pawlak, P. Rump (Layout);
JB Bild|Text|Satz (Realisierung)
Inhalt: G. Pawlak (Layout),
JB Bild|Text|Satz (Realisierung)
Fotonachweis: Susanne Muxfeldt (sm),
Hans-Jürgen Fründt (jf)
Titelfoto: Hans-Jürgen Fründt
(Motiv: Düne an der Playa de Bolonia)
Karten: Catherine Raisin

Lektorat: Liane Werner
Lektorat (Aktualisierung): JB Bild|Text|Satz

Druck und Bindung: Wilhelm & Adam, Heusenstamm

ISBN 978-3-8317-2445-1
Printed in Germany

Dieses Buch ist erhältlich in jeder Buchhandlung Deutschlands, der Schweiz, Österreichs, Belgiens und der Niederlande.
Bitte informieren Sie Ihren Buchhändler über folgende Bezugsadressen:

Deutschland
Prolit GmbH, Postfach 9, D-35461 Fernwald (Annerod) sowie alle Barsortimente

Schweiz
AVA Verlagsauslieferung AG
Postfach 27, CH-8910 Affoltern

Österreich
Mohr Morawa Buchvertrieb GmbH
Sulzengasse 2, A-1230 Wien

Niederlande, Belgien
Willems Adventure, www.willemsadventure.nl

Wer im Buchhandel trotzdem kein Glück hat, bekommt unsere Bücher auch über unseren
Büchershop im Internet: www.reise-know-how.de

098cl jf

Wir freuen uns über Kritik, Kommentare und Verbesserungsvorschläge, gern auch per E-Mail an info@reise-know-how.de.

Hans-Jürgen Fründt

COSTA DE LA LUZ

734cl sm

Vorwort

Afrika liegt gerade mal 14 Kilometer entfernt, Barcelona dagegen 1300 Kilometer; so viel zur Grundorientierung. Diese Lage prägt: Immerhin satte 3200 Stunden im Jahr scheint die Sonne bei einer durchschnittlichen Temperatur von 17,6 °C.

Zunächst einmal gibt es sehr schöne Sandstrände, die aber nur bedingt zum Sonnenbaden genutzt werden können, denn es pustet beständig ein sehr starker Wind – was die Liegestuhlfraktion ärgert

und die Surfer freut. Die treffen sich vornehmlich in Tarifa und sausen mit ihren Brettern die Küste rauf und runter. In malerischer Lage locken auch einige wunderschöne Weiße Dörfer. Als ob ein Künstler mit großem Pinsel Regie geführt hätte: Grundfarbe Weiß, hier und da ein Klecks Rot (Dachziegel), vereinzelt Grün (Blumen) und schließlich Braun (Erde). Conil, Vejer und Arcos heißen diese Kleinode. Und dann ist da noch die gastronomische Seite: Fisch und Meeresfrüchte stehen überall ganz oben auf der Speisekarte, in einigen Orten wetteifern die Lokale regelrecht um die geneigte Kundschaft. Das Schönste aber ist, dass bis auf ganz wenige Ausnahmen kein Bauboom ausgebrochen ist. Die Orte sind noch malerisch verspielt, die Touristen integrieren sich zumeist ins Ortsbild. Wahrscheinlich trägt der Wind die Last der Schuld, in diesem Fall möchte man sagen: „Gracias a Dios".

Von Süd nach Nord werden hier alle Orte der Costa de la Luz vorgestellt, mit einer Fülle von Tipps und Hinweisen. Schließlich soll es sich doch lohnen, einmal diese lange Reise auf sich zu nehmen, nicht wahr? Buen viaje!

Hans-Jürgen Fründt

Inhalt

4 Praktische Reisetipps von A bis Z 234

5 Land und Leute 302

6 Anhang 344

579cl sm

Karten

Regionenkarten

Ortspläne

Exkurse

Hinweise zur Benutzung

Orts- und Adressangaben

Auf den Straßen Andalusiens sowie bei Ortsangaben und Adressen hier im Buch wird der Leser wiederholt auf bestimmte Begriffe oder Abkürzungen stoßen, die nicht so ohne Weiteres immer übersetzt werden können. Hierzu eine Übersicht:

Avenida – Avda. oder *Av.*	Allee; breite Straße
Barrio	(Stadt-)Viertel
Cala	kleine Bucht
Cabo	Landspitze
Calle – c/	Straße
Carretera – Ctra.	Überlandstraße
Casa	Haus
Castillo	Burg
Centro	Zentrum
Ciudad	Stadt
Iglesia	Kirche
Mercado	Markt
Mirador	Aussichtspunkt
Museo	Museum
Paseo – P°	Promenade, breite Straße (oft am Meer entlang)
Playa	Strand
Plaza – *Pl., Plz.* oder *Pza.*	Platz
Pueblo	Dorf
Punta	Landspitze
sin número – s/n	ohne Hausnummer (oft bei markanten Gebäuden)
Torre	Turm
Urbanización	Neubaugebiet, meist aus Ferienwohnungen bestehend

Preiskategorien (Hotel)

(Übernachtung für 2 Personen im DZ ohne Frühstück in der Hauptsaison)

①	=	unter 40 €
②	=	40–70 €
③	=	70–100 €
④	=	über 100 €

Der Schmetterling ...

... zeigt an, wo man besonders gut Natur erleben kann oder Angebote im Bereich des nachhaltigen Tourismus findet.

Mein Tipp: ...

... steht für spezielle Empfehlungen des Autors: abseits der Hauptpfade, persönlicher Geschmack.

Nicht verpassen!

Die Highlights der Region erkennt man an der **gelben Hinterlegung.**

Bei Wohnungen gibt es so gut wie nie Namensschildchen, stattdessen wird auf das Stockwerk und die Lage im Flur hingewiesen:
i, iz. oder izqu. = izquierda („links")
c = centro („Mitte")
d oder derr. = derrecha („rechts")

Als ich noch in Madrid wohnte, lautete meine Adresse: „c/ Ave María 50, 1° i", das bedeutet „calle Ave María Hausnummer 50, erster Stock links" – alles klar?

Im Buch werden auch Hotels und Campingplätze vorgestellt, die an der Nationalstraße 340 liegen, an der Carretera N-340. Die Kilometerangabe gilt hier als Adresse, also z. B.: Ctra. N-340, km 88,35.

Die Regionen im Überblick

1 Die Küste der Provinz Cádiz und Gibraltar | S. 12

Was soll man mehr loben, stärker hervorheben? Die tollen kilometerlangen Strände, die sich hier überall ausrollen? Oder die schicken Weißen Dörfer mit ihren malerischen engen Gassen und kalkweiß getünchten kleinen Häusern? Oder die sportlichen und kulinarischen Genüsse, die hier geboten werden? So oder so, diese Küste bietet eine ganze Menge. Surfer treffen sich in Tarifa (S. 18) und Caños de Meca (S. 36). Wunderschöne Weiße Dörfer sind Vejer de la Frontera (S. 43), Medina Sidonia (S. 47) und Arcos de la Frontera (S. 119). Touristisch stärker erschlossene Orte mit großen, dabei meist dennoch architektonisch gefälligen Hotels sind Conil de la Frontera (S. 51) oder Novo Sancti-Petri (S. 61), ruhigere und deutlich kleinere Orte mit familiären Pensionen wären El Palmar (S. 40) und Bolonia (S. 28). Wunderbare Fischgerichte in urigen Lokalen bekommt man in El Puerto de Santa María (S. 89) und in Sanlúcar de Barrameda (S. 102). Hier und auch in Jerez de la Frontera (S. 109) sowie Chiclana de la Frontera (S. 64) lockt eine Sherry-Verköstigung. Für Geschichtsbewusste bietet sich der Besuch von Cádiz (S. 72) an, einer Stadt mit immerhin 3000-jähriger Geschichte auf dem Buckel, oder auch der römischen Fundstätte Baelo Claudia in Bolonia. Und nicht zuletzt bleibt das geschichtliche Kuriosum Gibraltar (S. 125), ein britischer Außenposten auf spanischem Territorium mit Rechtsverkehr.

2 Sevilla | S. 136

Sevilla ist die viertgrößte Stadt Spaniens und eine der reizvollsten überhaupt. Sie konnte sich über die Jahrhunderte ausdehnen, in den Randgebieten wachsen und moderner werden, aber der alte Kern mit seiner Altstadt blieb, was er schon immer war: ein Kleinod. Entstanden schon zur Zeit der arabischen Präsenz, hat die Altstadt sich bis heute erhalten. Stimmig ist das Bild mit der hoch aufragenden Giralda (S. 148) und den engen, verschlungenen Gassen mit Häusern, die von außen nicht selten schmucklos wirken, hinter deren Mauern sich jedoch oft ganz bezaubernde Gärten verstecken. Verlockend auch die Tapasbars zum Schlemmen und Zeitvergessen, die Monumente zum Staunen, so die gewaltige Kathedrale (S. 145), der wuchtige und zugleich verspielt dekorierte Alcázar (S. 149), der Torre del Oro (S. 161), das Archivo de las Indias (S. 152), in dem Millionen Dokumente aus Spaniens Kolonialzeit lagern. Etwas am Rande dann der weitläufige Parque María Luisa (S. 158) mit der Plaza de España (S. 159) und ihren wunderschönen Kachelarbeiten.

3 Die Küste der Provinz Huelva | S. 170

Ganz im Südwesten Spaniens liegt diese Küste und damit auch ein wenig außerhalb des touristischen Fokus. Zumindest der internationalen Touristen, denn die Bewohner der Stadt Sevilla schätzen die nahen, kilometerlangen Strände von Matalascañas (S. 176) schon sehr lange. Diese erstrecken sich insgesamt über rund 40 Kilometer! Allerdings ist nur ein kleiner Teil davon erschlossen, der restliche Bereich zählt zum Parque Nacional de Doñana (S. 182), einem der größten Naturschutzgebiete Europas. Und der kleine Ort El Rocío (S. 179) gehört

zu den verblüffendsten Dörfern ganz Spaniens – hier gibt es keine einzige asphaltierte Straße, die meisten Häuser gehören einer kirchlichen Bruderschaft und vor fast allen Häusern stehen Gatter zum Anbinden von Pferden. Warum? Zu Pfingsten strömen in einer der größten Prozessionen Spaniens Zehntausende mit Pferd und Wagen hierher, um der Jungfrau von El Rocío zu huldigen. Geschichtlich Bedeutsames trug sich an diesem Küstenabschnitt auch zu: Von Palos de la Frontera (S. 191) startete Kolumbus zu seiner ersten Entdeckungsfahrt im Jahr 1492, heute wird dieser Tat hier in großem Stil gedacht. Sogar originalgetreue Nachbauten seiner Schiffe können begutachtet werden. Westlich der großen Stadt Huelva (S. 204) setzt sich das Ensemble der schönen Strände fort. Manche Orte sind hier touristisch etwas stärker erschlossen, so etwa Islantilla (S. 223), doch insgesamt bleibt es ziemlich ruhig. Noch immer stechen Fischer in See, bieten ihren Fang im Hafen an, so beispielsweise in Punta Umbría (S. 209) oder auch in Isla Cristina (S. 225). Und überall dort locken auch gute Restaurants auf hungrige Gäste.

378cl jf

1 Die Küste der Provinz Cádiz und Gibraltar

An dieser Küste wird um die Wette gestrahlt, hell zeichnen sich die feinen Strände und die weißen Dörfer gegen den blauen Himmel ab. Ein Strand nach dem anderen rollt sich hier aus. Weiß, feinsandig und kilometerlang sind sie alle. Dazu einige Dörfer mit strahlend weißen Häusern, die in der Sonne glitzern wie ein Häuflein Würfelzucker.

Vejer de la Frontera – ein weißes Dorf

Die Küste der Provinz Cádiz

DIE KÜSTE DER PROVINZ CÁDIZ UND GIBRALTAR

WEITE STRÄNDE UND CHARMANTE ORTE

NICHT VERPASSEN!

- Staunen über die **Kitesurfer** in **Caños de Meca** | 37
- Stromern durch eines der weißen Dörfer wie **Vejer de la Frontera** und **Arcos de la Frontera** | 43, 119
- Ein Highlight: den Sonnenuntergang in einem **Strandlokal** von **Conil** erleben | 59
- **Bodega-Besuch** mit Verköstigung in **Chiclana** oder **Jerez de la Frontera** | 66, 113, 117
- Die beeindruckende **Altstadt** von **Cádiz** | 77
- Schlemmen in einem **Fischlokal** mit Terrasse zum Meer in **Sanlúcar de Barrameda** | 105
- Very british, Besuch eines umstrittenen Felsens, **Gibraltar** | 125

Diese Tipps erkennt man an der gelben Hinterlegung.

Überblick

Die „Küste des Lichts“ macht ihrem Namen alle Ehre. Hier die schier endlosen Strände, dort die weißen Dörfer mit ihren blumendekorierten Häusern. So hell in der gleißenden Sonne schimmernd, dass es fast schon schmerzt. Es herrscht Sonnenbrillenpflicht! Die Küste ist gesprenkelt mit Orten, die unterschiedlicher kaum sein könnten, von verschlafen bis geschäftig. Für Surfer ist diese Küste ein Segen, weht hier doch beständig ein sehr starker Wind. Aber auch Entdecker, Fischesser und Wein-Liebhaber kommen voll auf ihre Kosten, historisch Interessierte sowieso, denn hier liegt mit Cádiz eine 3000 Jahre alte Stadt.

Ausgerollt wie ein nicht enden wollender Teppich liegen die **schönen, hellen Strände** an der Küste von Cádiz, einer länger als der andere, dünn besiedelt und häufig genug schwach besucht. Obendrein gibt es die malerischen **Weißen Dörfer** wie Tarifa, Conil und Vejer, die alle einen Besuch lohnen. In Tarifa versammeln sich die Surf-Cracks, in Conil die Spanisch-Anfänger und alle genießen auf ihre Art das ruhige Ambiente und den frischen **Wind.** Der bläst heftig und ständig, verwandelt Sonnenanbeter in panierte Schnitzel.

Caños de Meca: ein Mekka für Kitesurfer

Jeder Ort hat seinen ureigenen Charakter, seine unverwechselbare Atmosphäre. **Caños de Meca** hat einen Touch Hippie-Style und gilt als Treff der Kitesurfer. **Bolonia** wiederum zieht einige unverwüstliche Surfer an, glänzt aber hauptsächlich mit dem Flair eines abgelegenen Ortes. **El Palmar** liegt zwar in Sichtweite vom touristisch deutlich besser entwickelten Conil, doch hierher kommen ausschließlich Individualisten, die sich in kleinen Pensionen mit Strandblick wohlfühlen. Und wer etwas mehr Komfort wünscht, findet gute Hotelanlagen in **Zahara de los Atunes** und in noch größerem Umfang in **Novo Sancti Petri.**

Nur eine Straße, die **N-340,** führt an der Küste entlang, nicht immer in unmittelbarer Meeresnähe. Diese Nationalstraße wird zur Autobahn A-48 ausgebaut, die mittlerweile bereits von Cádiz bis Vejer de la Frontera verläuft, und eines nicht so fernen Tages wird die Lücke bis Algeciras geschlossen sein. Ein Teil der N-340 ist integriert in die neue Autobahn, aber ein weitaus größerer Teil verläuft parallel. Allzu viel Verkehr herrscht nicht, nur im Großraum Cádiz ist es etwas voller. Dort endet auch die besagte Straße. In **Cádiz** herrscht keine Ferienromantik, zumindest in den Außenbezirken nicht. Dort gibt es reichlich industrielle Großanlagen. Aber die kann man als Urlauber ja ignorieren.

354cl sm

Die Gegend nördlich von Cádiz zählt zu den weniger bekannten Ecken Spaniens, ohne gleich vom „Geheimtipp" reden zu wollen. El Puerto de Santa María, Sanlúcar oder Rota sind unter spanischen Urlaubern sehr beliebt. Beste Strände und gute Lokale locken wohl gleichermaßen. **Sanlúcar de Barrameda** und **El Puerto de Santa María** sind bekannt für ihr vielfältiges gastronomisches Angebot. In Sanlúcar liegen ein halbes Dutzend Lokale an der Strandmeile, alle haben eine Terrasse mit Meerblick, und in El Puerto de Santa María werden seit Jahren Fisch und Meeresfrüchte in mehreren sehr geschätzten Restaurants angeboten. Sowohl in Sanlúcar als auch in **Chiclana** können außerdem Sherry-Bodegas besichtigt werden, natürlich stets mit einer Verköstigung verbunden. Ein weiterer Genuss an dieser so genussreichen Küste.

Als Ausflugsziele mit „Muss-Charakter" gelten **Jerez de la Frontera** (Bodegas und Reitschule), **Arcos de la Frontera** (malerisch gelegen), **Gibraltar** *(british life in Spain)* und natürlich **Sevilla.**

Tarifa

- **Einwohner:** 17.700
- **PLZ:** 11380
- **Entfernung nach Cádiz:** 101 km
- **Touristeninformation:** Paseo de la Alameda s/n, Tel. 956 680 993, www.aytotarifa.com, geöffnet: Mo–Fr 10–13.30 und 16–18, Sa/So 10–10.30 Uhr.

Tarifa ist der **südlichste Ort** auf spanischem Festlandsterritorium. Gerade mal 14 Kilometer trennen an dieser Stelle den europäischen vom afrikanischen Kontinent. Wagemutige (oder leichtsinnige?) Surfer rauschen auch schon mal rüber nach Marokko, immer auf der Suche nach dem besonderen Kick. Tarifa gilt unter **Wind- und Kitesurfern** als erste Adresse, denn hier pustet beständig ein wirklich starker Wind. Das freut die Surfer und ärgert die Sonnenanbeter. Beide treffen sich tagsüber am kilometerlangen Sandstrand und abends einträchtig am Tresen. Etliche Hotels und Campingplätze liegen in Strandnähe, aber etwas außer-

314cl sm

halb des Ortes. Entlang der Hauptzufahrtsstraße, Calle Batalla del Salado, liegen viele Surf-Shops.

Eines vorweg: In Tarifa bläst wirklich ein sehr (!) **harter Wind.** Der Autor weiß, wovon er redet, stammt er immerhin aus dem Land zwischen den Meeren und hat dort oben schon genügend Stürme erlebt. In Tarifa aber weht ständig ein strammer, nicht selten wirklich starker Wind. Das kann einem schon an die Nieren gehen und Nicht-Surfer rasch auch mächtig nerven.

Mein Tipp: Wer mit dem Auto auf der N-340 Richtung Algeciras fährt, findet bei km 86 einen Aussichtspunkt *(mirador)*, wo man ganz gut parken kann und einen tadellosen Überblick über die Stadt und den Strand in voller Länge hat.

So soll ein Strand aussehen

Tarifa

Übernachtung
- 2 Hotel Dos Mares, Hurricane Hotel, Hotel La Codorniz, Hotel 100 % fun, Hotel Cortijo Las Piñas, Camping Río Jara, Camping Tarifa, Camping Torre de la Peña II, Camping Paloma, Camping Jardín de las Dunas
- 6 Hotel La Mirada
- 7 Hostal Tarik
- 9 Hostal Alborada
- 12 Hostal Room Tarifa
- 20 Hostal Alameda
- 25 Posada La Sacristía
- 28 Hostal La Calzada

Essen und Trinken
- 10 Ecocenter
- 11 Cafetería Azul
- 13 Rest. An Cá Curro
- 18 Rest. La Pescadería
- 21 Rest. Alameda
- 23 Rest. Casa Juan Luis
- 27 Rest. Morilla und Café Central

Nachtleben
- 3 Café del Mar
- 5 Disco New Rif
- 14 Bar Tejota
- 15 Disco Mombassa Tarifa
- 22 Club El Pósito
- 24 etliche Musikbars

Einkaufen
- 1 Kitesurf-Shops
- 8 Art of Surfing
- 10 Ecocenter
- 11 Al Sur
- 16 Markthalle

Wassersport
- 1 Kite-Schulen
- 4 Max Kitesurfing School Center
- 17 Aventura Marina
- 19 Tumares Whale Watching
- 26 Firmm Whale Watching

0
200 m
© Reise Know-How 2014
CoLuzF35
Algeciras, Málaga
Benito Péres Galdós
Antonio Maura
Amador de los Ríos
Doctor Flemin
Braille
Maura
Otumba
Juan XIII
Ratalla del Salado
Cilla
Pozo
Peñita
Parras
Comendador
Estanco Viejo
Aceido
Gen. Copons
Paseo del Retiro
Puerta de Jerez
Silos
San Rosendo
San José
Plaza de Oviedo
Iglesia de San Mateo
Padre Félix
Ntra. Sra. de la Luz
Castelar
Peso
Jerez
Pl. de la Paz
Bravo
Col. Moscardó
Colon
Azogue
Melo
Sancho IV El
Amor de Dios
Pompino Mela
San Francisco
Paseo Alameda
Av. de la Constitución
Santísima Trinidad
Carnicería
Bravo
Sancho IV El
Almedina
Plaza de Santa Maria
Amargura
Guzmán el Bueno
Castillo de Guzmán
Joaquín Tena Artiga
Padre Font
Alcalde Juan Núñez
Puerto de la Rada
Fähre nach Tanger
Insel
11
12
13
14
15
16
17
18
19
20
21
22
23
24
25
26
27
28

Die Strände

Über stolze 7000 Meter zieht sich der schöne, helle, feinsandige Strand **Playa de los Lances.** Seine durchschnittliche Breite beträgt 45 Meter, aber zum Teil ist er noch viel weitläufiger. Der Strand beginnt praktisch im Ortskern, verläuft nach Nordwesten und wird dann von einem Pinienhain begleitet. Die N-340 verschwindet dort für ein paar Hundert Meter im Hinterland. Hier liegen die Surferhotels und Campingplätze. Die Zone gilt als schützenswerte *paraje natural,* also als Naturschutzgebiet, das man nur auf bestimmten Wegen durchqueren darf.

Playa de Valdevaqueros schließt sich nahtlos an. Dieser Strand beginnt bei der Puerta de la Peña, wo ein Campingplatz liegt. Dort zeigt er sich noch recht schmal, im Verlauf seiner 5500 Meter verbreitert er sich aber gewaltig, um schließlich zu einer eindrucksvollen Dünenlandschaft anzuwachsen, und zwar genau an der Stelle, wo der Strand eine kleine Bucht bildet. Der beständige Wind hat hier im Laufe der Zeit diese Düne angehäuft und sie wird noch weiter wachsen. Begrenzt wird auch dieser Strand durch einen weitläufigen Pinienwald. Daher ist dieser sehr schöne Sandstrand stets relativ leer, zumeist treffen sich hier nur die Surfer. In unmittelbarer Nähe liegen zwei Campingplätze. Die Zufahrt zur Playa de Valdevaqueros erfolgt von der N-340 über einen schmalen Weg, ausgeschildert ist „Punta Palma". Am Ende der nicht einmal 2 Kilometer langen Strecke liegt ein großer Parkplatz unmittelbar vor dem Strand.

Coole Surfer – coole Shops

300cl sm

Sehenswertes

Tarifa ist ein relativ überschaubarer Ort. Lohnenswert ist ein Besuch der schönen, nicht allzu großen **Altstadt** mit ihrer Vielzahl von engen, verwinkelten Gassen. Man betritt dieses Viertel durch das aus maurischen Tagen stammende Stadttor **Puerta de Jerez.** „*Muy noble y muy leal y muy heróica ciudad de Tarifa ganada a los moros, reinado Sancho IV. el bravo, 21.9.1292*" („Sehr edle und sehr treue und sehr heroische Stadt Tarifa, von den Mauren erobert zur Zeit der Herrschaft von *Sancho IV.* dem Mutigen am 21.9.1292"), so steht es an dem Stadttor mit seinen hübschen Rundbögen. Die Hauptstraße führt direkt darauf zu. Am besten stellt man sein Auto spätestens beim Tor ab und taucht zu Fuß in das kunterbunte Gassengewirr der Altstadt ein. Dort erwarten den Neugierigen neben spanischen auch einige internationale Lokale (der Einfluss der Surferszene). Etwas versteckt liegt dort auch die kleine Markthalle.

Lokale Sehenswürdigkeiten sind die Burg **Castillo de Guzmán** aus dem 10. Jahrhundert und die Kirche **Iglesia de San Mateo.** Das Castillo liegt am Rande der Altstadt. Man kann von seinen gewaltigen Mauern aus weit auf das Meer hinausschauen. Angreifer müssen es damals schwer gehabt haben, der Kalif von Córdoba, *Abderramán III.*, ließ es an einer strategisch wichtigen Stelle errichten. Den christlichen Heeren gelang es aber dennoch, 1492 die Festung zu erobern. Ein ziemlich grausames Detail berichtet die Historie. 1295 versuchten die Araber die Stadt zurückzuerobern, nachdem sie drei Jahre zuvor vertrieben wurden. Sie hatten in ihrer Gewalt den neunjährigen Sohn des lokalen Fürsten *Alonso Guzmán* und drohten, ihn umzubringen. Guzmán aber gab nicht auf. Im Gegenteil soll er sogar sein eigenes Messer aus einem Fenster den Angreifern hinuntergeworfen haben, damit sie mit ihm zur Tat schreiten konnten.

Das Castillo ist noch relativ gut erhalten. Es gibt Erklärungen mit spanischen und englischen Hinweistafeln. Sogar eine kleine gotische Kirche ist im hinteren Bereich zu finden, die Iglesia Santa María, deren Grundsteinlegung aus dem 14. Jahrhundert datiert. Von den oberen Wehrgängen kann man bis zum marokkanischen Festland schauen.

■ **Castillo de Guzmán,** geöffnet: Di–Sa 11–14 und 16–18 (im Sommer 18–20), So 11–14 Uhr, Mo geschlossen, Eintritt: 2 €.

Die spätgotische **Iglesia de San Mateo** aus dem 16. Jahrhundert steht an der Plaza Oviedo, mitten in der Altstadt. Sie hat ein Renaissanceportal, das Innere ist relativ schlicht, zeigt aber hübsche Gemälde und Skulpturen.

Gleich ums Eck liegt einer der Hauptplätze des Ortes, wo sich am späten Vormittag die Surfer zum späten Frühstück versammeln. Denn, das ist ja klar, der Après-Surf will auch gepflegt sein, und dazu bieten sich mehrere angesagte Musikbars in der Altstadt an. Die sind am Tag natürlich verschlossen. Trotzdem lohnt ein Bummel durch die schmalen Gassen, denn so manches kleine Geschäft und die eine oder andere urige Bar lassen sich entdecken. Richtung Meer liegt dann die **alte Stadtmauer** mit der Markthalle, knapp dahinter die Touristeninformation und ein kurzer, aber netter, von Palmen gesäumter Flanierweg.

Eine Sehenswürdigkeit ganz besonderer Art sind auch die **Ausblicke über das Meer** in Richtung marokkanischer Küste. Vom Castillo wie vom Hafen aus und ebenso von dem kleinen durch eine Mole mit dem Festland verbundenen Inselchen Las Palomas ist dies möglich. Sehr gut kann man vom Mirador El Estrecho „nach drüben" schauen, zu finden bei km 91 an der N-340.

Praktische Tipps

Unterkunft

Die Surfer versammeln sich mehrheitlich in den ganzen Hotels, die etwas außerhalb entlang der Nationalstraße N-340 liegen. **Direkt im Ortskern** gibt es natürlich auch einige Unterkünfte:

■ **Posada La Sacristía**④, c/ San Donato 8, Tel. 956 681 759, Fax 956 685 182, www.lasacristia.net. Liegt zentral in einer sehr schmalen Gasse. Wirkt recht unscheinbar von außen, ist aber tatsächlich sehr geschmackvoll eingerichtet in einem Haus aus dem 18. Jh. Insgesamt 10 Zimmer, die teilweise mit Antiquitäten und sowieso insgesamt sehr liebevoll dekoriert sind. WLAN.

■ **Hostal Room Tarifa**③, c/ Silos 26, Tel. 956 682 229, www.roomtarifa.com. Das kleine und sehr persönlich geführte Haus liegt innerhalb der Altstadt, knapp hinter der Stadtmauer. Das zweistöckige Gebäude hat eine Dachterrasse. Gut eingerichtete Zimmer ohne große Schnörkel. Wer mit dem Auto kommt, sollte vorher die Parkmöglichkeiten klären.

■ **Hotel La Mirada**③, c/ San Sebastián 41, Tel. 956 684 427, Fax 956 681 162, www.hotel-lamirada.com. Ein rötlich-braunes Haus mittlerer Größe in Strandnähe, 2008 komplett renoviert, ein Restaurant gibt's auch im Haus. WLAN.

■ **Hostal Alborada**②-③, c/ San José 40, Tel. 956 681 140, Fax 956 681 935, www.hotelalborada.com. Das kleine Haus liegt 50 m von der Hauptstraße entfernt und hat helle, funktionale Räume ohne viel Schnickschnack. Eine Bar mit Frühstücksraum sowie ein Gemeinschafts-Patio sind auch vorhanden. WLAN.

■ **Hostal La Calzada**②-③, c/ Justino Pertiñez 7, Tel. 956 681 492, Fax 956 680 366, www.hostallacalzada.com. Kleines, nettes Haus in einer schmalen Seitengasse bei der Kirche, ziemlich ruhige Lage unweit vom Hauptplatz.

■ **Hostal Tarik**②, c/ San Sebastián 34, Tel./Fax 956 680 648. Ein kleines, weißes Haus (10 Zimmer) mit Gemeinschaftsbalkon zur Straße. Unten befindet sich eine Bar.

■ **Hostal Alameda**②, Paseo de la Alameda 4, Tel. 956 681 181, www.hostalalameda.com. Ein kleines (27 Zimmer), recht nett gestaltetes Haus mit angeschlossenem Restaurant. Direkt davor verläuft ein sehr breiter Fußgängerbereich mit Palmen. WLAN.

Die folgenden Häuser liegen **außerhalb,** entlang der Nationalstraße N-340:

■ **Hotel Dos Mares**④, N-340, km 79,5, Tel. 956 684 035, Fax 956 681 078, www.dosmareshotel.com. Ein gelblich gehaltenes 40-Zimmer-Haus an der strandnahen Seite der Nationalstraße. Auch: Bungalows, Pool, Tennisplätze, Restaurant, Cafetería, WLAN.

■ **Hurricane Hotel**④, N-340, km 78, Tel. 956 684 919, Fax 956 680 329, www.hurricanehotel.com. 28 Zimmer, 3 Suiten und 3 Apartments werden in diesem englisch inspirierten Haus vermietet. Es liegt in einem hübschen Grünbereich nahe am Strand, hat 2 Pools und einen Wellnessbereich. WLAN.

■ **Hotel La Codorniz**③, N-340, km 79, Tel. 956 684 744, Fax 956 681 595, www.lacodorniz.com. Ein hübsches Haus mit 35 Zimmern auf der strandabgelegenen Seite der Nationalstraße, aber mit angeschlossenem Restaurant. WLAN.

■ **Hotel 100 % fun**③, N-340, km 76, Tel./Fax 956 680 013, www.100x100fun.com. Das farblich zum Namen passende kleine Haus ist einer *der* Surfertreffs und zeichnet sich durch seine ungezwungene

Atmosphäre aus. Die Räume sind farbenfroh und unterschiedlich dekoriert, zur Playa Valdevaqueros sind es nur wenige Schritte. Es gibt einen Pool, eine Bar, Restaurant und einen Beachware-Shop. November bis Februar geschlossen. WLAN.

■ **Hotel Cortijo Las Piñas**③, N-340, km 74, Tel. 956 685 136, Fax 956 684 192, www.cortijolaspinas.com. Liegt etwas abseits, aber dafür bietet das kleine Haus mit 16 Zimmern ein herrlich ländliches Ambiente auf einem ehemaligen Bauernhof. Der Strand ist nicht weit entfernt, einen Pool gibt's trotzdem. WLAN.

Camping

■ **Río Jara,** 2. Kategorie, N-340, km 81, Tel./Fax 956 680 570, www.campingriojara.com. Ein mittelgroßer Platz für 800 Personen, der unter Pinien am Strand liegt. Einer der Surfertreffs und am nächsten zu Tarifa gelegen.

■ **Tarifa,** 2. Kategorie, N-340, km 78,8, Tel./Fax 956 684 778, www.campingtarifa.com. Ebenfalls ein mittelgroßer Platz unter Pinien am Strand gelegen, allerdings auch teilweise in Hörweite der Straße, vermietet auch Ferienhäuser und es gibt einen Pool. Geöffnet: Anfang März bis Ende Oktober.

■ **Torre de la Peña II,** 2. Kategorie, N-340, km 75,5, Tel. 956 684 174, Fax 956 681 898, www.campingtp.com. Der gar nicht mal so kleine Platz teilt sich grundsätzlich in drei Bereiche: Parzellen beim Strand, Parzellen unterhalb des Hügels, die näher bei den Servicestellen liegen und auch etwas windgeschützter sind, und die sogenannten *uphill-camping plots,* die für Zelte gedacht sind. An Serviceeinrichtungen gibt es u.a. einen Supermarkt, einen Pool, Mietbungalows und WiFi.

■ **Paloma,** 2. Kategorie, N-340, km 73,5, Tel. 956 684 203, Fax 956 684 233, www.campingpaloma.com. Der mittelgroße Platz hat Kapazitäten für ca. 1000 Camper und liegt unweit der gewaltigen Düne. WiFi, Supermarkt, Pool, Bar, Restaurant. Geöffnet: Anfang März bis Anfang November.

■ **Jardín de las Dunas,** 2. Kategorie, N-340, km 74, Tel. 956 689 101, Fax 956 689 106, www.campingjdunas.com. Kein großer Platz, der aber sehr ruhig und 30 m vor der großen Düne an der Playa Valdevaqueros entfernt liegt. Dort gibt es einen Parkplatz, wo sich die Surfer treffen. Von der N-340 den Abzweig Punta Paloma bei km 73,5 hinein fahren und dann nach 500 m nochmal links zur Playa Valdevaqueros abbiegen.

Essen und Trinken

■ **Restaurante An Cá Curro,** c/ Moreno de Mora 5, Tel. 658 854 012. Ein kleines Lokal mit Stierkampfambiente. Als Spezialität wird hier alles rund ums Iberische Schwein serviert, außerdem gute Tapas.

■ **Restaurant Casa Juan Luis,** c/ San Francisco 15, Tel. 956 681 265. Das viel gepriesene Lokal liegt mitten in der Altstadt in einer engen Gasse. Auch hier steht das Iberische Schwein im Mittelpunkt des kulinarischen Angebots.

■ **Café Central,** c/ Sancho IV., El Bravo 10, Tel. 956 682 877, in der Altstadt. Schwer angesagter, zentraler Treff für alle – ein „Muss"!

■ **Restaurante Morilla,** c/ Sancho IV., El Bravo 2, Tel. 956 681 757. Eine Mischung aus Bar und Restaurant.

■ **Cafetería Azul,** c/ Batalla del Salado 8, Tel. 660 619 940. Kleines, nettes Frühstückscafé, knapp vor dem Stadttor gelegen. Dort gibt es *desayunos con encanto,* also „Frühstück mit Charme". Dazu zählen auch Früchtemüsli und frisch gepresster Saft.

■ **Restaurante Alameda,** Paseo de la Alameda s/n, Tel. 956 627 044. Sehr beliebtes Lokal an dieser kurzen Fußgängerzone mit windgeschützter Terrasse. Ein Mittagsmenü wird geboten, ansonsten Fisch- und Fleischgerichte.

■ **La Pescadería,** Paseo de la Alameda s/n, Tel. 956 627 078. Fischlokal mit Terrasse zur Fußgängerzone. Schwerpunkt sind Fischgerichte der Region, u.a. auch mit Thunfisch.

Ecocenter, c/ San Sebastián 6, Tel. 956 627 220. Hier wird in vielerlei Richtungen das gesunde Leben propagiert, u.a. mit einem vegetarischen Restaurant, in dem Bio-Lebensmittel verarbeitet werden.

Nachtleben

Nicht gerade wenig Auswahl an Musikbars gibt es in dieser kleinen Stadt, sogar einige wenige Discos, allerdings sind die größeren Läden eher außerhalb zu finden. Trotzdem: Die Szene zieht es nach einem lockeren Aufgalopp im Café Central irgendwann zielsicher ins „Bermudadreieck", erst wenn dort die Bars gegen 3 Uhr schließen, füllen sich die Clubs und Discos. Die liegen meist im Industriegebiet. Auch am Strand spielt sich eine Menge ab, zumindest im Sommer, wenn die Strandbars sehr lange geöffnet haben.

- **Bar Tejota,** c/ Jerez 7, gleich neben dem Stadttor. Einer der Pflicht-Treffs am eher früheren Abend.
- **New Rif,** c/ Batalla del Salado, gegenüber der Tankstelle. Ab 1 Uhr geöffnet, Treff der Jüngeren.
- **Café del Mar,** Avda. Pintor Guillermo Pérez Villata. Liegt etwas außerhalb vom Ort bei der Playa de los Lances und ist einer der größten und beliebtesten Spots von Tarifa. Konzerte, internationale DJs, Terrasse.
- **El Pósito,** c/ Santísima Trinidad 9. Liegt mitten im Herzen der Altstadt und ist ein angesagter Musikclub.
- **Mombassa Tarifa,** Plaza San Hiscio s/n. Eine der wenigen Discos innerhalb der Stadtmauern, ist auch deshalb sehr beliebt, da man nicht erst lange fahren muss.
- In der c/ Cervantes liegt eine Art Bermudadreieck mit etlichen **Musikbars** wie Tomatito, Moskito oder Bearhouse.

Es gibt nicht nur Surf-Shops

In Tarifa kann man schön abhängen

307cl sm

Verkehrsverbindungen

- **Busterminal:** c/ Batalla del Salado s/n (am Ortseingang). Verbindungen nach Cádiz, Vejer, Barbate, aber auch Direktbusse nach Jerez, Málaga und Sevilla.

Aktivitäten

- **Surfen:** Die Surfer treffen sich generell eher weit außerhalb vom Ort an den Stränden, beispielsweise vor der riesigen Düne. An der Hauptzufahrtsstraße nach Tarifa hinein liegen etliche Shops, die alles Mögliche an Bekleidung, Boards und Zubehör anbieten. Hier eine Auswahl von weiteren Anbietern und Kite-Schulen:

Max Kitesurfing School Center, im Stop-Shop an der Hauptzufahrtstraße, c/ Batalla del Salado 84, neben der Repsol-Tankstelle. Tel. 956 685 384, www.kiteschooltarifa.net.

Club Mistral, der Club hat seine Station an der Playa Valdevaqueros, ca. 6 km außerhalb von Tarifa. Unweit des Strandes liegen mehrere Hotels und Unterkünfte, die auch schon von zu Hause über die deutschsprachige Homepage gebucht werden können: www.club-mistral.com.

Art of Surfing, c/ Batalla del Salado 47, Tel. 956 685 204, www.artofsurfing.com

- **Fahrradvermietung:** Ecocenter, c/ San Sebastián 6, Tel. 956 627 220.

Einkaufen

■ **Geschäfte:** Gleich mehrere Supermärkte liegen an bzw. einen Block von der Hauptzufahrtsstraße c/ Batalla del Salado entfernt. In der Altstadt gibt es dann naturgemäß bestenfalls kleinere Geschäfte. Dort findet man eine Mischung aus Miniläden für die alltägliche Versorgung und touristisch gefärbten Shops, aber insgesamt schon ein eher bescheidendes Angebot.

■ **Zeitungsshop:** Direkt neben dem Café Azul gibt es den kleinen Shop *Al Sur,* der auch deutsche Presse verkauft.

■ **Markthalle:** Liegt etwas versteckt direkt an der Stadtmauer am oberen Ende der c/ Santísima Trinidad, etwa Höhe Touristenbüro.

Nützliche Adressen

■ **Post:** c/ Coronel Moscardó 9.

Feste

■ **Mai:** Romería de San Isidro a Tahivilla.

■ **12.–14. Juli:** Virgen del Carmen.

■ **8. September:** Feria und Fiesta zu Ehren Nuestra Señora de la Luz, Patronatsfest.

Ausflüge

Whale Watching

Das beliebte Whale Watching wird von mehreren Gesellschaften angeboten.

■ **Firmm,** c/ Pedro Cortés 4 (unweit des Café Central), Tel. 956 627 008, www.firmm.org.

■ **Turmares Whale Watching,** Avenida Alcalde Juan Núñez 3, Tel. 956 680 741, www.turmares.com.

■ **Aventura Marina,** Avda. Andalusía 1–2, Tel. 956 681 932, www.aventuramarina.org.

Tanger

Die Flensburger Reederei FRS bietet eine **Schnellfähre** nach Tanger an. Sie verkehrt alle zwei Stunden zwischen 11 und 21 Uhr. Zurück von Tanger startet sie zwischen 10.30 und 22.30 Uhr. Achtung: Zeitunterschied! Im Sommer hat Tanger minus zwei Stunden.

■ Einfache Fahrt 37 €, Kinder 20 €, Dauer der Überfahrt: 35 Minuten. Auch geführte Touren werden angeboten. Infos: www.frs.es.

304cl sm

Bolonia

Dieser winzige Ort liegt an einem schönen Sandstrand, 7 Kilometer von der N-340 entfernt. Wahrscheinlich wäre er einer der Flüstertipps geblieben, gäbe es die **archäologische Fundstätte** Baelo Claudia nicht.

Die Düne an der Playa de Bolonia

320cl sm

Baelo Claudia

Baelo Claudia war eine kleine römische Stadt mit Forum, Theater, Thermalquellen und Aquädukt. Forscher gehen davon aus, dass sie im 2. Jahrhundert v. Chr. entstand, weil hier die Handelsschiffe nach Tanger ablegten. Ihre Blütezeit lag kurz nach der Zeitenwende unter der Regentschaft von Kaiser *Claudius* (41–54 n. Chr.), nicht sehr viel später begann der langsame Verfall. Ein guter Teil der Stadt ist von Archäologen freigelegt worden und kann auf einem Rundgang besichtigt werden, sowohl auf eigene Faust als auch im Rahmen einer begleiteten Führung. Die Anlage wird durch das Osttor, das **Puerta de Carteia** heißt, betreten. Über eine von zwei Hauptstraßen gelangen Besucher dann zum Forum, einem Platz aus Steinplatten mit zwei Säulengängen. Man schätzt die Entstehung auf das 1. Jahrhundert n. Chr. Hier lagen mehrere größere Gebäude, u. a. die **zweistöckige Basilika,** wo die Justiz untergebracht war. Nach Westen schlossen sich am Säulengang weitere öffentliche Gebäude an. Nördlich liegt das **Kapitol** mit drei ähnlich gebauten Tempeln, die Jupiter, Juno und Minerva gewidmet waren. Etwas abseits befindet sich das Theater und im Südosten die teilweise freigelegten Thermen. Über die zweite mit Platten gepflasterte Straße erreicht man den Marktplatz, wo noch 14 ehemalige Geschäfte ansatzweise erkennbar sind. Es gibt auch ein Besucherzentrum, das auf zwei Etagen einen Überblick über die Stadt und deren Einrichtungen gibt.

■ **Baelo Claudia,** geöffnet: Di–Sa 9–18 (im Sommer bis 20 Uhr), So und feiertags 9–14 Uhr. Der Eintritt ist für EU-Bürger frei.

Der Ort

Nur wenige Hundert Meter von der Fundstätte entfernt stehen ein paar Häuser, sie drängeln sich fast schützend hintereinander, um vor dem ewigen Wind wegzutauchen. Wer hierher kommt, muss etwas mit sich und seiner Zeit anzufangen wissen. Außer Strand und Wind wird nicht viel geboten. Die meisten Häuser liegen an der parallel zum Strand verlaufenden Straße.

Der Strand

Der Strand **Playa de Bolonia** zählt zur ersten Güteklasse. Im Ortsbereich ziert er sich noch ein wenig, breitet sich dann aber, begrenzt von Pinien und der archäologischen Fundstelle, gewaltig aus. Nichts außer dem Wind kann hier das Sonnenbad stören. Am Ende des knapp 4000 Meter langen Strandes erhebt sich eine beachtliche Düne.

Praktische Tipps

Unterkunft

- **Apartments Miramar**③, Tel. 956 688 561. Kleines Haus, am Ortseingang ca. 100 m links. Nur durch eine Straße vom Strand getrennt.
- **Los Jerezanos**②-③, c/ El Lentiscal 5, Tel./Fax 956 688 592, www.hostallosjerezanos.com. Die nette Anlage liegt etwas im Hintergrund am Meer. 24 korrekte Zimmer in sehr ruhiger Lage. WLAN.
- **Hostal Bellavista**②-③, Tel. 956 688 553, www.hostalbellavista.es, direkt am Ortseingang, hat 14 Räume, unten befindet sich eine Bar.
- **Hostal Lola**②, c/ El Lentiscal 26, Tel. 956 688 536, www.hostallola.com, liegt etwas abseits und hat neun Zimmer. Ein bunt bemaltes Surfbrett weist den Weg, es liegt ziemlich ruhig. WLAN.
- **Hostal Ríos**②, c/ Lentiscal 8, Tel. 956 688 544, www.hostalrios.es, ein kleines, am Meer gelegenes Haus mit kleinen Balkonen mit Meerblick. Super-Lage (!) hinter dem Restaurant Las Rejas.
- **Hostal La Hormiga Voladora**②, El Lentiscal 15–16, Tel. 956 688 562. Kleines Haus mit Garten an der Meerseite etwas im Hintergrund gelegen.

Essen und Trinken

- **Restaurante Las Rejas,** Tel. 956 688 546, ein Haus in Strandnähe, bietet gute Fischgerichte.
- **Chiringuito Los Troncos,** Tel. 956 688 603, rustikales Holzhaus mit windgeschützter Terrasse, von wo man prima aufs Meer schauen kann. Beim Parkplatz, nach der Ortszufahrt leicht links.

Zahara de los Atunes

- **Einwohner:** 1400
- **PLZ:** 11393
- **Entfernung nach Cádiz:** 78 km
- **Touristeninformation:** www.zaharaenlaweb.com.

Der Name deutet schon an, dass der Ort einst vom Fischfang lebte, speziell vom **Thunfisch.** Riesige Schwärme passieren seit Menschengedenken immer zur gleichen Zeit die Straße von Gibraltar auf ihrem Weg in das wärmere Mittelmeer. Früher wurden sie mit einer Fangmethode im großen Stil (*almendraba* genannt) von den Fischern Zaharas gejagt. Dabei wurden die Netze gut 3 Kilometer vor der Küste nach einem immer enger werdenden System etwa 30 Meter tief ins Wasser gelassen und die hilflos in der Falle zappelnden Thunfische allmählich gen Küste getrieben, bevor man sie dort schließlich erlegte.

Den Fischfang hat man zwar nicht völlig aufgegeben, aber die Zeiten haben sich geändert. Der **Tourismus** hat auch in Zahara einen Fuß in der Tür. Dabei zeigt sich der alte Ortskern noch weitestgehend intakt. Die meisten touristischen Gebäude wurden und werden außerhalb errichtet.

Erhebend: morgens auf dem Weg zum Meer

Die Strände

Der Strand **Zahara de los Atunes** erstreckt sich weit nach Süden und endet erst nach 6,3 Kilometern am Cabo de Plata. Von dort kann man nach einem gut 500 Meter langen Fußmarsch über eine Piste den noch einsameren Strand gleichen Namens erreichen. Dazu besteht aber eigentlich kein Anlass, denn Platz genug ist auch an diesem hellen und feinsandigen Küstenstreifen, der sich auf gute 35 Meter Breite ausdehnt. Im Hintergrund verläuft zwar eine Straße, doch sie verbindet nur den alten

Ortskern mit den Touristenanlagen. Es ist also relativ ruhig, eine Promenade fehlt ebenso wie störender Durchgangsverkehr.

Der Strand **Playa de Pajares,** der auch **Cañillos** genannt wird, schließt sich nach Norden an. Er verläuft über 9000 Meter bis zum Nachbarort Barbate, soll aber nur der Vollständigkeit halber erwähnt werden, denn diese Zone ist militärisches Sperrgebiet. Zwar kann man auf einer asphaltierten Straße parallel zum Strand von Zahara nach Barbate fahren, aber angesichts der Schilder *„zona militar"* ist ein Strandbesuch nicht ratsam.

327cl sm

Sehenswertes

Ein Bummel durch den **alten Ortskern,** den man sofort nach dem Überqueren der Brücke erreicht, gibt Einblicke in den alten Fischerort. Es geht geruhsam zu. Alle Gebäude sind klein und relativ bescheiden, ein paar Bars und Geschäfte unterbrechen die gleichförmigen Häuserzeilen.

Lokale Sehenswürdigkeit ist das **Castillo de Almadrabas** aus dem 15. Jahrhundert. Der quadratische Palast hatte ursprünglich drei Türme, von denen einer noch existiert, von einem zweiten stehen nur noch Reste. Die *Herzöge von Medina Sidonia* ließen das Castillo zum Schutz vor Piratenüberfällen am Strand errichten. Zu Zeiten, als hier die Fangmethode der *almendraba* praktiziert wurde, verdienten die Herzöge am Thunfischfang. Damals wurde der gefangene Fisch auch hier im Gebäude gesalzen und für den Verkauf präpariert. Das gesamte Gebäude war für die Verarbeitung des Thunfischs ausgelegt, es gab zwei Tore zum Strand, einen großen Salzspeicher, der heute Kirche ist, und einen großen Handelsraum, der sich viel später in eine Disco verwandelte. Im oberen Bereich saß die Administration und die Soldaten waren hier untergebracht. So hatte das Gebäude eine selten anzutreffende Mischung an Funktionen – Herrschersitz, Fischfabrik und Burg.

Ab dem 17. Jahrhundert entwickelte sich der kleine Ort, Menschen aus Valencia und Huelva zogen her, bauten Häuser außerhalb vom Castillo. 1906 wurde die Kirche innerhalb der Anlage geweiht und zwischen 1936 und 1974 wurde das gesamte Areal als Kaserne genutzt, bis zuletzt von der Guardia Civil.

Heute ist von dem Castillo nicht mehr viel übrig geblieben, bis auf die wuchtigen Außenmauern wurde es regelrecht „entkernt“. Man ist besonders stolz darauf, dass *Miguel de Cervantes*, Autor des „Don Quichote“, hier einige Zeit verbrachte und eine Novelle verfasste, in der er das Leben der Thunfischjäger beschrieb.

Praktische Tipps

Unterkunft

Einige Hotels liegen direkt im Ort, die restlichen an der neuen Straße, die über 4 km am Campingplatz vorbei zur *urbanización* Atlantera verläuft. Im Ort befinden sich:

■ **Hotel Gran Sol**③-④, Avda. de la Playa 20, Tel. 956 439 309, Fax 956 439 197, www.gransolhotel.com. Dieses 52-Zimmer-Haus liegt direkt am Strand, in einigen Räumen genießt man einen tadellosen Meerblick. Die Dekoration wirkt angenehm verschnörkelt, fast ein wenig verspielt.

■ **Hotel Pozo del Duque**③, c/ Paseo del Pradillo 32, Tel. 956 439 400, Fax 956 439 400, www.pozodelduque.com. Das Haus, erbaut im andalusischen Stil, zählt 18 Zimmer, liegt direkt am Strand und macht einen gemütlichen Eindruck.Viele Zimmer weisen zum Meer. Mit Pool und Restaurant.

■ **Hotel Doña Lola**②, Plaza Tompson 1, Tel. 956 439 009, www.donalolazahara.com. Das Haus mit 30 Zimmern liegt gleich rechts hinter der Brücke. Gutes Preis-Leistungsverhältnis: recht komfortable Zimmer, Pool.

■ **Hotel Avenida Playa**②, Avda. Sánchez Rodríguez 12, Tel. 956 439 338. Kleines, familiäres Haus mit gutem Restaurant, ca. 100 m vom Strand entfernt vor dem Castillo gelegen. Zimmer mit winzigen Balkonen. WLAN.

Die folgenden Häuser liegen außerhalb des Ortes an der einzigen Straße, die parallel zum Strand zur *urbanización* führt. Speziell im hinteren Bereich wird gebaut.

■ **Hotel Porfirio**③, Ctra. Atlantera 33, Tel. 956 449 515, www.hotelporfirio.com. Ein Haus mit 25 Zimmern. Durch seine Schieferstein-Architektur fällt es angenehm auf. Nur 200 m vom Strand entfernt. Schöner Garten mit Pool und, falls erforderlich, auch ein Gemeinschaftsraum mit Kamin.

■ **Hotel Antonio II**③, Ctra. Atlantera, km 1, Tel. 956 439 141, Fax 956 439 135, www.antoniohoteles.com. Schickes 4-Sterne-Haus mit 38 Zimmern, von den meisten Terrassen oder Balkonen haben die Gäste Meerblick. Nebenan gibt es noch das ältere 2-Sterne-Haus, mit dem Antonio einst vor über 30 Jahren startete.

Camping

■ **Bahía de la Plata,** 1. Kategorie, Tel. 956 439 040, Fax 956 439 087, www.campingbahiadelaplata.com. Ein recht lang gestreckter Platz, der direkt am Strand und etwa 2 km außerhalb des Ortes liegt. Einige Bäume spenden Schatten.

Essen und Trinken

■ In der **c/ María Luisa** (die zweite nach links führende Straße nach dem Passieren der Brücke) liegen einige Lokale, wie das hübsch begrünte *Restaurant Almadraba* mit der Nummer 15, Tel. 956 439 332. Hier serviert man gute Fischgerichte, vor allem Thunfisch.

■ **La Botica,** c/ Real 13, Tel. 956 439 183. Nicht wundern: Das Lokal ist verteilt auf drei Häuser in derselben Straße. Es gibt Tapas, aber auch Menüs mit Schwerpunkt auf Fisch und Meeresfrüchten.

■ **Restaurante Casa José María,** Avda. Sánchez Rodríguez 12, Tel. 956 439 338. Ein familiäres Lokal an der Straße vor dem Castillo, die zum Strand führt. Hier werden vor allem Reisgerichte mit Fleisch- oder Fischbeilagen serviert.

329cl sm

Das Lebenselixier von Barbate künstlerisch in Szene gesetzt

■ Direkt **vor dem Strand**, gegenüber vom Hotel Gran Sol, liegen drei *Chiringuitos* mit offener Terrasse zum Meer. Sie haben nur sporadisch geöffnet, aber wenn, dann sitzt man hier sehr schön mit entsprechendem Blick aufs Meer. Nur der Wind darf nicht zu stark wehen.

Nützliche Adressen

■ **Post:** c/ Almendraba s/n.

Feste

■ **3.–10. August:** Feria de agosto – eine Fete mit allem Drum und Dran, als da wären: Flamenco, Festzelt und viel Alkohol.

Barbate

■ **Einwohner:** 23.000
■ **PLZ:** 11160
■ **Entfernung nach Cádiz:** 64 km
■ **Touristeninformation:** Avenida del Río Barbate 23, Tel. 956 063 613, www.barbate.es.

Ein Ort, der alt und neu zugleich erscheint. Schon zu Zeiten der Römer existierte ein Hafen namens „Portus Baesippo". Als die Mauren ein paar Jahrhunderte später hier auftauchten, wurde er „Barbat" genannt, in Anlehnung an eine ebenso benannte Festung. Seit jenen fernen Tagen im 13. Jahrhundert war der Ort nichts weiter als ein kleiner Hafenflecken, der bis 1938 vom Nachbarort Vejer de la Frontera verwaltet wurde. Dann kam *Franco* ans Ruder und ab 1958 wurde der Hafen **im großen Stil**

ausgebaut. Heute hat er annähernd die gleiche Größe wie die Stadt selbst. Dem Caudillo huldigte man lange Jahre entsprechend, der Ort nannte sich viele Jahre „Barbate del Franco" und bis vor Kurzem hieß die Hauptstraße – man mag es gar nicht glauben – „Avenida del Generalísimo".

Und wie sieht es aktuell aus? Barbate lebt noch immer vom Fischfang und verstärkt auch vom spanischen Tourismus.

Hier sind die Palmen stets frisch frisiert

331cl sm

Die Strände

Der Stadtstrand heißt **Playa El Carmen,** hat eine Länge von 1800 Metern und eine Breite von etwa 40 bis 50 Metern. Der helle, feine Sand lockt vor allem spanische Touristen an und so wird es im Sommer auch sehr voll. Eine relativ breite Promenade verläuft zwischen dem Strand und der ersten Häuserzeile. Dort reiht sich ein Lokal an das nächste. Der Parkplatz wurde leider verkleinert.

Hinter dem Hafen liegt die **Playa Hierbabuena,** ein Strand von 900 Metern Länge und 30 Metern Breite ohne Serviceeinrichtungen. Wer die Straße nach Caños de Meca befährt, wird eine Parkmöglichkeit finden und kann dann durch den Pinienwald zu diesem schönen und einsamen Strand laufen. Der Wald zählt übrigens schon zum Naturpark La Breña.

Sehenswertes

Barbate hat ehrlich gesagt nichts sonderlich Sehenswertes. Es ist eben eine relativ geschäftige Stadt, deren Lebensnerv der **Hafen** ist. Um die dort Beschäftigten unterbringen zu können, wurden etliche unschöne Wohnblocks hochgezogen. Nicht weit davon entfernt gibt es so etwas wie einen alten Ortskern mit schmalen Gassen und schummerigen Bars. Aber allzu idyllisch kann das alles nicht genannt werden. Fischfang wird hier noch im großen Stil betrieben, die Fanggründe werden aber immer leerer, also sucht man Auswege. Die Fischer wagten sich dabei über ihre Grenzen hinaus, das führte vor ein paar Jahren zu großem Ärger mit dem benachbarten Marokko.

Im Sportboothafen ist das **Centro de Interpretación del Atún de Almadraba,** eine Dauerausstellung zum Thunfischfang mit Stellnetzen, hier *almadraba* genannt, untergebracht.

■ **Centro de Interpretación del Atún de Almadraba,** Tel. 956 459 804, www.atunalmadraba.com, geöffnet: Mo–Fr 9–14 und 16–18, Sa/So 10–14 Uhr, Eintritt: 2 €.

Praktische Tipps

Unterkunft

■ **Hotel Playa del Carmen**③, Avda. del Faro 46, Tel. 956 434 311, www.hotelplayacarmen.es. Das leicht bräunlich gehaltene Haus liegt nicht so schlecht, recht zentral und doch nur zwei Querstraßen vom Strand entfernt. Die 20 korrekten Zimmer haben kleine Balkone, unten befindet sich ein Lokal.

■ **Hotel Adiafa**③, Avda. del Faro 1, Tel. 956 454 060, www.adiafahoteles.com. Das relativ kleine 3-Sterne-Haus hat 19 gute Zimmer. Es ist nur wenige Meter vom Strand in einer sehr zentralen Lage zu finden. Die Einrichtung ist modern und zweckmäßig, von vielen Zimmern haben die Gäste einen netten Meerblick.

Essen und Trinken

■ **Restaurante El Campero,** Avda. Constitución s/n, Tel. 956 432 300. Das Lokal erkochte sich in kurzer Zeit einen guten Ruf. Es liegt versteckt, aber die Suche lohnt. Fisch, vor allem Thunfisch, steht ganz oben auf der Speisekarte.

■ Entlang der autofreien **Strandpromenade** liegen einige Lokale, darunter auch ein Klassiker, wie das seit 1946 existierende *El Boquerón,* wo es gute Fischgerichte gibt.

Verkehrsverbindungen

■ **Busterminal:** Avda. del Mar, unweit vom Hotel Atlántico.

Einkaufen

■ **La Barbateña,** Avda. del Mar 10 und auch noch einmal in der Avda. del Mar 142. Hier werden die Produkte der Region verkauft, hauptsächlich Fisch in Dosen.

Feste

■ **13. Mai:** Virgen de Fatima – ein religiöses Volksfest.

■ **11.–17. Juli:** Patronatsfest Nuestra Señora del Carmen – u. a. mit einer prachtvollen Meeresprozession.

■ **15. August:** Gran Sardinera – dem Sardinenfang wird u. a. mit einem großen Sardinenmahl am Hafen gehuldigt.

Ausflug

Parque Natural de la Breña

Dieser weitläufige Naturpark erstreckt sich hauptsächlich als **Pinienwald** zwischen Barbate und Caños de Meca. Aber auch die nördlich von Barbate gelegene **Marschregion** gehört noch zum 1989 gegründeten Schutzgebiet. Eine Verbindungsstraße zwischen Barbate und Caños de Meca, die C-2143, führt mitten durch den Pinienwald, der sich bis zur Küste hinunterzieht. Dort zeigt sich die Uferlinie überwiegend als Steilküste, die an bestimmten Stellen bis zu 100 Meter abfällt.

Diese Zone kann auf einem etwa vierstündigen **Fußmarsch** erkundet werden. Direkt an der Verbindungsstraße liegt etwa in der Mitte eine Art Picknickplatz namens „Area Recreativa El Jarillo". Von dort kann man auf einem Pfad durch den Pinienwald bis zur Küste wandern, beispielsweise zum Aussichtspunkt **Mirador Torre del Tajo.** Dieser Turm wurde im 16. Jahrhundert an exponierter Stelle errichtet, um von dort aus Feinde auf dem Meer erspähen zu können. Er befindet sich in einem halbzerstörten Zustand, aber der Blick vom Aussichtspunkt bleibt einzigartig.

Ein Weg führt hier auch **an der Küste entlang.** Wer möchte, kann die gesamte Strecke zwischen Barbate und Caños de Meca erkunden.

Caños de Meca

- **Einwohner:** 300
- **PLZ:** 11160
- **Entfernung nach Cádiz:** 69 km
- **Touristeninformation:** www.playasdetrafalgar.com.

Der kuriose Name **„Flussbett von Mekka"** stammt noch aus der maurischen Epoche, denn die Araber waren von der vorgefundenen Menge an Süßwasserquellen derart überrascht, dass sie den Platz nach ihrer heiligen Stadt Mekka benannten (spanisch: *Meca).* So erzählt es jedenfalls die Legende.

Es gibt sie überall auf der Welt, diese Flüstertipps, die von einem zum anderen

weitergegeben werden, bis sich dann schließlich alle einvernehmlich dort versammeln. Caños de Meca zählt auch ein wenig dazu, aber das touristische Aufkommen fällt selbst unter **Freaks** und **Aussteigern** noch relativ bescheiden aus. Was lockt, wird sofort augenfällig: ein hübsches Dorf und ein sehr schöner Strand.

Ein gewisser **Hippie-Flair** zog ein mit viel Partymachen, lässigem Abhängen und Am-Strand-Schlafen, aber insgesamt blieb noch alles im Rahmen. Dann entstanden alsbald die ersten Apartments und **spanische Wochenendtouristen** entdeckten den reizvollen Ort, aber auch diese Entwicklung hätte ganz anders ausgehen können. Zuletzt kamen die **Kitesurfer** und gaben dem Ganzen

347cl sm

352cl sm

eine sehr sportive Note, was sich auch im sommerlichen Nachtleben bemerkbar macht. Der Ort besteht aus kaum mehr als einer Straße, die parallel zum Strand verläuft. Dort liegen die Unterkünfte, Geschäfte und Kneipen.

Ein bisschen alternativ und sehr sportlich: Caños de Meca hat ein spezielles Flair

Allzuviel los ist hier wahrlich nicht, außerhalb der Sommersaison noch weniger. Spanische Feriengäste kommen hauptsächlich im Juli bzw. August und vielleicht noch mal während langer Wochenenden. Ausländer dagegen kamen schon immer häufiger und heute vor allem zum Kitesurfen. Und sonst? Sehr wenig. Die wenigen Lokale werden frequentiert, ansonsten muss man hier einfach etwas mit seiner Zeit anzufangen wissen.

Die Strände

Playa de los Caños de Meca ist ein feiner Sandstrand, der sich von einer bescheidenen Breite am Ortsende nach 2800 Metern mächtig ausdehnt und beim Leuchtturm Faro a Trafalgar zu einer schönen Dünenlandschaft auftürmt. Ein kurzer Abschnitt wird als FKK-Zone genutzt.

Direkt hinter dem Cabo de Trafalgar schließt sich der Strand **Playa del Palmar-Zahora** an. Er verläuft über 7800 Meter Länge, eine Trennung zum benachbarten Dorf El Palmar lässt sich dabei nicht erkennen.

Sehenswertes

Das kleine Dorf bietet sich an, um einmal einige Tage richtig schön zu faulenzen, Spaziergänge am weiten Strand zu unternehmen oder die ein oder andere Bar zu testen. Wer noch etwas mehr Energie hat, kann auch eine kleine Wanderung zum **Torre Meca** machen. Dieser im 17. Jahrhundert erbaute Turm erhebt sich in etwa 2 Kilometern Entfernung auf einem Hügel im Hinterland etwas versteckt im Pinienwald. Da er einst als Wachturm diente, hat man von oben einen netten Ausblick. Aber es gilt vor allem die alte Weisheit „der Weg ist das Ziel“.

Ein anderer Fußmarsch führt zum **Cabo de Trafalgar.** Sowohl am Strand entlang als auch auf asphaltierter Straße gelangt man zu diesem geschichtsträchtigen Punkt. Der schlanke Leuchtturm erhebt sich auf eine Höhe von 34 Metern. Er wurde 1860 erbaut und 1929 gründlich restauriert. Die direkte Zufahrt zum Leuchtturm ist allerdings gesperrt und es wurden auch im Umfeld entlang der Straße Poller aufgestellt. Wahrscheinlich soll das „wilde Übernachten“ im Auto unterbunden werden, die Wohnmobile stehen nun entweder auf einem Campingplatz oder weiter oben im Ort.

Praktische Tipps

Unterkunft

■ **Hotel Mar de Enfrente**③, Avda. Trafalgar 3, Tel. 956 437 025, www.hotelmardeenfrente.com. Ein kleines Haus mit elf guten Zimmern, prima Ausblick über die Meeresklippen. Geöffnet: März bis November.

■ **Hostal Fortuna**③, Avda. Trafalgar 34, Tel. 956 437 075, www.hostalfortuna.com. 19 Zimmer um einen Innenhof gruppiert, nur 50 m sind es bis zum Strand. Hübsch gestaltet mit angenehmer Atmosphäre mit mittelgroßen und gut eingerichteten Zimmern. Zu finden knapp hinter der Abzweigung nach Barbate. Ostern bis Oktober geöffnet. WLAN.

■ **Hostal Alhambra**③, Crta. Caños de Meca, km 9,5, Tel. 956 437 216, www.hotelalhambra.com. Das hübsche, im maurischem Stil erbaute 10-Zimmer-Haus liegt am Ortsausgang und damit schon etwas abseits vom Geschehen. Auch zum Strand ist es ein guter Kilometer. Ganzjährig geöffnet.

■ **Hostal Miramar**②, Avda. Trafalgar 112, Tel. 956 437 024, www.hostalmiramar.com. Dieses kleine Haus bietet 23 einfache Zimmer, hat einen Pool und eine Cafetería.

■ **Casa Meca,** Tel. 639 613 402, www.casameca.com, liegt unweit der Abzweigung zum Leuchtturm. Haus mit drei nett gestalteten Apartments inmitten eines 3000 m^2 großen Grundstücks. Auch für Winterflüchtlinge geeignet, Zentralheizung, deutsche Vermieter.

Camping

■ **Faro de Trafalgar,** 2. Kategorie, geöffnet Anfang April bis Ende September, Tel./Fax 956 437 017. Etwa 100 m vom Strand liegt dieser kleinere Platz in Höhe der Abzweigung zum Leuchtturm, nur im Sommer geöffnet.

■ **Caños de Meca,** 1. Kategorie, geöffnet 1.4.–15.10., Tel. 956 437 120, Fax 956 437 137. Der Platz hat etwa 200 Parzellen. Er liegt an der Hauptstraße schon etwas im Hinterland, gut 1–2 km vom Ortskern und ca. 600 m vom Meer entfernt.

Essen und Trinken

■ **Bar El Caña,** Avda. Trafalgar 53, Tel. 956 437 398, April–September geöffnet. Gute Fischgerichte bei tollem Meerblick.

■ **La Breña,** Avda. Trafalgar 67, Tel. 956 437 368. Schön erhöht über dem FKK-Strand, eine Bar für die nächtliche *marcha.*

■ **El Pirata,** Avda. Trafalgar 67, Tel. 956 437 396. Direkt am Strand gelegen mit entsprechend tollem Meerblick. Fischgerichte sind die Hausspezialität.

■ **Pizzería Siboni,** gegenüber Bar Jaima (das ist die offizielle Adresse!), Tel. 663 519 291. Im Ortskern in der oberen Etage eines Hauses am Meer zu finden. Außer Pizza gibt es hier auch Konzerte und abends kann man dann gleich hinübergleiten ins legere Nachtleben.

Nachtleben

■ Für einen derart kleinen Ort gibt es gute Angebote: **La Jaima,** ein angesagter Laden mit arabischer Deko. Ein weiterer Szene-Treff ist das kleine **Ketama.** Die Disco **Ohjú** liegt etwas außerhalb an der Straße nach Zahora. Hierher kommen alle, wenn die anderen Bars schließen.

Die Schlacht von Trafalgar

1805 kam es vor Trafalgar zu einer Seeschlacht zwischen der **britischen Flotte** und der verbündeten spanisch-französischen **Armada.** Die britische Flotte wurde vom hoch dekorierten und geschätzten Admiral *Nelson* zum Sieg geführt. Die ehemalige Vorherrschaft der spanischen Armada war damit gebrochen, Großbritanniens alleinige Herrschaft auf den Weltmeeren gesichert. Englands Seeheld *Horatio Nelson* überlebte den Kampf allerdings nicht. Ihm zu Ehren wurde die Nelson-Statue in London errichtet und die entscheidende Schlachtszene täuschend echt in Madame Tussaud's Wachsfigurenkabinett nachgestellt, mit Pulverdampf, Schlachtenlärm und Kanonenschüssen.

Ebenfalls *very british:* Noch heute wird zur Erinnerung an diesen Sieg auf allen Schiffen und Landeinrichtungen der Royal Navy das sogenannte *Trafalgar Night Dinner* alljährlich am 21.10. zelebriert.

El Palmar

Um in dieses winzige Dörflein zu gelangen, muss man bei Vejer die Nationalstraße verlassen und auf einer relativ schmalen Stichstraße in Richtung Meer fahren. Noch bevor man El Palmar erreicht, wird man erkennen, was es mit dem Namen auf sich hat: Kleine **Palmen** und **Feigenbäume** wachsen hier auf dem trockenen Boden. Deshalb wird diese Gegend auch als „afrikanische Fortsetzung" des nördlichen Marokkos bezeichnet – Vegetation und Klima sind schon sehr ähnlich.

Die meisten Besucher kommen aber wohl aus anderen Gründen. Sie wollen **surfen.** Hier weht ständig ein flottes Lüftchen und die Brandung hat es manchmal in sich. Nichts für Sonnenanbeter also, aber beste Bedingungen für *surfistas.*

El Palmar besteht aus kaum mehr als einer Straße, die sich am Meer entlangwindet. Für Urlauber gibt es **keine speziellen Angebote** und die Küste ist noch nicht verbaut. Es scheint eher so, als hätten die ehemaligen Fischer und Bauern ein paar Zimmer freigeräumt für diese jungen Menschen, die so komische Sachen mit Brett und Segel machen. Einige offizielle *hostales* und ein paar Lokale findet man dann aber doch noch – vor allem aber viel Platz am Strand und viel Wind.

Das Zentrum des Ortes, wenn man es mal so nennen will, liegt jeweils knapp links und rechts der Zufahrt und dann noch mal gute 800 Meter nach rechts. Dort hinten befindet sich auch ein kleiner Supermarkt. Vor dem schönen Strand wurden genügend Parkplätze ge-

357cl sm

361cl sm

schaffen, auch einige ausgewiesene **Behindertenparkplätze.** Durch die Dünen führen Holzbohlenwege zum Strand.

Genau wie an der Nordseeküste versucht man auch hier das Wandern der Dünen durch eine gezielte Bepflanzung einzudämmen. Strandbesucher werden eindringlich gebeten, nicht durch die Dünen zu stapfen, sondern die Holzbohlenwege zu nutzen. Um dies zu unterstreichen, wurden auch in El Palmar einige Poller installiert, sodass man nicht mehr an jeder freien Stelle parken kann. Aber es bleibt trotz allem noch genügend Platz, sowohl zum Parken als auch zum Sonnen und Surfen. Die Stimmung hier ist lässig, das räumlich sehr nahe, aber deutlich touristisch entwickeltere Conil erscheint, was die Infrastruktur angeht, weit entfernt.

⌃ Easy going in El Palmar

‹ An der Nordsee? Nein, am Strand von El Palmar!

Die Strände

Der Doppelstrand **Playa del Palmar – Playa de Zahora** verläuft über 7800 Meter und endet erst am Cabo Trafalgar. In El Palmar zeigt er sich mit 50 bis 100 Metern deutlich breiter. Hier tritt man sich wahrlich nicht auf die Füße. Parallel verläuft eine Straße, an der geparkt werden kann, und dort stehen auch ein paar Häuser. Man hat hier tatsächlich die Möglichkeit, einen tollen Strand weitestgehend für sich zu haben – wenn nur der Wind nicht wäre.

Wem es hier aber immer noch zu voll sein sollte, der kann noch ein Stück weiter gehen. Etwa ab Höhe des alten Wehrturmes Torrenueva beginnt der sich direkt anschließende **Strand Playa Castilnovo.** Einen Unterschied wird man kaum wahrnehmen. Er ist von ebensolcher Güteklasse und verläuft über 2700 Meter bis zum Hafen von Conil. Im Hinterland schließen sich Felder und Äcker an, weshalb sich höchst selten jemand hierher verirrt.

380cl sm

Praktische Tipps

Unterkunft

■ **Hostal Casa Francisco**③, Tel. 956 232 249. Nennt sich selbst auch *el de siempre*, also etwa: „der, wie immer", was darauf anspielt, dass dieses Haus in der zweiten Generation in Familienbesitz geführt wird und es sozusagen das erste Haus am Platz mit immerhin zwölf Zimmern, direkt am Strand ist. Unmittelbar bei der Zufahrtsstraße links. Mit Restaurant.

■ **Hostal La Ilusión**②, Tel. 956 232 398. Nur acht Räume hat dieses auffällig grüne Haus. Unten werden Mahlzeiten im angeschlossenen Lokal serviert. Es liegt sehr nahe zum Strand, ist ganzjährig geöffnet und hat einen eigenen Parkplatz.

■ **Hostal La Gallega**②, Tel. 606 911 876. Ein einfaches Haus mit 16 Zimmern, etwas versteckt: beim Kreisverkehr nach links, ca. 300 m, dann auf das Schild achten, nochmals ca. 200 m ins Hinterland. Ein Restaurant gibt es auch.

Camping

■ **El Palmar,** 2. Kategorie, ganzjährig geöffnet, Tel. 956 232 161, Fax 956 232 884, www.pogoland.com/elpalmar. Relativ kleiner Platz (396 Personen), der gut ausgeschildert ist, aber etliche Hundert Meter vom Strand entfernt liegt. Mit Pool, Restaurant, Supermarkt und sogar Tennisplatz. Die Parzellen haben relativ viel Schatten.

Essen und Trinken

■ **Restaurante Francisco Alférez,** Tel. 956 232 861, liegt rechts an der Strandstraße und bietet Tapas, *raciones* und vor allem Fischgerichte, die man auf einer Meerblick-Terrasse genießt.

■ **Casa Juan,** Tel. 956 232 099, ein weiteres gutes Fischlokal mit Terrasse, an der Strandmeile gelegen.

■ **Bar Kotadalu,** Treff der Surfer, hier auch Verleih von Boards. Kleine Gerichte werden serviert und vor allem ist es ein guter Platz für einen Sundowner.

Vejer de la Frontera

- **Einwohner:** 13.000
- **PLZ:** 11150
- **Entfernung nach Cádiz:** 54 km
- **Touristeninformation:** Avda. Los Remedios 2, Tel. 956 451 736, Fax 956 451 620, www.vejerdelafrontera.es oder oder www.turismovejer.es, geöffnet: 15.6.–15.10. Mo–Fr 10–15 und 17–21, Sa/So 10.30–14.30 und 17–21 Uhr, 16.10.–14.6. Mo–Fr 10–14 und 16–18, Sa/So 11–14 Uhr

Auf 190 Metern Höhe liegt dieser strahlend schöne Ort. Wer sich Vejer über die Nationalstraße nähert, dem fallen schon von Weitem die einmalige Lage und die **blitzblanken, hell getünchten Häuser** auf. Um hinzukommen, muss man von der Nationalstraße in eine mittelsteile Straße abbiegen, die dann in einigen Schlenkern hochführt. Vor dem Ortseingang befindet sich ein großer Parkplatz, der genutzt werden sollte, denn in den engen, steilen Gassen macht das Autofahren gar keine Freude.

Es ist ein Ort, der architektonisch **in der arabischen Tradition** steht, überragt von einer Kirche, die auf den Resten einer ehemaligen Moschee errichtet wurde. 711 eroberten die Mauren diesen strategisch günstigen Platz, bauten den Ort nach ihren Vorstellungen aus, und so zeigt er sich noch heute mit einem engen Gassensystem. 1250 eroberten christliche Heere unter König *Fernando III.*, genannt „der Heilige“, die Stadt.

◁ Die Plaza España in Vejer de la Frontera

Sehenswertes

Der Ort ist ein **Gesamtkunstwerk,** einzelne Teile herauszuheben wäre fast ein wenig ungerecht. In den schmalen Gassen läuft man stets entweder nach oben oder nach unten und kann sich auf diese Weise halbwegs gut orientieren. Beim Hauptplatz, **La Plazuela,** verläuft noch ein Teil der alten Stadtmauer. Von hier kann der Besucher weit ins Tal schauen. Es ist der Ort, an dem sich immer einige Rentner versammeln und plaudern.

Einmal um die Ecke liegt ein viel gepriesenes Hotel, das **Convento de San Francisco.** Es wurde so hervorragend in die umliegende Bausubstanz integriert, dass man leicht daran vorbeiläuft.

Spätestens an dieser Stelle taucht der Besucher in die steilen, engen Gassen ein. Man sollte sich einfach **treiben lassen** und über diese reine andalusisch-arabische Stilmischung der Häuser staunen, sollte seinen neugierigen Blick in Innenhöfe versenken, dem Plätschern der Brunnen lauschen, die Hauseingänge mit den hübschen Blumentöpfen und die weiß getünchten Häuser mit ihren kunstvollen Gittern vor den Fenstern bewundern.

Kein Wunder, dass etliche **Innenhöfe** so hübsch gestaltet sind, wird doch regelmäßig ein Wettbewerb um die schönsten Straßen, Innenhöfe und Fassaden abgehalten. Wer prämiert wurde, heftet die kleinen Schildchen dann voller Stolz neben seine Eingangstür.

Besonders hübsch präsentiert sich die **Casa del Marqués de Tamarón** aus dem 18. Jahrhundert, in der heute ein Kulturzentrum untergebracht ist. Ganz in der Nähe befindet sich das Stadttor **Puerta de la Segur,** erschaffen im 10. Jahrhundert, verstärkt im 12. Jahrhundert und später noch einmal im 15. Jahrhundert. Ähnlich interessant ist die **Puerta de Sancho IV.,** die aus der gleichen Zeitspanne stammt und neben dem Gebäude *Casa del Mayorazgo* steht, einem Haus mit sehr schönem Innenhof. Das dritte noch erhaltene Stadttor, **el Arco de la Villa,** schließt die Altstadt zur heutigen *Plaza del Ayuntamiento* ab. Alle Tore sind im Ort ausgeschildert.

Schließlich wird man auch auf die **Iglesia del Divino Salvador** stoßen. Die Kirche wurde auf den Mauern einer alten Moschee errichtet und vereint ein buntes Stilgemisch: Romanik, Gotik, Mudejar und Renaissance. Die Kirche des ehemaligen Ordens der Kapuzinermönche wurde 1558 erbaut, das kleine Konvent dann 1835 säkularisiert. Das Konvent verschwand, erhalten geblieben ist noch der eindrucksvolle Torbogen **Torre de las Monjas;** die ehemalige Kirche wird für kulturelle Veranstaltungen genutzt.

Das benachbarte und viel besuchte **Castillo Árabe** könnte ein wenig enttäuschen. Allzu viel ist nämlich nicht mehr zu sehen. Auffällig sind vor allem der maurische Torbogen und ein alter Schöpfbrunnen. Erbaut in der Zeit vom 9. bis 10. Jahrhundert und renoviert im 14. Jahrhundert. Ansonsten bestaunt der Besucher einen relativ großen Innenhof und kann in einer *artesanía,* einem Kunstgeschäft, vorbeischauen.

Die **Plaza España** ist vielleicht der schönste Platz im Dorf. Ein kleiner hübsch gekachelter Springbrunnen ist von strahlend weißen Häusern (eines ist das Rathaus) umgeben. Wegen der Fischlein, die auf den Kacheln abgebildet sind, wird der Platz auch *Plaza de los Pescaítos* genannt. Das gemütliche Restaurant Trafalgar und das stimmungsvolle Hotel Casa del Califa warten hier auf Gäste.

Etwa 100 Meter entfernt steht an der Plaza del Padre Caro die **Iglesia Merced.** Der aufmerksame Besucher findet an der Kirche ein in Stein gemeißeltes Bildnis einer **Schleier tragenden Frau.** In Vejer war dieses arabische Kulturgut zu Beginn des 20. Jahrhunderts noch selbstverständlich. *El cobijado* wurde das dunkle Tuch genannt, das die Frauen in der Art eines langen, schwarzen Tschador trugen. Das Tragen war mehrfach verboten, wurde aber 1976 nach *Francos* Tod wieder zugelassen. Heute geschieht es mehr unter folkloristischen Gesichtspunkten während örtlicher Feierlichkeiten, besonders bei dem **Patronatsfest** vom 10. bis 24. August. Charakteristisch waren ein schwarzer, sehr weiter Überrock und ein schwarzer, gefütterter Umhang, der die Frau vollständig bedeckte, bis auf ein (!) Auge.

Praktische Tipps

Unterkunft

■ **Convento de San Francisco**③, Plazuela s/n, Tel. 956 451 001, www.tugasa.com. Wenn je ein Hotel keine Hausnummer benötigte, dann dieses. Ein in einem ehemaligen Franziskanerkloster mitten im Ortskern gelegenes Haus mit 25 Zimmern, das vom gesamten Ambiente an den alten Stil angepasst ist. Ein Restaurant mit viel gelobter Speisekarte ist im ehemaligen Refektorium untergebracht.

▷ Enge Gassen und schneeweiße Häuser, das Markenzeichen von Vejer de la Frontera

372cl sm

■ **La Casa del Califa,** ab ③, Plaza España 16, Tel. 956 447 730, Fax 956 451 625, www.lacasadelcalifa.com. Kleines, aber sehr schickes Haus mit drei Patios. Etwas verwinkelt, mit individuellem Charme. Die 16 Zimmer sind im arabischen Stil dekoriert, u. a. mit Teppichen aus Marokko. Das Haus hat eine schöne Dachterrasse.

■ **Pensión La Posada**②, c/ Los Remedios 21, Tel. 956 450 258, www.hostal-laposada.com. Die sechs Doppelzimmer (außerdem drei Einzelzimmer) verteilen sich auf drei Etagen. Das Haus liegt an der Zufahrtsstraße zur Plazuela, vom Busterminal sind es etwa 400 m.

Camping

■ **Vejer,** 1. Kategorie, ganzjährig geöffnet, Ctra. N-340, km 39,5, Tel. 956 450 098, www.campingvejer.es. Der kleine Platz (135 Personen) liegt etwa 5 km vom Ort entfernt in einem Wäldchen und hat einen Pool.

Essen und Trinken

■ **La Bodeguita,** c/ Marqués de Tamarón 9, kleine, urige Pinte in der Altstadt, schräg gegenüber vom ausgeschilderten Kulturzentrum, hinter dem Stadttor Puerta de la Segur.

■ **Mesón del Palenque,** c/ San Francisco 1, Tel. 956 451 704. Hier wird *comida casera* serviert, also Hausmannskost. Liegt in einem offenen Innenhof, am Convento-Hotel zweimal um die Ecke biegen.

■ **Mesón Pepe Julán,** c/ Juan Relinque 7, Tel. 956 451 098. Das Lokal ist auf Fisch spezialisiert, auch Tapas werden gereicht. Zu erreichen über die Straße, die rechts am Convento-Hotel vorbeiführt.

■ **Restaurant Trafalgar,** Plaza España 31, Tel. 956 447 638. Kleines Lokal an der schönen Plaza España, einige Tische stehen draußen, gute andalusische Küche. Spezialitäten sind Thunfisch-Gerichte und *rabo de toro* (Ochsenschwanz).

■ **Bar Arriate,** c/ Corredera 55, Tel. 956 451 305. Liegt bei der Hauptkreuzung an der Zufahrtstraße mit einer Terrasse unmittelbar an der Mauer, von wo man einen tollen Fernblick hinunter in die Ebene hat. Geboten werden Fisch- und Fleischgerichte der Region, aber auch Tapas.

■ **La Brasa de Sancho,** c/ Sancho IV. el Bravo 1, Tel. 615 591 919. Liegt oberhalb der Plaza España und hat eine fast schon versteckte Terrasse an einem Aussichtspunkt, wo man idyllisch sitzt, beinahe wie auf einem Balkon. Spezialität des Hauses sind Fisch- und Fleischgerichte vom Holzkohlegrill.

El Cobijado, der Vollschleier, aus dem frau nur mit einem Auge schaute

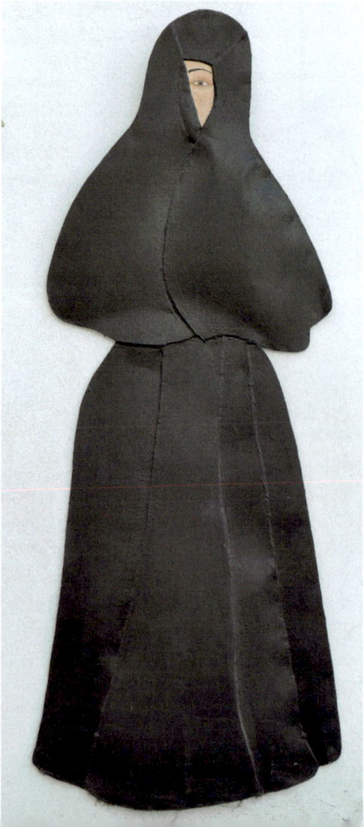

381cl sm

■ **Venta Pinto,** N-340, km 36,6, Tel. 956 450 069. Ursprünglich wohl mal eine Fernfahrerkneipe, hat sich dieses altbewährte Lokal mittlerweile zu einer Institution gemausert. Gute Reis- und Fischgerichte, aber auch die *bocadillos* werden hochgelobt.

Verkehrsverbindungen

■ **Bushaltestelle:** Beim Park Los Remedios. Weitere Haltestelle im unteren, 2 km entfernten Ortsteil.

Aktivitäten

■ **Geführte Stadtbesichtigungen:** Di–Sa um 11.30 Uhr, Treffpunkt vor der Touristeninformation, Infos: Tel. 646 405 237.

Einkaufen

■ **Markthalle (Mercado de Abastos):** Plaza de Abastos, liegt bei der kurzen c/ San Francisco hinter dem Hotel Convento San Francisco.
■ **Markt:** Donnerstag 9–14 Uhr, an der Barriada Las Malbinas.

Feste

■ **Ostersonntag:** Toro embolao – zwei Stiere werden unter viel Juchee und Juchei durch die engen Gassen getrieben.
■ **Zweiter Sonntag nach Ostern:** Frühlingsfest.
■ **7. Mai:** Romería del Santuario de la Oliva. Das Fest erinnert an die Proklamierung als Schutzpatronin von Vejer durch *Papst Leo XIII.* am 7. Mai 1885.
■ **24. Juni:** Candelas de San Juan – Johannisnacht, u. a. werden Puppen verbrannt.
■ **15. August:** Nuestra Señora de la Oliva, Patronatsfest.
■ **Mitte August:** Flamenco-Festival.

Medina Sidonia

■ **Einwohner:** 12.000
■ **PLZ:** 11170
■ **Entfernung nach Cádiz:** 44 km
■ **Touristeninformation:** c/ San Juan s/n, Tel. 956 412 404, geöffnet: tägl. 10.30–14 und 16.30–18.30 Uhr.

Diese kleine Stadt mit dem arabisch anmutenden Namen liegt im Hinterland gut 30 Kilometer von der Küste entfernt auf halbem Weg nach Arcos de la Frontera. Tipp: Am Ortseingang bei der Hauptzufahrtsstraße liegt ein großer Parkplatz.

Medina Sidonia trägt noch heute Spuren der maurischen und mittelalterlichen Zeit und hat oben im Kern der **Altstadt** eine überraschend prachtvoll ausgestattete Kirche. Geprägt ist die Altstadt von engen Gassen, weißen Häusern und teils ziemlich steilen Wegen, liegt die Stadt doch immerhin auf 300 Meter Höhe.

Gegründet wurde der Ort von den Phöniziern, die aus Sidon kamen, woraus sich der Name „Sidonia" ableitet. Es folgten zunächst die Römer und dann die Westgoten, bis 712 die Araber die Stadt besetzten. Christliche Heere unter Alfonso X eroberten sie schließlich 1246. Die ehemalige Moschee wurde zunächst in eine christliche Stätte umgewandelt, doch später baute man dann eine eigene größere Kirche, die **Iglesia de Santa María la Coronada.**

Im Jahr 1518 begonnen, wurde das Bauwerk erst 1615 fertiggestellt. Es wirkt schon etwas wuchtig von außen; im Inneren hat die Kirche einen prachtvollen Altar, an dem 31 Jahre gearbeitet wurde, von 1553 bis 1584. Er zeigt 22 Szenen aus Jesu Leben im plateresken Stil. Der Altar

misst 15 Meter in der Höhe und 6,80 Meter in der Breite; insgesamt 168 einzelne Figuren sind dargestellt, davon 80 aus einem Stück gefertigt. 1774 wollte der Organist den Altar reinigen, dabei wurde ein Fehler gemacht, weswegen etliche Figuren jetzt so abgedunkelt wirken. Ähnlich prächtig sind auch einige Seitenkapellen gestaltet.

■ **Iglesia de Santa María la Coronada,** geöffnet: Mo–Fr 11–14 und 16.30–19, Sa 11–14 und 16.30–20.30, So 11–14 und 16.30–19.30 Uhr, Eintritt: 2,50 €.

Erhalten sind auch noch Reste der Stadtmauer und drei Stadttore, von denen die **Puerta Árabe** am deutlichsten den arabischen Stil zeigt, sie stammt aus dem 10. Jahrhundert.

Auch das **Rathaus**, das *Ayuntamiento,* ist ein prachtvolles Gebäude. 1673 im barocken Stil begonnen mit fünf Arkadenbögen, wurde die zweite Etage später im neoklassischen Stil erweitert mit kleinen Balkonen und Fenstern, die von dreieckigen Gesimsen gekrönt sind.

Vor dem Rathaus breitet sich die **Alameda** aus, deren Existenz bereits seit dem 15. Jahrhundert belegt ist, wobei vermutet wird, dass hier bereits zur Römerzeit eine Flaniermeile bestand.

◁ ▷ Die Iglesia de Santa María la Coronada mit prachtvollem Altar

494cl sm

Die **römische Vergangenheit** wird noch erforscht, Teile sind bereits freigelegt, darunter auch ein ehemaliges Abwassersystem, *las cloacas romanas* („die römischen Kloaken"). Auch die 1997 entdeckte Straße Via romana, die unterhalb der Calle Álamo verläuft, wurde bereits teilweise freigelegt.

Die Burg, **el Castillo,** hat eine lange Geschichte, bereits die Römer bauten hier eine militärische Festung. Später nutzten sowohl die Araber als auch die christlichen Herrscher die strategisch günstige Lage und bauten sie nach ihren jeweiligen Vorstellungen um. Bis heute sind Überreste aller Epochen entdeckt worden.

Herzog von Medina Sidonia

Der Duque de Medina Sidonia ist der älteste Herzogstitel in Spanien – und einer der bekanntesten noch dazu. Er wurde erstmals 1445 verliehen und wird seitdem vererbt. Eine berühmte Figur in dieser Linie war *Alonso Guzmán el Bueno,* der siebente Herzog, denn er war Kommandeur der legendären spanischen Armada, die vor England 1588 unterging. Aktuell trägt den Titel *Leoncio Alonso González de Gregorio y Álvarez de Toledo,* 22. Herzog von Medina Sidonia. Dieser Herzog ist allerdings weniger schillernd und schon gar nicht berühmt, geht er doch einem bürgerlichen Beruf nach: Der Duque arbeitet an der Universität Castilla-La Mancha als Geschichtsprofessor.

■ **El Castillo,** geöffnet: täglich 10.30–14 und 16.30–18.30 Uhr, Eintritt: 3,50 €.

Praktische Tipps

Unterkunft, Essen und Trinken

■ **La Vista de Medina**③-④, Plaza Iglesia Mayor 2, Tel. 956 410 069. Perfekte Lage gegenüber der Kirche. Hat drei Speiseräume und drei Terrassen, eine davon direkt zur Kirche. Bietet eine jahreszeitlich wechselnde Karte mit regionalen Speisen, auch Kleinigkeiten „para picar", wie es so schön heißt, also etwa „einen kleinen Happen essen". Obendrein werden die hausgemachten Desserts gelobt.

Das Haus bietet auch einige wenige liebevoll eingerichtete Apartments mit Kochgelegenheit an, es gibt zwei Pools und vor allem einen tadellosen Fernblick.

Feste

■ **Anfang Mai:** Cruve de Mayo – die Straßen werden mit aus Blumen geflochtenen Kreuzen geschmückt, außerdem wird ein Wettbewerb um den schönsten Innenhof *(patio)* organisiert.
■ **Ende Mai:** Große Festwoche auf dem Festgelände Prado de la Feria, wo sehr viele kleine und auch größere Festzelte aufgestellt werden, in denen die Bevölkerung mit ihren jeweiligen Gruppen oder Vereinen feiert.
■ **Sommer:** umfangreiches Kulturprogramm mit Konzerten, Ausstellungen, Theater, vorzugsweise in den kühleren Nachtstunden.

⊡ Ein weißes Dorf in der Dämmerung: Conil de la Frontera

386cl sm

Conil de la Frontera

- **Einwohner:** 21.300
- **PLZ:** 11140
- **Entfernung nach Cádiz:** 43 km
- **Touristeninformation:** c/ Carretera 1, Tel. 956 440 501, Fax 956 440 500, http://turismo.conil.org, geöffnet: im Sommer tägl. 9–14 und 18–21 Uhr, ab Oktober bis Ostern ist das Büro am Nachmittag geschlossen.

Conil ist ein **Weißes Dorf** mit einem Hauch **internationaler Atmosphäre.** Was zunächst nach Widerspruch klingt, lässt sich erklären. Nach Conil reisen viele Sprachschüler. Deshalb hat sich im Altstadtkern eine kleine Kneipenkultur internationaler Ausrichtung gebildet. Dennoch hat Conil seinen andalusischen Charme nicht verloren. Die strahlend weißen Häuser bilden ein schönes Ensemble mit einem offenen Abschluss zum Meer. Dort erstreckt sich ein sehr breiter Strand. An der Promenade liegen ein paar Lokalitäten, ideal um sich nach einem Bummel die Sonne bei einem *vino* auf den Bauch scheinen zu lassen.

Der Namenszusatz *de la Frontera* (von der Grenze) geht auf die Phase der **maurischen Regentschaft** zurück. Die christlichen Heere drangen immer stärker nach Süden vor und eroberten 1248 die große Stadt Sevilla. Von da an bleiben ganz im Süden noch einige relativ kleine Orte unter arabischer Herrschaft übrig. Diese eroberten die christlichen Heere nach und nach und verschoben somit beständig die Grenze zwischen dem christlichen und maurischen Reich. Im Jahr 1265 wurde das Gebiet um Conil erobert und dieser kleine Ort trägt seit damals eben den Namenszusatz de la Frontera, weil es eben für eine gewisse Zeit „Grenzort“ war. Der Eroberer König *Fernando IV.* übergab das Dorf dem Adeligen *Don Alonso Pérez Guzmán,* deshalb wurde der Ort eine Zeit lang auch *Torre de Guzmán* genannt, nach dem gleichnamigen, noch heute existierenden Verteidigungsturm.

Die Strände

Playa de los Bateles heißt der Stadtstrand. Sobald der Wind einmal nicht so heftig weht, kommen sofort die Sprachschüler und sonnen sich in ihren freien Minuten. Dazu gibt es reichlich Platz, denn der Strand misst an die 100 Meter in der Breite und 900 Meter in der Länge. Eine breite Promenade verläuft parallel dazu und endet als Sackgasse an einem Flüsschen, dem Río Salado. Zwischen Strand und Promenade zieht sich ein breiter Streifen geschützter Vegetation entlang. Um zum Strand zu gelangen,

Conil de la Frontera

CoLuz37

Übernachtung
- 1 Hotel Costa Conil, Apartments Patio Andaluz La Fontanilla
- 2 Conil Park Hotel
- 3 Hotel Playa Conil
- 5 Hotel Bari
- 6 Hotel Oasis
- 7 Pensión Sonrisa del Mar
- 13 Hotel Almadraba Conil
- 23 Hotel Flamenco, Hotel Diufaín, Hotel Fuerte Conil, Hotel Fuerte Costa Luz, Campingplätze
- 25 Hotel Tres Jotas
- 26 Hotel Don Pelayo
- 28 Hostal Costa de la Luz

Essen und Trinken
- 1 Strandbars La Fontanilla, Francisco, La Ola
- 4 Rest. El Patio
- 8 Rest. La Playa, El Pasaje, La Bahía, Casa Manolo
- 9 Bar El Resbalón
- 10 Tasca Juan
- 17 Bar Los Hermanos
- 19 Pizzeria Da Prieto
- 20 Rest. Blanco y Verde
- 24 Rest. Mirador el Roqueo

Nachtleben
- 11 Bars El Gamba, El Castillito
- 12 Bar/Disco Karma
- 14 Disco Ícaro
- 15 Bars La Villa, Palo Palo
- 16 Disco La Luna

Sonstiges
- 18 Atlantica Sprachschule
- 21 Conil Bike
- 22 Europcar
- 27 Sprachschule Academia Andaluza

mehrere Musikbars

muss man daher über (nachts beleuchtete) Bohlenwege gehen. Wer genug vom Sonnenbaden hat, flüchtet sich in eines der Lokale, die alle eine offene Terrasse mit Windschutz haben.

Playa de la Fontanilla schließt sich nahtlos an. Er verläuft über 1700 Meter und wird dabei kontinuierlich schmaler. Wie sein Nachbar Los Bateles besteht er aus feinem, hellem Sand. In seinen Ausläufern baut sich allmählich eine Steilküste auf. Genau dort liegen ein paar Lokale direkt am Strand und oberhalb vier größere Hotels.

Im weiteren Verlauf folgen bis zum unübersehbaren Fischereihafen **fünf Buchten,** die teilweise nur über Pisten erreichbar sind oder aber zu Fuß. Ihre Lage zeichnet sich durch Einsamkeit und relativ windgeschützte Ecken aus.

Man kann von Conil aus **zu Fuß an der Küste entlang** bis zur letzten Bucht laufen. Der Weg führt mehr oder weniger direkt oberhalb der Steilküste lang, vereinzelt muss ein kleiner Bogen ins Hinterland gemacht werden. Zurück geht es auf demselben Weg oder entlang einer asphaltierten Straße, auf der man nach 6 Kilometern wieder Conil erreicht.

Sehenswertes

Wie in vielen Weißen Dörfern ist auch in Conil das Gesamtbild die attraktivste Sehenswürdigkeit. Der Altstadtkern wird durch das zentrale Tor **Puerta de la Villa** erreicht, das einst an der Straße nach Vejer lag. Dahinter liegt die **Plaza de España,** der Platz von dem die Gassen in die **Altstadt** abzweigen. Diese zeigt sich nett verwinkelt, hier und da lockt eine Lokalität oder ein Geschäftchen. Nach einigen Schlenkern landet der Besucher unweigerlich vor den örtlichen Monumenten, die nur eine Parallelstraße von der Strandpromenade entfernt und in direkter Nachbarschaft zueinander liegen.

Die Kirche **Iglesia de Santa Catalina** ist ein sandfarbenes Gotteshaus aus dem 16. Jahrhundert. Nur einen Steinwurf entfernt erhebt sich der ehemalige Aussichtsturm eines ummauerten Wehrbereiches **Torre de Guzmán** aus dem 14. Jahrhundert. Von den Mauern ist aber so gut wie nichts mehr erhalten geblieben. Zwischen diesen beiden Gebäuden öffnet sich ein netter **Platz mit einigen Bars.**

Ein winziges **Museum,** das Museo de raíces conileñas, erinnert an die Geschichte des Ortes und die „conilenischen Wurzeln", wie die Übersetzung des Namens lautet. Die Ausstellung ist verteilt auf vier Räume. Im ersten Saal wird Conil im Verhältnis zum Meer und zur ländlichen Umgebung dargestellt. Saal 2, 3 und 4 gewähren dann einen Blick in ein typisches Familienhaus aus den Anfängen des 20. Jahrhunderts.

■ **Museo de raíces conileñas,** Plaza Santa Catalina, täglich 11–13, Do–Sa auch 18.30–20.30 Uhr.

Praktische Tipps

Unterkunft

■ **Hotel Fuerte Conil**④, Hijuela de lojo s/n, Tel. 956 443 344, Fax 956 442 300, www.fuertehoteles.com. Ein großes Haus mit 240 Zimmern, das oberhalb des Strandes, aber auch nicht zu weit vom Ortskern entfernt liegt. Es wurde nach ökologischen Grundsätzen gebaut und liegt in U-Form so zum Meer, dass man von den Zimmern zumindest einen seitlichen Meerblick genießt und abends beim Meeresrauschen einschlummert.

■ **Hotel Fuerte Costa Luz**④, Playa de la Fontanilla s/n, Tel. 956 456 060, Fax 956 456 061, www.fuertehoteles.com. Liegt gleich nebenan. Mit klaren Linien und modernem Stil erbautes Haus, das fast ein wenig skandinavisch wirkt. Es bietet viel Licht, teilweise einen fantastischen Meerblick von den 219 Zimmern und hat einen Wellnessbereich, Spa, Innenpool und eine Kinderanimation.

■ **Hotel Flamenco**④, Fuente del Gallo s/n, Tel. 956 440 711, Fax 956 440 542, www.hipotels.com. Das Haus mit 114 Zimmern liegt ca. 3 km außerhalb in einer ruhigen *urbanización* in Strandnähe. Prachtvolle Ausblicke aufs Meer genießt man besonders zum Sonnenuntergang von einer kleinen Außenbar, die hoch oben über den Klippen lockt. WLAN.

■ **Hotel Costa Conil**④, Avda de la Marina s/n, Tel. 956 456 033, Fax 956 441 092, www.hotelcostaconil.com. 2002 eröffnetes weißes Haus in Dreiecksform. Die modernen 59 Zimmer liegen um einen großen überdachten Patio und haben alle Balkone.

■ **Conil Park Hotel**③-④, Camino de la Fontanilla, Tel. 956 043 000, Fax 956 043 043, www.hotelhusaconilpark.com. November–März geschlossen. Das Haus liegt beim Parque Atalaya nahe City und Strand. Der andalusische Baustil ist den umliegenden Häusern angepasst. Die Zimmer verteilen sich auf mehrere kleinere, blendendweiß gestrichene Einheiten, die meisten haben Meerblick. Zudem gibt es Bungalows für vier bis sechs Personen. WLAN.

■ **Hotel Tres Jotas**③, c/ de la Carretera 27, Tel./Fax 956 440 450, www.hotel3jconil.com. Insgesamt 39 Zimmer verteilen sich auf drei Etagen. Das Haus liegt an der Zufahrtsstraße. WiFi.

■ **Hotel Don Pelayo**③, c/ Jerez 2, Tel. 956 444 515. Ein kleines Haus mit 30 Zimmern, das in einer Seitenstraße etwa 50 m von der Hauptstraße entfernt liegt. Oktober–März geschlossen.

■ **Hotel Oasis**③, Carril de la Fuente 3, Tel. 956 443 014, www.alojamientosoasisconil.com. Dieses kleine Haus mit 32 Zimmern liegt eine Parallelstraße vom Strand entfernt. Erkennungsmerkmal sind die vielen aufgemalten Flaggen.

[»] Die stimmungsvollsten Momente am Strand von Conil: im Morgenlicht (großes Foto) und bei Sonnenuntergang

[⌄] Conil birgt hübsche Gassen und Plätzchen

399cl sm

390cl sm

402cl jf

391cl sm

■ **Apartments Patio Andaluz La Fontanilla** ②-④, Tel. 956 440 578, www.apartamentospatioandaluz.com. Direkt am Strand gelegene Ferienwohnung beim gleichnamigen Strandlokal.

■ **Hotel Almadraba Conil** ②-③, c / Señores Curas 4, Tel. 956 456 037, www.hotelalmadrabaconil.com. Sehr schönes Haus im andalusischen Stil, mitten in der Altstadt gelegen. Es bietet 17 Zimmer mit Internetzugang, eine Cafetería und einen andalusischen Innenhof.

■ **Hotel Playa Conil** ②-③, Paseo Marítimo s/n, Tel. 956 442 665, www.hotelplayaconil.com. Nicht zu großes Haus am oberen Ende der Strandpromenade. Alle Zimmer mit Meerblick, unten gibt es ein Restaurant.

■ **Hotel Bari** ②-③, Paseo del Atlántico s/n, Tel. 956 440 856, www.hotelbariconil.es. Auf drei Etagen verteilen sich 20 Zimmer, die meisten mit Meerblick. Man muss aber über eine Straße schauen. WiFi.

■ **Hotel Diufaín** ②-③, Carretera Fuente del Gallo s/n, Tel. 956 442 551, www.hoteldiufain.com. Ein auffälliges Haus mit elf Zimmern, das etwas verspielt verschnörkelt wirkt. Es liegt 2 km vom Zentrum und etliche Hundert Meter vom Meer entfernt. Hat auch 12 Apartments.

Ein schöner Ort, um den Tag ausklingen zu lassen: Restaurant am Strand von Conil

■ **Hostal Costa de la Luz** ②-③, c/ Pascual Junquera 46, Tel. 956 444 081. Ein relativ kleines Haus, leicht verspielt, mit 8 korrekten Zimmern (Vollbad, TV, Aircondition). Es liegt etwas am Rande des Geschehens, aber noch in Laufdistanz zur City.

■ **Pensión Sonrisa del Mar** ①-②, Avda. de la Playa 3, Tel. 956 440 197. Diese 12-Zimmer-Pension kann als Anbau zum eben beschriebenen Hotel bezeichnet werden.

Camping

Insgesamt **sieben Plätze** gibt es in und um Conil. Um dorthin zu gelangen muss man von der N-340 oder der Autobahn abbiegen und nach Conil hineinfahren. Mitten im Ort ist die Ausschilderung dann exzellent. Eine Auswahl:

■ **Fuente del Gallo,** 2. Kategorie, Carril el Pulillero s/n, in gleichnamiger *urbanización* gelegen, Tel. 956 440 137, Fax 956 442 036, www.campingfuentedelgallo.com, geöffnet April bis September. Ein Platz für knapp 600 Personen, 300 m vom Strand und 3 km vom Ort entfernt.

■ **Cala del Aceite,** 2. Kategorie, Carretera del Puerto Pesquero, km 2, an der gleichnamigen Bucht gelegen, Tel./Fax 956 442 950, www.caladelaceite.com. Der von Conil am weitesten entfernte Platz (5 km) befindet sich in unmittelbarer Strandnähe, 250 m vom Wasser. Er liegt ruhig in einem Pinienwald und steht unter deutscher Leitung.

■ **Eucaliptos,** 2. Kategorie, Carretera del Pardillo, km 0,2, geöffnet April–September, Tel./Fax 956 441 272, www.campingloseucaliptos.com. Dieser Platz liegt am nächsten zum Ort und man kann ihn auch noch zu mitternächtlicher Stunde zu Fuß erreichen. Viel Schatten durch Bäume.

■ **Camping La Rosaleda,** 1. Kategorie, Carretera del Pradillo, km 1,3, Tel. 956 443 327, Fax 956 443 385, www.campinglarosaleda.com. Nach „Eucaliptos" der nächste Platz zur Stadt (1,3 km), zieht sich leicht eine Wiese hoch. Die 250 Parzellen liegen teilweise unter kleinen Bäumen. Außerdem: vier Sanitärblocks, ein großer Pool.

Essen und Trinken

Wie in kaum einem anderen Ort an dieser Küste, gibt es ein breites Angebot.

Am **oberen Ende der Strandpromenade,** nur wenige Schritte vom Ortskern entfernt, liegen einige Lokale, die alle eine Terrasse mit Meerblick haben. Zwar ist es schon noch ein gutes Stück bis zum Strand, aber man kann dort wirklich nett und vor allem windgeschützt sitzen:

■ **La Playa,** Paseo Atlántico s/n, Tel. 956 440 197. Lokal mit breitem Angebot, u. a. Fisch- und Reisgerichte.

■ **El Pasaje,** Avda. de la Playa s/n, Tel. 956 442 976. Existiert seit 1929 und bietet lokale Gerichte auf der Basis von Fisch, Fleisch und Mariscos.

■ **La Bahía,** Avda. de la Playa s/n, Tel. 956 444 111. Hat kleine Gerichte wie Tortilla oder größere wie Paella im Angebot.

■ **Casa Manolo,** Avda. de la Playa s/n, Tel. 956 444 080. Bietet neben den üblichen Fisch- und Fleischgerichten u. a. auch ein Tagesmenü.

Im Ort selbst bieten sich folgende Lokalitäten an:

■ **Blanco y Verde,** c/ Rosa de los Vientos 16, Tel. 956 441 594. Der Name des Lokals bedeutet „Weiß und Grün" und dies sind auch die Farben der andalusischen Fahne. Demzufolge ist das Restaurant aufgemacht im andalusischen Stil und bietet klassische andalusische Küche, auch spezielle Gerichte aus Conil.

Mein Tipp: Bar Los Hermanos, c/ Virgen 2, Tel. 956 440 403. Eine kleine, meist ziemlich volle und dadurch etwas enge Bar, die unweit vom Stadttor liegt. Drinnen gibt es hauptsächlich frittierten Fisch, manchmal Paella, sonst noch Meeresfrüchte, ebenfalls frittiert in drei Größen: als Tapa (also klein), als halbe *ración* (mittlerer Teller) oder als ganze *ración* (randvoller Teller). Bestellt und abgeholt wird alles am Tresen, die Kellner brüllen die Bestellung einmal kurz in die Küche, einen Augenblick später kommen dann die Speisen. Insgesamt geht es ziemlich rustikal zu, aber absolut herzlich und rücksichtsvoll. Die Tische sind schmal, Sitzplätze eher Mangelware, zur Not sucht man sich ein Stehplätzchen draußen. Einfach mal hingehen und ausprobieren!

■ **El Patio,** c/ Cádiz 22, Tel. 956 456 186. Kleines, sehr geschätztes Lokal in einer der Kneipengassen. Hat eine kleine Terrasse draußen und bietet hervorragende Tapas.

■ **Tasca Juan,** c/ Padre Caro 10, Tel. 697 942 163. Kleine, familiäre Tasca, nahe zur Kirche gelegen. Der Chef schwingt noch meist selbst den Kochlöffel. Es gibt traditionelle Gerichte und vor allem sehr beliebte Tapas. Auch hier einige Tische draußen, drinnen sind die Wände fast schon klassisch andalusisch gekachelt.

■ **El Resbalón,** Plaza de Santa Catalina 7. Liegt im Zentrum unweit der Kirche. Die von außen unscheinbare Bar serviert leckere frittierte Fischlein *(pescaítos fritos)*.

■ **Pizzeria Da Prieto,** c/ Rosa de los Vientos s/n, Tel. 619 007 619. Klassische Pizzeria, nicht groß, aber immer knackvoll. Ab 18 Uhr geöffnet, was zunächst Ausländer anlockt, später dann die Spanier. Auch Außer-Haus-Verkauf.

Unmittelbar am Strand, ziemlich genau unterhalb der Fuerte-Hotels, liegen einige kleine **Strandlokale.** Dort hockt man speziell zur Sonnenuntergangszeit sehr schön:

■ **Bar La Ola,** Tel. 956 444 017. Hier geht es rustikal zu. Man hockt auf seinem Stuhl halb im Sand versunken und blinzelt bei einem Drink in die Abendsonne. Herrlich!

MEIN TIPP: **La Fontanilla,** Playa de la Fontanilla, Tel. 956 440 779. Restaurant mit fester Terrasse, zur Sonnenuntergangszeit sitzt man hier (wie auch beim Nachbarn!) einfach göttlich. Gute Fischgerichte, Spezialität ist die *urta de La Fontanilla* (Meerbrasse nach Art des Hauses).

MEIN TIPP: **Francisco,** Playa de la Fontanilla, Tel. 956 440 802. Ähnlich aufgemacht wie *La Fontanilla,* auch hier werden gute Fischgerichte serviert. Wenn nicht alles täuscht, sind die Speisen aber einen Tick günstiger.

■ **Mirador El Roqueo,** Urbanización Las Palmeras s/n, Tel. 956 443 337. Liegt ein klein wenig außerhalb Richtung Fuente El Gallo, aber der Weg lohnt. Tolle Lage oberhalb der Klippen mit superbem Blick aufs Meer durch die große Glasfront. Aufmerksamer Service, gute Fischgerichte und Meeresfrüchte.

Nachtleben

Die meisten Bars konzentrieren sich auf ein überschaubares Areal, das grob beim Guzmán-Turm und der Plaza de Santa Catalina liegt. Ebenso finden sich vor allem Musikbars in der c/ Tomás Borrego und in der c/ de Goya, die beide im erweiterten Umfeld der Plaza de Santa Catalina liegen.

■ **La Luna,** c/ del Peñón. Gilt als sehr angesagter Club, tolle Atmosphäre mit Innenhof, ab 1 Uhr bis Sonnenaufgang geöffnet.

■ **Ícaro,** Plaza España, größter Club und äußerst beliebt, zwei Dancefloors, öffnet ab ca. 1 Uhr.

■ Direkt vor dem Stadttor befinden sich die beliebten Bars **La Villa** und **Palo Palo.**

■ Direkt vor der Kirche Santa Catalina locken die urige Pinte **El Castillito** und die sehr beliebte **Terraza El Gamba.**

■ **Karma,** c/ Gabino Aranda 10. Schillernd bunte Außenfassade, eine Mischung aus Bar und Disco. Regelmäßige Konzerte oder DJ-Auftritte, manchmal auch Fußballübertragungen.

Verkehrsverbindungen

■ **Busterminal:** c/ Carretera s/n. Es gibt regelmäßige Verbindungen nach Cádiz, etwa stündlich zwischen 8 und 20 Uhr. Auch zu den Nachbarorten fahren Busse, jedoch deutlich seltener. Infos: Tel. 956 442 916, www.tgcomes.es.

Einkaufen

■ **Markt:** Freitag an der Strandpromenade.

Nützliche Adressen

■ **Autovermietung:** *Europcar,* c/ Gonzalo Sánchez Fuentes 8, Tel. 956 441 484.

■ **Zweiradvermietung:** *Conil Bike,* c/ Gonzalo Sánchez Fuentes 14, Tel. 956 441 536, vermietet Motorroller und Fahrräder.

■ **Sprachschulen:** *Academia Andaluza,* c/ Confederación 13, www.academia.andaluza.net, Tel. 956 440 552, Fax 956 456 041; *Atlantika,* c/ Bodegueros 5, Tel. 956 441 296, Fax 956 443 172, www.atlantika.net.

■ **Post:** c/ Toneleros, Ecke c/ La Vid.

Feste

■ **Anfang Juni** wird eine klassische andalusische *feria* gefeiert, „El Colorado" genannt.

■ **6.–9. September:** Velada de Nuestra Señora de las Virtudes, Patronin der Stadt.

> Im Hafen von Novo Sancti-Petri

Novo Sancti-Petri

Novo Sancti-Petri ist nichts weiter als eine sehr **weitläufige Feriensiedlung,** die aber zum Glück nicht so hässlich gebaut ist, wie man es befürchten könnte. Die Siedlung besteht aus drei Sektoren. Der gesamte Komplex misst gute 10 Kilometer von der ersten Zufahrtsstraße nach Novo Sancti-Petri bis hin zum alten Fischereihafen.

Novo Sancti-Petri

Von Conil kommend erreicht man zunächst den namensgebenden Teil. Dort befindet sich ein knappes Dutzend Hotels, die alle glücklicherweise in die Breite gebaut wurden, nicht in die Höhe. Besagte Hotels liegen in der ersten Reihe, also am Strand. In der zweiten finden sich dann Unterkünfte für Golfer: Aparthotels der Extraklasse mit angeschlossenem Green. Somit bleiben **Sonnenanbeter und Golfer** jeweils unter sich und die einen hauen den anderen nicht die Bälle um die Ohren. Am südlichen Ortsrand entstehen weitere Anlagen und vor allem Grünflächen.

Playa Barrosa

Etwas weiter nördlich schließt sich ein deutlich dichter besiedelter Ortsteil an. Er wird genauso genannt wie der alles verbindende Strand Playa Barrosa. Während es in Novo Sancti-Petri nur zwei Straßen gibt, sieht es hier eher wie in einer **kleinen Stadt** aus. Etliche alleinstehende Villen mit Gärten davor und hohen Mauern wechseln sich ab mit Reihenhaussiedlungen. In den Randbezirken wurden wegen der großen Nachfrage auch einige Apartmentblocks errichtet, aber keine riesigen Hochhäuser.

Etwa in der Mitte dieser Gemeinde gibt es eine Reihe von Geschäften, Bars und Restaurants. Die Strandpromenade wirkt mit ihren Palmen und dekorativ platzierten Lampen recht gefällig.

413cl sm

Der Hafen von Sancti-Petri

Ganz am Ende der Ortschaft erreicht man nach einer kurzen Fahrt durch eine Art Niemandsland auf einer kleinen Halbinsel schließlich den alten **Fischereihafen** Sancti-Petri. Der liegt heute ziemlich verlassen da, die Häuser verfallen allmählich und das Morbide steht in einem merkwürdigen Kontrast zu dem modernen **Yachthafen,** der sich hier trotz allem etabliert hat. So liegen Alt und Neu direkt nebeneinander.

Vom Hafen aus kann man auf einem kleinen Inselchen die Reste einer Burg erkennen, das **Castillo de Sancti-Petri.** Die Jungs, die früher dort Wache geschoben haben, müssen sich mächtig gelangweilt haben, wenn nicht gerade eine Piratenattacke anstand.

Vom Hafen aus können **Bootsausflüge** zum vorgelagerten Castillo unternommen werden. Außerdem werden Touren in die Bucht von Sancti-Petri bis hin zu den kleinen, versteckten Buchten bei Conil angeboten.

Ferner lassen sich hier auch **Tauchgänge** buchen oder **Kajaks** mieten; die Stationen liegen an der linken Straße, der Ausfahrt.

Der Strand

Playa Barrosa verläuft schnurstracks über 7500 Meter und erinnert stark an Sylt. Die Breite des Strandes schwankt zwischen 30 und 60 Metern und der Boden besteht durchgängig aus feinem, hellen Sand. Strandläufer können hier Kilometer machen, Sonnenanbeter eine gute Figur. Durch die Weitläufigkeit findet, wer möchte, immer ein stilles Plätzchen, oder aber man tummelt sich im Bereich der Strandpromenade, wo meistens mehr los ist und außerdem einige Theken locken.

406cl sm

Praktische Tipps

Unterkunft

Ein gutes Dutzend Hotels bietet knapp 3000 Zimmer an. Da möchte man Monsterbauten erwarten, die sich dem Himmel entgegenstrecken. Keine Bange, dem ist nicht so. Alle Hotelanlagen wurden nur zwei- bis vierstöckig erbaut, entsprechend ging man in die Breite. Alle Häuser zählen zur Vier- bzw. Fünf-Sterne-Kategorie. Damit liegen sie im Bereich von 200 € für ein Doppelzimmer oder gar deutlich darüber. Aber so viel zahlt kein Mensch, denn diese Häuser lassen sich über die heimischen Reiseveranstalter viel günstiger buchen. Müßig, sie hier alle im Einzelnen vorzustellen. Es sind alles Häuser mit hohem Standard, beispielsweise von den Hotelketten Riu, Meliá, Aldiana, Barrosa sowie weiterer großer Häuser. Außerdem entstanden Golfanlagen. Es wird weiterhin gebaut, sodass neue Anbieter dazukommen werden. Es sind lange Wege, die in Novo Sancti-Petri zurückgelegt werden müssen, ein Mietwagen wäre somit keine schlechte Idee.

Wer auf eigene Faust eine kleinere und preiswertere Unterkunft sucht, hat keine große Auswahl. Hier ein paar Vorschläge. Die Häuser liegen nicht in der Hotelzone, sondern im benachbarten Viertel La Barrosa:

■ **Hostal El Jardín**③-④, Ctra. La Barrosa s/n (beim Einkaufszentrum El Patio), Tel. 956 554 385, hostaleljardin.es. Ein kleineres, ockerfarbenes Haus in La Barrosa an der Durchgangsstraße gelegen. Schönes, verwinkeltes Gebäude mit 17 Zimmern. Das Haus liegt etwa 100 m vom Meer entfernt und hat auch eine Cafetería.

■ **Hostal El Campanario**③-④, c/ Rompeolas s/n, Tel. 956 495 958, Fax 956 497 294. Im oberen Teil von La Barrosa im Villenviertel an der Durchgangsstraße beim Strand. Kleines, familiäres Haus von sieben Zimmern mit einem Restaurant und einer Meerblick-Terrasse. WLAN.

☐ Der breite Strand erinnert an Sylt

Essen und Trinken

Lokale sind vor allem im Zentrum von La Barrosa zu finden.

- **Restaurante Mayte II,** Ctra. La Barrosa, km 1 (die Straße nach Chiclans), Tel. 956 400 169. Spezialisiert auf Fisch. Das Restaurant gehört zu einer Mini-Kette von weiteren Mayte-Läden ähnlicher Güte.
- **Bernardo,** Ctra. de la Barrosa, km 1,1, Tel. 956 537 264. Beliebtes Fischlokal sehr nah bei der Strandpromenade, bietet Reisgerichte und natürlich Fisch und Meeresfrüchte.
- **Popeye,** Ctra. La Barrosa, km 4,5 (knapp vor der Zufahrt zum Hafen in eine Parallelstraße abbiegen), Tel. 956 494 424. Nicht vom Namen und dem Äußeren abschrecken lassen. Das Lokal gilt seit Langem als guter Tipp. Zu finden: außerhalb der *urbanización* bei der Marschlandschaft.

Bodega

- **Bodega El Sanatorio,** N-340, km 12, Tel. 956 535 180, www.bodegasanatorio.com, liegt an der Hauptstraße, etwa in Höhe von Novo Sancti-Petri. Dort kann man Wein direkt vom Hersteller kaufen. Von Montag bis Samstag kann die Bodega am Vormittag besucht werden mit einer Weinverköstigung nach Voranmeldung, Preis: 3 € bzw. 6 € mit Tapas.

Aktivitäten

- Infos zu **Bootsausflügen:** am Hafen oder unter Tel. 617 378 894 (auch deutschsprachig), www.albarco.com.
- **Tauchgänge** und **Kajak-Vermietung:** in einem Container gegenüber vom Yachthafen, an der linken Straße, der Ausfahrt (Einbahnstraße), www.sanctipetrikayak.com, die Station ist täglich außer Mo geöffnet.

Chiclana de la Frontera

- **Einwohner:** 80.000
- **PLZ:** 11130
- **Entfernung nach Cádiz:** 24 km
- **Touristeninformation:** c/ La Plaza 3, Tel. 956 535 969, www.turismochiclana.com.

Chiclana wirkt auf den ersten Blick nicht so sehr einladend. Die Nationalstraße 340 und jetzige Autobahn A-48 führt in weitem Bogen an der Kleinstadt vorbei. Schon in den Außenbezirken zeigt sich die **Geschäftigkeit.** Fährt man in die Stadt hinein, verstärkt sich der Eindruck noch: dichter Verkehr, viel Kleinindustrie, Werkstätten, Supermärkte sowie überraschend viel Hektik. Über die Hauptstraße quält sich der Verkehr und kanalisiert sich an der Brücke über den Fluss (man kann sie nicht verfehlen). Dort geht es nach links in die Stadt hinein, nach rechts über die Brücke und letztendlich auch wieder heraus aus Chiclana.

Gegründet wurde der Ort im Jahr 1303 von *Alonso Pérez de Guzmán,* der den Beinamen *Guzmán el Bueno* (Guzmán, der Gute) trug und ein Vorläufer der Herzogsfamilie derer von Medina Sidonia war. Mitglieder dieser Familie wirkten bis ins 19. Jahrhundert als Lehnsherren des Ortes, der in den Anfängen relativ unbedeutend gewesen sein wird. Nach der Entdeckung Amerikas 1492 erhielt jedoch der nahe Hafen von Cádiz eine deutliche Aufwertung, da von hier (und von Sevilla) der Warentransport über den Atlantik organisiert wurde. Aus Chiclana kam beispielsweise Wein, der nach Übersee verschifft wurde. Im 17. und 18. Jahrhundert profitierte auch Chiclana von diesem Austausch, einige prächtige Häuser entstanden, ebenfalls bedeutende Kirchen. In letzter Zeit etablierte sich hier der Tourismus mit Hotels und Ferienwohnungen an einem kilometerlangen Strand.

Sehenswertes

Der innerstädtische Kern ist zwar nicht atemberaubend schön, aber das Viertel macht einen netten, kompakten Eindruck. Ein paar Straßen wurden sogar zu **Fußgängerbereichen** erklärt. So kann man relativ sorglos herumschlendern und die **hübschen Fassaden** bewundern. Man wird nichts Pittoreskes entdecken können, aber ein ganz anschauliches städtisches Ensemble.

Gut gelungen ist der kleine **Park** bei der Touristeninformation am Fluss: recht hübsch angelegt, ein paar Palmen wiegen sich im Wind, auf Ruhebänken lassen sich ächzend die *pensionistas* („Rentner") nieder, milde plätschert ein Springbrunnen.

Auch die **Markthalle** lohnt einen Besuch. Sie liegt an der Calle de la Plaza, der Stichstraße, die von der Touristeninformation in die Altstadt führt. Dort wird mit augenzwinkernder Derbheit die gesamte Bandbreite gehandelt: Gemüse, Fisch, Fleisch und Kräuter. Eine Mini-Bar versteckt sich in der hinteren Ecke der Halle, Händler und Einkäufer lassen hier gleichermaßen einen Schluck durch die Kehle rinnen. Eine prima Möglichkeit, eigene Landeseindrücke zu sammeln!

Zwei Kirchen warten im Stadtzentrum auf Besucher. An der Plaza Jesús Nazareno befindet sich das **Convento de las Hermanas Agustinas** aus dem 17. Jahrhundert; das Außenportal wurde mit wertvollem Marmor aus Carrara verarbeitet. Die Kirche ist im neoklassizistischen Stil erbaut und trägt im Inneren in Teilen ein sehr viel älteres Altarbild, das bereits Mitte des 16. Jahrhunderts entstand. Ein wenig separiert steht der Kirchturm mit seiner großen Uhr.

Als zweites Gotteshaus liegt die **Iglesia de San Juan Bautista** an der Plaza Mayor. Sie wurde im 17. Jahrhundert auf den Resten einer noch älteren Kirche errichtet.

Das **Monasterio de Jesús Nazareno** in der Calle Almendro Lora ist das wohl wichtigste barocke Bauwerk der Stadt. Errichtet wurde es zwischen 1667 und 1674 mit maßgeblicher Unterstützung von Kaufleuten, die im Handel mit Amerika reich geworden waren. Hervorzuheben sind die Altarbilder aus dem 17. und 18. Jahrhundert sowie die Schnitzarbeit Jesús Nazareno am Hauptaltar.

Die Historie der Stadt wird im **Museo de la Ciudad** in zehn Ausstellungsräumen präsentiert.

■ **Museo de la Ciudad,** Plaza Mayor 7, Tel. 956 533 414, geöffnet: Di–Sa 10–13 und 18–20.30, So 10–13 Uhr, Eintritt: 2,40 €.

Und dann wäre da noch ein kleines, ungewöhnliches Museum, das **Museo de Muñecas Marín:** 1928 gründete *Pepe Marín* eine kleine Fabrik, die Puppen fertigte, aus dieser Produktion entsprang später das Museum. Hier werden künstlerisch gestaltete, handgemachte Puppen ausgestellt.

■ **Museo de Muñecas Marín,** Camino de la Barquilla, Polígono Industrial Badenes, nave 1, Tel. 956 400 051, geöffnet: Mo–Sa 9.30–13.30 Uhr, Eintritt frei.

Das kleine **Museo Paquiro** ist Stierkämpfern aus Chiclana gewidmet, vor allem *Paquiro,* einem legendären Torero aus dem 19. Jahrhundert.

■ **Museo Paquiro,** c/ San Agustín 3, Tel. 956 405 151, geöffnet: Mo–Fr 11–13 und 18–20, Sa 11–13 Uhr, Eintritt: 2 €.

Praktische Tipps

Unterkunft

Zwei kleine Hotels liegen unweit der Brücke über den Fluss:

■ **Hotel Alborán**③, Plaza Andalucía 1, Tel./Fax 956 403 906, www.hotelesalboran.com. Sehr zentral an der Brücke und direkt bei der Busstation gelegenes Haus. 70 funktionale Zimmer hat das unübersehbare gelblich-ockerfarbene Hotel und eine eigene Etage für Nichtraucher. WiFi.

■ **Hostal Villa**②-③, c/ Virgen del Carmen 11, Tel. 956 400 512. Ein Haus, das kürzlich grundlegend renoviert wurde und schick anzusehen ist, mit immerhin 42 Zimmern, verteilt auf vier Etagen. Zu finden: erste Straße nach Brücke und Kreisverkehr aus Richtung Conil kommend links. WiFi.

Camping

■ **La Rana Verde,** 1. Kategorie, an der Straße nach Barrosa, Ctra. Las Lagunas s/n, Ortsteil Pago la Rana, Tel. 956 494 348, www.campinglaranaverde.com, geöffnet: Ende Februar bis Ende Oktober. Ein mittelgroßer Platz für 770 Personen, ca. 3 km außerhalb vom Ort gelegen. Moderne Installationen, viel Grün, auch weite Rasenflächen, unterteilt mit Hecken. Außerdem Restaurant, Supermarkt, Pool und Kinderspielplatz.

Essen und Trinken

■ **El Santuario de las Carnes,** c/ San Antonio 7, Tel. 956 404 264, über die Brücke, zweite Straße links. Ein „Heiligtum des Fleisches" klingt viel versprechend. Fleischgerichte in allen Variationen, rustikales Ambiente.

■ **Restaurant El Pájaro,** c/ Mendizabal 2, Tel. 956 401 210, ein sehr beliebtes Lokal, unmittelbar am Kreisverkehr vor der Brücke. Morgens gibt's *churros con chocolate,* mittags Fisch und abends wenigstens einen Drink.

■ **Bodega Carretero,** c/ Sor Ángel de la Cruz 26, Tel. 956 400 757, nach der Brücke dritte Straße rechts, dann zweite rechts, dann fährt man direkt drauf zu. Urige Bodega mit großer Restauration, wo es eine breite Tapasauswahl gibt. Stimmungsvoll!

Bodegas

Im Zentrum von Chiclana sind einige **Bodegas** zu finden, die den Wein der Region anbieten. Hier eine Auswahl:

■ **El Sanatorio,** c/ Olivo 1, Tel. 956 400 756, Fax 956 532 907, geöffnet: Mo–Sa 10–22 Uhr nach Voranmeldung, Preis: 3 €, mit Tapas 6 €. Über die Brücke fahren und eigentlich gleich rechts, was aber nicht geht (Einbahnstraße). Also dann dritte rechts (c/ Calderón de la Barca) und zweite rechts (Ortega y Gasset) und diese durchfahren (Wegbeschreibung aus Richtung Conil kommend).

■ **Bodega San Sebastián,** c/ Mendaro 15, Tel. 956 533 232, Besichtigung: Mo–Fr 8.30–14.30 und 17.30–20.30, Sa 8.30–14.30 Uhr, Mi nachmittags geschlossen. Diese Weinkellerei liegt mehr im Stadtkern, links der Hauptsraße vor dem Überqueren des Flusses aus Richtung Conil kommend.

■ **Vélez,** c/ San Antonio 3, Tel. 956 400 053, Fax 956 401 071, geöffnet: Mo–Fr 10–14 Uhr. Zu finden: in die zweite Straße links nach dem Kreisverkehr hinter der Brücke einbiegen, vor dem Restaurant *Santuario de las Carnes.*

Verkehrsverbindungen

■ **Bus:** Plaza Andalucía (direkt bei der Brücke).

Feste

■ **11.–14. Juni:** Feria und Fiesta de San Antonio, mit viel Sherry, Tanz und Kostümen *a lo andaluz.*
■ **23. Juni:** San Juan Bautista – Patronatsfest mit Prozession.
■ **16. Juli:** Romería de la Virgen del Carmen Atunera.
■ **Ende Juli:** Romería de Santa Ana.
■ **8. September:** Nuestra Señora de los Remedios – Patronatsfest.

San Fernando

■ **Einwohner:** 97.000
■ **PLZ:** 11100
■ **Entfernung nach Cádiz:** 13 km
■ **Touristeninformation:** c/ Real 26, Tel. 956 944 226, Fax 956 944 055, www.turismosanfernando.org, geöffnet: Mo–Fr 9–13.30 und 17–20, Sa/So 10.30–14 Uhr.

Die Stadt liegt mitten in der Bucht von Cádiz auf der **Isla de León.** Diese Insel ist von Schwemm- und Marschlandschaften umgeben, jedoch durch mehrspurige Straßen sowohl mit Cádiz als auch mit dem Festland verbunden. Die unmittelbare Nähe zur Provinzhauptstadt hat San Fernando prosperieren lassen. Heute gilt es als **Vorort von Cádiz** und trägt noch immer den Kurznamen **La Isla** („die Insel"), woraus sich auch der Name des vielleicht berühmtesten Sohnes der Stadt ableitet, des Flamencosängers *Camerón de la Isla.*

Auch in Chiclana gibt es Sherry-Bodegas

425cl jf

Der Strand

Etwa 4 Kilometer sind es vom Stadtkern bis **Playa Camposoto.** Dieser Strand schiebt sich wie ein Nehrungshaken über 9.000 Meter nach Süden und endet etwa in Höhe von Sancti-Petri. Der feine Sandstrand lockt natürlich die Bewohner von San Fernando und Cádiz an, sodass es, zumindest an den Wochenenden, immer ziemlich voll ist.

Camerón de la Isla

José Monje Cruz wurde am 5.12.1950 geboren in San Fernando, der Stadt, die auch heute noch umgangssprachlich *La Isla* („die Insel") genannt wird. Seinen Künstlernamen *Camerón* („Krabbe") erhielt er schon als Kind wegen seiner schlanken Figur. Er gilt bis heute als einer der herausragendsten Flamencosänger überhaupt. Bereits seine Eltern waren Flamencosänger, sodass er sehr früh in Kontakt mit dieser Musik kam. Bereits als Kind hatte er Auftritte, u. a. in dem Restaurant „La Venta de Vargas". Später ging er nach Madrid und spielte mit Stars der Flamencoszene wie *Paco de Lucía* (zusammen machten sie neun Platten) und mit *Tomatito. Camerón de la Isla* gilt als Mitbegründer eines neuen Flamencostils, bei dem u. a. eine Bassgitarre zum Einsatz kam, was Puristen sofort kritisierten, und er nutzte auch Elemente vom Jazz. Camerón war starker Raucher und nahm auch andere harte Drogen, er verstarb 1992 an Lungenkrebs.

Sehenswertes

Die **Annäherung** an San Fernando fällt nicht gerade freundlich aus. Zunächst fährt man über eine Art Stadtautobahn. Dann reiht man sich in eine nicht enden wollende Pkw-Schlange ein, die sich im Stop-and-Go-Tempo durch die Hauptstraße Calle Real quält. Die Stadt zeigt sich geschäftig. Hier findet man aber auch die wenigen Sehenswürdigkeiten.

Etwas überraschend findet sich alle paar Hundert Meter ein kleiner, begrünter Platz. Dort hocken die unvermeidlichen *pensionistas,* Mütter schieben ihre Kinderwagen vorbei, begutachten gegenseitig ihre lieben Kleinen und der Losverkäufer preist den heutigen Hauptgewinn an. Der schönste Platz ist die **Plaza del Rey,** an der auch das auffällige **Rathaus** *(ayuntamiento)* von 1776 steht. Aber auch der Platz vor der Kirche **Iglesia San Francisco** soll nicht unerwähnt bleiben.

Am oberen Ende der Calle Real steht die älteste Kirche der Stadt, **Iglesia del Carmen** aus dem Jahre 1733. Sie wirkt – mit allem Respekt – etwas vernachlässigt. Ein Hinweisschild erinnert daran, dass hier während der französischen Besetzung vom 24.9.1810 bis 10.2.1811 die *Cortes,* die spanische Abgeordnetenkammer, tagte. Der Ort hieß damals noch Villa de la Real Isla de León und galt als der einzige Flecken in ganz Spanien, der nicht von *Napoleons* Truppen besetzt war. Als Dank gab es später ein Geschenk von König *Fernando VII.:* die Stadtrechte und einen neuen Namen, den heutigen. Allerdings ist man sich in diesem Punkt mit den Bewohnern von Cádiz nicht ganz einig, die Ähnliches für ihre Stadt reklamieren.

Ein städtisches Museum gibt es auch, nämlich das **Museo Histórico Municipal.** Die Exponate sind von großer Bandbreite mit einem Schwerpunkt auf archäologischen Funden aus der Region. Ergänzt wird die Sammlung um historische Fotos, Gemälde und Skulpturen, die teilweise aus Privatsammlungen stammen. Das Thema Karneval ist ebenfalls präsent und stolze 7000 Ausstellungsstücke ranken sich rund um den *vino.*

■ **Museo Histórico Municipal,** c/ Real 63. Tel. 956 944 254. Geöffnet: Juli–September Mo–Fr 10–14 Uhr, Oktober–Juni Mo–Fr 10–14 und 18–21 Uhr, Sa/So geschlossen. Der Eintritt ist frei.

Ein Denkmal zu Ehren des 1992 verstorbenen Flamencosängers *José Monge Cruz* steht am Ende der Calle Real an der Plaza de Juan Vargas, am Ortsausgang Richtung Conil. Er sitzt konzentriert auf einem Stuhl, ein Kind schaut ihn andächtig bewundernd an. Die Erinnerung an den größten Bürger der Stadt, besser bekannt unter seinem Künstlernamen **Camerón de la Isla,** wird in San Fernando überaus hochgehalten. Die Touristeninformation bietet geführte Exkursionen an, auf denen die wichtigsten Stationen seines Lebens besucht werden, inklusive des Mausoleums auf dem Friedhof Cementerio Municipal am oberen Ortsrand.

Praktische Tipps

Unterkunft

■ **Hotel SalyMar**④, Plaza de la Iglesia 32, Tel. 956 802 260, Fax 956 802 261, www.hotelsalymar.com. Topmodernes Haus mit 55 Räumen. Sehr zentrale Lage bei der c/ Real.

■ **Hotel Roma**③, c/ Real 52, Tel. 956 881 372, www.hotelromasanfernando.com. Das Haus liegt an der zentralen Straße der Stadt und damit alles andere als ruhig. 28 Zimmer verteilen sich über zwei Etagen. Es sind relativ kleine Räume, die unlängst renoviert wurden.

■ **Hostal La Andaluza**②, c/ Real 226, Tel. 956 800 100, www.hostallaandaluza.com. Zentral gelegenes, kleines Haus mit 18 einfachen, aber korrekten Räumen, es hat einen familiären Charme.

Essen und Trinken

■ **Venta los Tarantos,** c/ Luis Milena 63, Tel. 956 592 907. Ein sehr geschätztes Fischrestaurant, das in einem angenehm gestalteten, älteren Haus untergebracht ist. Ein spanischer Kritiker nannte die *almejas* („Muscheln") *„fantásticas".* Zu finden: die c/ Real bis zur Kirche Iglesia del Carmen hochfahren, danach am nächsten Kreisverkehr links.

■ **Restaurante la Mallorquina,** Plaza de la Iglesia 38, Tel. 956 892 162. Netter Blick auf die Plaza mit dem kleinen Springbrunnen. Serviert wird klassische andalusische Küche. WiFi.

■ **Venta de Vargas,** Plaza Juan Vargas s/n, Tel. 956 881 622, Mo geschlossen. Eine uralte Pinte, Mischung aus Bar, Restaurant und Flamenco-Museum, in der sich der junge Flamencosänger *Camerón de la Isla* seine ersten Meriten (und sein Essen, so heißt es jedenfalls) verdiente. Liegt knapp hinter dem Fluss an der Zufahrtsstraße von Puerto Real. Vor dem Lokal steht eine Skulptur zu Ehren von *Camerón de la Isla.*

Flamenco

■ **Peña Camarón de la Isla,** c/ Manuel de Arriaga 188, Tel. 959 592 395, www.pfccamarondelaisla.com. Hier wird nicht nur des größten Flamencostars der Stadt gedacht, hier finden auch regelmäßig Auftritte von Flamencotänzern und -sängern statt.

Verkehrsverbindungen

- **Bahnhof:** Plaza de la Estación, etwas außerhalb gelegen.

Nützliche Adressen

- **Post:** c/ Real 115

Feste

- **Mitte Juli:** Feria del Carmen y de la Sal – Patronatsfest, bei dem eine Festzeltstadt aufgebaut wird.
- **Mitte August:** Nationales Festival des *cante flamenco,* des Flamencogesangs.
- **21. Oktober:** Romería del Cerro de los Mártires – Prozession mit anschließendem Picknick im Freien.

« In San Fernando wird der Flamenco in all seinen Nuancen gelebt

⌄ Cádiz: Blick auf Hafen und Stadt

Cádiz

- **Einwohner:** 126.000
- **PLZ:** 11001
- **Touristeninformation:** Avda. Ramón de Carranza s/n,Tel. 956 285 601, Fax 956 285 605, www.cadiz.es oder www.cadizturismo.com (die letztere Website liefert Infos für die gesamte Provinz Cadiz). Geöffnet: im Sommer Mo–Fr 9–15 und 17–19, Sa/So 9–17 Uhr, im Winter Mo–Fr 8.30–15 und 16.30–18 Uhr.

Einmalig gelegen, an drei Seiten vom **Meer** umgeben, zurückblickend auf 3000 Jahre **Geschichte**, mit einem schönen, von Mauern umgebenen **Altstadtkern** – das ist, in dürre Worte gekleidet, Cádiz.

Die Stadt erstreckt sich über viele Kilometer auf einer schmalen Landzunge. Ihr alter Kern liegt an deren Spitze. Daher durchfährt der Besucher zunächst eine nicht enden wollende Allee von

Hochhäusern, Ampeln und Fabrikanlagen und fragt sich alsbald, wohin er denn da geraten sei. Denn Cádiz ist gleichzeitig **industrielles Zentrum** mit Werften, Marineanlagen und einer Vielzahl von Fabriken. Die siedelten sich aber alle fern vom Zentrum an und dehnten sich über die Jahrzehnte immer weiter Richtung Festland aus. Da es kein Ausweichen auf hintere Räume gibt, muss der Besucher heute leider hindurchfahren. Aber der Weg bis zur Stadtmauer, hinter der sich der zentrale Kern verbirgt, lohnt sich wirklich. Dort heißt es, Parkplatz suchen und dann zu Fuß weiter.

Geschichte

Cádiz feiert sich selbst als älteste Stadt Europas. Die **Phönizier** gründeten hier eine erste Ansiedlung, die sie *Gadir* nannten. Über den genauen Zeitpunkt streiten sich die Gelehrten. Die meisten datieren das Ereignis auf 1100 oder gar 1200 v. Chr., einige Querdenker sprechen vom 9. Jh. v. Chr.

Um 500 v. Chr. kamen die **Karthager,** 300 Jahre später die **Römer,** darüber besteht Einigkeit. Nachdem der zweite Punische Krieg geschlagen war (218–201), fiel die Stadt an den Abgesandten Roms, der sie in *Julia Augusta Gaditana* umtaufte.

Dann regierten die **Araber** ein paar Jahrhunderte, bis 1262 König *Alfonso* sein Banner zwischen die Stadttore pflanzte, im Sprachgebrauch hieß es: die Stadt zurückeroberte und befreite.

Mit Kolumbus' **Entdeckung Amerikas** flossen die Schätze aus Übersee viele Jahre über den Hafen von Cádiz in die königlichen Schatztruhen.

Ende des 16. Jahrhunderts attackierten **Piraten** die Stadt. Vor allem die Briten unter *Francis Drake* traten hier unrühmlich in Erscheinung.

436cl jf

Dann passierte einige Zeit nichts Spektakuläres, bis im Jahr 1808 die **Franzosen** kamen. Ein Bruder *Napoleon Bonapartes* regierte In Spanien. In ganz Spanien? Nein, eine kleine Festung setzte sich eine Zeit lang tapfer zur Wehr. Genau, das war Cádiz.

1810 versammelten sich hier die **Cortes** (das spanische Parlament) und verkündeten zwei Jahre später eine **liberale Verfassung.** Aber nachdem die Franzosen vertrieben werden konnten, bestieg wieder ein Spanier den Thron in Madrid und erklärte jene Verfassung für ungültig. Zu viel Freiheit sollte dann doch nicht sein.

Die Strände

Der Strand **Playa Victoria – Cortadura** zieht sich entlang der schmalen Zufahrtsstraße über 3300 Meter bis in den Innenstadtbereich – eine prima Möglichkeit für die Bewohner, sich mal eben in der Mittagspause ein paar Minuten auf dem feinen Sandstrand auszuruhen.

Playa Santa María del Mar heißt der Sandstrand, der sich direkt an Playa Victoria anschließt. Er misst etwa 850 Meter Länge und 35 Meter Breite. Im Hintergrund erheben sich unzählige mehrstöckige Wohnblocks, von einer Strandidylle kann man deshalb nicht gerade sprechen.

Der Strand **Playa de la Caleta** liegt im historischen Altstadtviertel in einer kleinen halbkreisförmigen Bucht direkt neben dem Castillo de Santa Catalina. Ein idealer Platz also, um nach einem Stadtbummel etwas zu verschnaufen. Dieser Sandstrand hat eine Länge von 400 Metern.

Anreise

Anreise per Auto

Die Anreise nach Cádiz ist denkbar einfach! Man braucht nur der **Nationalstraße N-340** bzw. der **Autobahn A-48** zu folgen. Sie führt bestens ausgeschildert über eine schmale Landzunge und später durch relativ unschöne Industriezonen ins Zentrum. An der Plaza de la Constitución wird eine Stadtmauer mit einem ehemaligen Stadttor erkennbar. Nun sollte man sich auf die Suche nach einem Parkplatz begeben. Aus Richtung Sevilla und Jerez führen die **N-IV** und die **A4** über Puerto Real ebenfalls ins Zentrum.

Sobald man die Stadtmauer passiert hat, tauchen die ersten **Parkschilder** auf. Das Fahrzeug kann am **Bahnhof,** kaum 100 Meter hinter der Stadtmauer, abgestellt werden. Eine bessere Möglichkeit bietet jedoch das kühle unterirdische **Parkhaus am Paseo de Canalejas,** etwa 700 Meter hinter dem Bahnhof. Eine weitere Tiefgarage liegt bei der **Kathedrale** an der Uferstraße Campo del Sur.

Anreise per Bus

Die Busse der Linie **Comes** (bedient zahlreiche Orte an der Küste) halten im Zentrum direkt vor dem Bahnhof an der Plaza Sevilla. Von dort sind es nur ein paar Schritte zur Altstadt.

Die Gesellschaft **Los Amarillos** hat eine kleine Haltestelle bei der Avenida Ramón de Carranza 31, die Busse fahren u. a. nach Arcos de la Frontera, Sanlúcar de Barrameda, Chipiona und El Puerto de Santa María.

Anreise per Bahn

Der Bahnhof liegt an der Plaza de Sevilla s/n, ziemlich nahe beim Hafen. Eine Verbindung besteht per **Nahverkehrsbahn Cercanías** nach El Puerto de Santa María sowie nach Jerez de la Frontera und auch zum dortigen Flugplatz. Ebenso existiert eine Fernverbindung nach Sevilla. Bald wird eine weitere Schienenverbindung nach Chiclana in Betrieb gehen.

Anreise per Schiff

Sowohl von Rota als auch von El Puerto de Santa María pendelt ziemlich häufig eine **Fähre** durch die Bucht von Cádiz hinüber zum Terminal Marítima. Von dort sind es keine zehn Minuten Fußweg ins *centro*.

Stadtrundgang

Den Stadtkern sollte der Besucher auf jeden Fall zu Fuß erkunden. Dabei macht es am meisten Spaß, sich einfach **treiben** zu **lassen.** Orientieren kann man sich an den größeren Kreuzungen, außerdem sind die wichtigsten Sehenswürdigkeiten ausgeschildert. Damit sich aber niemand im Gewirr der Gassen verliert, wird hier ein Stadtrundgang beschrieben, der an den Sehenswürdigkeiten vorbeiführt.

In Gängen und Gassen

Ob man nun per Auto oder per Bus angereist ist, die Allee **Avenida Ramón de Carranza** mit ihren vielen Palmen muss in jedem Fall überquert werden. Am Ende dieser Straße liegen der **Paseo de Canalejas** (wo das unterirdische Parkhaus zu finden ist) und die **Plaza de España** mit dem Denkmal für die von 1810 bis 1812 hier residierenden Cortes.

Dann heißt es eintauchen in ein **stimmungsvolles Viertel** aus Gängen und Gassen. Immer enger wird es und auch ein wenig kühler, die Sonne erreicht kaum noch den Boden. Kleine Geschäfte mit quietschenden Türen sind hier zu finden, Bars mit Tresen, die schon Generationen von Zechern ertragen haben, und Wohnungen, die irgendwo zwischen urgemütlich und marode zu klassifizieren sind. Man kann sich nicht satt sehen an dieser ganz eigenen Welt und an einer Kultur, die es so in unseren Breiten nicht mehr gibt. Ein guter Einstieg ist die Plaza

Die Ecken der Häuser in Cádiz

Mitten in den engen Gassen der Altstadt sind noch etliche Hausecken durch Metallverschläge geschützt. Das war früher auch sehr notwendig, wenn die schweren Pferdewagen im wahren Wortsinn nicht um die Kurve kamen und dabei teilweise heftig an der Hauskante entlangschrammten. Da ging dann so manches kaputt. Ursprünglich waren diese Schutzelemente aus Stein, später (vor allem im 18. Jahrhundert) aus Metall und noch etwas später wurden sie teilweise sogar kunstvoll verziert, was man gelegentlich heute noch erkennen kann.

Cádiz

■ **Übernachtung**
1 Hotel Atlántico (Parador)
3 Hotel Francia y París
6 Hostal Centro Sol
9 Hotel Playa Victoria
10 Hotel Patagonia
11 Hostal Colón
12 Pensión España
14 Hostal Bahía

■ **Essen und Trinken**
2 Rest. San Antonio
4 Bar San Francisco I.
5 Taberna La Manzanilla
7 Marisquería Joselito
8 Bar Bahía
13 Rest. El Sardinero
15 Rest. Achuri, El Aljibe
16 Café Pay Pay
17 Bar La Terraza
18 Rest. El Faro

de San Juan de Dios, wo obendrein etliche Lokale mit ihren einladenden Terrassen locken.

Cádiz ist eine der ältesten Städte Spaniens und natürlich war sie in den Anfängen sehr viel kleiner als heute. Trotzdem hat sich die Fläche des historischen Stadtkerns nicht wesentlich vergrößert, ganz einfach deshalb, weil die Stadt vom Meer umgeben ist. Die **Altstadt von Cádiz** stammt im Wesentlichen aus dem 18. Jahrhundert, sie ist gut erhalten und teilweise restauriert. Teilweise allerdings auch nicht, was eben unter anderem den Charme ausmacht. Die Straßen sind nicht breit, viele wurden in Fußgängerzonen umgewandelt und nicht wenige führen zum Meer oder stoßen auf einen größeren Platz, wo es meist ein Lokal mit Terrasse zum Verschnaufen gibt.

Puerta de Tierra

Cádiz hatte als Hafen- und Garnisonsstadt eine wuchtige Schutzmauer und ein ebensolches **Stadttor.** Ursprünglich erbaut in der zweiten Hälfte des 17. Jahrhunderts und bereits einige Jahre später verstärkt, entstand das noch heute existierende Tor 1756. Es zeigt fünf Arkaden und mittig einen Wachturm, links und rechts fließt der Verkehr durch zwei Öffnungen in der Stadtmauer vorbei. Das Tor selbst wurde teilweise aus Marmor errichtet und gilt als Wahrzeichen von Cádiz. Die Bewohner unterscheiden sogar heute noch zwischen der Altstadt, die gern „Cádiz Cádiz" genannt wird, und dem modernen Rest der Stadt, genannt „Extramuros" (etwa: außerhalb der Stadtmauer). Der Turm entstand 1850 und war Bestandteil einer früheren

439cl sm

Telegrafenkette, mit der es möglich war, Nachrichten von Cádiz bis hoch nach Madrid (500 Kilometer) in gut zwei Stunden zu schicken.

Plaza de San Juan de Dios

Einer der angenehmsten und auch **größten Plätze der Stadt** ist die Plaza de San Juan de Dios, die man bald nach dem Passieren des Stadttores erreicht. Der Platz ist nur von drei Seiten bebaut, zum Meer hin bleibt er offen. Zu dieser Seite plätschert ein Wasserlauf und schießt regelmäßig kleinere Fontainen in die Luft. Rings um den Platz liegen mehrere Lokale, die natürlich alle Tische und Stühle draußen stehen haben.

An diesem Platz steht auch das weiß gehaltene **Rathaus** *(Ayuntamiento)*. Erbaut in zwei Schritten, 1799 im neoklassischen und 1861 im isabellinischen Stil. Gekrönt wird das Gebäude von einem schmucken Uhrenturm, der stündlich eine Melodie von *Manuel de Falla* spielt: „El sombrero de tres picos" (Der Dreispitz). Flankiert wird er von Skulpturen der Stadtpatrone.

Nebenan steht die Kirche vom ehemaligen und nicht mehr existierenden Hospital gleichen Namens, **die Capilla de San Juan de Dios** aus dem Jahr 1688. Sie war eine Zeit lang Kathedrale, sozusagen in Vertretung, da die eigentliche Kathedrale nach einer Piratenattacke renoviert werden musste. Im Inneren besticht vor allem der barocke Altar.

☒ Plaza de San Juan de Dios

Barrio Pópulo

So wird das **Gassenviertel** vor der Kathedrale genannt, das sich bis zum Rathaus erstreckt. Die Ursprünge reichen zurück bis ins 13. Jahrhundert. Einst von einer Mauer mit drei Toren begrenzt, findet man heute nur noch die engen Gassen und einige wenige historische Gebäude, wie die **Casa del Almirante** von 1690 an dem Platz Plazuela de San Martín (einen Block vom Kathedral-Museum entfernt).

Neue Kathedrale

Mittendrin erhebt sich die neue Kathedrale, **Catedral Nueva** (eine sehr viel ältere aus dem 13. Jahrhundert steht gleich um die Ecke). Sie wurde 1853 fertiggestellt, nachdem man ab 1722 über ein Jahrhundert daran gebaut hatte, geweiht wurde sie schon 1838. Das Ergebnis ist ein Stilgemisch aus Barock und Neoklassizismus. Alles wird von der weithin sichtbaren Kuppel überragt, die man sogar vom Meer aus sieht. Die Hauptfassade weist zur Plaza Catedral. Wer durch die fünf Meter hohe Tür eintritt, kommt sich ganz klein vor. Der Eindruck wird im Inneren noch durch die gewaltigen Pfeiler verstärkt. Auffällig ist auch das hübsch gestaltete Chorgestühl. Der spanische Komponist *Manuel de Falla,* 1876 in Cádiz geboren, fand in dieser Kathedrale seine letzte Ruhestätte.

Die Fassade wird von zwei gewaltigen Türmen und einer Kuppel mit gelblichen Kacheln geprägt, der rechte Turm, der **Torre del Poniente,** kann besichtigt werden und ermöglicht einen schönen Rundblick über die Stadt aus 74 Metern

Höhe. Über dem Hauptportal befinden sich Skulpturen der Stadtpatrone *San Germán* und *San Servando.*

Innen hat die dreischiffige Kathedrale den Grundriss eines lateinischen Kreuzes. Die Hauptkapelle erschuf man aus Marmor. Der Hauptaltar wurde Mitte des 19. Jahrhunderts von *Juan de la Vega* erbaut. Daneben existieren 13 Kapellen mit Bildnissen verschiedener Heiliger, beispielsweise in der fünften und sechsten Kapelle finden sich erneute Abbildungen der Stadtpatrone. In der siebenten Kapelle hängt das Bildnis der heiligen *Teresa* aus dem 17. Jahrhundert.

Etwas abseits (links, wenn man vor dem Gotteshaus steht) befindet sich die **Schatzkammer,** sie ist als *Museo* ausgeschildert und wird auch **Kathedral-Museum** genannt. Dort wird die Custodia del Millón aufbewahrt, eine vier Meter hohe Monstranz, die mit einer Million Edelsteinen besetzt sein soll.

■ **Catedral Nueva und Museum,** geöffnet: Mo–Sa 10–18 Uhr, So 13–18.30 Uhr, Eintritt: 5 €. **Torre del Poniente,** geöffnet: 15.6.–15.9. 10–20 Uhr, 16.9.–14.6. 10–18 Uhr, alle 30 Minuten Führungen, Eintritt: 4 €.

Alte Kathedrale

Die Alte Kathedrale trägt auch den Namen **Iglesia de Santa Cruz** und liegt ganz in der Nähe der Neuen Kathedrale (links, wenn man am Vorplatz steht und zum Haupteingang der Neuen Kathedrale schaut). Sie wurde nach der Befreiung der Stadt von den Mauren im Jahr 1262 zur Kathedrale im gotischen Mudéjar-Stil umgebaut, da der Befreier *Alfonso X.* dort begraben werden wollte. Ende des 16. Jahrhunderts wurde das Bauwerk im Krieg mit den Engländern zerstört.

Auf den einzig erhaltenen Grundmauern entstand bis 1602 der heutige Bau, der bis zur Weihung der neuen Kathedrale 1838 die Funktion einer Kathedrale erfüllte. Nachdem die ersehnte repräsentativere „richtige" Kathedrale in Betrieb war, wurde die alte schlicht zur Iglesia de Santa Cruz.

Die dreischiffige Kirche ist rechteckig gebaut und wird von wuchtigen Pfeilern gestützt und auch unterteilt. Sehenswert sind der Hauptaltar aus dem Jahr 1650 und die Seitenkapelle Capilla de los Genoveses, die Bürger aus Genua im 17. Jahrhundert errichteten. Der Glockenturm steht etwas abseits.

■ **Iglesia de Santa Cruz,** Plaza Fray Félix, geöffnet: Mo 17.30–19, Di–Sa 10–13 und 17.30–19, So 10.30–12.20 und 18.30–19.30 Uhr.

Plaza del Fray Félix

Der vor der Alten Kathedrale liegende Platz wurde einst Plaza de la Catedral genannt und erst nach dem Bau der Neuen Kathedrale umgetauft. Er wird von einigen schönen historischen Häusern begrenzt, dazu zählen die **Casa de Marquina** aus dem 17. Jahrhundert, die **Casa de la Contaduría,** wo der Glockenturm steht, und das **Colegio de Santa Cruz,** heute das Museum der Kathedrale.

⊡ Die Altstadt mit der Kathedrale

Teatro Romano

Nur ein kleines Stückchen weiter liegen die Reste des **römischen Theaters** aus dem 1. Jahrhundert vor der Straße Campo Sur, Ecke Obispo Félix Soto.

Vor allem Reste der Sitzreihen sind erhalten, die Bühne stößt heute direkt an einige weiß getünchte Häuser. Ob weitere archäologische Ausgrabungen folgen, ist momentan unklar, da man eventuell sogar diese Häuser abreißen müsste. Es könnte sich aber womöglich lohnen, denn das römische Theater zählte damals zu den größten in Spanien und hatte Platz für 20.000 Zuschauer.

Plaza de las Flores

Geht man von der Kathedrale über die Calle Compañía, erreicht man bald die kleine Plaza de las Flores, wo an Kiosken **Blumen** verkauft werden und ringsherum etliche **Bars** zum Verschnaufen locken. Hier befindet sich auch die **Post** (erbaut Mitte des 20. Jahrhunderts) und das große Gebäude des Zentralmarktes **Mercado Central,** erbaut 1837.

Die **Markthalle** ist ziemlich urig. Vor allem Fischhändler sitzen hier in relativ kleinen Verschlägen und bieten alle das Gleiche an. Könnte man jedenfalls meinen, aber so ist es dann doch nicht. Es gibt schon Unterschiede und die kenntnisreiche Kundschaft sieht das ganz genau. Macht Spaß hier mal dem Fachsimpeln über mittellange oder kürzere Garnelen zu lauschen, selbst wenn man kein Spanisch versteht. Allein die Mimik zu beobachten ist oftmals schon köstlich.

Hinter dem Markt zeigen sich die engen Gassen noch ursprünglicher, von einem etwas rauen Charme. Einfache Bars, viele kleine Geschäfte und eine spürbar enge Nachbarschaft prägen hier das Bild.

037cl cljf

Hospital de Mujeres

Mitte des 18. Jahrhunderts wurde das Barockgebäude fertiggestellt, es gruppiert sich um zwei größere, hübsch dekorierte Innenhöfe mit einer Freitreppe. Im Inneren befindet sich eine Kapelle mit einem Bildnis von *El Greco,* das den Titel trägt: „La Vision de San Francisco" aus dem Jahr 1601.

Torre Tavira

Nur eine Parallelstraße weiter gelangt man auf die Calle Sacramento. Dort erhebt sich der 34 Meter hohe Torre Tavira, der höchste Turm der Stadt. Von ganz oben genießt der Besucher einen **herrlichen Rundblick** über die Dächer von Cádiz bis zum Festland nach Rota.

442cl sm

Der Clou aber ist die sogenannte **Cámara oscura,** die „Dunkelkammer". Hier wird mittels spezieller Linsen und reflektierender Spiegel ein seitenverkehrtes Bild von der Straße eingefangen und auf eine halbrunde Scheibe im Inneren eines abgedunkelten Raumes projiziert. Da biegen Autos um die Ecke, fliegen Möwen durchs Bild und schlendern Menschen durch die Straßen, alles live und direkt. Die Kamera schwenkt langsam um 360° über die gesamte Stadt. Dazu gibt es Erklärungen in Englisch und Spanisch.

■ **Torre Tavira,** c/ Marqués del Real Tesoro 10. Geöffnet: täglich Mai–September 10–20 Uhr, Oktober–April 10–18 Uhr, Eintritt: 5 €.

Oratorio de San Felipe Neri

Nur ein paar Straßenzüge weiter steht das Oratorio de San Felipe Neri in der Calle Santa Inés. Die Kapelle wurde bereits 1671 erbaut. 1812 tagten hier die **Cortes** und verfassten die erste liberale Verfassung Spaniens. Etliche Plaketten an den Wänden erinnern an dieses Ereignis.

Die barocke einschiffige Kirche selbst stammt aus den Anfängen des 18. Jahrhunderts und ist in elliptischer Form gebaut, was sehr selten in Andalusien vorkommt. Sieben Seitenkapellen erhalten Licht durch eine prachtvolle Kuppel; den Altar schmückt ein Gemälde von Murillo.

⊲ ⊳ In den Gassen der Altstadt

445cl sm

Museo de las Cortes de Cádiz

Das Museum, welches an die Konstituierung der ersten spanischen Volksvertretung erinnert, liegt gleich nebenan. Es dokumentiert die Zeit des **Unabhängigkeitskrieges** sowie die **Sitzungen der Cortes.** Vor allem Gemälde und Zeichnungen sind ausgestellt, in der oberen Etage befindet sich ein großes Modell der Stadt.

■ **Museo de las Cortes de Cádiz,** c/ Santa Inés 9. Geöffnet: Di–Fr 10.30–14 und 16.30–20, Sa 10.30–14, So 11–13 Uhr, Eintritt: 3 €, So freier Eintritt.

Plaza San Antonio

Nicht weit entfernt liegt die Plaza San Antonio mit der gleichnamigen Kirche. Hier wurde am 19. März 1812 die erste spanische **Verfassung** proklamiert, die in ganz Spanien übrigens „la Pepa" genannt wird. An dem rechteckigen Platz stehen noch viele historische Häuser, z. B. mit den Hausnummern 1 (aus dem 18. Jahrhundert), 2 (heute Fernuniversität), 6 oder 15.

Die dreischiffige **Kirche** von 1669 hat die Form eines lateinisches Kreuzes und wurde mehrfach umgebaut. An der Fassade sind barocke Reste zu sehen, daneben fallen vor allem die mächtigen Doppeltürme auf. Der neoklassische Hauptaltar wird Pedro Roldán (1624–1699) zugesprochen, einem in Spanien sehr beschäftigten Künstler, der wunderbare Skulpturen schuf.

[>] Kirche an der Plaza San Antonio

Plaza de la Mina

Dieser hübsche viereckige Platz, 1836 erbaut, liegt nur einen Block weiter. Dort stehen etliche **herrschaftliche Häuser** aus dem 18. und 19. Jahrhundert, besonders sehenswert sind die Häuser mit den Nummern 6, 8, 9 und 10.

Museo de Cádiz

An der Plaza de la Mina befindet sich das Museo de Cádiz. Fundstücke aus drei Jahrtausenden dokumentieren die **Stadtgeschichte**. Zudem gibt es Abteilungen mit einer einzigartigen **Gemäldesammlung** *(Rubens, Zurbarán, Murillo)* und einer **Marionettensammlung,** was auf die Zusammenlegung mit dem „Museum für schöne Künste" zurückzuführen ist. Auch eine **ethnologische Abteilung** ist vorhanden.

Die archäologische Abteilung ist die größte; die ältesten Funde sind etwa 400.000 Jahre alt. Davon ausgehend wird der zeitliche Bogen bis zur römischen Epoche gespannt, die mit Fundstücken vom nahen römischen Theater, aber auch aus der römischen Siedlung Baelo Claudia bei Bolonia vertreten ist.

■ **Museo de Cádiz,** Plaza de la Mina. Geöffnet: Di 14.30–20.30, Mi–Sa 9–20.30, So 9.30–14.30 Uhr, Eintritt: EU-Bürger frei.

Castillo de Santa Catalina

Zum Abschluss lohnt vielleicht noch ein Bummel in Richtung Meer zum Castillo de Santa Catalina. Wehrbereit ragt es wie ein **Dreizack** seit 1598 in die See hinein.

Potentielle Feinde ließen sich dennoch nicht immer abschrecken, wie der erfolgreiche Überfall von *Francis Drake* bezeugt. Heute locken den Besucher hier ein weiter Blick aufs Meer und der unmittelbar angrenzende Strand La Caleta.

Praktische Tipps

Unterkunft

- **Parador Atlántico**④, Avda. Duque de Nájera 9, Tel. 956 226 905, Fax 956 214 582, www.paradores.es. Das Hotel gehört zur Kette der Paradores. Es liegt wunderbar am Meer und doch nur einige Schritte von der Altstadt entfernt. Insgesamt hat es 149 Zimmer. WiFi.
- **Hotel Playa Victoria**④, Glorieta Ingeniero la Cierva 4, Tel. 956 205 100, Fax 956 263 300, www.palafoxhoteles.com. Ein größeres Haus mit 188 Zimmern, das nur wenig außerhalb der Altstadt am gleichnamigen Strand liegt. Moderne Einrichtung, gepaart mit klassischen Elementen. WiFi.
- **Hotel Francia y París**③-④, Plaza San Francisco 6, Tel. 956 212 319, Fax 956 222 431, www.hotelfrancia.com. Das 3-Sterne-Haus mit 57 Zimmern liegt halbwegs ruhig an einer kleinen Plaza am Rande der Altstadt und macht einen prima Eindruck. Gutes Preis-Leistungs-Verhältnis in einem historischen Haus aus den Anfängen des 20. Jh.
- **Hostal Colón**③, c/ Marqués de Cádiz 6, Tel. 956 285 351. Das kleine Haus mit nur 9 Räumen hat einen hübsch gekachelten Eingangsbereich und eine angenehme Atmosphäre, sieben Zimmer weisen sogar einen Minibalkon auf. Im vierten Stock gibt es eine Gemeinschaftsterrasse.
- **Hotel Patagonia**③, c/ Cobos 11, Tel. 856 174 647, Fax 856 174 320, www.hotelpatagoniasur.com. Schick renoviertes Haus, das mitten in der Altstadt

460cl sm

und keine fünf Minuten von der Kathedrale entfernt liegt. 16 funktional und modern eingerichtete Zimmer, zwei mit eigener Terrasse. WiFi gratis.

- **Hostal Bahía**②-③, c/ Plocia 5, Tel. 956 259 061, Fax 956 254 208. Dieses nette Haus hat 21 Zimmer und liegt sehr zentral am Rande der Altstadt.
- **Hostal Centro Sol**②-③, c/ Manzanares 7. Tel. 956 283 103, www.hostalcentrosolcadiz.com. Ein mitten in der Altstadt, unweit der Kathedrale gelegenes kleines Haus. Schöner, leicht arabisch-andalusisch angehauchter Eingangsbereich, 19 korrekte Zimmer mit einfacher, aber ausreichender Einrichtung.
- **Pensión España**①-②, c/ Marqués de Cádiz 9, Tel. 956 285 500. Liegt in einer schmalen Gasse, ist klein und nett renoviert. Für den Preis eine gute Wahl, aber nicht alle 15 Räume mit eigenem Bad, deshalb vorher fragen!

Essen und Trinken

- **Bar la Terraza,** Plaza Catedral 13, Tel. 902 095 590. Man sitzt sehr entspannt auf der Terrasse, während der Blick zur Kathedrale wandert. Hausmacherkost und Fisch aus der Bucht von Cádiz werden serviert.
- **Restaurant Achuri,** c/ Plocia 15, Tel. 956 253 613. Seit Jahren ein Klassiker, in dem weder an der Einrichtung noch an der Karte herumgewerkelt wird. Man kann zwischen andalusischer und baskischer Küche wählen, also zwischen leichter und eher deftiger Kost. Das Lokal hat Mo, Di, Mi und So jeweils abends geschlossen.
- **Restaurant El Aljibe,** c/ Plocia 25, Tel. 956 266 656. Gemütliches älteres Lokal, das erstaunlicherweise sogar eine deutschsprachige Speisekarte hat. Fisch- und Fleischgerichte findet man darauf.
- **Marisquería Joselito,** c/ San Francisco 38, Tel. 956 266 548. Eines der ältesten Fischlokale, mit Terrasse zum Hafen.
- **Restaurante El Faro,** c/ San Felix 15, Tel. 956 211 068. Ein weiterer Klassiker, der seit Jahren ein hohes Niveau hält. Die Küche basiert auf Fischgerichten, die ohne viel Firlefanz zubereitet werden. Das Lokal liegt im Stadtteil La Viña, ein gutes Stück hinter der Markthalle. Das Lokal hat sogar einen eigenen „Einparker", soll heißen: Man überlässt einfach seinen Wagen einem draußen wartenden Menschen, der übernimmt das lästige Einparken, während die Gäste schon beim Aperitif hocken.
- **Restaurant El Sardinero,** Plaza de San Juan de Dios 4, Tel. 956 265 926. Das Lokal zählt zu den ältesten der Stadt, es wurde Ende des 19. Jh. gegründet. Heute wird baskisch-andalusische Küche serviert mit Schwerpunkt auf Fisch.
- **Bar Bahía,** Avda. Ramón de Carranza 29, Tel. 956 281 166. Noch ein Klassiker, in dem Tapas ohne Schnörkel serviert werden.
- **Bar San Francisco I.,** Plaza San Francisco. Kleines Lokal mit angenehmer Terrasse zur Plaza. Die Küche ist okay, es gibt auch ein Mittagsmenü, aber vor allem lockt die breite Auswahl an Sherry-Sorten.
- **San Antonio,** Plaza San Antonio 9, Tel. 956 212 239. Kleines lokal, in dem andalusische Küche bereitet wird zu gar nicht mal hohen Preisen. Von außen sieht's teurer aus.

Mein Tipp: **Taberna La Manzanilla,** c/ Feduchy 19, Tel. 956 285 401. In den 1930er Jahren vom Großvater des heutigen Besitzers gegründete Institution in Cádiz. „Hier gibt es kein Bier, keinen Kaffee, keinen Fernseher, nur Sherry", erklärt der Besitzer nicht ohne Stolz. Das Lokal ist klein, hinterm Tresen dominieren die großen Fässer, aus denen der Sherry in kleine, schlanke Gläser gezapft wird. Die Gäste stehen vor dem Tresen, der Wirt notiert die Zeche mit Kreide auf dem Tresen.

Nachtleben

- Sobald es halbwegs warm wird, zieht es die *gaditanos,* wie die Bewohner von Cádiz genannt werden, an den **Strand.** Auch nachts, denn dann öffnen dort Strandbars und Chiriguitos.

455cl sm

- Am **Paseo Marítimo,** etwas außerhalb vom Zentrum, liegen ebenfalls etliche Musikbars.
- Im Stadtkern konzentriert sich die Kneipenszene auf zwei Viertel, eines davon ist das **Barrio Pópulo** im Umfeld der Catedral Nueva. Mit dem *Café Pay Pay,* c/ Silencio 1, hat es eine sehr gefragte und etwas schräge location, immerhin war dies ehemals ein Bordell. In der schmalen Gasse öffnen aber auch noch weitere Musikbars.
- Die Zone weiter nördlich im Zentrum **zwischen Plaza de la Mina und Plaza San Francisco** ist noch beliebter. Viele Bars liegen in den Straßen c/ Rosario, c/ Manuel Rancés, c/ Antoni López und c/ Beato Diego de Cádiz.

Verkehrsverbindungen

- **Busse:** vom zentralen Terminal Plaza Sevilla, schräg gegenüber vom Bahnhof.

  Gesellschaft *Comes,* Tel. 956 807 059, www.tgcomes.es (Verbindungen u. a. nach Sevilla, Málaga, aber auch zu vielen Orten an der Küste, wie Conil).

  Gesellschaft *Los Amarillos,* Avda. Ramón de Carranza 31, Tel. 956 285 852, www.losamarillos.es (Verbindungen zu vielen Orten der Provinz Cádiz).

⌃ Auf der Plaza de las Flores in Cádiz

Aktivitäten

- **Fähre nach El Puerto de Santa María:** Die Schnellfähre verkehrt (grob) einmal pro Stunde, in Spitzenzeiten auch halbstündlich, aber am Sa/So nur fünfmal. Die Überfahrt dauert 30 Minuten.
- **Fähre nach Rota:** täglich legt diese Fähre zehnmal ab zwischen 7.55 und 20.35 Uhr, am Wochenende seltener. Der Trip durch die Bucht von Cádiz dauert 35 Minuten.

Einkaufen

- **Markthalle:** Plaza de las Flores.

Nützliche Adressen

- **Post:** Plaza de las Flores.

Feste

- **Karneval:** Der Karneval von Cádiz ist, neben den Umzügen auf Teneriffa, landesweit der berühmteste, sozusagen die Jecken-Hochburg von Spanien, aber ohne „Wolle-mer-se-rinlosse-Nerv", sondern mit fantasievollen Umzügen viel mehr auf die Straße fixiert.
- **7. Oktober:** Día de la Virgen del Rosario – Patronatsfest.

El Puerto de Santa María

El Puerto de Santa María

- **Einwohner:** 89.000
- **PLZ:** 11500
- **Entfernung nach Cádiz:** 17 km
- **Touristeninformation:** Plaza de Alfonso X. el Sabio 9, Tel. 956 483 715, Fax 956 483 727, www.turismoelpuerto.com, geöffnet: 1.5.–31.10. täglich 10–14 und 18–20 Uhr, 1.11.–30.4. Mo–Sa 10–14 und 17.30–19.30, So 10–14 Uhr.

Die mittelgroße Stadt an der Mündung des Río Guadalete und hat einen großen **Hafen** sowie, etwas außerhalb gelegen, einen **Sportboothafen.** Der Hafen war bereits zu Kolumbus' Zeiten wichtig, denn *Juan de la Cosa* war der Eigner des Flaggschiffes Santa María. Später legten hier eine Weile die Schiffe aus *Las Nuevas Indias* an (wie der neue Kontinent zunächst hieß). Heute ist der Hafen nicht mehr so dominierend. El Puerto de Santa María ist über die Grenzen des Ortes hinaus eher für seine **Fischlokale** bekannt. Dorthin zieht es meist spanische Besucher, der ausländische Tourist hat diese Ecke noch nicht so recht entdeckt.

Die Strände

Playa de Valdelagrana geht nahtlos in **Playa de Levante** über und verläuft bei einer Breite von z. T. mehr als 90 Metern über satte 6100 Meter Länge. Ausgehend von der kleinen Ortschaft Valdelagrana grenzt der Strand weiter im Süden an den Naturpark Bahía de Cádiz. Im nördlichen Abschnitt ist er stets gut besucht, denn er ist sowohl für die Bewohner von El Puerto de Santa María als auch von Puerto Real aus gut zu erreichen.

Playa de la Puntilla ist der Stadtstrand von El Puerto de Santa María. Er liegt nicht gerade im Zentrum, aber auch nicht allzu weit außerhalb. Der Strand zieht sich halbkreisförmig zwischen dem Hafen und dem benachbarten Sportboothafen Puerto Sherry über 1500 Meter Länge hin. Seine Breite schwankt zwischen 30 und 200 Metern. Eine gut gestaltete Promenade mit Palmen, Kiosken und etlichen Schattenplätzen lockt zum Bummeln. Nur der Blick über die Bucht auf die Industrie- und Werftanlagen ist nicht gerade einladend.

Sehenswertes

Bei einer Stadt von dieser Größe mag man Hektik, Unruhe und Verkehrsgewühl erwarten. Ganz falsch ist das auch nicht, jedoch beschränkt sich der Lärm hier weitestgehend auf die Außenbezirke. Das Stadtbild im Bereich des Hafens – und somit im Zentrum – wird noch heute von **Häusern aus der Jahrhundertwende** geprägt.

Das kleine, ursprüngliche Dorf erlangte durch die Araber eine gewisse Bedeutung, aber bereits die Römer hatten hier einen Posten. 1260 eroberten christliche Heere unter *Alfonso X.* den Ort und von da an trug er auch seinen heutigen Namen. Erst mit der Entdeckung Amerikas floss etwas Wohlstand in den Ort und relativ rasch war El Puerto de Santa María bekannt als die **Stadt der hundert Paläste,** was ja schon viel aussagt. Aus dieser Phase stehen noch einige Adelshäuser im Ortskern.

Viele Gebäude erinnern an karibische oder südamerikanische Straßenzüge: etwa zwei bis drei Etagen hoch, vergitterte Fenster an der Straßenseite, kleinere Gauben, die aus kaum mehr als einem Fensterchen bestehen, und oben flattert auf einer flachen Dachterrasse die Wäsche. Andererseits ist nicht zu übersehen, dass einige Häuser doch ein wenig vernachlässigt wurden.

Es stehen aber auch ein paar **Villen** oder gar palastähnliche Gebäude aus dem 15. bis 17. Jahrhundert mitten in der Stadt. El Puerto de Santa María lebte lange Zeit auch vom Überseehandel und etliche der Händler residierten hier am Hafen. Später verlagerte sich der Verkehr nach Cádiz, weil es dort einen größeren Hafen gab, was für einige der einst reichen Kaufleute das Aus bedeutete. Sie mussten ihre schicken Paläste verkaufen. Zwar tragen einige noch heute die Namen jener ehemaligen Besitzer, aber jetzt sind in den Gebäuden schlichte Wohnungen untergebracht. Zumindest drei Palacios lassen sich noch in Gänze bewundern, sie liegen bei der Calle Micaela Aramburu de Mora.

- **Palacio Reinoso Mendoza,** 18. Jh., bei der Post.
- **Palacio de Roque Aguado,** 18. Jh., einen Block neben Hotel Santa María.
- **Palacio de Aranibar,** 17. Jh., gleich hinter dem Castillo, kann Mo–Fr 9–14 Uhr besucht werden.

Zentraler Kern ist die **Kneipenmeile** an der **Flanierpromenade** Ribera del Marisco. Die Straße selbst ist nichts Außergewöhnliches, aber parallel verläuft ein kleiner Park mit Palmen und Bänken.

Die **Iglesia Mayor Prioral** an der Plaza España ist die Hauptkirche des Ortes und wurde im 15. Jahrhundert erbaut. Der Name leitet sich aus jenen Tagen ab, als diese Kirche das wichtigste Priorat der Diözese von Sevilla war. Betreten wird sie durch die Puerta del Sol, deren Portal hübsch verschnörkelt ist. Im Inneren gibt es mehrere Kapellen, u. a. die Capilla de la *Virgen de los Milagros* mit dem Bildnis der Stadtpatronin. Sehenswert ist der Hochaltar aus mexikanischem Silber aus dem 17. Jahrhundert.

■ **Iglesia Mayor Prioral,** geöffnet: Mo–Sa 8.30–12.45 und 18–20.30, So 8.30–13.45 und 18.30–20.30 Uhr.

Mitten im Zentrum liegt auch das **Castillo de San Marcos,** eine ehemalige Festung mit Ausguck, von dem die Hafeneinfahrt kontrolliert wurde. Die Außenmauern sind wie das gesamte Gebäude noch sehr gut erhalten. Man kann sich die Wehrhaftigkeit lebhaft vorstellen. Erbaut auf den Resten einer kleinen Moschee im 13. Jahrhundert, entstand eine Schutzburg mit angeschlossener Kirche, was nicht so unüblich war damals.

■ **Castillo de San Marcos,** nur geführte Besuche, geöffnet: Oktober–Juni Di, Do, Sa 11–14 Uhr, Juli–September Di–Sa 10–13 Uhr, kombinierte Besichtigung mit der benachbarten Bodega Caballero (derselbe Eigentümer), Eintritt mit Verköstigung: 6 €.

Direkt vor dem Castillo steht die alte Warenbörse **La Lonja.** Heute wird hier ein Restaurant betrieben. Einmal um die Ecke liegt ein kleiner Platz, der an den Entdecker Amerikas erinnert: **Plaza de Cristóbal Colón.** Allzu grandios fällt er nicht aus. Ein Hinweis auf *Juan de la Cosa,* den Eigner des Kolumbus-Schiffes, ist ebenfalls zu finden.

Noch ein berühmter Spanier lebte in El Puerto de Santa María: In dem Haus, in dem der große spanische Poet *Rafael Alberti* eine Zeit lang wohnte, befindet sich heute das **Museo Rafael Alberti.** Exponate rund um Arbeit und Leben des Poeten werden gezeigt, u. a. seine 5000 Bände umfassende Bibliothek.

■ **Museo Rafael Alberti,** c/ Santo Domingo 25. Geöffnet: Di–So 10–14 Uhr, Eintritt: 4 €.

Das städtische Museum, **Museo Municipal,** liegt wiederum nur einmal um die Ecke. Hier werden archäologische Fundstücke der Region ausgestellt.

■ **Museo Municipal,** c/ Pagador 1. Geöffnet: Di–Fr 10–14, Sa/So 11–14 Uhr, Eintritt frei.

Die **Plaza de Toros** aus dem Jahr 1880 gilt als eine der größten Anlagen Spaniens.

■ **Plaza de Toros,** Plaza Elías Ahuján s/n, geöffnet: Di–Fr 11–13 Uhr, Eintritt frei.

Praktische Tipps

Unterkunft

■ **Hotel Monasterio de San Miguel**④, c/ Virgen de los Milagros 27, Tel. 956 540 440, Fax 956 542 604, www.hotelmonasteriodesanmiguel.es. Dieser wuchtige Bau nimmt eine ganze Blockseite ein; kein Wunder, sind doch 165 Zimmer auf wenige Etagen verteilt. Das Gebäude wurde weitgehend im historischen Stil belassen; die Räume und der Speisesaal sind historisch-verschnörkelt eingerichtet. Es gibt einen Pool und als besonderen Service den kostenlosen Transport zum Strand. WiFi.

■ **Hotel Los Jándalos Santa María**③, Avda. Bajamar s/n, Tel. 956 873 211, Fax 956 873 652, www.jandalos.com. Von außen sieht dieses Haus mit 99 Zimmern fast ein wenig unscheinbar aus, aber bereits der Eingangsbereich wurde toll gestaltet. Ursprünglich stand hier einmal ein Castillo, die Außenfassade des Hotels ist daran orientiert. WiFi.

■ **Hostal Chaikana**③, c/ Javier de Burgos 17, Tel. 956 542 902, Fax 956 542 922, www.hostalchaikana.com. Das kleine Haus mit 35 hellen, zweckmäßig eingerichteten Räumen befindet sich ebenfalls in zentraler Lage. WiFi.

Camping

■ **Las Dunas,** 1. Kategorie, am Stadtstrand Puntilla gelegen, Tel. 956 872 210, Fax 956 860 117, www.lasdunascamping.com. Ein großer Platz für 1200 Personen. Unter Pinien gibt es viel Schatten und Grillengezirpe. Die sanitären Anlagen sind gut, die Entfernung zur Stadt ist erträglich. Der Platz ist ab dem Bahnhof ausgeschildert und dieser liegt, wenn man in die Stadt hineinfährt, gleich hinter der langen Brücke auf der rechten Seite.

Essen und Trinken

Die Auswahl könnte kaum größer sein. Speziell die Straße Ribera del Marisco ist eine einzige Kneipenmeile. Aber auch in den benachbarten Straßen lockt so mancher Tresen. Ein idealer Ort also, um zwanglos von einer Bar zur nächsten zu ziehen und überall einen Happen zu naschen. Hier nur ein paar Vorschläge:

MEIN TIPP: **Freiduría Romerijo,** Ribera del Marisco 1, Tel. 956 541 254. Einer der größten Läden an der Kneipenmeile mit einer unschlagbaren Auswahl, mittlerweile in zwei Gebäuden. Angeschlossen ist ein Laden, in dem Meeresfrüchte verkauft werden.

■ **Casa Paco Ceballos,** Ribera del Marisco s/n, Tel. 956 542 908, Mi geschlossen. Das Lokal unweit vom Romerijo, etwas kleiner, bietet auch gute Qualität. Größere Terrasse. Serviert werden Tapas, hausgemachte Eintöpfe und Fisch sowie Meeresfrüchte.

■ **Bar Santa María,** direkt beim Parque Calderón gelegen. Sehr beliebtes Freiluftlokal unter Palmen an einer netten Flaniermeile (die vorbeifahrenden Autos einfach überhören).

■ **Restaurant Casa Flores,** Ribera del Río 9, Tel. 956 543 512. Ein Fischlokal, das neben einer guten Speisekarte hoch gelobte Tapas am Tresen im Angebot hat.

■ Und dann sollen noch zwei Straßen global erwähnt werden, nämlich die **c/ Curva** und die **c/ de los Milagros,** wo sich buchstäblich eine Pinte neben der anderen befindet.

Bodegas

Wie in Jerez können auch in El Puerto de Santa María Bodegas besichtigt werden – natürlich mit Erläuterungen zur Herstellung und Kostproben.

■ **Osborne,** c/ Los Moros 7, Tel. 956 869 100, www.osborne.es/rrpp, Besichtigung nach Voranmeldung Mo–Fr 10.30–12.30 Uhr, Führung in verschiedenen Sprachen: 12.30 Uhr auf Deutsch, 10.30 Uhr auf Englisch, 12 Uhr auf Spanisch, 8 €.

■ **Terry,** c/ Toneleros 1, Tel. 956 151 500, www.bodegasterry.com, Besichtigung mit Anmeldung, derzeit keine Besuche möglich.

■ **Gutiérrez Colosía,** Avda. Bajamar 40, Tel. 956 852 852, www.gutierrez-colosia.com, Besichtigung ohne Voranmeldung: Mo–Fr 13 Uhr, Sa 12.30 und 13.30 Uhr, 5 €.

Verkehrsverbindungen

■ **Bahnhof:** Plaza de la Estación, außerhalb des Zentrums.

■ **Busterminal:** Die wichtigsten beiden Stationen liegen beim Bahnhof und bei der Stierkampfarena, beides gerade noch zu Fuß vom Zentrum aus zu erreichen.

□ Karte S. 14/15, Stadtplan S. 88/89

Aktivitäten

■ **Ruta Turística por la Ciudad:** von der Touristeninformation angebotene Tour zu den schönsten Ecken der Stadt, 1.7.–30.9. Sa 10.30 Uhr, kostenlos.
■ **Reguläres Fährschiff nach Cadiz:** Mo–Fr 7.10–21.20 Uhr etwa stündlich, in Spitzenzeiten öfter, Sa/So seltener: 10–18 Uhr etwa alle 2 Stunden.

Einkaufen

Come Sano, c/ Antillas 17, Tel. 956 874 859, Geschäft mit Bio-Lebensmitteln.

Nützliche Adressen

■ **Post:** Plaza de Polvorista s/n.

Feste

■ **Mai:** Frühlingsfest und Feria des Sherry, der hier *vino fino* genannt wird.
■ **16. Juli:** Virgen del Carmen, Schutzpatronin der Seeleute.
■ **Letzte Augustwoche:** Semana de la música internacional.
■ **8. September:** Nuestra Señora de los Milagros – Patronatsfest.

465cl jf

▷ Viele Häuser haben einen kolonialen Charme in El Puerto de Santa María

Rota

- **Einwohner:** 29.000
- **PLZ:** 11520
- **Entfernung nach Cádiz:** 55 km
- **Touristeninformation:** Castillo de Luna, c/ Cuna 2, Tel. 956 846 345, Fax 956 846 346, www.turismorota.com, geöffnet: Mo–Fr 9.30–13.30 und 18–21, Sa/So 10–14 und 18–21 Uhr.

Am Ortsrand von Rota befindet sich auf einem riesigen, umzäunten Gelände eine **amerikanische Militärbase,** die sich bis zur benachbarten *urbanización* unweit von Puerto Santa María, also über gute 10 Kilometer hinzieht. Aber Rota ist eine spanische Stadt geblieben. Sicherlich wurde wegen der amerikanischen Präsenz auch der eine oder andere Tresen installiert und die Soldaten bevölkern abends die Lokale, vor allem irische Bars. Aber dennoch ist der Armee-Apparat nicht an jeder Ecke spürbar.

Auch diese Ortschaft ging zur **Zeit der arabischen Herrschaft** in die Geschichte ein, damals unter dem Namen *Rolata-Ruta*. 1264 erreichten christliche Heere unter König *Alfonso X.* die Stadt und befreiten (so heißt es noch heute im spanischen Sprachgebrauch) sie von den Mauren. Danach herrschten mehrere Feudalherren über die noch recht kleine Ortschaft, angefangen beim damals fast allmächtigen *Alonso Pérez de Guzmán* (der ja immerhin über die ganze Gegend bis Conil das Sagen hatte). 1702 wurde Rota durch britisch-holländische Truppen im Zuge des **Erbfolgekrieges,** mit dem die Stadt sicherlich herzlich wenig zu tun hatte, geplündert. Aber man war Verbündeter der falschen Seite, das genügte. Trotzdem soll die Sache einigermaßen glimpflich abgegangen sein, da die listigen *roteños* (die Bewohner Rotas) in den Türmen der Stadtmauer Puppen aufstellten, die die Angreifer mit Soldaten verwechselten und

sich lieber alsbald zurückzogen. Nette Geschichte, aber glaubhaft?

Heute jedenfalls zeigt sich Rota relativ geschäftig mit einem **schönen Strand,** der quasi einmal um die Stadt verläuft und über weite Strecken von einer hübschen Promenade begleitet wird. Im Hafenbereich liegt ein kleines, **nettes Altstadtviertel** mit einem robusten **Castillo** im Zentrum.

Die Strände

Zwei Strände liegen im Ortsbereich, ein weiterer erstreckt sich gleich hinter dem Ortsausgang. **Playa del Chorrillo** wird auch **Rompidillo** genannt. Er verläuft vom Hafen bis zu den Militäreinrichtungen über 1500 Meter, liegt also vor dem Altstadtkern. Er ist etwa 30 Meter breit, bei Flut jedoch deutlich schmaler.

Playa La Costilla beginnt auf der anderen Hafenseite und erstreckt sich bis in Höhe des Ortsrandes über 2200 Meter. Er ist von feinem, hellem Sand geprägt und weist eine durchschnittliche Breite von 40 Metern auf. Eine Promenade, hinter der sich einige mittelgroße Häuserblocks und Einzelhäuser erheben, begleitet den Strand.

Seine Verlängerung wird **Playa Punta Candor** genannt. Die durchschnittliche Breite dieses feinen, hellen Sandstrandes beträgt 40 Meter. Er liegt ziemlich einsam und wird hauptsächlich von Feldern und kleinen Pinienwäldern begrenzt. Nach über 5000 Metern wird er ohne nennenswerte Unterbrechung von weiteren Stränden abgelöst. Eigentlich zieht sich also ein etwa 17 Kilometer langer Strand bis zum Nachbarort Chipiona, nur der Name wechselt gelegentlich.

Blick vom Schiff zurück auf Rota

467cl jf

Sehenswertes

Ein zielloser Bummel durch das Altstadtviertel führt unweigerlich zu den örtlichen Sehenswürdigkeiten. Man betritt die Altstadt durch ein Stadttor und befindet sich sogleich in einem Meer aus **engen Gassen und weißen Häusern.** Besonders in drei Gassen hat sich noch ein ziemlich authentischer andalusischer Charme erhalten, in der Calle Italia, der Calle García und der Calle San Clemente.

Das gut erhaltene **Castillo de la Luna** aus dem 14. Jahrhundert wird man schnell finden. Fünf Festungstürme erheben sich noch heute. Das Mauerwerk wurde aus grobem Stein errichtet und oben mit regelmäßigen Zinnen versehen. Auffällig sind auch die schönen Fenster mit den eingearbeiteten Wappen. Ein kleines Denkmal erinnert an *Bartolomé Perez,* der auf Kolumbus' zweiter Reise Steuermann war. Perez stammte aus Rota und eine kleine Karavelle aus Metall wurde zur 500. Jahresfeier am Castillo platziert.

Der schöne rechteckige **Innenhof** hat 16 Halbbögen im Stil der arabischen Tradition. Im Zentrum steht ein kleiner Wasserspender. Das Haus hatte verschiedene Besitzer und Nutzer, war Sommerresidenz der Könige, später Hospital sowie Schule, heute sitzt hier die Stadtverwaltung.

■ **Castillo de la Luna,** geöffnet: nur am Wochenende, um 10, 13, 17 Uhr Führungen, Eintritt 1 €.

Gegenüber liegt die Kirche **Iglesia de Nuestra Señora de O.** aus dem 16. Jahrhundert, erbaut in einer Mixtur aus Gotik und Renaissancestil. Auffällig sind die blauen Kacheln *(azulejos)* auf der Kuppel, im Inneren ist das Chorgestühl erwähnenswert, eine Arbeit von *Diego Roldán,* der auch in anderen Kirchen wirkte, vor allem in Sevilla. Es besteht aus 33 Sitzen, gefertigt aus Zedernholz, und ist mit Figuren der Apostel und Heiligen geschmückt. *Roldán* arbeitete drei Jahre an dem imposanten Schnitzwerk.

Vom einstigen Kloster **Convento de la Merced** ist nur noch ein Turm erhalten. 1722 wurde das Kloster von einem Sturm heimgesucht. Danach baute man diesen steinernen Turm. Er steht heute ein wenig verlassen am Altstadtrand in Strandnähe.

Praktische Tipps

Unterkunft

■ **Hotel Duque de Nájera**④, c/ Gravina 2, Tel. 956 846 020, Fax 956 812 472, www.hotelduquedenajera.com. Ein größeres Haus mit 91 Zimmern, das direkt am Hafen liegt und architektonisch an die Umgebung angepasst ist. Nicht nur der Eingangsbereich besticht, auch die Zimmer sind geschmackvoll dekoriert. Es gibt auch ein gutes Restaurant. WiFi.

■ **Hotel Playa de la Luz**④, Avda. Diputación s/n, www.hotelplayadelaluz.com, Tel. 956 810 500, Fax 956 810 606. Das Haus hat korrekte und freundlich farbenfroh gestaltete 220 Zimmer und liegt am Ortsrand in einer Seitenstraße, direkt am Strand. In der Umgebung befinden sich hauptsächlich *urbanizaciones,* was außerhalb der Saison eine relativ ruhige Lage verspricht. Größerer Pool und Liegewiese sind vorhanden, Restaurant und Cafetería ebenfalls, auch ein Tennisplatz und Internetzugang.

■ **Hotel Caribe**③, Avda. de la Marina 60, Tel. 956 810 700, Fax 956 810 136, www.hotel-caribe.com. Das 68-Zimmer-Haus liegt im Zentrum, aber nur 200 m vom Strand entfernt und ist ausgeschildert.

Allzu groß fällt es nicht aus, hat nur drei Etagen und ist in einem nüchternen, zweckmäßigen Stil gebaut. Hunde sind ausdrücklich gestattet.

■ **Hostal Sixto**③, Plaza Barroso 6, Tel. 956 846 310, Fax 956 821 659, www.hostalsixto.com. Sehr zentral gelegenes, kleines, historisches Haus unweit des Castillo de la Luna. Nett eingerichtet mit Blick aufs Detail und stilvoller Dekoration. Auch das angeschlossene Restaurant wurde von Lesern gelobt.

■ **Hostal Macavi**②, c/ Ecija 11, Tel. 956 813 336. Ein kleines, aber irgendwie feines Haus mit zehn Zimmern. Es liegt in einer Seitenstraße nur 100 m vom Meer entfernt und vermittelt einen leicht maurischen Eindruck.

Essen und Trinken

Wie eingangs erwähnt, haben sich im innerstädtischen Bereich eine Reihe von Irish Bars sowie auch Burger-Shops und Musikschuppen etabliert.

■ **Restaurante El Embarcadero,** Tel. 956 846 020, beim Hotel Duque de Nájera, auf Fisch spezialisiert, sehr gut, aber nicht billig.

■ **Bar Emilio,** c/ Mina 30, Tel. 956 811 600. In der kleinen Bar gibt es schnelle Gerichte und Tapas.

■ Die **c/ Mina** (erste Parallelstraße zur Fußgängerzone rechts bei Blickrichtung Meer) beherbergt eine Reihe von Lokalen, wo meist anständiger Sherry und gute Tapas geboten werden. Beispielsweise in der Bodega *La Mina* (Hausnummer 27), wo köstlicher *manzanilla* ausgeschenkt wird.

Verkehrsverbindungen

■ **Busterminal:** c/ Ruiz Mateos s/n, ziemlich weit außerhalb, gegenüber dem Eingang zum Militärcamp, ein Taxistand ist gleich in der Nähe. Die Gesellschaft *Los Amarillos* fährt zu den benachbarten Orten Sanlúcar und Chipiona, aber relativ selten; *Comes,* Tel. 956 810 499, startet deutlich häufiger und fährt Cádiz an.

Aktivitäten

■ **Fähre:** Eine Fähre rauscht in knapp 35 Minuten zehn Mal pro Tag zwischen 7.15 und 21 Uhr hinüber nach Cádiz, allerdings am Wochenende seltener. Es ist die mit Abstand schnellste und auch bequemste Verbindung. Infos: www.cmtbc.es.

Einkaufen

■ Die zentrale c/ G. S. Charco ist **Fußgängerzone** und beherbergt einige Bars und noch viel mehr Geschäfte. Wird es im Sommer zu heiß, zieht man Leinwandbahnen quer über die schmale Straße von Dach zu Dach. Die Flaniermeile setzt sich noch über die Plaza España weiter in die engen Seitengassen fort.

Feste

■ **21. April:** Romería de Isidro Labrador – Wallfahrt.

■ **Anfang Mai:** Feria de la primavera – Frühlingsfest.

■ **16. Juli:** Virgen del Carmen – die Schutzheilige der Fischer, ein Fest mit Meeresprozession.

■ **Mitte August:** Fiesta de la Urta – diesem leckeren Fisch (Zahnbrasse) wird eine ganze Fiesta gewidmet!

■ **7. Oktober:** Nuestra Señora del Rosario – Patronatsfest.

Auf dem Weg nach Chipiona

Die Landstraße 491, die Rota und Chipiona verbindet, verläuft ein paar Kilometer von der Küste entfernt. Zumeist werden weite Felder passiert, vereinzelt eine *urbanización.* Das einzig Störende sind die amerikanischen Soldaten, die

469cl sm

von ihrem Luftwaffenstützpunkt aus das Starten und Landen mit Hubschraubern und manchmal auch mit Jumbos üben.

Allerdings wurde hier in den letzten Jahren enorm gebaut, eine neue **riesige Urbanización** entstand und ist noch längst nicht abgeschlossen. Diese Zone trägt den Namen **Costa Ballena** und zieht sich entlang des Strandes bis fast nach Chipiona. Überwiegend entstanden Ferienwohnungen, auch ein großer **Golfplatz** wurde angelegt und vereinzelte größere Hotels. Der Strand davor ist tatsächlich sehr schön und einer derartigen Anlage würdig. Das Baukonzept sah eine strikte Distanz von 300 Metern vom Meer vor sowie eine maximale Bauhöhe von drei Etagen bei allen Gebäuden. So entstanden Hotels, Ferienwohnungen, Einzelhäuser, die in ein insgesamt stimmiges und ziemlich begrüntes Gelände eingefügt wurden. Trotz der Größe insgesamt eine gefällige Anlage, in früheren Jahren wurden ähnliche Projekte in Spanien viel zu häufig deutlich hässlicher hochgezogen.

Chipiona

- **Einwohner:** 18.000
- **PLZ:** 11550
- **Entfernung nach Cádiz:** 69 km
- **Touristeninformation:** Castillo de Chipiona, c/ Castillo 5, Tel. 956 929 065, Fax 956 922 331, www.turismochipiona.es, geöffnet: 1.7.–8.9. täglich 9–14 und 18–21, 9.9.–14.12. und 7.1.–30.6. Mo–Fr 10–14 und 17–19, Sa/So 10–14 Uhr

Das weite Umfeld von Chipiona ist nicht sonderlich einladend, aber wenn man den Ortskern erst einmal erreicht hat, darf man doch angenehm überrascht sein: Eine richtig nette Altstadt mit ausgesprochen **hübschen Hausfassaden** eröffnet sich dem Besucher. Die schmiedeeisernen Gitter und Erker nebst kleinen Gauben sind alle mit viel Liebe zum Detail gemacht. Es scheint fast so, als wolle hier jeder seinen Nachbarn übertreffen. Kunstvolle Verschnörkelungen und erstaunlich feine Kachelarbeiten kann man da bewundern.

Obendrein ist Chipiona an zwei Seiten von **Stränden** umgeben und es locken eine Reihe von **Lokalitäten.** Gesamteindruck also: angenehm!

Auch dieser Ort hat uralte Wurzeln, eine kleine Siedlung hat es schon zur Zeit des römischen Imperiums gegeben. Sicher nichts Großes, aber durchaus eine strategisch wichtige Siedlung, denn Chipiona liegt an der Mündung des Flusses **Río Guadalquivir,** der das Meer mit Sevilla verbindet. Und das war eine der größten römischen Städte auf spanischem Boden. Deshalb musste die Flusseinfahrt geschützt werden und genau dazu bauten die Römer hier einen **Leuchtturm.** Der sollte die Schiffe sicher in den Fluss lotsen, denn das Mündungsgebiet war schon damals nicht ganz frei von Felsen.

Bauherr war im Jahr 40 v. Chr. *Quinto Coepionis Turris,* von dem das Urlager hier an der Flussmündung seinen Namen erhielt: **Torre de Capión** (Capión = Turm), woraus schließlich der Ort Chipiona wurde.

Die Strände

Playa de la Regla heißt der erste Stadtstrand. Er misst 800 Meter in der Länge und breitet sich ganz anständig bis auf etwa 50 Meter aus. Da er abgesehen von seiner zentralen Lage und erfreulichen Weite auch noch mit feinem, hellem Sand gesegnet ist, wird er im Sommer stark frequentiert. Eine Promenade mit dem wegweisenden Namen Paseo Costa de la Luz lädt zum Flanieren ein.

Playa Cruz del Mar liegt zwischen Sportboothafen und *castillo.* Er ist insgesamt 1200 Meter lang und im Durchschnitt etwa 50 Meter breit. Eine Promenade ohne viel Schnickschnack begleitet diesen Strand. Ein recht großer Parkplatz wartet auf Kundschaft und die strömt im Sommer auch in Massen. Ach ja, der Sand ist – hell und fein!

So etwa im oberen Drittel Richtung Stadt liegt ein *chrirringuito* direkt am Strand. Dieses Lokal hat aber außerhalb der Saison nur sporadisch geöffnet, zumeist am Wochenende.

☐ Der schöne Strand von Chipiona ist nicht immer so schön leer. Links im Bild der höchste Leuchtturm Spaniens

Sehenswertes

In der Innenstadt wechselt ein **charmantes Bild** das nächste ab. Es lohnt sich auf Details zu achten – alte, renovierungsbedürftige Häuser stehen neben herausgeputzten, einige Bars, Fußgängerbereiche und kaum touristischer Tingeltangel.

Davon abgesehen weist Chipiona eine Sehenswürdigkeit auf, die ihresgleichen sucht: den **höchsten Leuchtturm Spaniens!** Er ist 69 Meter hoch und um nach oben zu gelangen muss man 322 Stufen erklimmen. Schon seit 1867 weist dieser Turm den Schiffen den richtigen Weg.

- **Leuchtturm,** Zugang: April und Oktober Do, Mai, Juni und September: Di und Do, Juli/August Di–Fr, jeweils 11, 11.45, 12.30 Uhr, Eintritt: 5 €.

El Santuario de Nuestra Señora de la Regla wurde um die Jahrhundertwende errichtet. Die Ursprünge gehen aber auf das Jahr 1399 zurück, als *Ponce de León* den Mönchen von San Agustín eine ehemalige Burg schenkte. Im letzten Jahrhundert übernahmen die Franziskaner das Heiligtum und sie verwalten es noch heute. Die Heilige Jungfrau de la Regla wird dort verehrt, die Ursprünge dieser Anbetung lassen sich bis auf das Jahr 300 zurückverfolgen. Die erste Prozession wurde aber erst 1588 abgehalten. Damals wollte die Ehefrau des *Herzogs von Medina Sidonia* Beistand für ihren Gatten erflehen. Der war nämlich Chef der „unsinkbaren" spanischen Armada. Wie man weiß, war ihr Bitten vergeblich. Die Armada ging in den schottischen Stürmen unter.

- **El Santuario de Nuestra Señora de la Regla,** geöffnet: täglich 8–12 und 17–19.30 Uhr.

Von der Kirche führt eine **Promenade** am Strand entlang, vorbei am Leuchtturm bis zum Hafen – völlig unspektakulär gestaltet, dennoch nett und ganz vereinzelt mit Bars gesprenkelt.

La Parroquia de Nuestra Señora de la O. heißt auch in Chipiona eine Kirche aus dem 16. Jahrhundert. Herausragend sind die blauen Kacheln an Turm und Dach. Der Kirchplatz Plaza Carlos I. weiß durch seine schöne Gestaltung zu gefallen.

Die Überreste des **Castillos** aus dem 14. Jahrhundert können in noch recht ordentlichem Zustand am Ende des Strandes Playa de la Cruz besichtigt werden. Heute befindet sich hier eine Dauerausstellung zum Thema „Cádiz und die Neue Welt", womit Süd- und Mittelamerika gemeint sind. Dargestellt ist die Verbindung der Provinz Cádiz mit Lateinamerika, da von hier drei der vier Fahrten von *Kolumbus* starteten. Der historische Bogen wird von der *Kolumbus*-Zeit bis zur Verkündung der Constitution 1812 in Cádiz gespannt. So kann auch der Nachbau eines der damals so typischen Schiffe bestaunt werden.

- **Castillo,** geöffnet: Di–So 10–14 Uhr, Eintritt: 2 €.

Praktische Tipps

Unterkunft

- **Hotel Playa de la Regla**③, Paseo Costa de la Luz 29, Tel. 956 372 769, Fax 956 370 936, www.hotelplaya.com, von November bis Mitte Dezember geschlossen. Ein leicht verwinkelter Bau, direkt am Strand, auf halbem Weg zwischen Leuchtturm und Kirche. Hübsch im altspanischen Stil eingerichtet. Außerdem bietet das Hotel einen Irish Pub und eine gemütliche Terrasse, von der man sehr schön den Sonnenuntergang betrachten kann. WiFi.

■ **Hotel Al Sur de Chipiona**②-③, Avda. de Sevilla 101, Tel. 956 370 300, Fax 956 370 859, www.hotelalsur.com. Am Strand gelegen, nahe bei Santuario de la Regla. Hübsches historisches Haus von zwei Etagen (steht unter Denkmalschutz) neben einem etwas moderneren Gebäude. Von den schick eingerichteten 50 Zimmern schöner Blick aufs Meer oder in den Innenhof. Geschlossen von Mitte November bis Mitte März.

■ **Hotel Brasilia**②-③, Avda. del Faro 12, Tel. 956 371 054, Fax 956 377 135, www.brasiliahotel.net. Das schicke Haus liegt in einer ruhigen Straße, die zum Leuchtturm führt. Es hat 42 Zimmer und zwei Etagen, einen Pool und eine angenehme Terrasse.

■ **Hotel La Española**②, c/ Isaac Peral 4–6, Tel. 956 373 771, Fax 956 372 144, www.hotellaespanola.com. Das 29-Zimmer-Haus macht schon von außen einen guten Eindruck. Innen weist es einen klassischen *patio* („Innenhof") auf und ist andalusisch dekoriert. Noch ein Pluspunkt: Bis zum Strand sind es 20 m. WiFi.

■ **Hostal El Faro**②, Avda. del Faro 25, Tel. 956 374 154, www.hostalelfaro.com. 15 Zimmer auf zwei Etagen hat dieses kleine, schicke Haus im andalusischen Stil. Zum Strand sind es nur wenige Schritte. *English spoken.*

Essen und Trinken

■ **La Pañoleta,** c/ Isaac Peral 6, Tel. 956 373 771. Saisonale Küche und viele Gerichte mit Fisch und Meeresfrüchten, die täglich frisch von örtlichen Fischern geliefert werden.

■ **Bar La Tasca,** Plaza Juan Carlos I. 2, Tel. 956 370 239, direkt vor der Parroquia de Nuestra Señora de la O. an einem ruhigen Platz gelegen, hat eine angenehme Terrasse.

■ **Bodega El Castillo,** c/ del Castillo 11. Kleiner unscheinbarer Schuppen direkt beim Castillo gelegen. Dort wird *moscatel* in ziemlich urigem Ambiente ausgeschenkt, Tische bestehen beispielsweise aus alten Fässern.

■ **Bar El Chusco,** c/ Padre Lerchundi 13. Sehr typisches Lokal und fast schon so etwas wie ein musealer Ausstellungsraum, da die Wände übersät sind mit Fotos und Plakaten der örtlichen Fiesta. Serviert werden lokale Gerichte und Tapas. Obendrein gibt es tatsächlich noch einen echten Ausstellungsraum für Künstler aus der Region.

477cl sm

▷ La Parroquia de Nuestra Señora de la O. am belebten Kirchplatz

■ **El Potalazo,** c/ Isaac Peral 2, Tel. 956 372 668. Gemütliche kleine Bar, wo die Schinken nur so von der Decke baumeln, direkt an der Strandpromenade gelegen.

Nützliche Adressen

■ **Post:** c/ Padre Lerchundi 23.

Feste

■ **Anfang Juni:** Romería del Pinar – eine 4 km lange Prozession mit der Virgen de la Regla.
■ **16. Juli:** Virgen del Carmen – u. a. mit einer Meeresprozession.
■ **Mitte August:** Gran Festival del Moscatel – man huldigt dem Wein, da hier viel Moscatel angebaut wird.
■ **Anfang September:** Nuestra Señora de la Regla – Patronatsfest.

Sanlúcar de Barrameda

■ **Einwohner:** 67.000
■ **PLZ:** 11540
■ **Entfernung nach Cádiz:** 55 km
■ **Touristeninformation:** Calzada Duquesa Isabel s/n, Tel. 956 366 110, Fax 956 366 132, www.sanlucardebarrameda.es, geöffnet: täglich 10–14 und 17–19 Uhr.

Sanlúcar liegt an der Mündung des Río Guadalquivir beim Nationalpark Coto Doñana. Maritimes prägte die Stadt schon in ihren Anfängen. Gern betont man, dass **Kolumbus** zu seiner dritten Reise von hier aus in See stach und dass auch die erste Weltumsegelung **Magellans** im Hafen von Sanlúcar de Barrameda begann. Magellan überlebte die

491cl sm

dreijährige Tour ebenso wenig wie 220 seiner Seeleute. Nur 17 Mann kehrten unter der Führung von *Juan Sebastián Elcano* zurück. Viele Jahre später flossen die zusammengeraubten Schätze aus *Las Américas* auch durch Sanlúcar in spanische Truhen. Die ein oder andere Dukate fiel dabei für örtliche Handaufhalter ab. Einige **Prachtbauten** zeugen noch heute davon.

Später siedelten sich hier ein paar **Sherry-Barone** an und produzierten in großem Stil vor allem den örtlichen Manzanilla. Heute ist Sanlúcar eine geschäftige Kleinstadt mit einem sehenswerten Altstadtbereich und einer weithin geschätzten **Restaurantmeile.**

Historisch betrachtet entstand eine Siedlung in der arabischen Epoche mit einer Burg, die **sieben Türme** hatte, die sogenannten **Torres de Solúcer.** Im Jahr 1264 wurden die Araber vertrieben, die christlichen Heere unter *Alfons X.* fassten Fuß und ab da regierte die Familie *Guzmán* – wie auch in etlichen anderen südandalusischen Dörfern – bis 1645. Sanlúcar wurde übrigens *Alonso Pérez de Guzmán* als Dank gegeben, weil er seinen kleinen Sohn bei der Belagerung von Tarifa lieber geopfert hatte, als die Stadt aufzugeben (↗ Tarifa).

Sanlúcar am Mündungsgebiet des **Río Guadalquivir** gelegen, wurde nach der Entdeckung Amerikas wohlhabend. Die spanischen Könige hatten der Stadt Sevilla das Handelsmonopol mit den neu entdeckten Kolonien zugesprochen, sodass nun alle Schiffe von und nach Sevilla hier an Sanlúcar vorbei mussten und da blieb schon einiges hängen.

◁ Die Bajo de Guía ist bekannt für hervorragende Restaurants mit Blick aufs Wasser

Die Strände

Playa de las Piletas liegt etwas am Stadtrand und misst etwa 1500 Meter. Das Besondere an diesem Strand ist aber seine außerordentliche Breite von über 100 Metern. Seit 1845 werden hier im August die legendären Pferderennen abgehalten. Der Startschuss richtet sich dabei nach Ebbe und Flut. Geritten wird immer zwischen dem 7. und 9. August, ein zweiter Renntag findet zwischen dem 22. und 24. August statt.

Playa Bajo de Guía – La Calzada ist ein sehr beliebter Strand von 3900 Metern Länge und einer Breite, die zwischen 20 und 60 Metern schwankt. Seine Popularität beruht auf dem hellen Sand, der guten Erreichbarkeit (nahe am Zentrum) und nicht zuletzt den exzellenten Lokalen. Eine ideale Mischung, nur Einsamkeit darf niemand erwarten.

Playa de Bonanza heißt der letzte Strand der Provinz Cádiz. Er endet am Fischereihafen, verläuft über gute 400 Meter und ist recht schmal. Dennoch wird er gern von den Bewohnern aufgesucht, da eine breite Straße fast direkt vorbeiführt. Man kann hier etwas abenteuerlich parken, ein Kiosk öffnet zur Saison, ansonsten gibt es aber keine weiteren Serviceeinrichtungen.

Sehenswertes

Natürlich gibt es ein paar klassische Bauwerke, doch der wirkliche Reiz von Sanlúcar liegt in der Vielfalt der kulinarischen Genüsse. Es gibt zwei Zonen, in denen etliche Bars miteinander konkurrieren. Beide, Strand und Altstadt, bieten obendrein ein angenehmes Ambiente.

Die **Plaza del Cabildo** ist in der höher gelegenen Altstadt eine Art Zentrum, wo viele Tapasbars liegen. Dort steht auch das Cabildo-Gebäude aus dem 18. Jahrhundert mit einem Kachelrelief, das die erste Weltumseglung darstellt. Ganz in der Nähe, am Ende der calle Bretones verlaufen die **Coachas,** das sind im gotischen Stil erbaute Arkaden.

Auch in Sanlúcar gibt es eine **Parroquia de Nuestra Señora de la O.** Im gotisch-mudejar-Stil erbaut, steht diese Kirche aus dem 14. Jahrhundert (1360) mitten in der Altstadt.

485cl sm

■ **Parroquia de Nuestra Señora de la O.,** Plaza de la Paz, geöffnet: Mo–Do 10–13.30 Uhr.

Das **Castillo de Santiago,** eine Burg aus dem 15. Jahrhundert, erhebt sich wehrhaft an der Straße Cava del Castillo. Heute bewacht sie dort die gegenüberliegende Bodega Barbadillo.

■ **Castillo de Santiago,** cava del Castillo, geöffnet: Di–Sa 11–14 und 19–20.30 Uhr, nur nach Voranmeldung. Eintritt: 5 €.

Der **Palacio de Orleóns y Borbón** aus dem 19. Jahrhundert wird heute als Rathaus genutzt. Er ist am Rande der Altstadt in der Calle Cuesta de Belén zu finden.

Der **Palacio de los Duques de Medina Sidonia** aus dem 15. Jahrhundert beherbergt heute eines der wichtigsten spanischen Archive. Außerdem befindet sich hier die private Gemäldesammlung der herzoglichen Familie, darunter sind Werke von Goya, Murillo und Zurbarán. Zudem gibt es einen sehr großen und schönen Garten.

■ **Palacio de los Duques de Medina Sidonia,** Plaza del Conde de Niebla, geöffnet: täglich 12 Uhr, Eintritt: 5 €.

Der breite **Flanierboulevard Calzada Duquesa Isabel** verbindet die Altstadt mit der Strandzone. Allzu viel Spektakuläres wird man neben dem Touristenbüro und einem optisch nicht gerade gelungenen Hotel kaum finden. Jedoch zeugen etliche schmucke Villen links und rechts der Straße vom früheren Wohlstand der Stadt.

Dann erreicht man den Strand und die Promenade. Der großzügige **Paseo Marítimo** fällt angenehm auf, mit blau-terrakottafarbenen Fliesen.

Wer hier nach rechts abbiegt, erreicht nach einiger Zeit die ehemalige Eisfabrik, die **Fábrica de Hielos.** Hier befindet sich heute ein **Informationszentrum zum Nationalpark Coto Doñana.** Gezeigt werden anhand von Karten und Modellen die Ausmaße und die verschiedenen Abschnitte des Parks. Eine audiovisuelle Vorführung klärt über die Besonderheiten von Coto Doñana auf. In der oberen Etage erfährt der Besucher dann einiges über die Geschichte des Parks und des Río Guadalquivir. Auch die Nao Victoria, das Schiff, das an der ersten Weltumsegelung beteiligt war, wird vorgestellt. Ganz oben, auf der dritten Etage, befindet sich eine Aussichtsterrasse.

■ **Informationszentrum zum Nationalpark Coto Doñana,** geöffnet: 9–20 Uhr, Eintritt frei.

Von der Eisfabrik bis zu den **Lokalen** der Calle Bajo de Guía sind es nur ein paar Schritte. Hier wird dem Gaumen eine breite Auswahl geboten, ein knappes Dutzend Lokale buhlt um Kundschaft. Man sitzt schön draußen und schaut beim Essen auf den Fluss, was vor allem am Abend recht stimmungsvoll sein kann.

Wie im benachbarten Jerez de la Frontera können auch in Sanlúcar einige **Sherry-Bodegas** besucht werden.

◁ Stadtflair: In der City von Sanlúcar de Barrameda

Praktische Tipps

Unterkunft

■ **Hotel Posada de Palacio**③-④, c/ Caballeros 11, Tel. 956 364 840, Fax 956 365 060, www.posadadepalacio.com. Mitten in der Altstadt gelegenes, kleines 11-Zimmer-Haus, das liebevoll von einem Ehepaar mit schweizer Background geführt wird. Es ist sehr individuell eingerichtet. Auf einer kleinen Terrasse wird gefrühstückt.

■ **Hotel Guadalquivir**②-③, Calzada Duqueso Isabel 20, www.hotelguadalquivir.com, Tel. 956 360 742, Fax 956 360 745. Das große Haus mit 80 Zimmern besticht durch eine sehr zentrale Lage, aber – bei allem Respekt – einen Schönheitspreis gewinnt dieser zehnstöckige Kasten nicht.

■ **Hotel Macià Doñana**②-③, c/ Orfeón Sta. Cecilia s/n, Tel. 956 365 000, Fax 956 367 141, www.maciahoteles.com. Das Hotel zählt 96 Zimmer und liegt keine 100 m von der Kneipenmeile der Bajo de Guía entfernt. Schickes, modernes Ambiente mit kleinem Pool und gutem Restaurant.

■ **Pensión La Bohémia**②, c/ Don Claudio 5, Tel. 956 369 599, www.meligrana.com. Zentral bei der Iglesia de Santo Domingo gelegen. Für Fahrzeuge problematisch, ansonsten für den Preis und die Lage ein vernünftiges Haus mit elf modernen Zimmern.

Essen und Trinken

Zwei Zonen locken die Durstigen und Hungrigen. AmStrand reiht sich in der *Bajo de Guía* ein gutes Dutzend Lokale aneinander. In der Altstadt liegen ebenfalls etliche, wenn auch nicht so dicht gedrängt wie am Strand. Es erscheint beinahe ungerecht, einzelne Namen hervorzuheben. Meist dominiert Fisch auf der Karte.

Mein Tipp: Die Lokale an der **Bajo de Guía** lohnen einen Besuch – hier kann sich jeder seinen persönlichen Favoriten raussuchen. Die Läden liegen in direkter Nachbarschaft auf nicht einmal 200 m Straßenlänge und vor allem haben alle eine große Terrasse. Am Sonntagnachmittag ist es hier zumeist knackvoll, doch außerhalb dieser beliebten „Familienzeit" sollte man schon einen Tisch bekommen.

- **Mirador de Doñana,** Tel. 956 364 205. Erstes Haus dieser Reihe, hervorragende Fischauswahl.
- **Avante claro,** Tel. 956 380 915. Meeresfrüchte und Fisch, sonst nichts. Der Name ist ein Terminus aus dem Seefahrerlatein und bedeutet etwa: „Vorwärts!" Fing 1994 als kleines, familiäres Lokal an und hat sich inzwischen zum beliebten Fischrestaurant gemausert.
- **Bigote,** Tel. 956 362 696. Eines der beliebtesten Lokale der Stadt. Es wird von zwei Brüdern geführt, keiner von beiden trägt übrigens einen Schnurrbart, einen *bigote*. Dies ist vielmehr der Name des Gründers: Fernando Bigote begann hier 1951 mit einer einfachen Sherry-Kneipe für Seeleute, aus der dieses beliebte Fischlokal wurde. Vom Speiseraum in der oberen Etage hat man einen tollen Blick.
- **Paco Secundino,** Tel. 956 366 884. Seit Jahren ein Klassiker, etwas kleiner, ebenfalls von tadelloser Qualität.
- **Joselito Huerta,** Tel. 956 362 694. Relativ einfaches Lokal, aber qualitativ einwandfrei. Auch hier werden Reisgerichte, Fisch und Meeresfrüchte serviert.
- **Casa Juan,** Tel. 956 362 695. Das erste Lokal hier hält immer noch mit. Spezialität sind *langostinos*.

In der Altstadt liegen etliche Lokale zwischen Ende des zentralen **Calzada Duquesa Isabel** und Plaza del Cabildo. Einfach eintauchen, durch die schmalen, meist kurzen Gassen laufen und schon stolpert man über die Schwelle.

- **Casa Balbino,** Plaza del Cabildo 11, Tel. 956 360 513. Eine der beliebtesten Tapasbars mit breiter Auswahl.
- **La Gitana,** Plaza del Cabildo s/n, Tel. 956 382 014. Eine beliebte Pinte. Hier wird vor allem der gleichnamige Sherry ausgeschenkt.
- **Barbiana,** c/ Isaac Peral 1, Tel. 956 362 894, kleine Bar an der Straße, die an der Plaza Cabildo vorbeiführt. Hier gibt es vor allem Manzanilla-Wein.

Bodegas

Folgende Bodegas liegen im innerstädtischen Bereich:

- **La Cigarrera,** Plaza Madre de Dios s/n (nahe Plaza del Cabildo), Tel. 956 381 285, www.bodegaslacigarrera.com. Besichtigung Mo–Sa um 12 Uhr auf Englisch und um 13 Uhr auf Spanisch, Preis: 4 €.
- **Barbadillo,** beim Castillo de Santiago, Tel. 956 385 500, www.barbadillo.com, Besichtigung Di–Sa 12 und 13 Uhr auf Spanisch, Di–Sa um 11 Uhr auf Englisch, 5 €.
- **Pedro Romero,** c/ Trasbolsa 84 (einen gewaltigen Block vom Hotel Doñana entfernt Richtung Innenstadt), Tel. 956 360 736, www.pedroromero.es. Besichtigung Mo–Sa 12 Uhr sowie Di–Fr 18 Uhr (Spanisch/Englisch), Preis 6 €, auf Deutsch: Mo um 12 Uhr, Do und Fr um 11 Uhr, Preis: 10 €.

Verkehrsverbindungen

- **Busterminal:** *Los Amarillos* (fährt die meisten Orte an), Avda. Quinto Centenario, Ecke c/ San Juan; *Linesur* (nach Jerez).

Einkaufen

- **Markt:** c/ Bretones, Mo–Sa 9–13.30 Uhr.

Nützliche Adressen

- **Post:** Avda. Cerro Falón s/n.

[>] Kulinarisch ist Sanlúcar de Barrameda ein „Burner"

486cl sm

Feste

- **Ende Mai:** Feria de la Manzanilla.
- **Juli:** Flamencofestival Noche de Bajo Guía
- **August:** Fiestas de Exaltación al Río Guadalquivir – eine Huldigung an den Fluss.
- **Zweite und vierte Augustwoche:** Pferderennen am Strand Playa Piletas. Wahrscheinlich fanden derartige Rennen bereits 1845 statt, damit wäre es das zweitälteste Spaniens. Heute ist es ein einmaliges Spektakel, das viele Zuschauer anlockt. Während der sechstägigen Veranstaltung finden mehrere Rennen am Tag statt über Distanzen von 1500 bis 1800 m.
- **15. August:** Nuestra Señora de la Caridad – Patronatsfest.
- **18. Oktober:** San Lucás – Patronatsfest.

Ausflug

Nationalpark Coto Doñana

In der Fábrica de Hielo werden Tickets für einen **Schiffsausflug** mit dem Schiff „Real Fernando“ über den Río Guadalquivir zum Nationalpark Coto Doñana verkauft. Bei der Tour werden zwei Stopps eingelegt und kurze Fußmärsche unter Begleitung unternommen. Dabei erhalten die Teilnehmer allerlei Erklärungen zu Flora und Fauna. Die Exkursion dauert etwa 3½ Stunden.

- Infos: **Fábrica de Hielo,** Tel. 956 363 813, Fax 956 362 196, www.visitasdonana.com. Exkursionen: November–Februar 10 Uhr, März–Mai und Oktober 10 und 16 Uhr, Juni–September 10 und 17 Uhr, Preis: 18 €.

Viajes Doñana veranstaltet Ausflüge mit einem **Geländewagen** in den Park.

- Infos und Anmeldung: **Viajes Doñana,** c/ San Juan 20, Tel. 956 362 540 oder viajesdonana@hotmail.com. Abfahrt täglich um 8.30 und 16.30 Uhr, Dauer: 3½ Stunden, Preis: 40 €.

⌃ Ein Gläschen geht immer

› Jerez ist eine geschäftige Stadt

Jerez de la Frontera

- **Einwohner:** 212.000
- **PLZ:** 11403
- **Entfernung nach Cádiz:** 36 km
- **Touristeninformation:** *Plaza del Arenal,* Edificio Los Arcos, Tel. 956 338 874, Fax 956 341 711, www.turismojerez.com, geöffnet: Oktober–Mai Mo–Fr 8.30–15 und 16–18.30, Sa/So 9–15 Uhr, Juni–September Mo–Fr 9–15 und 17–19, Sa/So 9–14.30 Uhr. *Am Flugplatz,* Tel. 956 186 808, geöffnet: Mo–Fr 8.30–14.15 und 16.15–18 Uhr.

Jerez gilt als die Hauptstadt des **Sherry,** der in Spanien *jerez* heißt, aber noch genauer, je nach Art, bestellt wird: *vino fino* (der trockenste), *vino oloroso,* um nur zwei zu benennen. Sherry ist nämlich nicht gleich Sherry, eine Lektion darüber kann jeder Besucher hier erhalten. Praktisch alle Bodegas laden zur Besichtigung mit Erklärungen in mehreren Sprachen ein. Und natürlich wird im Anschluss das gerade Gelernte probiert, ein kostenloser Ausschank rundet jeden Besuch ab.

Daneben steht für viele ein Besuch der **Königlich Andalusischen Reitschule** auf dem Programm. An bestimmten Tagen wird ein spezielles Show-Programm geboten. Ansonsten kann man beim Training zusehen.

Jerez ist eine mittelgroße Stadt mit einem hübschen Kern und geschäftigen Randbezirken. Hochhäuser, stark befahrene Durchgangsstraßen, Großkaufhäuser und Hektik prägen das Bild. Das wirkt zunächst nicht einladend! Man muss die Außenbezirke ignorieren und sich zum Kern durcharbeiten. Dort ändert sich das Bild – manche Sehenswürdigkeit wartet auf seine Entdeckung.

Anreise

Anreise per Auto

Sinnvollerweise sollte der Besucher über die Autobahn fahren und die Abfahrt **„Jerez Norte“** wählen. Von dort wird man problemlos und relativ schnell ins Zentrum gelotst und landet beinahe automatisch am Parkhaus unterhalb der Plaza Mamelón.

516cl sm

Jerez de la Frontera

Übernachtung

12 Hotel Al Andalus Jerez
13 Hotel Albarizuela
15 Hotel Casa Grande
16 Hotel Tierras de Jerez
17 Hotel Nuevo
19 Jugendherberge

Essen und Trinken

4 Rest. El Gaitán
5 Rest. La Cepa de Oro
6 etliche Lokale
7 Bars La Cañita, La Tertulia
8 Dama Juana
9 Bar Juanito
11 Bars La Canilla, Gallo Azul
14 Bar La Carboná
18 La Parra Vieja

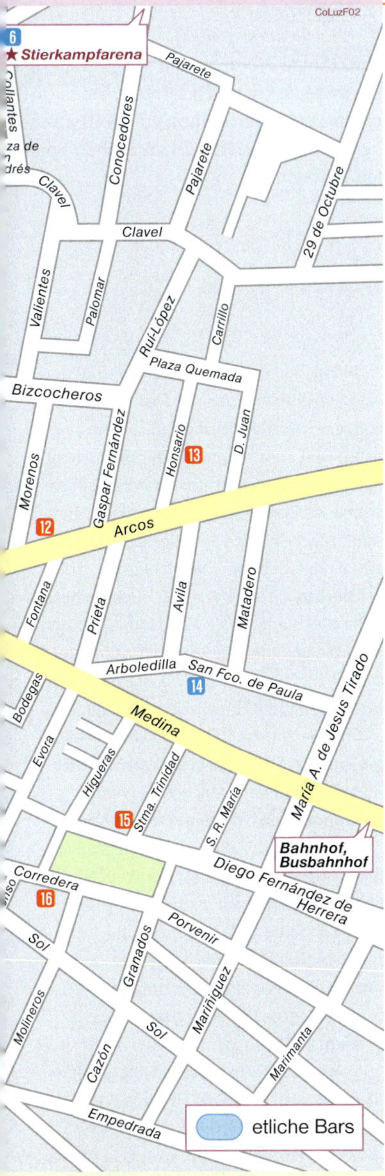

Einkaufen/Sonstiges
1 El Lagá del Tío Parilla (Flamencoshow)
2 Tablaó del Bereber (Flamencoshow)
3 Kiosk Prensa Porvera
10 Tamara

Anreise per Bus

Der **Busterminal** liegt am Rande der Altstadt, ist aber noch gut zu Fuß zu erreichen. Er befindet sich direkt neben dem Bahnhof. Über die Calle Medina gelangt man von dort rasch ins Zentrum.

Anreise per Bahn

Der **Bahnhof** liegt an der Plaza de la Estación, nur wenige Schritte vom Busterminal entfernt. Ins Zentrum geht es über die Calle Cartuja und später weiter über die Calle Medina.

Anreise per Flugzeug

Der **Flugplatz** liegt knapp 8 Kilometer nördlich von Jerez. In die Stadt fährt ein Nahverkehrszug, aber sehr selten (7.20, 8.20, 13.25 und 19.20 Uhr). Fast alle zwei Stunden fährt außerdem ein Zug über Jerez nach Sevilla. Des Weiteren fahren Busse in die Stadt, aber auch sehr selten (9.30, 11.30, 15.15 und 16.15 Uhr). Infos: www.cmtbc.com.

Stadtrundgang

Real Escuela de Arte Ecuestre

Die Königlich Andalusische Reitkunstschule wurde 1973 von *Alvaro Domecq* gegründet. Sie liegt in einem weitläufigen Parkgelände, nicht allzu weit vom Zentrum entfernt. Die Pferde, die zumeist zur sogenannten **pura raza española** zählen, also reinrassige spanische Tiere und Nachkommen der starken arabischen Rasse sind, werden hier streng dressiert. Sie zeigen Formationen, Sprünge und bestimmte Seitwärtsbewegungen, die in der Gesamtheit ein **choreografisch abgestimmtes Bild** ergeben. Einige Pferde haben schon Medaillen in der klassischen Dressur bei nationalen und internationalen Wettbewerben, ja sogar bei den Olympischen Spielen, gewonnen.

Das Who's who des Sherry

In Andalusien stehen etliche Kathedralen, groß, luftig und von einem steten Alkoholdunst durchzogen. Keine Gotteshäuser sind damit gemeint, sondern die *bodegas*. Eine Bodega wird nämlich gern mit einer *catedral* verglichen.

In den Bodegas wird Sherry produziert. Das geschieht in riesigen Fässern von etwa 530 Litern Fassungsvermögen. Die Fässer sind aus amerikanischer Eiche gefertigt und stehen in langen Reihen, drei oder vier übereinander. Das **Herstellungsprinzip** ist im Grundsatz ganz einfach. Der junge Wein wird ins obere Fass gekippt und ruht dann ein halbes Jahr. Die Fässer werden dabei nie gänzlich gefüllt, sondern nur mit etwa 500 Litern, sodass immer auch ein wenig Luft darin verbleibt. Nach etwa einem halben Jahr wird ein Teil des Weines aus den einzelnen Fässern jeweils in das darunter umgefüllt, wobei dieser Prozess von oben nach unten fortgeführt wird. Ganz unten steht die *solera*, das untere Fass. Das Wort *solera* leitet sich vom Wort *suelo* („Boden") ab. In der *solera* befindet sich immer der älteste Wein, der in Flaschen abgefüllt wird. Durch das mehrfache Umfüllen versucht man eine gleichbleibende Qualität zu erzielen.

Es gibt grundsätzlich nur zwei verschiedene Sherry-Typen: *fino* und *oloroso*. **Fino** hat 15 % Alkohol. Bei seiner Herstellung bildet eine Hefepilzkultur oben im Fass, also an der Luft, eine Hefeschicht, die *flor* („Blume") genannt wird. Diese Blume zerfällt nach einem halben Jahr, vermischt sich mit dem Weingeschmack und eine neue *flor* bildet sich. Finos sind trockene Weine von hellgelber Farbe. Sie schmecken leicht gekühlt am besten.

Oloroso hat 17 % Alkohol. Dieser höhere Gehalt verhindert eine *flor*-Bildung. So hat der Wein unmittelbaren Kontakt zum Sauerstoff und oxidiert stärker. Er bildet eine dunkle Farbe aus und hat einen weichen Geschmack.

Manche Bodega süßt für den Export auch gezielt nach. So entsteht ein **Cream:** ein Oloroso, der besonders stark gesüßt wurde.

Amontillado hat ebenfalls einen Alkoholgehalt von 17 %. Auch bei seiner Herstellung bildet sich kein *flor*, sodass der Wein an der Luft oxidiert. Dadurch nimmt er eine dunkle Mahagonifarbe an. Seine Geschmacksrichtung wird vielfach noch bearbeitet. Grundsätzlich ist Amontillado ein trockener Wein, manche Bodega versüßt ihn aber etwas.

Manzanilla ist ein trockener Wein von 15 % Alkohol. Er wird in Sanlúcar de Barrameda produziert. Bei seiner Herstellung bildet sich zwar eine Blume, diese zersetzt sich aber nicht. Die Folge: Der Wein schmeckt milder und hat eine noch hellere Farbe als der *fino*.

Die Show wird jeden Dienstag und Donnerstag unter dem Motto *„como bailan los caballos andaluces"* – **„wie die andalusischen Pferde tanzen"** – vorgeführt. An anderen Tagen kann der Besucher dem nicht minder interessanten Training zuschauen.

■ **Real Escuela Andaluza del Arte Ecuestre,** Avda. Duque de Abrantes s/n, Tel. 956 319 635, Fax 956 318 014, www.realescuela.org.

Showprogramm: Di und Do um 12 Uhr, im August und September auch am Fr um 12 Uhr, Eintritt: 21 bis 27 €.

Training: Mo, Mi, Fr 10–14 Uhr, Eintritt: 11 €. Beim Trainingsbesuch kann man auch an einem geführten Rundgang mit Blick in die Ställe teilnehmen. Fotografieren und Filmen ist streng verboten.

Bodegabesuch

Etliche Bodegas liegen im innerstädtischen Bereich von Jerez. Grundsätzlich verläuft eine Visite immer nach dem gleichen Muster. Kleine Gruppen werden von geschultem Personal durch die Anlagen geführt. Dabei wird der **Herstellungsprozess** vom Pflücken der Traube bis zum verkaufsfertigen Produkt mit allen notwendigen Zwischenschritten veranschaulicht und erklärt. Staunend steht man vor den gewaltigen Fässern und nimmt den leicht betörenden Weingeruch auf. Am Ende der Tour kennt man dann den Unterschied zwischen *fino* und *amontillado* zumindest in der Theorie. Und damit die Praxis nicht zu kurz kommt, gibt es eine kleine **Weinprobe.** Wer nun auf den Geschmack gekommen ist, deckt sich gleich mit ein paar Flaschen ein, denn den **Verkaufsraum** muss man natürlich ebenfalls passieren. Die Touren kosten zwischen 5 und 8 € und werden in mehreren Sprachen angeboten (↗ Praktische Tipps).

☐ In der hübschen Altstadt von Jerez verhungert niemand

513cl sm

Museo Taurino

Dieses kleine Museum ist in dem Gebäude einer alten Bodega untergebracht. Hier wird der Kunst (?) des **Stierkampfes** gehuldigt und natürlich nichts hinterfragt. Fotos, Plakate, Büsten von erfolgreichen Toros und Toreros sind ausgestellt. Originell zumindest die Aufmachung: Sie ist dem Rund einer Arena mit den typischen Holzbegrenzungen nachempfunden.

■ **Museo Taurino,** c/ Pozo del Olivar 6. Geöffnet: Mo–Sa 10–14 Uhr, Eintritt: 2,40 €, inklusive eines Glases Sherry.

Altstadt

Von der Reitschule spaziert man in 10 bis 15 Minuten bis zur **Plaza Mamelón.** Von dort sollte man die Fußgängerzone Calle Larga hinunterschlendern. Hier trifft sich scheinbar ganz Jerez. Sehen und gesehen werden, shoppen, ein Gläschen Sherry und weiter geht's. Bei der großzügigen Plaza Estévez erkennt man schon die palmenbestückte Plaza del Arenal. Weit ist es nicht mehr bis zu den Sehenswürdigkeiten und so manche Bar lockt unterwegs zum Verschnaufen. Es lohnt ein zwangloser Bummel durch die **kleinen Gassen** der Altstadt mit grober Zielrichtung Kathedrale oder Alcázar. Beide sind teils ausgeschildert, ansonsten kann jeder *jerezano* den Weg beschreiben. Auf diese Weise lernt der Besucher das alte Viertel kennen und rundet seine Visite mit zwei klassischen Sehenswürdigkeiten ab.

[>] Die Kathedrale von Jerez

Kathedrale

Erbaut wurde sie auf den Resten einer Moschee zwischen 1695 und 1778, was zu einem gewissen **Stilmix** geführt hat. Der Glockenturm, der ein wenig abseits steht, ist im Barockstil erschaffen worden, er enthält aber auch noch maurische Elemente.

Das Gebäude ist rechteckig gebaut mit einer Länge von 54 und einer Breite von 41 Metern; es gliedert sich in fünf Kirchenschiffe, die in Form eines lateinischen Kreuzes ausgerichtet sind. Im Inneren fällt vor allem das Chorgestühl auf sowie ein Gemälde von *Zurbarán* (Die schlafende Jungfrau).

■ **Kathedrale,** Plaza de la Encarnación s/n, geöffnet: täglich 10–18 Uhr, Eintritt: 5 €.

Alcázar

Gleich nebenan steht der Alcázar, erbaut im 11. Jahrhundert. Im Inneren sind noch vereinzelte Bestandteile aus der arabischen Epoche erhalten, wie die achteckige **Moschee** oder die **arabischen Bäder** sowie der ruhige **Garten.** Nach der Reconquista hatte man eine **Kirche** in den Alcázar hineingebaut und im 18. Jahrhundert noch einen **Palast** für *Don Villvicencio* hinzugefügt.

Spannend ist auch die in einem alten Turm installierte **Cámara Oscura.** Dort wird in einem abgedunkelten Raum ein seitenverkehrtes Bild vom aktuellen Geschehen auf den Straßen von Jerez projiziert. Speziell für Kinder ist es ein Heidenspaß, wenn die Vorführer Menschen auf kleinen Karteikärtchen durch die Lüfte schweben lassen.

518cl jf

514cl sm

■ **Alcázar,** Alameda Vieja s/n, Tel. 956 149 955, geöffnet: 1.7.–15.9. Mo–Fr 9.30–20, Sa/So 9.30–15 Uhr, 16.9.–31.10. und 1.3.–30.6. Mo–Fr 9.30–18, Sa/So 9.30–15, 1.11.–28.2. täglich 9.30–15 Uhr, Eintritt: 5 €.

Museo Arqueológico de Jerez

Angefangen mit Funden aus der Frühzeit zeigt das neu gestaltete Museum in mehreren Sälen die späteren Herrscherzeiten, die römische, westgotische und islamische Phase, dann die christliche und schließlich die Moderne.

Rund und auffällig: das Gallo Azul

■ **Museo Arqueológico de Jerez,** Plaza del Mercado s/n, geöffnet: 15.6.–15.9. täglich 10–14.30 Uhr, 16.9.–14.6. Di–Fr 10–14 und 16–19, Sa/So 10–14 Uhr, Eintritt: 5 €, erster So im Monat frei.

Centro Andaluz de Flamenco

Untergebracht in einem Adelspalast, dokumentiert das Centro die Kunst des Flamenco. In Zahlen: 3000 Bücher, 800 Lieder in 8500 Tonträgeraufnahmen und 900 Videos. Täglich werden Filme gezeigt und des Öfteren finden Aufführungen, Konzerte und Ausstellungen statt.

■ **Centro Andaluz de Flamenco,** Plaza San Juan 1, Tel. 956 349 265, www.centroandaluzdeflamenco.es. Geöffnet: Mo–Fr 9–14, Mi auch 16.30–19 Uhr, der Eintritt ist frei.

Praktische Tipps

Unterkunft

■ **Hotel Albarizuela**④, c/ Honsario 6, Tel. 956 346 686, Fax 956 346 866, www.hotelalbarizuela.com. Dieses kleine 3-Sterne-Hotel mit 15 Zimmern macht einen tadellosen Eindruck, ist modern eingerichtet und hat einen eigenen Parkplatz.

■ **Hotel Casa Grande**③, Plaza de las Angustias 3, Tel. 956 345 070, Fax 956 336 148, www.casagrande.com.es. Relativ keines Haus (15 Zimmer), trotz des Namens, der auf „Größe" hindeutet. Es sieht von außen schmuck aus, ist von innen nett eingerichtet und liegt vor einem mittelgroßen Platz.

■ **Hotel Tierras de Jerez**③, c/ Corredera 58, Tel. 956 346 400, Fax 956 321 113, www.hoteltierrasdejerez.com. 3-Sterne-Haus mit 50 modern eingerichteten Zimmern in nicht völlig ruhiger Lage und auch etwas entfernt, aber doch noch in Laufdistanz zum Hauptplatz.

■ **Hotel Al Andalus Jerez**②-③, c/ Arcos 39, Tel. 956 323 400, Fax 956 321 816, www.alandalus jerez.es. Mitten im historischen Viertel gelegenes Haus, erbaut im klassischen andalusischen Stil mit Innenhof. Offiziell mit zwei Sternen ausgezeichnet, aber mit höherwertiger Ausstattung, so zumindest mein Eindruck. Insgesamt 30 Zimmer mit WiFi.

■ **Hotel Nuevo**②, c/ Caballeros 23, Tel. 956 331 600, www.nuevohotel.com. Hier wird untertrieben! Offiziell hat das Hotel nur einen Stern, es sieht aber besser aus und ist in einem historischen Haus untergebracht. 27 Zimmer, nicht übermäßig groß, einige Doppelzimmer können zum Dreier umfunktioniert werden. Die Einrichtung ist okay, ohne mit etwas Speziellem aufzufallen. WiFi gratis.

■ **Jugendherberge,** Avda. Blas Infante 30, Tel. 902 510 000, Fax 856 814 005, www.inturjoven.com. Ein großes Gebäude von sieben Etagen mit einem kleinen Gartenbereich und einem Pool. Liegt deutlich außerhalb vom Zentrum.

Essen und Trinken

■ **Restaurante El Gaitán,** c/ Gaitán 3, Tel. 956 345 859. Ein Klassiker in Jerez. Eher kleines Lokal mit guter Weinkarte und andalusisch-baskischer Karte.

■ **Restaurante La Cepa de Oro,** c/ Porvera 35, Tel. 956 344 836. Ein nicht übergroßes Lokal mit einem originell-gemütlichen Ambiente: Die Wände sind mit allerlei Krimskrams vollgehängt. Regionale andalusische Küche, gute Sherry-Auswahl.

■ **Bar La Tertulia,** c/ Porvera 11, Tel. 956 168 979. Eine rustikale Pinte, die vor allem mittags stark frequentiert wird. Es ist schon eine typische Bodega mit Stierkampf-Affinität. Es gibt hausgemachte andalusische Gerichte und gehaltvolle Tapas.

■ **Bar La Cañita,** Tel. 956 324 588, liegt nebenan und auch hier drängelt man sich am Tresen oder hockt an kleinen Tischchen auf dem schmalen Bürgersteig. Breite Tapasauswahl.

■ **Bar La Canilla,** c/ Larga 8, Tel. 639 953 141. Weitere gute Tapasbar in der Fußgängerzone mit Tischen draußen. Hier gibt es Frühstück und vor allem eine breite Auswahl an Tapas nebst halber oder ganzer *raciones* sowie Sherry und Wein aus Jerez.

■ **Bar Gallo Azul,** c/ Larga 2, ein paar Schritte weiter, Tel. 956 326 148. Günstig gelegene, beliebte Eckbar mit Draußenbetrieb unter Sonnenschirmen. Auch hier gibt es Tapas in fantasievoller Zusammenstellung und Sherry. Auffälliges, kreisrundes Gebäude, in der ersten Etage liegt das Lokal.

■ **Bar La Carboná,** c/ San Francisco de Paula 2, Tel. 956 347 475, Di geschlossen, sonst täglich geöffnet. Großes, rustikal eingerichtetes Lokal in einem Gebäude, das mal eine alte Scheune gewesen sein könnte. Sehr urige Atmosphäre, Grillfleisch ist die Spezialität des Hauses.

■ **La Parra Vieja,** c/ San Miguel 9, Tel. 956 335 390, So geschlossen. Total typisch andalusisch eingerichtet und dekoriert mit Sevillaner *azulejos* (Kacheln). Hausmacher-Küche mit großen Portionen.

■ **Bar Juanito,** c/ Pescadería Vieja 10, Tel. 956 341 218. Eine der beliebtesten Tapasbars der Stadt! Bereits 1943 gegründet und immer wieder verbessert, werden Tapas und leckerster Sherry angeboten, mehrfach prämiert. Außerdem eine Vielzahl von Weinen aus der Region.

Bodegas

■ **Sandeman,** c/ Pizarro 10, www.sandeman.eu, Tel. 956 151 710, Besichtigung Mo–Fr 10–14, Sa 11–14 Uhr. Geführter Rundgang mit detaillierten Erklärungen und anschließender Verköstigung. Stark wechselnde Zeiten, aber auch ziemlich häufig Führungen auf Deutsch und Englisch, Termine stehen auf der Website.

■ **Pedro Domecq,** c/ San Ildefonso 3, Tel. 956 339 634, www.bodegasfundadorpedrodomecq.com. Besichtigung Mo–Fr 10–14 Uhr stündlich.

■ **González Byass,** c/ Manuel María González 12, Tel. 956 357 000, www.gonzalezbyass.es. Besichtigung Mo–So 12–18 Uhr, in mehreren Sprachen, auf Deutsch Mo–Sa 12.15, 14 und 17.15 Uhr, u. a. mit

einer Multivisions-Show, Weinbergbesuch und Visite im Shop von **Tío Pepe.**

■ **Maestro Sierra,** Plaza de Silos 3, Tel./Fax 956 342 433, www.maestrosierra.com. Mo–Do 9–13.30 Uhr.

Nachtleben

■ An der *Plaza de Vargas,* gleich ums Eck der Kathedrale und sehr nah beim Rathaus, liegen etliche **Bars,** in denen die *jerezanos* die Nacht einläuten. Eine andere beliebte Ecke wäre die Zone bei der Stierkampfarena, beispielsweise die *Plaza Canterbury (c/ del Circo),* wo mehrere Lokale verschiedener Stilrichtungen auf engstem Raum sind. Noch ein Stück weiter finden sich etliche Tresen in den Straßen *Avenida de Méjico* und *c/ Torres de Córdoba.*

■ Ein sehr beliebtes Lokal ist das **Dama Juana** in der zentralen c/ Francos 18, ein größeres Lokal mit schönem andalusischen Patio.

■ **Flamencoshows:** *El Lagá del Tío Parilla,* Plaza del Mercado s/n, Tel. 956 338 384, Mo–Sa 22.30 Uhr Show, Küche ab 21.30 Uhr. Dies war einst eine Art Lagerhalle für Weintrauben, bevor sie gestampft wurden, heute nun eine urige Flamencobühne; *Tablaó del Bereber,* c/ Cabezas 10, Tel. 956 340 016, www.tablaodelbereber.com. Eine weitere Showbühne in einem historischen Palast aus dem 16. Jh. Veranstaltungen inklusive Abendessen 21 Uhr, So geschlossen.

Verkehrsverbindungen

■ **Bahnhof:** Plaza de la Estación s/n, Tel. 956 342 319, schmuckes Gebäude, etwas außerhalb.

■ **Busverbindungen:** Der *Busterminal* liegt unmittelbar neben dem Bahnhof, Plaza de la Estación, Tel. 956 339 666.

Die Gesellschaft *Los Amarillos* fährt u. a. nach Arcos de la Frontera, Tel. 956 329 347, www.losamarillos.es.

Comes hat ein größeres Liniennetz, u. a. fahren sie nach Cádiz, Rota, zu etlichen Küstenorten, sowie nach Sevilla, aber auch zum Flugplatz. Infos: Tel. 956 321 464, www.tgcomes.es.

Linesur fährt unter anderem nach Sevilla, auch nach Sanlúcar und Chipiona. Infos: Tel. 956 341 063, www.linesur.com.

Einkaufen

■ **Tamara,** c/ Santa María 3, Tel. 956 347 489, ein Geschäft für authentische Flamenco-Kleider.

■ **Kiosk Prensa Porvera** an der Puerta Nueva (Ecke c/ Porvera 47), internationale Presse.

499cl sm

■ Ein **Flohmarkt** findet am Sonntagvormittag an der Alameda Fortún de Torres statt.

Nützliche Adressen

■ **Deutsches Honorarkonsulat:** Avda. de Méjico 10, Portal 1, 2. Stock, Tel. 956 187 463, Fax 956 182 144. Termin nur nach telefonsicher Absprache, das Büro ist nur Mi 11–13 Uhr geöffnet.

■ **Post:** c/ Cerrón 2, am Ende der c/ Honda, die von der c/ Larga abzweigt.

Feste

■ **Februar/März:** Festival de Flamenco de Jerez

■ **Anfang Mai:** Feria de Caballo – ein Pferdemarkt mit Umzügen und nächtlicher Fiesta

■ **September:** Fiesta de la Bulería – ein Flamencospektakel;

Fiestas de Otoño – Herbstfeierlichkeiten: mehrere Feiern zum Sommerausklang, u. a. rund um die Weinlese, u. a. Flamenco, Pferdeshows, Mittelaltermarkt

■ **24. September:** La Merced – Patronatsfest

■ **9. Oktober:** San Dioniso – Patronatsfest

⌃ Arcos liegt hoch oben auf einem Felsplateau

Arcos de la Frontera

■ **Einwohner:** 31.500

■ **PLZ:** 11630

■ **Entfernung nach Cádiz:** 60 km

■ **Touristeninformation:** Cuesta de Belén 5, Tel. 956 702 264, Fax 956 702 226, geöffnet: Mo–Sa 9.30–14 und 15–19.30 Uhr, So 10–14 Uhr, www.turismoarcos.es.

Arcos ist eines der schönsten Weißen Dörfer überhaupt! Es liegt **malerisch schön** 260 Meter hoch oben auf einem Felsplateau. Unten fließt der Río Guadalete. Der Ort stammt aus der Zeit der Römer, erhielt sein prägendes Bild aber während der arabischen Epoche. Viele enge, teilweise sehr enge Gassen durchziehen den alten Kern. Dort liegen einige wunderschöne alte Gebäude, in denen u. a. Hotels und Restaurants untergebracht sind. Und immer wieder stößt man auf einen *mirador,* einen „Aussichtspunkt", von dem man wahrlich weit ins Land schauen kann.

Schon immer war Arcos ein strategisch gut gelegener Ort, egal welche Macht gerade an der Macht war. Die Gründung fällt in die römische Zeit, damals wurde die Siedlung ganz pragmatisch **Arx-Arcis** (etwa: hochgelegene Festung) genannt. Die Araber änderten den Namen dann zu Medina-Arkos. *Fernando III.*, König von Kastilien und León, eroberte die Stadt 1250. Er gestattete im Gegensatz zu den meisten anderen Eroberern den Arabern den Verbleib im Ort. Das ging nicht lange gut, die Araber rebellierten schließlich gegen ihre neuen Herren. 1264 eroberte dann *Alfonso X.*

die Festung endgültig und vertrieb die Araber. In den folgenden Jahren war sie mehreren und vor allem wechselnden Adelshäusern verpflichtet (u. a. der Familie *Ponce de León*). In jüngster Vergangenheit erlebt der malerische Ort einen beachtlichen touristischen Aufschwung, hauptsächlich durch Tagesgäste.

Anreise

Anreise per Auto

Arcos de la Frontera ist leicht zu finden, es liegt an der A-382, bzw. an der A-393, aus Richtung Vejer bzw. Medina-Sidonia kommend. Am besten folgt man der **Ausschilderung.** Sobald der Ort erreicht ist, sollte ein Parkplatz gesucht werden. Oben in den Gassen der Altstadt wird es so eng, dass ein Kleinwagen gerade noch zwischen den Häusern hindurchpasst, ein Wohnmobil hat keine Chance.

Unten gibt es eine große **Parkfläche,** etwa 100 Meter nachdem man ein Hinweisschild *„Centro Ciudad"* passiert hat (dem Schild NICHT folgen!), liegt der Parkplatz auf der rechten Seite. Zu Fuß geht es dann weiter – so schlimm ist der Aufstieg nun auch wieder nicht und außerdem kommt man an einigen Bars vorbei, in denen man sich für den weiteren Weg stärken kann.

Anreise per Bus

Von den größeren Orten, wie Jerez de la Frontera und Cádiz, gibt es **Linienbusverbindungen** nach Arcos de la Frontera. Die Busse halten in etwa beim oben beschriebenen Parkplatz.

Sehenswertes

Arcos ist eine zweigeteilte Stadt. Im **unteren Teil** befindet sich ein recht beschaulicher, wenn auch nicht sonderlich spektakulärer **Ortskern.**

Von dort führen Straßen normaler Breite nach **oben**, passieren zwei Hotels und mit einem Mal ist man im **Gängeviertel.** Jetzt nach Stadtplan laufen zu wollen ist sinnlos. Besser einfach der groben Richtung „nach oben" folgen. Zurück geht es dann umgekehrt. Die Gassen werden immer enger, schlagen manchmal atemberaubende Kurven. Die Häuser sind weiß getüncht, manchmal wirkt es, als ob sie sich zueinander neigen. Vielfach sind sie durch Stützbögen verbunden. Spannend wird es vor allem, wenn ein Lieferwagen um die Ecke biegen will. Meistens klappt es mit Ach und Krach. Die Passanten drücken sich derweil in den nächsten Hauseingang, hoffend, dass der Wagen ihnen nicht über die Zehen rollt.

Interessiert man sich für das historische Viertel und seine Geschichte, ist man im **Centro de Interpretación Ciudad de Arcos (CICA)** richtig. Angeschlossen ist das Touristenbüro.

- **Centro de Interpretación Ciudad de Arcos,** c/ Cuesta de Belén 5, geöffnet: Mo–Sa 9.30–14 und 15–19.30, So 10–14 Uhr.

▷ In den engen Gassen von Arcos ist ein zweirädriges Gefährt mehr als praktisch

509cl sm

510cl sm

Rund um Santa María de la Asunción

Die Iglesia de Santa María de la Asunción ist das wichtigste sakrale Gebäude. Das **älteste Gotteshaus** der Stadt wurde im 13./14. Jahrhundert auf den Resten einer Moschee errichtet – die übliche Vorgehensweise, nachdem die Araber vertrieben worden waren. Die dreischiffige Kirche hat einen Renaissance-Altar, an dem 23 Jahre gearbeitet wurde, und einen **barocken Chor** sowie einige Gemälde aus dem 14. Jahrhundert. Der 37 Meter hohe Turm wurde schwer beschädigt beim gewaltigen Erdbeben 1755 von Lissabon.

■ **Iglesia de Santa María de la Asunción,** geöffnet: tägl. 10.30–13.30 und 17–20 Uhr, Sa und So nachmittags geschlossen.

Vor der Kirche liegt das wehrhafte **Castillo,** das schon zu arabischer Zeit als solches diente. Es ist heute in Privatbesitz. Hinter der Kirche befindet sich die **Plaza del Cabildo.** Hier sind der **Parador,** das **Rathaus** *(ayuntamiento)* und ein *mirador* zu finden. Der **Mirador de la Peña Nueva** wird auch Balcón de Arcos genannt und man genießt wahrlich spektakuläre Ausblicke hinunter ins Tal.

Paläste, Patios und Iglesia de San Pedro

Vom Plaza del Cabildo nur ein paar Gassen entfernt liegen weitere schöne, alte Häuser. Einige sind ehemalige **Adelspaläste.** Manche sind ausgeschildert. Das Innere bleibt meist verschlossen, nur die Fassaden darf man bestaunen. Vereinzelt lohnt auch ein Blick in einen der geschmackvoll dekorierten Patios, wobei nicht vergessen werden darf, dass es sich um privaten Grund handelt.

Verlässt man die Plaza und biegt um das Gebäude des Paradors nach rechts ab, passiert man auf dem Weg zur Kirche Iglesia de San Pedro ein paar **Lokale** mit Terrasse. Kurz dahinter liegt der nette Garten **Jardín andalusí,** der eine kleine grüne Oase hier in der engen Altstadt darstellt. Direkt davor steht der **Palacio de Mayorazgo** aus dem 17. Jahrhundert. Die schönen Innenhöfe können besichtigt werden. Auf der Rückseite befindet sich eine **Pinakothek,** in der Gemälde und andere Kunstwerke lokaler Künstler ausgestellt werden.

■ **Jardín andalusí,** geöffnet: Mo, Mi, Fr 10–13.30 und 17–19 (im Sommer 18–20) Uhr, Di, Do, Sa 10–13.30 Uhr, Eintritt frei.

■ **Palacio de Mayorazgo,** Mo–Fr 10–14 Uhr, Eintritt frei.

■ **Pinakothek,** c/ Maldonado 11, geöffnet: Mo–Fr 10–13.30 und 17–19 (im Sommer 18–20) Uhr, Sa 10–13.30 Uhr, Eintritt frei.

Ein paar Schritte weiter steht die Kirche **Iglesia de San Pedro.** Sie wurde auf den Resten eines arabischen Gebäudes Ende des 14. Jahrhunderts errichtet. Der barocke Turm entstand später, im 18. Jahrhundert. Im Inneren besticht der silberbeschlagene Altar.

■ **Iglesia de San Pedro,** c/ San Pedro 4, geöffnet: Mo–Fr 9–14 und 15.30–18.30, Sa 9–14 Uhr, Eintritt frei.

Vor der Kirche zweigt die Straße Calle Juan de Cuenca ab, an deren Ende zwei weitere bemerkenswerte Häuser stehen: der **Palacio de Juan de Cuenca** aus dem 17. Jahrhundert und der **Palacio del Marqués de Torresoto** aus dem 18. Jahrhundert. Beide können aber nur von außen betrachtet werden.

Aussichtspunkte

Neben dem Mirador de la Peña Nueva hinter Santa María versprechen zwei weitere Aussichtspunkte Fotopanoramen, der **Mirador de Abades** und, gewissermaßen am Ortsende, der **Mirador San Agustín.** Von Letzterem kann man auch einen weiten Blick über den Stausee werfen.

Praktische Tipps

Unterkunft

■ **Parador**④, Plaza del Cabildo s/n, Tel. 956 700 500, Fax 956 701 116, www.parador.es. Ein kleines Haus mit 24 Zimmern, das an dem Hauptplatz der Altstadt liegt. Von einigen Zimmern hat man einen atemberaubend weiten Blick über die tief unten liegende Ebene. Dekoration, Stil und Ambiente sind dem Charakter der Altstadt angepasst. Einige wenige Parkplätze sind direkt vor der Tür zu finden.

■ **Hotel Convento**③, c/ Maldonado 2, Tel. 956 702 333, Fax 956 704 128, www.hotelelconvento.es. Das 11-Zimmer-Haus liegt an der Rückseite des Paradors und bietet von einigen der Zimmer einen ähnlich tollen Blick. Sehr stil- und geschmackvoll gestaltet mit luxuriösen Elementen, teilweise dekoriert im Stil des 17. und 18. Jh.

■ **Hotel Peña de Arcos**③, c/ Muñoz Vázquez 42, Tel. 956 704 532, Fax 956 704 502, www.hotelesdearcos.com. Liegt im unteren Teil des Ortes. 44 Zimmer auf drei Etagen in einem Gebäude, das sich vom Stil her an die benachbarten Häuser anpasst.

■ **Hotel La Fonda**②-③, c/ Corredera 83, Tel. 956 700 057, Fax 956 703 661, www.hotelafonda.com. Ein 19-Zimmer-Haus, das ansehnlich aufgemacht ist (gelb-weiß), im unteren Teil der Stadt.

■ **Hotel Los Olivos**②, Paseo de Boliches 30, Tel. 956 700 811, Fax 956 702 018, www.hotel-losolivos.es. Ein weiteres kleines, stilvolles Haus; 19 Zimmer. Nicht nur optisch bietet es einen angenehmen Eindruck: Die Zimmer wurden geschmackvoll dekoriert und sind um einen Innenhof gruppiert. Der Blick über die Felder ist großartig. WiFi.

■ **Pension San Marcos**②, c/ Marqués de Torresoto 6, Tel. 956 700 721, www.hsanmarcos.es. Kleines, hübsch gestaltetes Haus mit 4 Zimmern, das mitten in der Altstadt gegenüber vom Restaurant Convento liegt. Es hat auch ein kleines, aber gutes Restaurant.

Camping

■ **Lago de Arcos,** 1. Kategorie, am See Lago de Arcos gelegen. Zufahrt über die N-342, bei km 29 abbiegen, liegt etwa 3 km außerhalb. Der kleine Platz ist momentan geschlossen, ob er wieder eröffnet wird, ist noch unklar.

◁ Der Eingang zum Parador

522cl sm

Essen und Trinken

- **Restaurante El Convento,** c/ Marqués de Torresoto 7, Tel. 956 703 222. Wohl immer noch das führende Haus in Arcos. *María,* die Patronin, heimste schon viel Lob ein. Davon zeugen etliche Artikel, die im Schaukasten ausgestellt sind.
- **Mesón del Corregidor,** Plaza del Cabildo s/n, Tel. 956 700 500. Ein weiteres weithin gelobtes Haus. Es liegt beim Parador.
- **Mesón Los Murales,** Plaza Boticas 1, Tel. 685 809 661, liegt gleich hinter dem Parador, also an der „Hauptmeile" durch die Altstadt. Man kann nett draußen sitzen. Korrekte Mahlzeiten.
- **Mesón Don Fernando,** Plaza Boticas 5, Tel. 956 703 670. Ebenfalls günstig gelegen, viele Besucher kommen hier vorbei und bleiben gleich sitzen auf der einladenden Terrasse. Andalusische Küche, auch Tapas und Reisgerichte.
- **Restaurante La Cárcel,** c/ Déan Espinosa 18, Tel. 956 700 410. Bietet andalusische Küche, eher mehr Fleischgerichte, weniger Fisch. Hat einige Tische draußen stehen.
- **Restaurante Marqués de Torresoto,** c/ Marqués de Torresoto 4, Tel. 956 700 712. Liegt auch an der Haupt-Spaziermeile, knapp neben dem Hauptplatz Plaza del Cabildo. Hat einen schönen Speiseraum, bietet andalusische Küche, ein günstiges Mittagsmenü und auch Tapas.

Feste

- **Ostersonntag:** Toro del Aleluya – Stiertreiben à la Pamplona durch die engen Gassen.
- **5. August:** Velada de Nuestra Señora de las Nieves – Patronatsfest.
- **29. September:** Feria de San Miguel – Patronatsfest.

^ „Der Felsen"

Gibraltar

- **Einwohner:** 28.000
- **Entfernung nach Cádiz:** 145 km
- **Telefonvorwahl:** 00 350
- **Touristeninformation:** Tourist Board, Duke of Kent House, Cathedral Square, Tel. 774 950, Fax 774 943.

www.visitgibraltar.gi: gut gemachte offizielle Website vom Tourist Board.
www.gibraltarinfo.gi: sehr viele praktische Tipps.
www.discovergibraltar.com: gibt viele gute, praktische Tipps, inklusive einer genauen Beschreibung des Fußwegs hoch zum Affenfelsen (mit Fotos).

Gibraltar ist ein **Kuriosum aus** längst vergessenen **kolonialen Tagen:** Ein Felsen, der an seiner höchsten Stelle 426 Meter aufragt und auf einer schmalen Landzunge tief im spanischen Süden liegt. Britisches Hoheitsgebiet auf spanischem Territorium, das sorgt für Unruhe.

Die Spanier möchten den nicht einmal fünf Quadratkilometer großen Felsen unbedingt zurückhaben, mit der Begründung, dass ein EU-Mitgliedsland doch wohl kaum einen kolonialen Posten in einem anderen EU-Staat haben könne. Die Briten kontern, dass sie „Gib" aus strategischen Gründen behalten müssten. Das wiederum lässt Madrid nicht gelten und erinnert daran, dass beide Länder schließlich NATO-Mitglieder seien und die Spanier sehr wohl selbst hier aufpassen könnten. Spätestens an diesem Punkt bringt London dann den Hinweis, dass die Spanier ja selbst noch koloniale Restposten in Form von zwei kleinen Städten auf marokkanischem Boden besäßen (Melilla und Ceuta). Und schon hat man wieder die unsachliche Ebene erreicht.

Geschichte

Schon die **Araber** interessierten sich für diesen Felsen im Süden Spaniens. Im Jahr 711 setzte *Tarik* der Eroberer seinen Fuß hier an Land und startete seinen Siegeszug nach Norden. 400 Jahre später wurde die erste Siedlung gegründet. Die **Spanier** eroberten den Felsen im Jahre 1300. Nachdem sie zwischenzeitlich wieder vertrieben werden konnten, gelang es ihnen dann 1463 endgültig, das Landstück einzunehmen. Während des Spanischen Erbfolgekrieges aber schlugen die **Engländer** 1704 im Handstreich zu und besetzten Gibraltar – bis heute. Im **Friedensvertrag von Utrecht** wurde ihnen neun Jahre später auch offiziell der Felsen zugesprochen.

Lange Zeit störte sich niemand sonderlich an dieser Situation, bis in den

1960er Jahren *Franco* die Briten vertreiben wollte. Die gingen nicht, ließen jedoch 1967 einen **Volksentscheid** durchführen. Die überwältigende Mehrheit entschied sich damals für eine britische Oberhoheit, gerade mal 0,4 Prozent votierten für Spanien. Das konnte jedoch niemanden überraschen, denn der wirtschaftliche Unterschied zwischen beiden Staaten war zu der Zeit einfach zu groß. Der verärgerte Franco ließ daraufhin die **Grenze schließen.** Niemand konnte mehr auf dem Landweg von Spanien nach Gibraltar reisen. Diese Regelung wurde eisern durchgehalten. Erst 1982 lockerte man die Bestimmungen. Spanier, die auf Gibraltar arbeiteten, durften nun die Grenze passieren. Für Ausländer blieb sie aber weiterhin geschlossen. Das änderte sich erst 1985. Spanien wollte in die EU aufgenommen werden und musste etwas tun. Seit jener Zeit ist die Grenze wieder passierbar.

2002 wurde erneut abgestimmt, mit dem gleichen Ergebnis: Knapp 99 % der *Llanitos,* wie sich die Gibralteken selbst nennen, votierten für einen **Verbleib unter der britischen Krone.**

Im Sommer 2009 geschah dann eine kleine Sensation. Erstmals seit rund 300 Jahren betrat mit dem spanischen Außenminister *Moratinos* ein hochrangiger Politiker Gibraltar-Territorium. „Verrat!", schrie die konservative Volkspartei (PP) sogleich, aber *Moratinos* wiegelte ab: „Spanien wird niemals den Anspruch auf Gibraltar aufgeben". Ein Ende der Zwistigkeiten ist also noch lange nicht in Sicht. Und besonders um die Wassergrenze gibt es immer wieder Streit. Die Frage der Hoheitsgebiete interpretieren Spanien und Gibraltar unterschiedlich. Spanien akzeptiert nur eine kleine Zone um den Hafen als britisches Gebiet, während umgekehrt von einer 3-Meilen-Zone ausgegangen wird. Das sorgt regelmäßig für Konfliktstoff, wenn spanische Fischer in diese Zone eindringen. 2013 versenkte die Regierung von Gibraltar 70 Betonklötze im Meer, angeblich als künstliches Riff gedacht, wie man sagte. Doch tatsächlich sollten so die Spanier und ihre Schleppnetze getroffen werden. Deshalb konterte Spanien mit ausgesprochen pingeligen Grenzkontrollen. Damit macht man sich aber auch keine Freunde bei den eigenen Leuten, denn täglich pendeln Hunderte von Spaniern über die Grenze zur Arbeit auf den Felsen.

Anreise

Anreise per Bus

Wer mit einem Linienbus anreist, steigt in **La Línea de la Concepción,** dem Grenzort, aus. Von dort sind es zehn Minuten Fußmarsch zur Grenze. Die **Buslinie 5** fährt von der Grenze bis in die City. Dieser Bus ist rot (die anderen auf Gibraltar sind blau) und fährt alle 10 Minuten, am Sonntag alle 20 Minuten. Ein markanter Ausstiegspunkt wäre beispielsweise das **British War Memorial.** Das Ticket kostet 1,20 £ oder 1,70 €. Mit dem sogenannten „All day pass" für 1,50 £ bzw. 2 € kann man mehrere Fahrten machen und auch die Rückfahrt antreten.

▷ In Gibraltar erinnert einen vieles daran, dass man sich auf britischem Hoheitsgebiet befindet, auch und vor allem Kleinigkeiten

Anreise per Auto

Wer aus Richtung Tarifa kommt, sollte so lange auf der **N-340** bleiben, bis kurz nach dem Passieren von Algeciras bei km 118 das erste Hinweisschild nach Gibraltar kommt. Dieses lotst die Besucher über La Línea zum Felsen. Man kann mit seinem Pkw dann direkt auf den Felsen fahren, aber das ist **nicht empfehlenswert.**

Ausländer müssen die **grüne Versicherungskarte** vorzeigen. Wer sie vergisst, hat Pech. Die Briten kontrollieren durchaus genau, die Spanier sehr streng. Das führt dazu, dass sich speziell bei der Ausreise lange Schlangen bilden, **Wartezeiten** von einer Stunde sind durchaus üblich.

Auf Gibraltar gibt es auch nur sehr wenige Parkmöglichkeiten. Außerdem sind viele Parkplätze gebührenpflichtig und die Automaten nehmen nur britisches Geld. Kleine Hinweisschilder weisen deutlich darauf hin.

Die Straßen, die zu den Sehenswürdigkeiten hochführen, sind **steil, schmal** und **kurvig.** Zudem steht man ständig im **Stau,** wenn an den Sehenswürdigkeiten all die Besucher den Ausflugsbussen und Taxen entsteigen. Vorbeifahren ist dann nicht möglich. Dazu kostet es auch etwas, hoch zu den Sehenswürdigkeiten zu fahren (⧉ Upper Rock Reserve), allerdings nicht in die City.

Es ist also ratsam, das Auto in La Línea stehen zu lassen und zu Fuß weiterzugehen. Etwa zehn Minuten Fußmarsch von der Grenze entfernt kann der Wagen auf einem sehr großen Parkplatz abgestellt werden. Diese **Parkmöglichkeit** wird schon frühzeitig ausgeschildert. Sollte dieser Platz belegt sein, kann man auch noch kurz vor der Grenze parken, und zwar gegen Gebühr auf Parkplätzen an der schattigen Straße oder ohne Gebühr auf einem schattenlosen Feld.

Zu beachten

Einen **Personalausweis oder Reisepass** muss man unbedingt mitnehmen. Jeder wird kontrolliert, ein Durchwinken gibt es nicht.

Die offizielle **Währung** ist das Gibraltar Pound, das dem Britischen Pound gleichgestellt ist. Mit dem Euro kann aber auch überall bezahlt werden. Die Euro-Preise sind allerdings höher und man bekommt als Wechselgeld oft briti-

531cl sm

sches bzw. Gibraltar-Geld. Geld wechseln kann man an Automaten, die sowohl an der Grenze als auch in der Stadt, u. a. in der Main Street, zu finden sind.

Es herrscht **Rechtsverkehr.** Hingegen sind die **Öffnungszeiten** der Geschäfte an die üblichen britischen Zeiten angepasst: Gegen 19.30 Uhr schließen die

530cl sm

meisten Läden und auch am Samstagnachmittag kann man nicht mehr einkaufen gehen.

Organisierte Rundfahrt

Gleich hinter der Grenze wird dem Besucher charmant eindringlich die Teilnahme an einer organisierten 90-minütigen Rundfahrt per Kleinbus angeboten. Diese **Rock-Tour** bietet schon ein paar Vorteile. Denn wer die Sehenswürdigkeiten oben auf dem Felsen besuchen will, kann zwar auch per Seilbahn dorthin gelangen, muss dann aber von der Endstation noch ziemlich weit laufen. Und nicht vergessen: Die Straßen sind sehr steil! Am Ende der Rock-Tour wird man in der City abgesetzt und kann dort noch herumspazieren.

Es gibt unterschiedliche Touren: von einer 90-minütigen Rundfahrt zu den Hauptsehenswürdigkeiten bis zu einer sechsstündigen Tour, bei der alles Wichtige angesteuert wird. Die Preise für eine 90-minütige Standardtour liegen bei 18–25 £. Auch Taxifahrer bieten diese Touren an, sie kosten etwa 12 £ pro Kopf bei vier Teilnehmern.

Auf eigene Faust

Den Felsen kann man auch auf eigene Faust erkunden. Dazu bis zur **Seilbahnstation** fahren oder gehen und dann hochfahren. Wer dort die wichtigsten Sehenswürdigkeiten besuchen möchte *(Great Siege Tunnels, Ape's Den, St. Michael's Cave)*, erwirbt ein Komplett-Ticket für 28,70 €, muss allerdings einige Meter auf den steilen Straßen laufen (zu Seilbahn und Tickets ↗ Praktische Tipps: Seilbahn).

Auch wer mit dem eigenen Auto hochfährt, wird zur Kasse gebeten (↗ Upper Rock Reserve) und muss sich obendrein in die Schlange der Kleinbusse einreihen, ein Überholen ist nicht möglich.

Sehenswertes

Das erste Kuriosum erwartet den Gibraltar-Reisenden, gleich nachdem er die Passkontrolle passiert hat: das **Überqueren der Landebahn des Flugplatzes.** Aus Platzmangel führt der Weg in die City quer über die Rollbahn. Wenn ein Flugzeug landen will, wird die Straße durch eine Schranke gesperrt.

Main Street

Fußgänger erreichen nach etwa zehn Minuten die Main Street. Sie ist, wie der Name schon sagt, die **zentrale Ader,** an der Shops, Bars und einige offizielle Ämter liegen. Ein Großteil der Main Street wurde zur Fußgängerzone umgebaut. So können vor allem die Touristen noch entspannter bummeln und hoffentlich etwas kaufen. Britische Einflüsse sind überall zu bemerken. Doch wer etwas genauer hinsieht, der wird ein kosmopolitisches Bild entdecken: Engländer, Spanier, Araber, Juden, tief verschleierte Frauen neben Minirock-Schönheiten, Tattoo tragende, lässig dahinschreitende Soldaten im „knapp-über-dem-Knaben-Alter", distinguierte Gentlemen mit akkurat gestutztem Schnauzer.

☐ Gewusel auf der Main Street

Am Beginn dieser Straße öffnet sich ein großer Platz, der **Casemates Square,** der durch ein großes Tor betreten werden kann. Benannt ist er nach den ehemaligen Militärunterkünften, die hier einst standen, heute finden sich hier die ersten Geschäfte und einige Lokale, sowie die **Julian Lennon's Beatles Exhibition.**

Der Sohn von John Lennon hat hier eine Schau organisiert, die eher die persönliche und familiäre Bindung darstellt. Ausgestellt sind viele persönliche Dinge wie Bilder, Postkarten, Platten, Goldene Schallplatten, Manuskripte, eine Gitarre, ein Motorrad.

■ **Julian Lennon's Beatles Exhibition,** www.lennongibraltar.com, geöffnet: Mo–Sa 10–19, So 10–16 Uhr, Eintritt: 8 £, Kinder 4 £.

Von diesem Platz taucht man dann ein in die **Main Street,** die bestückt ist mit zahllosen **Geschäften** aller Art; es gibt Juweliere, Getränkeshops, Elektronikanbieter, touristischen Kitsch, Marokko-Importe. Passend finden sich hier auch Wechselautomaten, um *Gibraltar money* zu bekommen, und natürlich auch einige **Lokale.** Keine Frage, hier ist es meist ziemlich voll und das Gewühle muss man erst mal ertragen. Wem es zu viel wird, der braucht nur in eine der

Parallelstraßen auszuweichen, da wird es meist deutlich ruhiger. Wobei eine Straße, **Irish Town** genannt, nun auch kein Hort der Beschaulichkeit ist, denn hier liegen einige **Pubs** und viele **kleine Läden,** die aber mehr Dinge des alltäglichen Bedarfs verkaufen, etwa Haushaltswaren oder Gemüse. Es sind überwiegend Kleinstläden, was den Charme dieser Straße bereichert.

Entlang der Main Street wird schließlich die **Cathedral of St. Mary the Crowned** erreicht. Zur maurischen Zeit stand hier eine Moschee, die nach der Eroberung in eine Kirche umgewandelt wurde. Um 1500 baute man dann eine neue Kirche, die später während der großen Belagerung (1779–1783) durch die Spanier schwer beschädigt wurde. Die Briten bauten sie wieder auf, allerdings etwas kleiner als früher.

Das **Governor's House** liegt weiter oben an der Main Street. Dort residiert der Gouverneur seit 1728. Mehrmals täglich findet vor dem Gebäude nach guter britischer Militärtradition die Zeremonie einer **Wachablösung** *(Changing of the guard)* statt. Gibraltar hat dazu ein eigenes Regiment, dessen Soldaten genauso zackig die Hacken knallen lassen wie die Kollegen vor dem Buckingham Palace in London.

Am Ende der Main Street liegt der kleine Friedhof **Trafalgar Cemetery,** wo die Toten der **Schlacht von Trafalgar** liegen. Am Kap von Trafalgar, etwa 50 Kilometer von Gibraltar entfernt, besiegte die britische Flotte unter Admiral *Nelson* am 21.10.1805 die spanisch-französische Armada. Nelson starb in jener Schlacht.

536cl sm

Gibraltar Museum

Das Gibraltar Museum schräg gegenüber der katholischen Kirche gibt einen Einblick in die **Historie** und würdigt die **militärische Leistung** der Briten. Darüber hinaus ist ein gewaltiges, detailgetreues Modell des Felsens ausgestellt und mehrmals täglich wird ein 15-minütiger Film gezeigt. Im selben Gebäude können auch die Reste **arabischer Bäder** aus dem 14. Jahrhundert besichtigt werden.

Casemates Square, der Auftakt zur Main Street

■ **Gibraltar Museum,** 18–20 Bomb House Lane, www.gibmuseum.gi. Geöffnet: Mo–Fr 10–18, Sa 10–14 Uhr, Eintritt: 2 £, Kinder unter 12 Jahren 1 £.

Upper Rock Reserve

So wird der obere Teil von Gibraltar genannt. Man kann ihn auf verschiedene Weise besuchen, per eigenem Wagen, per Taxi, per Bustour (Rock Tour) zum Festpreis, per Seilbahn und sogar zu Fuß. Diese Zone gilt als Naturschutzgebiet, wer sie besuchen will, egal ob zu Fuß oder per Auto, muss Eintritt zahlen: Erwachsene (über 12 Jahre) 10 £, Kinder (5–11 Jahre) 5 £, pro Auto 2 £, an der Zufahrtsstraße wird kontrolliert.

Europa Point

Der **südlichste Punkt Gibraltars** ist der Europa Point. Von hier schaut man bei klarer Sicht bis nach Tanger (54 km) oder Ceuta (24 km). Seit 1997 steht hier auch eine Moschee für die immer größer werdende muslimische Bevölkerung.

St. Michael's Cave

Eine große **natürliche Tropfsteinhöhle,** in der auch gelegentlich Konzerte stattfinden, ist die St. Michael's Cave. In einer Ecke wurde mit menschengroßen Puppen das primitive Leben früher Steinzeitmenschen nachgestellt.

Ape's Den

Der **Affenfelsen** kündigt sich schon von Weitem durch eine wartende Autoschlange an. Die Affen sind friedlich, doch trotzdem sollte man sie lieber nicht ärgern, es sind nun einmal in Freiheit und damit wild lebende Tiere. Sie springen geschickt zwischen den Besuchern herum, setzen sich auf Schultern, lassen sich füttern und zögern auch nicht, durch ein heruntergekurbeltes Fenster in ein Auto hineinzuspringen. Die Affen, Berbermakaken, werden von der britischen Armee betreut. Aus gutem Grund, denn die Legende erzählt, dass die Briten Gibraltar verlassen müssten, wenn die Affen verschwänden. Da sie Gibraltar aber eigentlich loswerden wollen, so ein weiteres Gerücht, sollen sie den Affen ein empfängnisverhütendes Mittel ins Futter gemischt haben – vergebens.

Great Siege Tunnels

Great Siege Tunnels (oder auch „Upper Galleries" genannt) dürfte wohl das beeindruckendste Bauwerk Gibraltars sein. Ein von Menschenhand geschaffenes **Tunnelsystem** durchzieht hoch oben den ganzen Felsen auf mehreren Hundert Metern. Durch Fenster, die früher zumeist als Schießscharten genutzt wurden, genießt man heute eine grandiose Aussicht auf die Landepiste und das dahinter liegende Spanien. Früher wurden hier Kanonen auf Angreifer abgefeuert und zwischen 1779 und 1783 hielten die Briten sogar einer jahrelangen Belagerung stand. Heute sind hier in mehreren Räumen historisch-militärische Szenen nachgestellt. Betritt ein Besucher z. B. einen bestimmten Raum, so brüllt ein Sergeant: *„Halt! Who goes there?"* so täuschend echt, dass man unwillkürlich zusammenzuckt.

Moorish Castle

Nach der Invasion der Mauren in Spanien im Jahr 711 begann man hier ein erstes Bauwerk zum Schutz zu errichten. Bereits 1160 entstand dann eine erste **Burg,** von der heute wenig erhalten ist. Die noch

526cl sm

existierenden Reste und vor allem der sichtbare Wehrturm stammen aus der Zeit nach 1333, als die Mauren nach einer kurzfristigen Vertreibung durch die Spanier wieder für 130 Jahre zurückkehrten. Der Turm gilt als der höchste Turm im gesamten muslimischen Gebiet auf spanischem Boden. Auch die ummauerte Anlage insgesamt zählte zu den größten ihrer Art, ursprünglich zogen sich die Mauern bis zum Casemats Square am Anfang der Main Street hinunter.

A City under Siege Exihibition

Das Gebäude mit der **Ausstellung** zur Belagerung zählt zu den ältesten auf dem Felsen, die Briten erbauten es um 1726. Dargestellt wird sehr anschaulich die Phase der jahrelangen Belagerung, verdeutlicht durch Schautafeln und lebensgroße Puppen.

< ⌄ Die heimlichen Stars von Gibraltar

525cl sm

Praktische Tipps

Unterkunft

Da ein Tagesgast wahrscheinlich nicht unbedingt in Gibraltar übernachten möchte, gibt es an dieser Stelle keine speziellen Tipps. Wissen sollte man aber, dass die Hotels **nicht allzu billig** sind.

Essen und Trinken

- **Entlang der Main Street** reiht sich ein Lokal an das nächste, darunter auch einige, die schon jahrelang hier etabliert sind wie **The Angry Friar,** Hausnummer 287, gegenüber Governor's Residence, oder die bereits 1895 gegründete **The Horse Shoe Bar,** 193 Main Street, schräg gegenüber vom Gibraltar Museum.
- Eine Reihe von Pubs finden sich im sogenannten **„Irishtown-Viertel“,** das eine Parallelstraße von der Main Street entfernt liegt.
- **The Royal Calpe,** 176 Main Street. Steaks, Salate und vor allem viele *pies* (gefüllte Pasteten) werden geboten, insgesamt *very british*. Kleine Terrasse draußen.
- **Cannon Bar & Restaurant,** 27 Cannon Lane. Großes Lokal mit Terrasse. Hier gibt es britisches Essen wie *fish 'n' chips* oder Barbecue.
- **Latino's Diner,** 194 Main Street. Großer Laden, der insgesamt recht günstiges Essen bietet, z. B. Pizza, Tex-Mex-Food, Burger, Sandwich.
- **Bistro Madleine,** 256 Main Street. Nettes Lokal, im Angebot sind kleine wie größere Gerichte, auch Vegetarisches und Salat-Kompositionen.
- **Star Bar,** 12 Parliament Lane. Gibraltars älteste Bar (seit 1889) ist eine gemütliche Kneipe, insgesamt *very british*.
- **Gallo Nero,** 58 Irish Town. Bietet eine mediterrane Küche mit Schwerpunkt auf italienischen Speisen, Pizza, Pasta, Fleisch- und Fischgerichte.
- **El Capote,** 13 Market Lane. Eine spanische Tapasbar auf dem Felsen von Gibraltar, geht doch!

Seilbahn

- Die Seilbahn verbindet die Stadt mit dem Gipfel. Sie fährt ab 9.30 bis 19.15 Uhr, November–März nur bis 17.15 Uhr. Letzte Fahrt zurück: 19.45 Uhr, November–März 17.45 Uhr. Zwischen April und September stoppt sie nicht an der mittleren Station bei den Affen. Man kann ein Ticket erwerben, das nur für die Fahrt gilt, oder eines, das auch die Attraktionen oben mit einschließt. Die Fahrt zum 412 m hohen Gipfel dauert 6 Minuten, man bekommt einen mehrsprachigen multimedialen Kopfhörer-Guide mit.

  Preise: Erwachsene einfache Fahrt 11,90 €, hin und zurück 14,70 €, Kinder 6.30/7 €. Ticket mit „Nature Reserve Attractions“: Erwachsene hin und zurück 28,70 €, Kinder 17,50 €. Eingeschlossen ist hier der Eintritt zu St. Michael's Cave, Great Siege Tunnels, A City under Siege Exhibition, Moorish Castle und 100 Ton Gun.

Aktivitäten

- **Dolphin Safari,** 6 The Square, Marina Bay, Tel. (+350) 200 71 914, www.dolphinsafari.gi. Schiffsausflug vor den Felsen, um Delfine zu beobachten. Die Betreiber sprechen von einer 98-prozentigen Erfolgsquote.

Einkaufen

- **Casa del Habano,** Main Street 37, hier werden kubanische Zigarren angeboten.

Nützliche Adressen

- **Post:** Main Street, im oberen Drittel, Richtung Grenze. Einen Kartengruß kann man in jedem Souvenirshop erwerben und die Briefmarken in der Post. Klassisch rote Briefkästen stehen in der Main

Street. Wobei die Post ins Ausland (Ausnahme: nach Spanien) zunächst nach England geflogen und von dort weiter verschickt wird.

Gibraltar – very british

Feste

- **Mitte März:** Commonwealth Day.
- **Ende Mai:** Spring Bank Holiday.
- **Mitte Juni:** Queen's Birthday.
- **Ende August:** Late Summer Bank Holiday.
- **10. September:** Referendum Day.

542cl jf

581cl sm

2 Sevilla

Sevilla, welch magischer Name! Mehr ein Versprechen, fast ein Locken, beinahe ein Verführen. Mit Reizen, die anderen Städten oft fehlen: Historische Bauten zum Bestaunen und eine Lebensfreude zum Neidischwerden. Eine Altstadt wie aus dem Bilderbuch mit engen Gassen zum Verlaufen und Tapasbars zum Zeitvergessen.

< Im beeindruckenden Palast Casa de Pilatos

Sevilla, Übersicht

0
200 m
CoLuzF01
Markt
C. Feria
La Macarena
C. Castellar
nato de la Palma
Calle de Bustos Tavera
C. Socorro
Calle de la Enladrillada
Calle del Sol
Ronda Capuchinos
C. María Auxiliadora
Salesianos
de Arroyo
Calle Samaniego
Calle Gerona
Matahacas
Pl. Ponce de León
Esdcuel. Pías
Jáuregui
Osario
Saturno
Calle
Pérez Hervas
José Laguillo
Av. Pablo Iglesias
Bahnhof Santa Justa
C. Gonzalo Bilbao
Imagen
Pl. San Pedro
A. Apodaca
Pl. Cristo de Burgos
Carrión Mejías
Casa de Pilatos
R.D.P.
Calle Aguilas
Calle de Recaredo
Calle Amador de los Ríos
Corr. de Rey
Vírgenes
S. José
Santa
C. de Luis Montoto
C. Averroes
Barrio de Santa Cruz
Calle Juan Antonio Cavestany
Calle Jiménez Aranda
Hospital de los Venerables Sacerdotes
Ximénez de Enrico
M. la Blanca
Calle Juan de Zoyas
Calle Pirineos
Plaza Santa Cruz
C. Agua
Alcázar
Calle de Menéndez Pelayo
Calle de los Ríos
Jardines de Murillo
Gärten des Alcázar
Av. de Cádiz
San Bernardo
Jardines de la Buhaira
146
lle San Fernando
Busterminal Prado de San Sebastián
Calle Campamento
Calle Barrau
Universität
Av. del Cid
Avenida de Carlos V
C. de Enramadilla
de Frontera
us nach os Hermanos, amping Villsom
Avenida de Portugal
Avenida de Borbolla
Av. de M. Luisa
Parque María Luisa
Plaza de España
Dr. Pedro Castro

SEVILLA

EINE STADT MIT MAGIE

- **Einwohner:** 705.000
- **PLZ:** 45011
- **Entfernung nach Cádiz:** 125 km
- **Touristeninformation:**

Avda. de la Constitución 21-B, Tel. 954 221 404, geöffnet: Mo–Fr 9–19, Sa 10–14 und 15–19, So 10–14 Uhr

Plaza San Francisco, Tel. 954 595 288, geöffnet: Mo–Fr 9–19.30, Sa/So 10–14 Uhr

www.visitsevilla.es.

Knapp 2000 Jahre Geschichte haben ihre Spuren hinterlassen. Die unterschiedlichen Kulturen drückten der Stadt jeweils ihren Stempel auf, manche etwas heftiger, andere etwas weniger deutlich. Und diese Abdrücke, dieses Neben- und Miteinander ist heute noch spürbar. Großartige Monumente hinterließen unvergängliche Spuren. Doch vor allem kommt in der Flamenco-Hochburg Sevilla die Lebensfreude nicht zu kurz. Die inbrünstig und hochemotional begangenen christlichen Osterprozessionen suchen ihresgleichen und die weltliche April-Feria, früher eine einfache Pferde-Messe, hat sich zu einer grandiosen einwöchigen Feier von nationalem Interesse gemausert. Eine Spur alltäglicher geht es in der Altstadt zu, in den Bars, den Restaurants, den Terrassenlokalen am Fluss. Sobald die Hitze des Tages sich verabschiedet hat, strömen die Menschen auf die Straße, auch dies macht den heiteren Charakter der Stadt aus.

NICHT VERPASSEN!

- Die **Kathedrale,** eine der größten der Welt | 145
- Filigrane Schmuckelemente und wunderschöne Stuckarbeiten im **Alcázar** | 149
- Das Gassengewirr der Altstadt im **Barrio de Santa Cruz** ohne Stadtplan durchstreifen | 154
- Geist und Seele des Flamencos im **Flamenco-Museum** erspüren | 154
- Die beeindruckenden Kachelarbeiten an der **Plaza de España** bestaunen | 159
- Sich einmal durch die vielen **Tapasbars** futtern | 165

Diese Tipps erkennt man an der gelben Hinterlegung.

Überblick

Sevilla – das klingt nach Wärme, nach Tapasbars, nach großer Geschichte. Und tatsächlich reicht die Historie weit zurück bis zu den Römern. Doch erst die Mauren erschufen das magische Sevilla. Schufen einen Ort, der zu einem der wichtigsten Zentren ihres Reiches Al-Ándalus auf spanischem Boden wurde. Prächtige Gebäude sind noch heute aus dieser kulturell so bedeutsamen Phase erhalten. Als christliche Herrscher die Stadt eroberten, folgte eine neue Etappe. *Kolumbus* entdeckte dann Amerika, viel Gold und Silber floss alsbald über den

Hafen von Sevilla nach Spanien; so manche prachtvolle Villa wurde gebaut, weil genügend hängen blieb in der Stadt. Und eine Kathedrale entstand in derartiger Größe, dass die Erbauer für verrückt erklärt werden wollten. All diese Gebäude stehen heute noch, laden ein die teils verschwenderische Pracht wie auch die filigranen Details zu entdecken. Sei es im maurischen Alcázar oder in der christlichen Kirche.

Unbedingt gehört zu einem Sevilla-Besuch auch das ziellose Bummeln durch die engen Gassen der Altstadt. Wo an jeder Ecke eine urige Tapasbar wartet. Wo man mit ein wenig Fantasie die Helden der Opern erahnt, den Barbier von Sevilla etwa, den Verführer Don Juan oder die feurige Carmen, die den Männern die Köpfe verdrehte. Sevilla – eine Stadt mit Magie und einem der reizvollsten Altstadtviertel ganz Spaniens.

Geschichte

Hispalis wurde eine Ursiedlung in vorrömischer Zeit genannt. Aus diesen Anfängen liegt jedoch nach wie vor vieles im Dunkeln. *Julius Cäsar* höchstpersönlich soll dem Kind dann einen neuen Namen gegeben haben: **Hispalis Iulia Romula.**

Dann kamen andere: Erst die Vandalen, dann die Westgoten, schließlich 712 die Araber aus dem nahen Osten, später folgten die Mauren aus Nordafrika. Sie nannten den Ort *Ichbilija.* Über die Jahrhunderte entwickelte sich die Stadt zu einem der wichtigsten Zentren in **al-Andalus,** bevor sie 1248 zurückerobert wurde, wie es so schön heißt.

Abends füllen sich die Lokale Sevillas mit Leben

580cl sm

Ferdinand III. von Kastilien pflanzte sein Banner auf und residierte hier. Eine Zeit lang lebten drei Kulturen nebeneinander: **Christen, Juden** und **Araber.** Die Hebräer hatten ihr eigenes Viertel, das jetzt noch seinen Namen trägt: *judería,* heute Barrio de Santa Cruz und Barrio San Bartolomé.

Dann kam **Kolumbus.** Er brach vom nahen Palos zu seiner Entdeckungsfahrt auf und kehrte ein halbes Jahr später triumphierend zurück. In Sevilla wurde er feierlich empfangen. Einige Jahre später erkannte man erst den wahren Wert seiner Entdeckung. Unvorstellbare Reichtümer flossen über den Ozean und erreichten spanisches Territorium und königliche Truhen über eine Kontrollinstanz in Sevilla. Die 1503 gegründete **Casa de Contratación** überwachte den gesamten spanischen Überseehandel, denn Sevilla hatte mit seinem Hafen eine Monopolstellung.

Im gleichen Jahr, als Kolumbus die Neue Welt entdeckte, eroberten die spanischen Könige Granada, die letzte Bastion der Araber auf spanischem Boden. Nur wenige Jahre später fühlte man sich so stark wie nie und verjagte sowohl die letzten verbliebenen Juden als auch die Mauren. Der **Niedergang der Stadt** kam schleichend: 1561 verlegt König *Felipe II.* den Thron nach Madrid. Dort spielte nun die Regierungsmusik. Noch zwei Jahrhunderte lang hielt Sevillas Monopolstellung, aber 1717 war es auch damit vorbei. Da der Guadalquivir nicht mehr schiffbar war, bekam Cádiz den Zuschlag. 1765 wurde der Monopolstatus jedoch endgültig aufgehoben und sechs weiteren Häfen der Amerikahandel erlaubt.

Es dauerte bis 1929, bevor Sevilla wieder ins Rampenlicht rückte. In diesem Jahr wurde eine **Iberoamerikanische Weltausstellung** in der andalusischen

587cl sm

Metropole gefeiert. Einige bedeutende Bauten entstanden – ähnlich sollte es 63 Jahre später wieder geschehen, anlässlich der Weltausstellung 1992.

Anreise

Anreise per Auto

Wer von außerhalb kommt, wird eine gute Beschilderung finden, wie man die Stadt umfahren kann. Nicht ganz so gut ist das Zentrum ausgeschildert, doch es finden sich schon Hinweise, auch teilweise zu den wichtigsten Sehenswürdigkeiten. Die verwinkelte Altstadt mit ihren teils sehr engen Gassen sollte man mit Auto hingegen unbedingt meiden.

Bei der Anreise mit dem Auto gelangt man im Großraum Sevilla irgendwann auf die ringförmige **Umgehungsautobahn SE-30.** Hier ist man nicht allein: Jeder fährt über Sevilla – selbst wer gar nicht in die Stadt will –, diejenigen die aus der Provinz Huelva kommen und die aus Richtung Cádiz, denn es gibt keine Verbindung entlang der Küste oder über den Río Guadalquivir. Es wird zwar flott gefahren und das Verkehrsaufkommen ist hoch, doch kann man eigentlich meistens ganz gut durchrutschen.

Um in die Stadt hineinzukommen, kann man z. B. zum Bahnhof „Santa Justa“ fahren, wo sich gleich mehrere Parkplätze befinden. Ausgeschildert sind **Estación Santa Justa** oder die breite Ausfallstraße **Kansas City.**

◁ Die Plaza de España entstand zur Iberoamerikanischen Weltausstellung

Parkplätze weiter im Zentrum finden sich im **Shoppingcenter Plaza de Armas,** (c/ Marqués de Parades) oder auch im **Parkhaus Arjona** (c/ Arjona, Ecke c/ Expiración).

Anreise per Bus

Nach Sevilla fahren viele Gesellschaften, aber natürlich nicht von jedem Ort der Costa de la Luz aus. Das ist der Haken an der Sache. Von den meisten Orten aus wird ein Service in die jeweilige Provinzhauptstadt angeboten, und von dort gibt es etwa stündliche Verbindungen nach Sevilla.

Die Stadt hat **zwei Busterminals:** Die Busse aus der Provinz Cádiz kommen am Terminal **Prado San Sebastián** unweit der Plaza de España an. Busse aus der Provinz Huelva landen beim neuen Terminal **Plaza de Armas** am Río Guadalquivir.

Anreise per Bahn

Der Bahnhof **Estación Santa Justa** liegt schon etwas entfernt von der Altstadt. Zu Fuß mit Gepäck keine gute Idee, als Tagesbesucher sicher machbar: zunächst über die Calle Juan Antonio Cavestany laufen bis zu den Resten des Aquäduktes. Dort nach rechts über die Avda. Luis Montoto, die auf die Avda. Menéndez Pelayo stößt. Hier nach links und in Höhe des Kolumbusdenkmals erreicht man die Gärten des Alcázar und damit die Altstadt.

Eine **Taxifahrt** ins *centro* kostet etwa 12 €. **Per Bus** kann man mit der Linie 28 zur Endstation am Busbahnhof Prado de

543cl sm

San Sebastián fahren, oder man nimmt den Flughafenbus, der hier am Bahnhof auch hält.

Anreise per Flugzeug

Ein **Taxi** ins Zentrum kostet 21,89 €, nach 21 Uhr und am Wochenende 24,41 € (Festpreis). Für Gepäck wird ein Zuschlag verlangt. Halbstündlich verkehrt der **Flughafenbus EA** der Gesellschaft *Los Amarillos* bis zum Busterminal Prado de San Sebastián (Preis: einfach 2,40 €, Hin- und Rückfahrt 3,70 €). Von dort führt eine Straßenbahn bis ins Zentrum beim Rathaus an der Kathedrale vorbei.

^ Eine romantische Art Sevilla kennenzulernen: mit der Kutsche

> Die gigantische Kathedrale überragt die Stadt

Fortbewegung in der Stadt

Im historischen Zentrum bewegt man sich am besten **zu Fuß,** auch wenn es auf den ersten Blick etwas verwegen erscheint, denn die Altstadt von Sevilla ist immerhin 257 Hektar groß, sie gilt damit als eine der größten in Europa.

Alternativ kann man sich auch mit einer **Kutsche** spazieren fahren lassen. Das ist sogar keine schlechte Idee, genießen die Kutscher doch das Privileg, Straßen und Plätze befahren zu können, die den Autos versperrt bleiben. Maximal vier Personen werden mitgenommen, eine Stunde Kutschfahrt kostet offiziell 36,06 € (Ostern 43,27 € und zur April-Feria 86,54 €), wenngleich Leser berichteten, dass für 45 Minuten 50 € gefordert wurden. Was übrigens auch spanische Zeitungsreporter in einem Test erlebten.

Sehenswertes

Kathedrale

„Errichten wir eine Kirche von derartiger Größe, dass man uns für verrückt erklärt." So sollen die frühen Stadtväter ihre Kathedrale geplant haben und tatsächlich entstand schließlich eine der größten christlichen Kathedralen der Welt.

Errichtet wurde die Kathedrale auf den Mauern einer ehemaligen Moschee, die bereits im 12. Jahrhundert entstanden war. Von ihr sind heute noch der **Orangenhof** und der Turm **La Giralda** erhalten. Nach der Vertreibung der Mauren wurde diese Moschee ab 1248 als Kirche genutzt, bevor man dann mit dem eigentlichen Umbau 1401 begann. Durch das oben beschriebene Vorhaben dauerten die Arbeiten schließlich ein gutes Jahrhundert.

Der Innenraum der fünfschiffigen Kathedrale ist ausgestattet mit **20 Seitenkapellen** und einem prachtvollen Hauptaltar. Licht fällt durch insgesamt 75 Fenster, die mit hübschen Glasgemälden geschmückt sind.

Vom Eingang sind es nur wenige Schritte zur zentralen **Capilla Mayor** („Hauptkapelle"), der möglicherweise prächtigsten Arbeit im ganzen Gotteshaus und zum **Coro** („Chor"). Die Capilla Mayor wird von einem filigranen Gitter aus dem 16. Jahrhundert geschützt, aber richtig spektakulär ist erst der 23 Meter hohe **Hauptaltar,** ein Meisterwerk aus Zedernholz. Er wurde zwischen 1482 und 1564 von verschiedenen Meistern geschaffen und zeigt 45 Szenen aus dem Leben Jesu auf vier Ebenen. Die oberen Figuren sind ein wenig größer gestaltet, damit es für den Betrachter zu keinen perspektivischen Verzerrungen kommt.

Gegenüber öffnet sich der **Chor,** er wird von einem Gitterwerk geschützt, das aus dem Jahr 1519 stammt. Dahinter befindet sich das schöne Chorgestühl aus dem 15. Jahrhundert, welches *Nufro de Sánchez* und andere erschufen.

554cl sm

Altstadt von Sevilla

0 200 m

Übernachtung
1 Hotel Don Pedro
13 Hotel Amadeus
14 Hotel Las Casas de la Judería
18 Hotel Alcántara
28 Hotel Doña María
29 Hotel Van Gogh
30 Hostal Da Vincci

Essen und Trinken
3 Café La Campana
10 Tapasbar Mestre
11 Rest. Barbiana
12 Rest. Casa Robles
15 Rest. Casa Modesto
17 Rest. La Albahaca
20 Tapasbar Casa Plácido
21 Bodega Belmonte
22 Tapasbar Las Teresas
23 Rest. Hostería del Laurel
24 Pizzería San Marco
25 Tapasbar La Sacristía
26 Cervecería Giralda
27 Bodega Santa Cruz
31 Café Horno de San Buenaventura
32 Tapasbar Hijos de Morales
33 Rest. Enrique Becera

Einkaufen/Sonstiges
2 Kaufhaus El Corte Inglés
4 Beta
5 Menkes
6 Modas Muñoz
7 Maquedano
8 Feliciano Foronda
9 Dízal
16 Los Gallos (Flamencoshow)
19 Cerámicas Aída
24 Gitarrenbauer José Postigo
31 Café Horno de San Buenaventura
34 El Arenal (Flamencoshow)

Wiederum hinter der Capilla Mayor liegt die **Capilla Real** („Königskapelle"), die 1551 von *Martín de Gaínza* geplant wurde. Dort ganz in der Nähe befindet sich auch die (angeblich) **letzte Ruhestätte von Kolumbus,** dessen Name auf Spanisch: *Cristóbal Colón* heißt. Vier würdevoll dreinblickende Männer (sie symbolisieren die Königreiche *Navarra, Aragón, Castilla und León*) tragen den Sarg auf ihren Schultern, somit schwebt der Entdecker gewissermaßen über der zuletzt so ungeliebten spanischen Erde, in der der Admiral nicht beerdigt sein wollte. Mittlerweile gibt es belegbare Zweifel, dass *Kolumbus* hier tatsächlich ruht (↗ Exkurs: Wo ist das Grab des Kolumbus?).

Seitlich des Mausoleums von Kolumbus liegen einige bedeutende Seitenkapellen, beispielsweise die **Capilla de las Cálices** („Kapelle der Kelche"), in der mehrere wertvolle Gemälde ausgestellt sind, u. a. von *Goya* und *Zurbarán*. Die quadratische **Sacristía Mayor** („Hauptsakristei") stammt aus dem 16. Jahrhundert und zeigt Werke von *Murillo, Zurbarán* („Santa Teresa"), *Pedro de Campaña* („Die Kreuzabnahme") und weiteren Künstlern. An der Decke sind Bildnisse von Christus, den Aposteln und von Sevillaner Bischöfen zu finden.

Die **Sala Capitular** („Kapitelsaal") fällt schon gestalterisch aus dem Rahmen, sie wurde oval gebaut. An der Decke werden mehrere Porträts von Heiligen gezeigt, die alle in einem beigefarbenen Grundton gehalten sind, sodass das einzige farbige Bild sofort ins Auge springt. Es zeigt „Die unbefleckte Empfängnis" von *Murillo*.

Nebenan befindet sich der **Tesoro** („Schatzkammer"), in dem Teile des Kirchenschatzes ausgestellt sind.

Der **Patio de los Naranjos** („Orangenhof“) war ursprünglich der Innenhof einer Moschee, die von 1184 bis 1196 erbaut wurde. Heute ist es ein großer, offener Platz an der Kathedrale, mit einem kleinen Springbrunnen, am Rande liegt ein Buchladen.

La Giralda

Der 96 Meter hohe **Turm** La Giralda erhielt seinen Namen von der vier Meter großen Windfigur, die oben an der Spitze thront, abgeleitet vom spanischen Wort „girar“ = drehen. Diese Figur trägt in der einen Hand einen Palmenzweig und in der anderen einen Schild. Der Turm entstand im 12. Jahrhundert und war Bestandteil der großen Moschee. Nach der christlichen Eroberung der Stadt wurde vor allem der obere Teil umgebaut. Ursprünglich befanden sich im oberen Bereich vier güldene Kugeln, die 1395 durch einen **Glockenturm** ersetzt wurden, bevor 1568 dann noch weitere vier Stockwerke draufgesetzt wurden, sowie schließlich auch die heutige namensgebende Figur.

Zur Spitze gelangt man übrigens über Rampen und nicht über Treppen. Dies soll darin seinen Grund haben, dass früher der erste Muezzin schon etwas betagt war und nur mit seinem Pferd hochreiten konnte. Oben wird man in 70 Metern Höhe mit einem überwältigenden Fernblick belohnt.

■ **La Giralda,** Plaza de los Reyes, Tel. 954 214 971, geöffnet: Juli/August Mo 9.30–14.30, Di–Sa 9.30–16, So 14.30–18 Uhr, September–Juni Mo 11–15.30, Di–Sa 11–17, So 14.30–18 Uhr, Eintritt: 8 €, Studenten und Rentner 3 €.

Real Alcázar

Es handelt sich bei diesem Gebäude streng genommen um **mehrere Paläste.** Im Jahr 913 entstanden die ersten Bauten im Schutz einer hohen Mauer, es war ein erster Gouverneurspalast. Die folgenden Herrscher residierten ebenfalls hier, bauten an und so wuchs die Anlage beständig. Nach der Vertreibung der Mauren 1248 lebte *Fernando III.* hier, später sein *Sohn Alfonso X.* Beide erweiterten die Anlage, 1364 ließ sich *Pedro I.* durch arabische Baumeister eine königliche Residenz bauen. In zwei Jahren entstanden wunderschöne Patios und Räume.

Die Anlage wird durch die **Puerta del León** („Löwentor") betreten und man gelangt zum **Patio del León** („Löwenhof"), einem schönen Gartenbereich, der von Mauern begrenzt ist, die noch aus der maurischen Epoche stammen.

Rechts liegt der Raum **Cuarto del Almirante y Casa de Contratación,** dessen sperriger Name auf zwei historische Ereignisse anspielt. Zum einen erhielt *Kolumbus,* der Admiral *(Almirante),* seinen endgültigen Auftrag zur Entdeckung eines Seeweges nach Indien, zum anderen wurde hier ein paar Jahre später (1503) die Monopolbehörde *Casa de Contratación* gegründet. Nach *Kolumbus*' Rückkehr von seiner ersten Reise wurde er genau hier triumphal von den Königen empfangen.

Geradeaus liegt die Palastanlage **Palacio Mudéjar** von *Pedro I.* Hier gibt es einige schöne Räume, deren Gestaltung man sich genauer ansehen sollte. Eine kleine Spitze erlaubten sich die arabischen Baumeister, die lange Zeit unentdeckt blieb. Sie arbeiteten in das kufische

561cl sm

Schriftband (alte arabische Schrift), das über dem Eingang verläuft, auch eine Lobpreisung auf Allah ein, neben der auf den christlichen König. Die Fassade gilt als eine der schönsten Arbeiten im Mudéjarstil Spaniens.

Der Palast beherbergt mehrere prächtige Räume, so den Ende des 14. Jahrhunderts entstandenen **Patio de las Doncellas** („Hof der Prinzessinnen"), der durch einen Gang leicht nach links gehend betreten wird. Ursprünglich befand sich hier ein kleiner Garten mit vier Wasserläufen, die die vier Flüsse des Paradieses symbolisierten. Insgesamt 52 Marmorsäulen tragen eine Galerie, die recht verspielt-verschnörkelt gearbeitet wurde und stark an die Alhambra in Granada erinnert.

⌃ Detail im Real Alcázar

‹ Schön und schlank: La Giralda

» Die Palastanlage beeindruckt mit filigraner Kunst hinter dicken Mauern

567cl sm

569cl sm

562cl sm

557cl sm

Der **Sala de Carlos V.** („Saal von Karl V.") liegt daneben. Er zeichnet sich durch eine äußerst filigrane Kassettendecke aus. Rechts nebenan liegt dann das ehemalige Schlafgemach der maurischen Könige.

Der geradeaus erreichbare folgende Raum ist einer der schönsten. Den **Salón de Embajadores** („Botschaftersaal") schmückt eine Kuppel aus Zedernholz, die 1427 von *Diego Roiz* erschaffen wurde. Unter der Kuppel verläuft eine Freskenreihe mit Bildnissen spanischer Könige von der Westgotenzeit bis zu *Felipe II.* (Regierungszeit: 1556–1598). Eine wahre Pracht aber sind die geometrischen Muster und arabischen Schriftzeichen, die man auf den Kacheln bewundern kann.

Es folgt rechts der kleine **Patio de Muñecas** („Puppenhof") mit Marmorsäulen, die eine Galerie tragen. Der Name spielt auf die puppenhaften Gesichtchen an, die leicht versteckt in die Arkaden eingearbeitet wurden.

Der **Palacio de Carlos V.** („Palast von Karl V.") wird über den Patio de Montería erreicht. Der Bereich wurde im 16. Jahrhundert umgestaltet und ist eine Spur nüchterner. Herausragend sind die zwölf Wandteppiche in zwei Räumen, die die Belagerung von Tunis durch *Carlos V.* 1535 darstellen.

Ein besonderes Bild geben die Gärten ab. Sie sind eine wunderbare Mischung aus arabischer Verspieltheit und geometrisch-nüchterner Renaissance-Vorstellung, unterbrochen von Wasserläufen, Wasserbecken, einer Merkur-Büste von 1579 und einem Springbrunnen.

■ **Real Alcázar,** geöffnet: 1.10.–31.3. täglich 9.30–17 Uhr, 1.4.–30.9. täglich 9.30–19 Uhr, Eintritt: 8,75 €, Studenten und Rentner 2 €, freier Eintritt: Mo 18–19 Uhr (April–September) bzw. Mo 16–18 Uhr (Oktober–März).

Archivo de las Indias

Das **Indien-Archiv** liegt zwischen Kathedrale und Real Alcázar und schon diese Lage zeigt seine Bedeutung. Nachdem in Sevilla die Monopolbehörde eingerichtet wurde, flossen alle Güter, Schätze und Dokumente aus den neu eroberten Kolonien zunächst nach Sevilla, wo dann so einiges hängen blieb.

Um die Handelsaktivitäten besser kontrollieren zu können, wurde eine **Warenbörse** eingerichtet, in der ab 1598 gehandelt wurde. 1765 fiel das Handelsmonopol und damit gelangten auch gleich weniger Waren nach Sevilla. 1785 entschied König *Carlos III.* über eine Neuverwendung des Hauses. Hier sollten nun alle Dokumente und der gesamte administrative **Schriftverkehr über die Kolonien** zentral gelagert werden. Dazu musste das Gebäude umgebaut werden. So errichtete man Regalschränke mit Holz aus Cuba für die Unmengen von Papier und man baute eine eindrucksvolle Haupttreppe aus Marmor.

Heute lagern dort Briefe, königliche Dekrete, Stadtpläne, Listen von Auswanderern, Skizzen, Lieferscheine, Urteile, Anordnungen. Insgesamt 90 Millionen Dokumente in 43.000 Ordnern.

Für Besucher ist nur ein kleiner Teil zugänglich, aber dieser gibt schon eine Ahnung von den inhaltlichen Schätzen.

■ **Archivo de las Indias,** Avda. de la Constitución 3, Tel. 954 500 528. Geöffnet: 16.6.–15.9. Mo–Fr 8–14.30, 16.9.–15.6. Mo–Fr 8–15 Uhr, Eintritt frei.

Wo ist das Grab des Kolumbus?

Kolumbus hatte kein Glück! Vier Reisen unternahm er in die Neue Welt und fand doch nicht, was er suchte. Tragischerweise setzte sich diese Ruhelosigkeit über seinen Tod hinaus fort. Am 20. Mai 1506 starb er in Valladolid. Seinem letzten Wunsch, in Santo Domingo (Dominikanische Republik) begraben zu werden, entsprach man erst 1544. Bis dahin wurde seine Urne in der Kathedrale von Sevilla untergebracht. Nachdem man schließlich aber den wahren Wert seiner Entdeckungen erkannt hatte, wurde der Bitte von *María del Toledo,* einer Schwiegertochter des Admirals, entsprochen und seine Urne nach Santo Domingo überführt. In der dortigen Kathedrale wurde er feierlich neben Sohn *Diego* und seinem Enkel *Luis* beerdigt.

Jahrzehnte später zerfiel Spaniens Kolonialreich. 1795 wurde im Vertrag von Basel festgelegt, dass Spanien nach einer kriegerischen Auseinandersetzung die Dominikanische Republik an Frankreich abzutreten habe. Kolumbus sollte jedoch in spanischer Erde ruhen, so überführte man ihn nach Kuba, damals noch spanische Kolonie. Die Urne wurde in der Kathedrale von Havanna deponiert.

1877 wurden in der Kathedrale von Santo Domingo Reparaturen durchgeführt. Dabei fand der Priester *Billini* an der ehemaligen Grabstelle eine Urne. Man öffnete sie in einem feierlichen Akt und entschied, dass seinerzeit die falsche Urne nach Kuba geschickt worden war, nämlich die von Diego.

Die Sache wurde jedoch noch komplizierter. Nachdem 1898 Spanien die allerletzten Kolonien verloren hatte, und damit auch Kuba, sollte Kolumbus endgültig nach Spanien zurückkehren. Die Urne wurde abermals über den Atlantik geschickt und in die Kathedrale von Sevilla gebracht.

556cl sm

So findet man heute in der dortigen Kathedrale eine imposante Grabstätte von Kolumbus. Trotz aller Wirrungen wurde in Santo Domingo eine nicht minder eindrucksvolle Grabstätte in der Kathedrale über Jahre betreut und schwer bewacht von Marinesoldaten.

Gerüchte wurden später laut, die besagten, dass nur ein Teil der Asche von Kuba geschickt worden wäre. Später soll die restliche Asche angeblich an Kolumbus' Heimatstadt Genua übergeben worden sein. Aber auch dies bestätigt offiziell niemand.

Die Frage bleibt: Wo ist das Grab des Kolumbus? Ein letztes Mal (?) wurde er 1992 umgebettet. Zur 500-Jahr-Feier der Entdeckung Amerikas wurde ihm eine gewaltige, fast monströse Grabstelle im Museum Faro a Colón, 10 Kilometer außerhalb von Santo Domingo hergerichtet.

Um die letzten Zweifel auszuräumen, sollten nun sowohl in Sevilla als auch in Santo Domingo DNA-Analysen durchgeführt werden, denn es leben noch direkte Nachfahren von Kolumbus in Spanien. Man fing mit den Gebeinen aus Sevilla an. Eine DNA-Analyse ergab, dass nur 15 % der dortigen Knochen von ihm stammen. Eine Gegenprobe aus Santo Domingo steht noch aus, vielleicht möchten sich die dortigen Verantwortlichen nicht ihren schönen Mythos und in der viel zu teuren Grabkammer kaputt machen lassen.

Barrio de Santa Cruz

Obwohl dieses Viertel eigentlich recht klein ist, darf es doch als **das** Vorzeigeviertel in Sevillas Altstadt bezeichnet werden. Beinahe bilderbuchmäßig schön verlaufen hier kurze, enge Gassen, durch die kaum ein Auto passt, und sich doch oft genug durchquetscht. Viele Häuser erlauben einen flüchtigen Blick durch das Eisengitter in einen hübsch dekorierten und zumeist begrünten Innenhof. Eine Vielzahl von Lokalen wartet auf Gäste, besonders am frühen Abend sitzt es sich dort zauberhaft nett. Natürlich stromern alle Touristen hier durch und natürlich gibt es auch entsprechend viele Geschäfte, die Souvenirs verkaufen, dennoch kann man sich nur schwer dem Reiz dieses Gassenviertels entziehen.

Dieses Barrio wird auch **Judería** („jüdisches Viertel") genannt, weil davon ausgegangen wird, dass hier einst die jüdische Gemeinde lebte. Insgesamt bleibt es überschaubar und obwohl sich weitere enge Gassen durch die gesamte Altstadt von Sevilla ziehen, wird unter dem Barrio de Santa Cruz nur die Zone zwischen Kathedrale, Real Alcázar und c/ Santa María la Blanca verstanden.

Zentraler Platz ist die **Plaza de Santa Cruz,** die direkt bei den **Jardines de Murillo** („Murillo-Gärten") liegt. Im Mittelpunkt dort steht **La Cruz de Cerrajería,** eine filigrane Eisenarbeit, die 1692 von der Bruderschaft *Hermandad del Rosario* gestiftet wurde als Dank für das Abklingen einer Epidemie. Es steht an der Stelle eines Gemeinschaftsgrabes für die Opfer jener Epidemie.

▷ Charmant: die Gässchen in Sevillas Altstadt

Hospital de los Venerables Sacerdotes

Dieses 1675 gegründete Haus liegt im Barrio de Santa Cruz und war zunächst eine Art Altersruhesitz für „Ehrwürdige Priester", die auf Grund ihres Alters nicht mehr ihren Aufgaben nachkommen konnten. Die Struktur orientiert sich an einem klassischen andalusischen Haus, alle Räume liegen um einen großen Innenhof. Das Gebäude ist heute Sitz einer Stiftung mit einer wertvollen Bibliothek zum Thema „Sevilla". Daneben ist der große **Innenhof** erwähnenswert mit seinem feingearbeiteten **Brunnen,** der auf einer tieferen Ebene gebaut wurde. Weiterhin sehenswert sind die beeindruckende Haupttreppe mit einer Deckenbemalung, die Holzverarbeitung vortäuscht, und die prachtvolle Kapelle.

■ **Hospital de los Venerables Sacerdotes,** Plaza de los Venerables 8, Tel. 954 562 696. Geöffnet: täglich 10–14 und 16–20 Uhr. Eintritt: 5,50 €, Rentner und Studenten 2,75 €, So 16–20 Uhr gratis.

Museo del Baile Flamenco

Großartiges Museum der berühmten Flamenco-Tänzerin *Christina Hoyos,* die auch bei uns bekannt wurde durch ihre Rolle in dem Flamenco-Film **Carmen** von *Carlos Saura,* der vor etlichen Jahren für Furore sorgte.

Untergebracht in einem historischen Altstadtgebäude präsentiert sich die Ausstellung topmodern und bringt den Besucher an mehreren interaktiven Stationen den „Geist und die Seele" des Flamencos näher. In abgedunkelten Räu-

HOTEL

men hangelt man sich an Bildschirmen mit Touchscreen-Funktion durch ein überschaubares Menü (auch auf Deutsch). So werden die Tanzstile und Gesangsarten erklärt, aber auch historische Aufnahmen gezeigt. Jeder Besucher kann über Kopfhörer in seiner Sprache lauschen.

Ergänzend findet jeden Tag um 19 Uhr eine kleine Flamenco-Aufführung statt.

■ **Museo del Baile Flamenco,** c/ Manuel Rojas Marcos 3, Tel. 954 340 311, www.museodelbaile flamenco.com. Geöffnet: täglich 10–19 Uhr, Aufführung täglich 19–20 Uhr, Eintritt Museum: 10 €, Studenten und Senioren 8 €, Kinder 6 €, mit Aufführung 24/18/15 €, nur Aufführung 20/14/12 €.

Casa de Pilatos

Ein äußerst **eindrucksvoller Palast** mit gotischen und arabischen Elementen aus dem 16. Jahrhundert. Schon das Haupttor ist beeindruckend, es soll 1529 entstanden sein und zeigt einen Renaissancebogen. Das Gebäude umfasst zwei Innenhöfe, von denen der zweite ein wahres Prachtstück der Mudéjar-Kunst ist. Er zeigt sich als zweistöckiges Geviert, das von Rundbögen getragen wird. Im Zentrum steht ein **Springbrunnen aus Marmor** und in den Ecken befinden sich jeweils griechische Gottheiten. Die Räume sind mit *azulejos* (bläuliche Wandkacheln) geschmückt, die Fenster mit maurischen Rundbögen versehen. Außerdem sind die Büsten von zwei Dutzend römischen Herrschern im oberen Bereich angebracht.

Das Obergeschoss, in das eine prächtige Treppe hinaufführt, zeigt Werke der herzoglichen **Kunstsammlung;** hier ist gesondert Eintritt zu zahlen.

■ **Casa de Pilatos,** Plaza de Pilatos 1, Tel. 954 225 298. Geöffnet: täglich 9–18 Uhr, April–Oktober bis 19 Uhr, Eintritt: Erdgeschoss 6 €, beide Geschosse 8 €, für EU-Bürger mit Ausweis Mi 15–18 Uhr freier Eintritt.

⌄ Sevilla ist für seine Flamencoshows berühmt

655cl sm

Ayuntamiento

Das **Rathaus** steht an der Plaza Nueva, die weiträumig zur Fußgängerzone umgestaltet wurde und wo die neue Straßenbahn eine Endhaltstelle hat. Wie so vieles andere in Sevilla war auch der Bau dieses Rathauses eine Folge der vermehrten Waren- und Goldströme aus den neuen Kolonien. 1526 besuchte der spanische König *Carlos V.* Sevilla und anlässlich dieser Visite beschlossen die Stadtväter, ein neues Rathaus zu bauen. Das alte war nämlich nur ein relativ bescheidenes Haus, nicht eben eines Königs würdig und auch nicht mehr dem neu gewonnenen Gewicht der Stadt.

1527 begannen die Arbeiten, erst im Jahr 1540 wurde das Haus fertiggestellt. Besonders der **Fassadenschmuck** dauerte seine Zeit, das Gebäude wurde im Renaissancestil mit plateresken Elementen errichtet. Schon im 19. Jahrhundert musste es grundlegend restauriert werden, wobei beispielsweise die Fassade zur Plaza Nueva völlig verändert wurde.

Die andere Fassade, die zur Plaza de San Francisco zeigt, zeigt noch den überschäumenden plateresken Stil mit vielen verspielten Elementen. So findet man beispielsweise über dem Torbogen ganz an der linken Seite die Büsten von *Julius Cäsar* und von *Herkules*, beiden wird die Gründung der Stadt nachgesagt.

■ **Ayuntamiento,** Plaza Nueva 1, Tel. 954 590 101.

Museo de Bellas Artes

Das **Museum der schönen Künste** wurde 1835 gegründet unter dem damaligen Namen Museo de Pinturas **(Gemäldemuseum).** In 14 Sälen hängen Werke vom Mittelalter bis zum 20. Jahrhundert, wobei ein Großteil der Meister aus Sevilla stammt.

■ **Museo de Bellas Artes,** Plaza del Museo 9, Tel. 955 542 942. Geöffnet: 1.6.–15.9. Di–Sa 9–15.30, So 10–17 Uhr, 16.9.–31.5. Di–Sa 10–20.30, So 10–17 Uhr, Mo geschlossen, Eintritt für EU-Bürger gratis (Ausweis!), sonst 1,50 €.

Basílica de la Macarena

Die Basilika wurde erst 1949 erbaut, aber sie enthält das spirituelle Herzstück des Viertels Macarena, nämlich das prächtige Bildnis der Virgen de la Esperanza („Jungfrau der Hoffnung") oder umgangssprachlicher: **Esperanza Macarena.** Das Bildnis steht im hinteren Bereich der Basilika, die Jungfrau ist prächtig geschmückt und zeigt einen betrübten, hingebungsvollen Gesichtsausdruck. Immer wieder kommen Bewohner des Viertels zum Gebet und zur Verehrung „ihrer" Heiligen, das sollte jeder Besucher respektieren und nicht zu sehr durch Fotografieren oder gar Blitzen die Andacht stören.

Das Museum der Basilika präsentiert eine sehr eindringliche Darstellung der Osterprozession mit den notwendigen Gerätschaften, den Büßergewändern und vor allem dem eindrucksvollen Gestell, auf dem die Skulptur der Virgen de la Esperanza bei der Prozession getragen wird.

■ **Basílica de la Macarena,** c/ Becquer 1, Tel. 954 901 803. Geöffnet: Mo–Sa 9–14, 17–21 Uhr, So 9.30–14, 17–21 Uhr, Eintritt: Basilika frei, Museum: 5 €.

585cl sm

589cl sm

Parque María Luisa

Dieser Park bekam zur Iberoamerikanischen Ausstellung im Jahr 1929 sein heutiges Gesicht. Die Anlage im französischen Stil hat breite und schmale Wege und botanische Arkaden. Der Park ist mit 400.000 m² ziemlich weitläufig und wird auch gerne von den Sevillanos besucht. Etwas stillere Ecken in dem insgesamt schon recht ruhigen Areal findet man im südlicheren Bereich, kurz vor der Plaza de América mit den beiden Museen.

Am Rande des Parks verläuft die breite Straße *Paseo de las Delicias,* an der etliche schöne Gebäude stehen, die einst ebenfalls zu jener großen Ausstellung von 1929 erschaffen wurden. Oft steht noch der damalige Ländername an den Häusern, außerdem findet man speziell hier auch das Kürzel E.H.A. *(Exposición Hispano Americana)* eingearbeitet, das auf die Ausstellung hinweist. In einigen Häusern sind heute die Konsulate der Länder untergebracht, die einst die Gebäude schufen.

Plaza de España

Dieser weitläufige Platz dürfte neben der Giralda der meistfotografierte Ort ganz Sevillas sein. Zur Ausstellung von 1929 entstanden, breitet sich der große Platz vor einem halbkreisförmig errichteten Gebäude aus. Dieses wurde sich in südwestlicher Richtung öffnend angelegt, um Amerika zu begrüßen. Der damals eingerichtete Wasserlauf symbolisiert den Atlantik. Hier können Besucher heute mit kleinen Bötchen herumpaddeln.

Die vier **Brücken,** die den Wasserlauf queren, stehen für die vier Königreiche Castilla, León, Navarra und Aragón. Sie sind mit schönen Kachelbildern geschmückt und wirken sehr fotogen.

Das große Gebäude, das von zwei Türmen flankiert ist, war der spanische Pavillon bei der **Iberoamerikanischen Ausstellung** 1929. Heute sind hier Verwaltungsbereiche untergebracht, Besucher können dennoch bis zum Balkon in der ersten Etage die breite Treppe hochsteigen.

Beeindruckend: der Kachelschmuck an der Plaza de España

Ganz besonders bemerkenswert sind eine Reihe von **Kachelbildern,** die entlang des ganzen Gebäudes zwischen Kachelbänken angebracht sind. Jedes Bild repräsentiert eine spanische Provinz und zeigt eine historisch wichtige Szene der örtlichen Geschichte. Die 50 Bilder sind in alphabetischer Reihenfolge der Provinzen angeordnet.

Plaza de Toros

Die **Stierkampfanlage** von Sevilla zählt neben der in Madrid zu den wichtigsten Arenen Spaniens. Wer als *torero* Rang und Namen hat, muss hier einmal auftreten. Gleiches gilt für die Stierzüchter. Was nicht immer ganz einfach ist, denn das Sevillaner Publikum gilt als besonders kritisch.

Die Arena fasst 14.000 Zuschauer. Ab 1749 wurde gebaut, aber durch ein zwischenzeitlich vom König ausgesprochenes Stierkampfverbot ruhte die Arbeit, bis sie 1881 doch beendet war. Die lange Unterbrechung führte dazu, dass die Arena nicht kreisrund gebaut wurde, sondern in einer ungewöhnlichen, leicht ovalen Form. Der Zuschauerbereich der Arena besteht aus zwei Ebenen, getragen durch markante Halbbögen. Die für die Königliche Familie reservierte Loge liegt genau gegenüber der großen Uhr.

Eine **Besichtigung** kann nur in einer geführten Gruppe unternommen werden, dabei wirft man auch einen Blick in das kleine Museum. Dort wird die Historie dargestellt – anhand von Modellen, Fotos, Plakaten und Abbildungen von berühmten *toreros*, aber auch von ebensolchen *toros!*

592cl sm

Stierkämpfe finden in der Saison – von April bis Oktober, allerdings mit einer Pause im Juli und August – meist am Sonntagnachmittag statt.

Plaza de Toros, Paseo de Cristóbal Colón 12, Tel. 954 224 577. Geöffnet: täglich ab 9.30 Uhr, November–April bis 19 Uhr, Mai und Oktober bis 20 Uhr, Juni–September bis 23 Uhr, an Stierkampftagen bis 15 Uhr. Etwa halbstündlich Führungen, die nur in Gruppe möglich sind (auch auf Englisch), Eintritt: 7 €, Senioren und Studenten 4 €, Kinder (7–11 Jahre) 3 €, Mo 15–19 Uhr generell Eintritt frei.

Torre del Oro

Manchmal hat man das Glück und die untergehende Sonne bescheint den **Goldturm** derart intensiv, dass er tatsächlich ein wenig gülden glänzt. Deswegen gilt dieser Turm auch als ein weiteres Symbol von Sevilla. Erbaut wurde er zur Zeit der Almohaden im ersten Viertel des 13. Jahrhunderts. Er war Bestandteil der Befestigungsmauer und diente als Kontrollpunkt für die vielen Schiffe, die auf dem Río Guadalquivir nach Sevilla fuhren. Nachts wurde eine schwere Eisenkette quer über den Fluss gespannt vom Torre del Oro hinüber auf die andere Seite, wo ein ähnlicher Turm stand. So konnte kein Schiff heimlich in die Stadt gelangen.

Der Turm hat eine zwölfeckige Form und soll früher tatsächlich ein vergoldetes Dach getragen haben. Heute beherbergt er ein **kleines maritimes Museum** mit Exponaten, die mehrheitlich mit Sevillas Geschichte verbunden sind. Viele Porträts von Kapitänen, Schiffsmodelle (u. a. der Kolumbusschiffe), nautische Gerätschaften und alte Landkarten werden auf mehreren Etagen ausgestellt; ein Audiogerät, das ausgeliehen werden kann, erzählt alle Details.

Museo marítimo Torre del Oro, Paseo de Cristóbal Colón s/n, Tel. 954 222 419. Geöffnet: Mo–Fr 9.30–18.45, Sa/So 10.30–18.45 Uhr, Eintritt: 3 €, Senioren, Kinder (6–14 Jahre) 1,50 €, Mo Eintritt frei; Audioguide 2 €.

Barrio de Triana

Auf der anderen Seite vom Fluss, gegenüber der Stierkampfarena und des Torre del Oro, liegt das urwüchsige Viertel Barrio de Triana. Seit jeher etwas entfernt von Sevilla gewesen, betrachten sich nicht wenige Bewohner als eigenständig, als etwas Besonderes. Hier lebten schon immer Seefahrer und kleine Handwerker. So sollen einige der Männer, die *Kolumbus* auf seiner ersten Reise begleiteten, aus Triana gekommen sein. Auch wird hier seit Langem das Töpferhandwerk gepflegt.

Insgesamt drei Brücken führen über den Fluss nach Triana, aber eine Art Haupteingang bildet die **Puerta de Triana,** die offiziell *Puente de Isabel II.* („Brücke Isabella II.") heißt. 1845 aus Eisen erbaut, war sie die erste Verbindung „rüber nach Sevilla", vorher ging es nur mit Booten.

An warmen Abenden bleibt auf den Terrassen der Lokale in Triana kein Platz frei

574cl sm

Tipp: kleine Pause in der Bar **Faro de Triana a Puente de Isabel II.,** geöffnet ab 11 Uhr. Es ist kein klassischer Leuchtturm, wie der Name andeutet, könnte aber dafür durchgehen. Direkt neben der Brücke am Ufer steht diese kleine Bar, die wie ein Turm gebaut ist. Unten gibt es einen recht kleinen Tresenbereich, aber ganz oben hat man einen fantastischen Blick von der Terrasse über den Fluss nach Sevilla rüber.

Metropol Parasol

Das auffällige Gebäude steht auf einem größeren und einstmals eher wenig ansehnlichen Platz in der Altstadt und ist 150 Meter lang, 75 Meter breit und 28 Meter hoch. Die Sevillaner meinen, es erinnere ein wenig an einen Pilz, obwohl es eher wie ein Sonnenschirm wirken soll, daher auch der Name „Parasol". Insgesamt sechs voluminöse Pfeiler ragen in geschwungener Form nach oben und wachsen dort zu einem Dach zusammen. Oben gibt es eine Aussichtsplattform, einen Weg für Besucher und Lokale, ganz unten im Keller das Antiquarium, eine Ausstellung zu archäologischen Funden aus der Römerzeit und eine Markthalle. Das ganze Bauwerk besteht zum überwiegenden Teil aus Holz.

■ **Metropol Parasol,** Plaza de la Encarnación, Plattform: So–Do 10.30–24 Uhr, Fr/Sa 10.30–1 Uhr, Antiquarium: Di–Sa 10–19.30, So 10–14 Uhr, Eintritt 1,35 € (Fahrstuhl, wird in einer der Bars verrechnet), Antiquarium 2 €.

< Wohnen im Turm – Sevilla bietet viele Hotels mit Charme

Praktische Tipps

Unterkunft

Die Hotels in Sevilla liegen auf einem hohen Niveau, man findet ultramoderne Kästen, aber auch richtig schnuckelige, kleine Häuser in der Altstadt.

■ **Hotel Las Casas de la Judería**④, Plaza de Santa María la Blanca 3, Tel. 954 415 150, Fax 954 422 170, www.casasypalacios.com. Charmantes Hotel mit insgesamt 116 Zimmern, die sich auf mehrere historische Häuser mit mehreren Patios verteilen. Sehr ruhige Lage. Ein durch die verschiedenen Häuser etwas verwinkelter Komplex. WiFi.

■ **Hotel Doña María**④, c/ Don Remondo 19, Tel. 954 224 990, Fax 954 219 564, www.hdmaria.com. Hervorragende Lage genau gegenüber der Kathedrale in einer Seitenstraße. Der verwinkelt-verschnörkelte Schriftzug über dem Eingang deutet an, wie die Einrichtung gehalten ist, nämlich prächtig, fast ein wenig überbordend und, wenn man so will, knapp an der Kitsch-Grenze vorbeischrammend. Insgesamt 64 Zimmer, aber das möglicherweise Beste ist die Dachterrasse, von wo man einen formidablen Blick auf die Giralda genießt. WiFi.

■ **Hotel Vincci La Rábida**④, c/ Castelar 24, Tel. 954 501 280, Fax 954216600, www.vinccihoteles.com. Modernes Haus in der Altstadt gelegen mit 81 Zimmern auf zwei Etagen. Die Zimmereinrichtung ist modern, korrespondiert trotzdem mit der historischen Architektur, aber ohne folkloristischen Überschwang. WiFi.

■ **Hotel Alcántara**③-④, c/ Ximénez de Enciso 28, Tel. 954 500 595, Fax 954 500 604, www.hotelalcantara.net. Es ist eines der wenigen Neubauten in der Altstadt, beim sephardischen Kulturzentrum gelegen. Das Hotel liegt etwas von der schmalen Gasse zurückversetzt und hat einen winzigen Innenhof vor der Rezeption, es wirkt nur von außen etwas rustikal, innen sind die 21 Zimmer modern eingerichtet ohne überflüssigen Ballast. WiFi.

■ **Hotel Becquer**③, c/ Reyes Católicos 4, Tel. 954 228 900, Fax 954 214 440, www.hotelbecquer.com. Ein modernes, großes Hotel mit 118 Zimmern ohne folkloristischen Touch, sieht man mal von einigen Bildern ab. Es lieht näher an Triana als zur Innenstadt, Autofahrer können problemlos die hoteleigene Garage ansteuern. Die Zimmer verteilen sich auf sechs Etagen. Auf dem Dach lockt ein kleiner Pool. WiFi.

■ **Hotel Amadeus**③, c/ Farnesio 6, Tel. 954 501 443, Fax 954 500 019, www.hotelamadeussevilla.com. Kleines, gemütliches Haus mit nur 13 Zimmern, das in einer schmalen Gasse im Barrio de Santa Cruz liegt. Charmant-verspielte Einrichtung mit musikalisch inspiriertem Stil. WiFi.

■ **Hostal Da Vincci**③, Avenida de la Constitución 20, Tel./Fax 954 226 141, www.grupo-piramide.com. Dieses Hostal liegt in absolut privilegierter Lage direkt gegenüber der Kathedrale in einer Fußgängerzone. Eine Treppe führt hoch zur Rezeption, dahinter liegen 22 Doppelzimmer, fünf Dreier und zwei Einzelzimmer, alle mit Aircondition, TV und eigenem Bad.

■ **Hotel Van Gogh**②-③, c/ Miguel Maraña 4, Tel. 954 563 727, Fax 954 563 727, www.hotelvangogh.com. Kleine Pension in ruhiger und sehr zentraler Lage beim Alcázar. Das fröhlich bunt und andalusisch dekorierte Haus hat 19 Zimmer (auch einige Dreier), die nicht sehr groß ausfallen, aber korrekt eingerichtet sind.

■ **Hotel Don Pedro**②, c/ Gerona 24, Tel. 954 293 333, Fax 954 211 166, www.hoteldonpedro.net. Es ist in einem Haus aus dem 18. Jh. untergebracht, die meisten der 18 Zimmer liegen auf zwei Etagen um einen zentralen Patio. Insgesamt sehr freundlich im andalusischen Stil eingerichtet. Die Altstadt liegt noch in Laufdistanz. WiFi.

■ **Jugendherberge,** c/ Isaac Peral 2, Tel. 955 056 500, www.reaj.com. Die Jugendherberge in Sevilla liegt leider nicht eben zentral, sondern etwas südlich vom Zentrum. Man erreicht sie mit dem Stadtbus Nr. 6 vom Busterminal an der Plaza de Armas, wo man in Richtung Sanitario fährt.

597cl sm

Camping

■ **Villsom,** 2. Kategorie, N-IV Sevilla–Cádiz am km 554,8, Tel./Fax 954 720 828. Dieser Platz liegt in Dos Hermanas, nahe der Nationalstraße. Etliche Bäume spenden Schatten, ein Pool ist auch vorhanden. Die Anfahrt erfolgt über die N-IV, dann Abzweiger Nr. 555 „Isla Menor" nutzen. Mit dem Bus M-152 „Dos Hermanas–Barriada" gelangt man ins Zentrum, zur Avda. de Portugal beim Parque María Luisa. Der Bus fährt vom Eingang des Platzes ab, außerdem liegt der Bahnhof nur ca. 400 m entfernt, von wo es ebenfalls regelmäßige Verbindungen nach Sevilla gibt.

Essen und Trinken

Allein im Barrio de Santa Cruz liegen derart viele Lokale, dass man ein eigenes Büchlein dazu schreiben könnte. Sinnbildlich gesprochen liegt ein Lokal neben dem anderen, vor allem in den Gassen Ximénez de Enciso und Calle Mateos Gago, aber auch um die Plaza San Salvador, sowohl in der Calle General Polavieja als auch in der Calle Albareda. Es ist schwierig dort spezielle Empfehlungen zu geben. Alle Lokale werden gern von Sevillanern besucht und haben trotz der Nähe zu den touristischen Brennpunkten ihren Charme erhalten können.

Bars

■ **Hijos de Morales,** c/ García de Vinuesa 3. Uralte Weinpinte mit abgewetztem Tresen und einer genauso antiquierten Kasse. Als Dekoration nur Flaschen, zum Teil arg verstaubte, sowie einige Bilder. Kein TV, kein Radio.

Quirlig oder eher intim:
Die Auswahl an Lokalitäten ist riesig

■ **Mestre,** c/ General Polavieja 4, Tel. 954 226 426. Eine von mehreren Bars in dieser kurzen Straße, wo man guten *vino* und kleine Gerichte bekommt und außerdem generell nett sitzt.

■ **La Sacristía,** c/ Mateos Gago 20, Tel. 954 219 207. Recht unscheinbar vom äußeren Eindruck, aber die Bar ist sehr beliebt und immer schwer umlagert.

Tapasbars

■ **Bodega Belmonte,** c/ Mateos Gago 24, Ecke c/ Mesón del Moro, Tel. 954 214 014. Ein weiteres äußerst beliebtes Lokal an dieser Meile im Umfeld der Kathedrale. Drinnen bleibt es überschaubar, draußen stehen einige wenige Tische, aber der Laden ist zumeist brechend voll. Hier wird dem Stierkämpfer Juan Belmonte gehuldigt, u. a. mit mehreren Stierköpfen an den Wänden. Es gibt andalusische Küche.

■ **Bodega Santa Cruz,** c/ Rodrigo Caro 1, Ecke c/ Mateos Gago, Tel. 954 211 649. Seit ewigen Tagen gibt es hier guten Wein und gute Tapas, was natürlich auch die Nachbarschaft weiß, die sich hier mit den Touristen vermischt.

■ **Casa Plácido,** c/ Ximénez de Enciso 11, Ecke c/ Mesón del Moro 5. Liegt genau gegenüber von der Bar Las Teresas und gehört demselben Betreiber, deswegen sind die Speisekarten auch identisch.

573cl sm

Innen ist das Plácido etwas größer und der Raum wird mit *azulejos* und Stierkampfplakaten geschmückt. Gute Tapas.

■ **Cervecería Giralda,** c/ Mateos Gago 1, Tel. 954 227 435. Eine relativ kleine Bar im Schatten der Giralda, woher sich auch der Name ableitet. Andalusisch dekorierte Räume, ein keiner Tresen, gute Tapasauswahl und wie in den meisten anderen Lokalen hier, stellen die Wirte einfach ein paar Tische an die Straße und fertig.

■ **Las Teresas,** c/ Santa Teresa 2. Tel. 954 213 069. Mitten im Barrio de Santa Cruz zu findendes Traditionslokal seit 1870. Einrichtung ist urig-andalusisch, ein langer Tresen in L-Form, zahllose Schinken baumeln von der Decke, viele Bilder schmücken die Wände. Die Tapasauswahl ist überschaubar und deswegen generell gut.

Restaurants

■ **La Albahaca,** Plaza de Santa Cruz 12, Tel. 954 220 714, So geschlossen. Tolle Lage mit einer Terrasse direkt am kleinen Platz, mitten im gleichnamigen Viertel. Gutes Restaurant mit mehreren, teilweise ungewöhnlich dekorierten Räumen, wie der „Blaue Salon". Gute andalusische Küche.

■ **Barbiana,** c/ Albareda 11, Tel. 954 211 239, So geschlossen. Hier wird frischer Fisch aus dem nicht allzu weit entfernten Küstenort Sanlúcar serviert, außerdem gibt es *manzanilla* aus den dortigen örtlichen Sherry-Bodegas.

■ **Casa Modesto,** c/ Cano y Cueto 5, Tel. 954 416 811. Sehr beliebtes Lokal mit einer großen Terrasse am Rande des Barrio de Santa Cruz und vor den Gärten Jardines de Murillo. Sollte es einmal nicht warm genug für draußen sein, speist man gut in der oberen Etage, während unten Tapas am etwas drängeligen Tresen verzehrt werden.

■ **Casa Robles,** c/ Álvarez Quintero 58, Tel. 954 213 150. Beste Lage schräg gegenüber der Kathedrale, was viele Touristen ins Lokal spült. Andalusisch inspirierte Deko. Gute Küche und allseits hochgelobte Desserts, hier sei vor allem der *sabor de Sevilla* empfohlen.

■ **Enrique Becera,** c/ Gamazo 2, Tel. 954 213 049, So geschlossen. Gutes Restaurant mit langer Tradition und einer gewissen Eleganz, in der klassische andalusische Küche serviert wird. Vorne am netten Tresen dann die sparsamere Variante: gute Tapas und kühler *manzanilla*.

■ **Hostería del Laurel,** Plaza de los Venerables 5, Tel. 954 220 295. Emblematisches Lokal, das schon im „Don Juan" eine Rolle spielte und entsprechende Kachelmotive schmücken das Innere. Draußen auf dem netten Vorplatz kann man in der warmen Jahreszeit sehr angenehm sitzen.

MEIN TIPP: **Pizzería San Marco,** c/ Mesón del Moro 6–10, Tel. 954 214 390. Von außen völlig unscheinbar, öffnet sich innen ein leicht verwinkeltes Gebäude aus dem 12. Jh. mit Dekoration und Ambiente aus arabischen Tagen. Man bleibt erst mal stehen und staunt. Hier gibt es gute und auch günstige Pizza, obendrein eine sehr angenehme Atmosphäre.

MEIN TIPP: **La Taberna del Alabardero,** c/ Zaragoza 20, Tel. 954 502 721. Ein wunderbares Gebäude aus dem 19. Jh., in dem ein Hotel und ein Speiseraum im historischen Stil eingerichtet wurde. Hier hat eine *Escuela hostelería* (Hotelfachschule) ihr Domizil, was bedeutet, dass Hotelfachschüler „in Echtzeit" üben können und besonders zur Mittagszeit (!) hochwertige Speisen zu günstigen Tarifen servieren. Gelenkt von einem erfahrenen Oberkellner.

Cafés

■ **Café La Campana,** c/ Sierpes 1–3, Tel. 954 223 570. Traditionsreiches Kaffeehaus mit schickem, verplüschtem Charme, der hier aber hinpasst. Ausgezeichneter Kuchen und Gebäck.

▷ Auch die rustikaleren Bars sind gut besucht

598cl sm

Flamenco

Wo, wenn nicht in Sevilla mal einer Flamencoshow zuschauen? Auch wenn das Wörtchen „Show" bei diesen Darbietungen durchaus seine Berechtigung hat, bleibt eine Vorstellung doch beeindruckend. Zumeist gibt es zwei Darbietungen am Abend bzw. am sehr späten Abend. Hier drei Adressen von **„Tablaos":**

- **Los Gallos,** Plaza de Santa Cruz 11, Tel. 954 216 981, www.tablaolosgallos.com. Seit 1966 wird dieses kleine Lokal betrieben und das spricht für die Qualität der Künstler.
- **El Patio Sevillano,** Paseo Cristóbal Colón 11, Tel. 954 214 120, www.elpatiosevillano.com. Ebenfalls seit 55 Jahren (!) eine Institution.
- **El Arenal,** c/ Rodo 7, Tel. 954 216 492, www.tablaoelarenal.com. Eine Bühne mit 200 Zuschauern in einem historischen Haus aus dem 17. Jh.

Aktivitäten

- Bei einer etwa einstündigen **Schiffstour** auf dem Guadalquivir lernen die Passagiere Sevilla von der Wasserseite kennen. Abfahrt ist beim Torre del Oro, und zwar alle 30 Minuten.

Einkaufen

- Die **Calle Sierpes** ist die klassische Einkaufsstraße Sevillas. Es ist eine lange aber nicht zu breite Fußgängerzone, in der noch sehr viele kleine Geschäfte liegen und kaum Filialen der internationalen Ketten. Gleiches gilt grundsätzlich für die benachbarten Seitenstraßen.
- **El Corte Inglés:** Nur ein kurzes Stück von der c/ Sierpes entfernt befindet sich an der Plaza Duque de la Victoria eine Filiale der größten spanischen Kaufhauskette *El Corte Inglés*. Sehr breite Auswahl, zumeist gute Qualität und auch gehobenere Preise. Unten befindet sich ein Supermarkt, der hervorragend bestückt ist und kaum Wünsche offen lässt.
- **Bekleidung:** *Feliciano Foronda,* c/ Sierpes 67, Tel. 954 229 148. Ein hochangesehenes Traditionsunternehmen. Hier werden u. a. typische andalusische Fächer und Umschlagtücher (*mantones* und *mantillas*) aus eigener Herstellung verkauft; *Menkes,* c/ Cuna 19, Tel. 954 216 345. Festtagsbekleidung und Sevillaner Accessoires, wie Umschlagtücher, Aufsteckkämme oder Fächer; *Modas Muñoz,* Cerrajería 5, Tel. 954 228 596. Klein, ein wenig versteckt, aber dennoch ein Traditionshaus für Festtagsmode.

■ **Bücher:** *Beta,* c/ Sierpes 25, Tel. 954 293 724. Dürfte einer der größten Buchläden im Zentrum sein.

■ **Fächer:** *Dízal,* c/ Sierpes 75, Tel. 954 218 133. Ohne geht Frau nicht aus dem Haus, hier werden hochwertige Fächer verkauft.

■ **Gebäck:** *Horno de San Buenaventura,* Avenida de la Constitución 16. In diesem Klassiker von Sevilla kann man Kaffee und Kuchen genießen, aber auch Einkaufen. Zentralste Lage genau gegenüber der Kathedrale.

■ **Gitarren:** *José Postigo,* c/ Mesón del Moro 12, Tel. 954 227 898. Einer dieser Gitarrenbauer mit langer Tradition und kleinem Fachgeschäft.

■ **Hüte:** *Maquedano,* c/e Sierpes 40, Tel. 954 564 771. Seit 1896 werden hier die typischen flachen Sevillaner Hüte verkauft, die die Herren passend zum eng sitzenden Anzug auf den großen Festen vorführen.

■ **Keramik:** *Cerámicas Aída,* c/ Ximénez de Enciso 20. Das mittelgroße Geschäft bietet schöne Keramikwaren für den Hausgebrauch an, u. a. auch Hausnummern, Kacheln und Schüsseln.

Märkte

■ **Donnerstag** auf der c/ Feria.

■ **Flohmarkt:** jeden Sonntagvormittag auf der Alameda de Hércules.

■ **Briefmarken und Münzen** werden am Sonntagvormittag auf der Plaza del Cabildo gehandelt. Dieser Platz liegt in einem Innenhof an der Avenida de la Constitución, gegenüber der Kathedrale.

Nützliche Adressen

■ **Internet:** Im *Touristenbüro* bei der Plaza San Francisco. Der Internetzugang ist auch nach Schließung des Büros um 15 Uhr noch möglich.

■ **Post:** Avda. de la Constitución 32, nahe der Kathedrale.

Feste

■ **Semana Santa,** die Osterwoche, wird nirgends so aufwendig gefeiert wie in Sevilla. Von Palmsonntag bis Ostersonntag finden jeden Tag Prozessionen statt. Insgesamt 54 Bruderschaften ziehen bei Tag und Nacht durch Sevilla. In der Osterwoche ist es so gut wie unmöglich, ein Bett zu bekommen. Und so bieten Sevillaner auch schon mal ihre Wohnung für aberwitzige Preise an.

■ Die **Feria de Abril** findet nicht immer im April statt, sondern zwei Wochen nach Ostern. Dann werden Festzelte aufgebaut. Dort versammelt sich ganz Sevilla – feiert, trinkt, tanzt, lacht und putzt sich heraus. Nicht alle Zelte sind für jeden frei zugänglich, bestimmte gesellschaftliche Gruppen treffen sich jeweils in „ihren" Zelten. Die *feria* wird zu einem gesellschaftlichen Ereignis, an dem „man" teilnimmt und sich *à la sevillana* (ver)kleidet. Der Jugend ist das piepegal, sie feiert ausgiebig wie es ihr gefällt. Ursprünglich war die *feria* mal ein Pferde- und Viehmarkt. Die Tiere sind heute in den Hintergrund getreten, aber dennoch kommen stolze Reiter und Kutscher in traditioneller Tracht und zeigen, was sie können und was sie haben.

■ **30. Mai:** San Fernando.

■ **Ende Juli:** La Velá de Santa Ana im Viertel Triana. Eine Festmeile entsteht in der c/ Betis unmittelbar am Fluss mit Bühne, wo jeden Abend Aktionen stattfinden (u. a. Flamenco) und in den Festzelten wird kräftig gefeiert.

■ **15. August:** Virgen de los Reyes – Patronatsfest.

■ **September:** Bienal de Flamenco, großes Flamencofestival, alle 2 Jahre, z. B. auch 2014. Infos unter: www.bienal-flamenco.org.

▷ Nazareno-Figur im Büßergewand

123rf jf

3 Die Küste der Provinz Huelva

Diese Küste liegt etwas im touristischen Abseits – aber warum eigentlich? Immerhin gibt es hier kilometerlange Strände, teilweise mit Dünen im Nordsee-Format. Ein Großteil des Hinterlandes steht unter Naturschutz, sodass sich herrliche Naturphänomene entfalten konnten. Außerdem wollen kleine Orte mit langer Historie besucht und urige Fischlokale erkundet werden, mit einem Wort: eine Küste wie geschaffen für Entdecker.

< Mehr Sandstrand geht nicht

DIE KÜSTE DER PROVINZ HUELVA

NOCH MEHR STRAND UND UNBERÜHRTE NATUR

3

Apropos „Entdecker“: Schon Kolumbus weilte in dieser Gegend, wartete auf grünes Licht vom Königshaus für seine ehrgeizigen Pläne. Nach Asien wollte er segeln, auf dem Westweg, was keiner vor ihm gewagt hatte. Erst waren die Herrscher skeptisch, dann schickten sie ihn doch los. Wie die Geschichte ausging, ist ja bekannt. Aber vielleicht nicht, dass ein Ort hier an dieser Küste eine entscheidende Rolle spielte. Von Palos de la Frontera segelte Kolumbus nämlich los, ein Großteil seiner Mannschaft kam aus diesem Örtchen. Daran wird hier heute in großem Stil erinnert. Ebenfalls kaum bekannt dürfte sein, dass aus dem klei-

770cl sm

NICHT VERPASSEN!

- Westerndorf-Charme in **El Rocío:** staubige Pisten und zahlreiche Gatter zum Festzurren von Pferden und Ochsen | 179
- Entdeckungen im Naturschutzgebiet **Doñana** | 182
- In **Palos de la Frontera** auf Kolumbus Spuren wie Schiffen wandeln | 191
- **Strände** mit Dünen wie an der Nordsee in **Punta Umbría** | 211
- Schlemmen im **Fischlokal** mit rauem Hafencharme in **Isla Cristina** | 227

Diese Tipps erkennt man an der gelben Hinterlegung.

nen Nachbarort Moguer ein Nobelpreisträger (für Literatur) stammt und in El Rocío alljährlich eine der größten Wallfahrten Spaniens stattfindet.

Angesichts der vergleichsweise geringen Besucherzahlen scheinen auch die landschaflichen Reize der Region nicht allzu bekannt zu sein: Eines der größten Naturschutzgebiete Europas, breite und feinsandige Strände sowie zahlreiche idyllische Ecken – es gibt viel zu entdecken an dieser Küste.

⌃ Die große Marina von Isla Canela

› Geschützte Natur im Parque Natural de Doñana

Überblick

Die Provinz Huelva liegt im äußersten Südwesten Spaniens. Zwei Flüsse markieren die Grenzen nach Portugal und zur Provinz Cádiz: im Westen der Río Guadina und im Südosten der Río Guadalquivir. Keine Brücke und keine Fähre verbindet die Provinzen Cádiz und Huelva. Gute 250 Kilometer sind immerhin zurückzulegen, um von der Küste bei Cádiz über Sevilla erneut an den Atlantik zu gelangen. Aber dieser Weg lohnt sich! Locken doch **120 Kilometer Küstenlinie** mit beinahe durchgehend feinen Sandstränden. Obendrein erstreckt sich hier über 50.000 Hektar das **größte Naturschutzgebiet Europas:** der Parque Nacional de Doñana, ein einzigartiges Refugium für über 150 Vogelarten.

Bei solchen Sandstränden könnte man eine zubetonierte Küstenlinie befürchten. Aber weit gefehlt! Bis auf zwei Ausnahmen finden sich an der gesamten Küste keine oder nur sehr gemäßigte *urbanizaciones.* Selbst unter spanischen Urlaubern gilt die Provinz Huelva nicht unbedingt als erste Wahl. Europa jedenfalls hat diese Ecke noch nicht entdeckt. Und so wurden zumeist **Ferienwohnungen** für den nationalen Tourismus errichtet.

An kulturellen Highlights bietet die Provinz Huelva nicht allzu viel: ein paar ruhige Städtchen, die im Zusammenhang mit **Kolumbus** stehen und dies vermarkten, der Wallfahrtsort **El Rocío** – das war es beinahe schon. Die Provinzhauptstadt **Huelva** ist keine Schönheit, das muss bei allem Respekt gesagt werden. Aber es sind auch mehr die **kleinen Orte,** die den Reiz ausmachen. Eine ideale Zone also für Leute, die **Ruhe** wünschen und auch mal neugierig auf ein spanisches Dorf sind. Die abseitige Lage hat dazu geführt, dass die Provinz eine der unentdeckten Küsten Spaniens geblieben ist.

672cl sm

Matalascañas

- **Einwohner:** 12.300
- **PLZ:** 21760
- **Entfernung nach Huelva:** 46 km
- **Touristeninformation:** Parque Dunar s/n, Tel. 959 430 086, Fax 959 448 086, www.almonte.es.

Matalascañas besteht nur aus Ferienwohnungen, ergänzt um einige Hotels und Lokale. Das Ganze hat den **Charme einer Retortenstadt.** Wer außerhalb des Sommers kommt, wird sich ziemlich einsam fühlen. Kilometerlang stehen Apartment-, Reihen- und auch einige Einzelhäuser, die in Sektoren eingeteilt sind. Der Ort ist immerhin 4,5 Kilometer lang, während sich der Strand, zählt man alles zusammen, sogar über 40 Kilometer bis nach Mazagón erstreckt.

In den 1970er-Jahren wurde diese Gegend massiv touristisch erschlossen. Man wollte den internationalen Tourismus an die Strände locken, aber es dominieren Urlauber aus Sevilla, Huelva und Cádiz. Man scherzt, dass im Sommer die Straßen von Sevilla nur von ausländischen Touristen bevölkert werden, die *sevillanos* sind nämlich am Strand von Matalascañas.

Eine Art **geschäftiges Zentrum** mit einigen Bars, Restaurants, Burger-Buden und Geschäften liegt im sogenannten Sector A, ganz außen beim **Torre Higuera.** Hier hat alles einmal angefangen,

hier liegt der älteste Teil der Siedlung. Der Turm ragt wie ein mahnendes Fanal hoch auf. Von dort schaute man aufs Meer, um Feinde erkennen zu können. Viele Jahrhunderte später kamen die neuen Eroberer aus dem Rücken: die Touristen ...

Anfang der 1980er-Jahre galt Matalascañas noch als Geheimtipp. Diese Zeiten sind zwar vorbei, aber immerhin hätte man eine derartige Anlage auch hässlicher bauen können. Hier wurde wenigstens noch in Grundzügen auf Ästhetik geachtet, wenn auch nicht bei den Hotels, die relativ einfallslose Kästen sind. Drei liegen direkt am Meer, womit wir beim Positiven wären: dem **herrlichen Strand.**

654cl sm

Der Strand

Gut, dass es da Naturschützer gibt, denn ansonsten wäre Matalascañas mindestens fünfmal so riesig ausgefallen. Der Strand **Playa de Matalascañas** verläuft nämlich über geschätzte 15 Kilometer bis hinunter zur Mündung des Río Guadalquivir. Aber die letzten 10 Kilometer dürfen nicht betreten werden, sie fallen unter die strengen Restriktionen des Nationalparks Doñana.

Der restliche Strand ist auch bemerkenswert! Er verläuft über 5 Kilometer entlang der gesamten *urbanización.* Die Statistiker lassen ihn an einem Punkt namens „Torre la Higuera" enden, eine räumliche Trennung ist nicht erkennbar. Tatsächlich läuft er noch viele Kilometer weiter. Er ist von feinstem, hellem Sand und 80 bis 100 Meter breit. Hier machen sich die Gezeiten gewaltig bemerkbar, aber richtig schmal wird der Strand auch bei Flut nicht. Im Hochsommer und speziell am Wochenende kann es eng werden. Da sonnt sich halb Sevilla hier. Eine kleine Promenade mit ein paar Lokalen gibt es auch. Und die Häuser der *urbanización* reichen direkt bis an den Strand.

Direkt am Strand am Ende der Hauptzufahrtsstraße steht ein steinernes Monument – die Überreste eines Wachturms, des **Torre de la Higuera.** Dieser gehörte zu einer Reihe von Wach- und Wehrtürmen, die entlang der Küste von Huelva im 16. Jahrhundert erbaut wurden. Seine Überreste werden regelmäßig vom Meer umspült und sicherlich eines Tages verschluckt sein vom Sand.

☐ Ein herrlicher Sandstrand: Playa de Matalascañas

Sehenswertes

Schön liegt das **Museo del Mundo Marinero,** fast ein wenig versteckt, mitten in den Dünen, im **Parque Dunar** mit Wander- und Reitwegen, ein Versuch, die Meereswelt, speziell die der Bucht von Cádiz, den Besuchern näher zu bringen. In fünf Sälen werden Themenbereiche vorgestellt, die alle einen Bezug zur Bahía de Cádiz haben. So werden die Dünenlandschaft von Matalascañas, die Meerenge von Gibraltar, aber auch Schiffe in gut gemachten Modellen und Schautafeln dargestellt. Eindrucksvoll ist die Darstellung der *Almandraba,* die alljährliche blutige Tunfischjagd von Barbate. Außergewöhnlich auch Modelle von Walen in Lebensgröße mit Dauereinspielung von Walgesängen. Leider sind alle Erklärungen nur auf Spanisch.

■ **Museo del Mundo Marinero,** geöffnet: Di–Fr 10–14 Uhr, Eintritt: 5,60 €, Kinder (7–14 Jahre) und Senioren (über 65 Jahre) 3,60 €.

Praktische Tipps

Unterkunft

Neben Hunderten von Ferienwohnungen gibt es ein halbes Dutzend Hotels und ein paar Pensionen. Die großen Häuser lassen sich besser und damit auch zumeist kostengünstiger über einen Reiseveranstalter buchen.

■ **Hotel Tierra Mar Golf**③-④, Parcela 120, Sector M, Tel. 959 440 300, Fax 959 440 720, www.summahoteles.com. Das Haus liegt direkt am Strand, von etlichen der 253 Zimmer schaut man aufs Meer. WiFi.

■ **Hotel Flamero**②-③, Ronda Maestro Alonso s/n, Parcela 82, Tel. 959 026 405, www.hotelflamero.es. Toplage direkt am Meer. Die 310 Zimmer verteilen sich auf mehrere Gebäude von drei bis acht Etagen.

■ **Hostal Los Tamarindos**②, Avda. de las Adelfas 31, Tel. 959 430 119, www.hostallostamarindos.com. Eine einfache Pension mit 20 Zimmern im Sektor Torre Higuera. Zu Strand und Kneipenmeile sind es keine 100 m.

Camping

■ **Rocío Playa,** 2. Kategorie, Straße Huelva – Matalascañas am km 51, Tel. 959 430 238. Dies ist einer der größten Plätze Spaniens: ein riesiges Gelände, das sich über etliche Terrassen bis zum Strand hinunterzieht und eine Kapazität von 4000 Personen hat! Von etlichen Stellplätzen genießt man traumhafte Ausblicke aufs Meer. Allerdings muss man den ständigen Wind ertragen. Bis Matalascañas sind es keine 1000 m Fußweg, die am Strand zurückgelegt werden können.

Essen und Trinken

So viel wie man meinen könnte, ist hier gar nicht los. Die meisten Tresen haben sich in der Zone **beim Torre Higuera** angesiedelt und dort im sogenannten Sector A. Außerhalb des Sommers schließen die meisten Lokale.

■ **Taberna Tío Paco,** Plaza Begonia (A-18), Tel. 959 448 194. Man darf „Onkel Paco" wohl einen Klassiker nennen, seit 1979 versorgt er Urlauber mit Tapas und spanischen Gerichten zu vernünftigen Preisen.

■ **Bajo Guía,** Sector N, Paseo Marítimo, Tel. 959 440 037. Seit über einem Jahrzehnt werden hier gute Fischgerichte zubereitet, und das sogar ganzjährig.

■ **Casa Miguel,** Parque Dunar, Tel. 959 448 472. Seit 1964 existiert dieses Haus am Ortsrand beim Parque Dunar, es hat einen mittelgroßen Speiseraum, außerdem eine Terrasse mit Blick auf den Park. Spezialisiert sind die Macher auf Grillfleisch und -fisch sowie hausgemachte Nachtische.

Einkaufen

- **Markt:** Donnerstag vormittags in Torre Higuera, nachmittags in der Hotelzone.

El Rocío

- **Einwohner:** etwa 1200
- **PLZ:** 21750
- **Entfernung nach Huelva:** 63 km
- **Touristeninformation:** Avda. Canaliega s/n, www.almonte.es.

☐ El Rocío erinnert an eine Westernstadt

Irgendwie ist dieses Dorf ein **irrealer Ort.** Die Straßen sind viel zu breit geraten, auch die Plätze fallen zu gewaltig aus. Alles wirkt überdimensioniert. Und dabei ist keine einzige Straße asphaltiert. Es sind ausnahmslos staubige, breite Pisten, die sich durch den Ort ziehen. Vor beinahe jedem Haus stehen kleine Gatter, an denen – wie im Wildwestfilm – Pferde und Ochsen angebunden werden. Bei genauerem Hinsehen fällt auf, dass beinahe jedes zweite Gebäude einen religiösen Hintergrund hat. Zumeist sind es kleine Kapellen einzelner Bruderschaften aus der Umgebung.

Der Ort lebt für und von der Heiligenfigur Nuestra Señora del Rocío. Ihr zu Ehren findet alljährlich zu Pfingsten eine **Wallfahrt** statt, bei der Hunderttausende mitmachen. Sie marschieren tagelang quer durch die Wildnis, begleitet von Ochsenkarren, und versammeln sich dann in El Rocío vor der Kapelle:

659cl sm

ein unglaubliches Spektakel, eine Mischung aus religiöser Inbrunst und Dauerfete.

Außerhalb des Pfingstwochenendes fällt der Ort in eine Art dörfliche Ruhe, aus der er allerdings an beinahe jedem Wochenende wieder etwas erwacht. Dann kommen Hunderte – je näher der Pfingsttermin rückt auch Tausende – von Gläubigen, die sich Beistand erflehen. Die **Ermita de la Paloma Blanca** („Wallfahrtskapelle") fällt längst nicht so gewaltig aus, wie man annehmen könnte. Sie ist weiß und hat eine muschelförmige Fassade. Über dem Eingangsbereich prangt ein Relief und darüber steht ein großes, schwarzes Kreuz, das man schon von Weitem sieht.

Die Skulptur der Heiligen befindet sich im hinteren Bereich der Basilika, dominiert optisch jedoch das ganze Gebäude, denn die Kirche ist innen insgesamt eher schlicht gehalten. Der Altar mit der Heiligen dagegen ist prachtvoll mit Goldfarbe ausgestaltet.

Etwas außerhalb vom Ort thematisiert das **Museo Histórico Religioso** die Beziehung der Menschen zu ihrer Heimat, der Landschaft, der Geschichte und vor allem zu den religiösen Prozessionen.

■ **Museo Histórico Religioso,** c/ Camino de Moguer s/n, Tel. 959 442 166. Geöffnet: Mi–So 10–14 und 17–19 (November–März) bzw. 18–20 Uhr (April–Oktober), Eintritt: 2 €.

665cl sm

Die jungfräulich weiße Ermita de la Paloma Blanca ist Ziel unzähliger Wallfahrer

Geschichte und Legende

Ursprünglich hatte König **Alfonso „der Weise"** Ende des 13. Jahrhunderts eine Kapelle zu Ehren der *Virgen* bauen lassen. Dann kamen die **turbulenten Zeiten:** arabische Präsenz und Vertreibung. Das Heiligtum wurde in Sicherheit gebracht.

Die Legende berichtet, dass ein Jäger im 15. Jahrhundert die Figur der *Paloma Blanca,* wie sie auch genannt wird, **in einem Ölbaum** versteckt fand. Sie sollte daraufhin mit einem Ochsenkarren zurückgebracht werden. Der Fundort lag ein paar Kilometer von El Rocío entfernt. Die **Ochsen** wollten sich jedoch nicht bewegen, was man als göttliches Zeichen deutete. Man errichtete an die-

3

ser Stelle eine Kapelle. Angeblich war niemand damit einverstanden, weshalb die Paloma Blanca schließlich doch noch übersiedelte. Und da der Jäger sie **zu Pfingsten** gefunden hatte, stand der Termin für die jährliche Pilgerreise fest.

Wallfahrt

Man sagt, dass eine Million Menschen an der Pilgerfahrt teilnehmen. Tatsache ist, dass am Pfingstsonntag der kleine Ort aus allen Nähten platzt. Viele marschieren wirklich tagelang durch Staub und Schlamm. Andere gehen es etwas lässiger an und reisen mit dem Allradwagen. Am Sonntag wird eine heilige Messe, *la misa real*, gelesen. Danach macht praktisch niemand mehr die Augen zu. Montagmorgen bei Sonnenaufgang wird die Paloma Blanca herausgetragen. Um die Ehre, als Träger dabei zu sein, gibt es immer ein Gerangel. Und dann, wenn die Virgen ihre Runde durchs Dorf dreht, gibt es kein Halten mehr. Irgendetwas zwischen **Ekstase, religiöser Inbrunst** und **Massenhysterie** erfasst die Menge. Wer klaustrophobisch veranlagt ist, darf hier nicht mitmischen.

566cl sm

Praktische Tipps

Unterkunft

Während der Pfingstwoche sollte man nicht einmal daran denken, hier ein Zimmer zu bekommen. Wer es dennoch versuchen möchte, sollte zuvor einen Blick auf die Preisliste werfen, die Preise können sich verdreifachen.

■ **Cortijo Los Mimbrales④**, A-483, km 30, Tel. 959 442 237, www.cortijomimbrales.com. Ein ehemaliges Gehöft wurde umgebaut zu 24 komfortablen Doppelzimmern sowie vier Ferienhäusern für kleine und größere Gruppen, allerdings ohne Klimaanlage.

■ **Hotel Toruño③**, Plaza Acebuchal 22, Tel. 959 442 323, Fax 959 442 338, www.toruno.es. Hotel mit 30 Zimmern im hinteren Dorfbereich direkt an einem See. WLAN.

■ **Alojamientos Rocío Doñana③**, Avda. Canaliega 1, Tel. 959 442 435, www.rociodonana.com. Angenehmes Haus im andalusischen Stil. Viele der gut eingerichteten und nicht gerade kleinen Zimmer liegen nach innen um einen großen Patio.

■ **Hotel Malvasia②**, c/ Sanlúcar 38, Tel. 959 443 870, www.lamalvasiahotel.com. Kleines 2-Sterne-Haus, das ein wenig entfernt vom zentralen Platz bei der Kirche liegt. Geräumige Zimmer mit dem nötigen Komfort.

[<] Der prächtige Altar mit der Skulptur der heiligen Jungfrau

Camping

■ **Camping La Aldea,** 1. Kategorie, Ctra. El Rocío, km 25, weniger als 1 km außerhalb Richtung Almonte, Tel. 959 442 677, Fax 959 442 582, www.campinglaaldea.com. Ein mittelgroßer Platz mit Restaurant, Pool und einigen Bäumen, wenig Schatten.

Essen und Trinken

■ An der **Plaza de Acebuchal** liegen ein paar Lokale mit Tisch und Stuhl im staubigen Sand. Einige Bäume spenden Schatten – einer soll übrigens 600 Jahre alt sein. Dort ist auch das schick aufgemachte *Restaurant Toruño,* c/ Acebuchal 16, Tel. 959 442 628.

■ **Aires de Doñana – La Choza,** Avda. de la Canaliega 1, Tel. 959 442 719. Im traditionellen Stil erbautes Haus mit Terrasse und breiter Auswahl. Das Haus liegt am Ortsrand Richtung Matalascañas an der Hauptstraße.

■ **Taberna La Concha,** c/ El Real 24, Tel. 691 795 572, geöffnet ab 9 Uhr, Mo geschlossen. Das Lokal im Sevillaner Stil liegt bei der Kirche und hat eine Terrasse zu den Feuchtgebieten vom Coto de Doñana hinaus sowie eine kleinere zur Straße hin. Serviert werden Tapas, *raciones,* Fisch- und Fleischgerichte.

Aktivitäten

El Rocío ist ein sehr guter Beobachtungsposten für Vögel, da sich direkt nebenan ein See ausbreitet. Dort lassen sich die Tiere gut und vor allem bequem von Sitzbänken aus betrachten. Organisierte Touren bieten:

■ **Doñana Ecuestre,** Avda. la Canaliga s/n (bei der Tankstelle), Tel. 620 964 369, www.donanaecuestre.com. Organisiert Ausflüge zu Pferd oder per Kutsche.

■ **Discovering Doñana,** c/ Águila Imperial 150, Tel. 959 442 474, www.discoveringdonana.com. Geführte Touren in den Park.

■ **Doñana Nature,** c/ Las Carretas 10, Tel./Fax 959 442 160, www.donana-nature.com. Organisierte Touren mit Landrover in den Naturpark, laut Eigenwerbung die einzigen, die bis zur Finca Coto del Rey fahren.

Feste

■ **Pfingsten:** Romería del Rocío – die möglicherweise größte Prozession Spaniens.

■ **26. Juni:** Saca de Yeguas – Jedes Jahr werden am Morgen die jungen Wildpferde in den Marismas de Hinojos eingefangen und mit einem Brandzeichen versehen.

■ **Anfang Juli:** Feria de San Pedro – Patronatsfest.

■ **18. und 19. August:** Rocío Chico – Das Fest geht auf ein kriegerisches Geschehen im Jahre 1812 zurück, als die Gemeinde Almonte von französischer Besetzung befreit wurde.

■ **Von Mitte September bis Ostern** treffen sich jeden Sonntag die einzelnen Bruderschaften in der Ermita.

Parque Nacional de Doñana

Der Parque Nacional de Doñana gilt als das größte und bedeutendste Naturschutzgebiet Spaniens. Es umfasst eine Fläche von gut 54.252 ha (1 ha = 100 x 100 m) und besteht aus drei Ökosystemen: *Marismas, Dunas* und *Cotos.*

Der Parque Nacional de Doñana wird zwar hauptsächlich mit dem Feuchtgebiet in Zusammenhang gebracht und tatsächlich nehmen die Marismas auch den größten Teil der Fläche ein, optisch viel beeindruckender dürfte jedoch die Zone der **Dunas** („Dünen") sein. Über gewaltige 30 Kilometer erstrecken sich die schier endlosen Wanderdünen zum Meer. Der beständig wehende Wind treibt den feinen Sand konstant weiter und türmt ihn zu beeindruckenden Gebilden von zehn bis dreißig Metern Höhe auf. Da die Dünen sich über viele Kilometer hinziehen, werden sie auch *trenes* („Züge") genannt.

Hinter den Dünen bilden sich Täler, die sogenannten *Corrales* mit Pinien und niedrigen Sträuchern. Sie stellen grüne Inseln im Sandmeer dar, sind aber nicht von Dauer. Die Dünen wandern bis sechs Meter im Jahr. Die nächste Wanderdüne überrollt irgendwann das Tal und bedeckt die Vegetation, bis sie Jahre später in Form von abgestorbenen Stämmen wieder auftaucht.

Die nächste Vegetationsstufe wird **Coto** genannt. Ursprünglich bezeichnet der Begriff ein Jagdgebiet, aber das ist hier natürlich nicht gemeint. Eher ist es ein relativ festes Buschland, das schon von Vegetation bedeckt ist. Hier wachsen Korkeichen, Buschwerk, Pinien und Eukalyptus.

Schließlich kommt das riesige Feuchtgebiet: die **Marismas.** Besonders nach Herbstregenfällen sammelt sich das Wasser, bedeckt den Boden und es entsteht ein Refugium für über 300 Vogelarten, die zur Brut und zur Rast hierher kommen. Das Feuchtgebiet fällt allerdings zur Zeit der Sommerhitze weitestgehend trocken. Viele Vögel sind dann wieder bei uns im Norden. Gerade die Zeit, in der die meisten Menschen Urlaub im Süden machen, ist mithin am wenigsten für die Vogelbeobachtung im Park geeignet.

Geschichte

1262 erobert König *Alfonso X.*, genannt „der Weise", das Königreich Niebla und erfährt so nebenbei von dem Tierreichtum dieses Gebietes. Er reklamiert es als **Königliches Jagdrevier.**

1294 schenkt König *Sancho IV.* das Gebiet dem *Herzog von Medina Sidonia* für geleistete Dienste beim Kampf um Tarifa.

Ende des 16. Jahrhunderts heiratet der siebte Herzog von Medina Sidonia *Doña Ana Gómez de Mendoza,* Tochter der Prinzessin *Eboli,* einer Dame von zweifelhaftem Ruf. Jener Doña Ana lässt der Herzog eine **Residenz** im Park bauen, ein Name entsteht: aus *Doña Ana* wird *Doñana.*

Über Jahrhunderte bleibt der Park herzogliches Jagdrevier. 1963 schließlich werden die ersten 6.700 Hektar aufgekauft und zu **biologischen Studien** genutzt. 1969 wird Doñana zum Nationalpark erklärt und das Gebiet auf insgesamt 37.000 Hektar ausgedehnt. Bis 1978 vergrößert es sich auf 73.000 Hektar, inklusive einiger Gebiete, die nicht zum Nationalpark gehören. Im Jahr 1994 wird Doñana in die Liste der zum **Welterbe** zählenden Regionen aufgenommen.

Im Jahre 2006 vergrößerte sich das Gelände abermals um 1445 Hektar, da Nationalpark und Naturpark zusammengelegt wurden.

Parque Nacional de Doñana

Besucherzentren

Wer den Parque de Doñana kennen lernen möchte, muss zunächst zu einem **Besucherzentrum** fahren und kann von dort aus dann auf festgelegten Rundgängen durch den Park streifen.

Es existieren fünf Besuchszentren, von denen eines, die **Fábrica de Hielo,** bei Sanlúcar de Barrameda – also auf dem Gebiet der Provinz Cádiz – liegt. Ein zweites, **José Antonio Valverde,** ist nur über holprige Pisten zu erreichen. Außerdem liegt es so abseits, dass es wohl nur von den wenigsten Urlaubern aufgesucht wird. Zu den Zentren **El Acebuche** und **La Rocina** gelangt man hingegen ganz problemlos über die Straße, die von El Rocío nach Matalascañas führt. Das fünfte Besuchszentrum, **Palacio de Acebrón,** ist schließlich nur über das Zentrum La Rocina zu erreichen.

All zu tief dringt man bei diesen Exkursionen nicht in das Gelände ein, aber das ist ja auch der Sinn eines Schutzparks. Wer etwas mehr sehen möchte, muss sich einer organisierten **Landrover-Fahrt** anschließen. So eine Tour kann im Besucherzentrum Acebuche gebucht werden.

La Rocina und Palacio de Acebrón

Das Besucherzentrum **La Rocina** liegt an der Straße, die von Almonte nach Matalascañas führt, bei km 2, also unweit von El Rocío. Neben ausführlichen Informationen kann man sich einen 10-minütigen Film über das Gebiet La Rocina anschauen, ebenso wie eine Ausstellung über die Romería nach El Rocío. Hinter dem Gebäude verläuft ein 3,5 Kilometer langer Rundweg, der *Charco de la Boca* genannt wird. Hier wandert der Besucher auf Holzbohlen durch unterschiedliche Landschaften. Unterwegs kann man von fünf getarnten Beobachtungshütten aus die Tierwelt beobachten.

■ **La Rocina,** geöffnet: im Sommer 10–15 und 16–20 Uhr, im Winter 9–19 Uhr.

Etwas weiter im Hinterland liegt der **Palacio de Acebrón.** Dieser kann mit dem Auto über eine 6 Kilometer lange Piste vom Parkplatz des Besucherzentrums La Rocina aus angesteuert werden. Dort befindet sich eine Dauerausstellung: „Mensch und Doñana". Obendrein lockt ein 1,5 Kilometer langer Rundweg durch das Gebiet und an mehreren Beobachtungsposten darf der Besucher auf optische Beute hoffen. Der Weg führt um einen Teich herum, zweimal wird dieser sogar überquert.

■ **Palacio de Acebrón,** geöffnet: im Sommer 10–15 und 16–20 Uhr, im Winter 9–19 Uhr.

El Acebuche

Das Besucherzentrum El Acebuche ist das größte von allen. Es liegt bei km 12 der Straße Almonte–Matalascañas. Neben einer Dauerausstellung über das Ökosystem Doñana wird ein 20-minütiger Film über den Nationalpark in den unterschiedlichen Jahreszeiten gezeigt. Von hier startet ein Wanderweg von 1,5 Kilometern Länge, genannt „Laguna de Acebuche", am Ufer eines alten Sees mit sieben Aussichtspunkten, sowie der 3,5 Kilometer lange Pfad **„Lagunas del Huerto y las Pajas",** der u. a. durch einen

Pinienwald verläuft und vier Beobachtungsstände hat.

In Acebuche wird als eine **Landrover-Tour** von 80 Kilometern Länge angeboten. Die Tour findet nur in kleinen Gruppen statt und führt durch die Dünen bis zur Mündung des Río Guadalquivir. Unterwegs werden Zwischenstopps eingelegt, sodass man frei von Motorenlärm wandern kann.

■ **El Acebuche,** geöffnet: täglich 8–21 Uhr (April–September) bzw. 8–19 Uhr (Oktober–März), der Film wird mehrmals am Tag gezeigt. Landrover-Tour: ca. 4 Std., Preis: 29,50 €. Eine Voranmeldung ist dringend anzuraten, die Touren sind zu bestimmten Zeiten auf Wochen ausgebucht; es organisiert die Cooperativa Marismas del Rocío, Tel. 959 430 432, www.donanavisits.es. Gefahren wird täglich außer Mo um 8.30 und 17 Uhr, 15.9.–1.6. Di–So 8.30 und 15 Uhr.

Wanderungen

Der **Sendero Cuesta Maneli** (1,2 km) bietet einen sehr schönen Blick auf die Dünen und man „erklimmt" den höchsten Punkt (112 m) weit und breit. Der Weg ist leicht erreichbar: Höhe km 39,7 an der Straße A-494 zwischen Matalascañas und Mazagón.

671cl sm

Ein etwas längerer Weg ist der **Sendero Laguna del Jaral** (5,6 km), der ebenfalls von der A-494 abzweigt, Höhe km 46. Er bietet einen schönen Blick aufs Meer und führt durch bewaldete Zonen.

Fahrradtouren

Zwei Fahrradrouten wurden ebenfalls eingerichtet: Der **Recorrido del Asperillo** (16,6 km) verläuft parallel zur A-494 zwischen Matalascañas und Cruce del Loro (km 35,7) zumeist unter Pinien und passiert die Einstiegsbereiche der oben genannten Wanderungen.

Die zweite Radroute, der **Recorrido Vereda del Loro** (23,9 km), beginnt an der Kreuzung Cruce del Loro und verläuft bis zur Ermita de Montemayor (Moguer) durch Pinienwälder und vorbei an Lagunen.

Playa de Castilla

Zwischen Matalascañas und dem Nachbarort Mazagón verläuft über 24 Kilometer ein durchgehender Strand – **vierundzwanzig Kilometer Sandstrand!** Das schreit doch förmlich nach einer Vermarktung à la Benidorm oder Torremolinos. Aber genau das ist nicht einmal im Ansatz geschehen.

Als man in den 1960er-Jahren die Mittelmeerküste zubetonierte, verschwendete niemand einen Gedanken an die Atlantikküste. Das kann auch nicht weiter verwundern, wenn man sich vergegenwärtigt, dass diese Gegend bis 1969 die reinste **Wildnis** war. Erst in jenem Jahr baute man die Küstenstraße von Mazagón nach Matalascañas! Zuvor lag die Region im touristischen Abseits.

Aber allzu viel tat sich später auch nicht. Nur in Matalascañas wurde kräftig geklotzt. Entlang der Straße nach Mazagón wurde hingegen nichts gebaut. Noch immer wachsen hier Pinien und Eukalyptus und sonst nichts. 1989 stellte die andalusische Regionalregierung die Zone kurzerhand unter Naturschutz. Der ganze Pinienwald bis hinunter zu den sagenhaften, aber immer noch unentdeckten Stränden wurde zum **Parque Natural Entorno de Doñana** erklärt. Nicht nur die Begrifflichkeit ist ähnlich (hier: *Parque Natural*, dort *Parque Nacional*), auch die Ausmaße sind vergleichbar: Der Naturpark erstreckt sich über eine Fläche von 54.250 ha. Das Schutzgebiet schließt direkt an den Nationalpark an.

Heute sieht die Situation so aus, dass es entlang der Straße nur drei markante Punkte gibt: einen **Parkplatz** mit Zugangsmöglichkeit zum Strand, einen **Campingplatz** und einen **Parador Nacional.**

Der Parkplatz liegt, von Matalascañas kommend, im oberen Drittel bei km 39. Es ist ein beliebter Picknickplatz, von dem ein Weg zum Strand führt. Dieser 1,2 Kilometer lange Weg ist mit Holzbohlen ausgelegt und trägt den Namen *Pasarela Cuesta de Maneli.* Am **Strand** findet man natürlich keinerlei Serviceeinrichtungen, dafür erhebt sich eine Düne über den Klippen vor dem Strand auf stolze 112 Meter, was weit und breit die höchste natürliche Erhebung darstellt.

‹ Im Parque Natural Entorno de Doñana

Der Strand wechselt auf den 24 Kilometern mehrfach den **Namen.** Doch es ist wohl nirgendwo so egal wie hier, ob und wie oft sich der Name ändert.

Praktische Tipps

Unterkunft

Mein Tipp: **Parador Nacional Cristóbal Colón**④, km 30, Tel. 959 536 300, Fax 959 536 228, www.parador.es. Was soll man mehr loben, die wahrlich einmalige Lage, den Service, die großzügigen Zimmer? Wahrscheinlich alles zusammen! Service und Zimmerqualität müssen bei einem Parador einfach stimmen. Aber die Lage ist schlichtweg umwerfend. Hoch oben liegt das Haus an den Klippen, wobei es einen direkten Zugang zum Strand hat. Die insgesamt 63 Zimmer liegen verteilt in mehreren Gebäuden, die etwa halbkreisförmig angelegt sind. Und von den meisten Balkonen genießt man einen tadellosen Blick aufs Meer. Hier einen Drink nehmen, während die Sonne untergeht, ist einfach traumhaft.

Camping

- Einige Kilometer hinter dem Parkplatz liegt der Campingplatz **Doñana Playa,** 1. Kategorie, bei km 34,6; Tel. 959 536 281, Fax 959 536 313, www.campingdonana.com. Mit Platz für 6000 Personen ist es wohl der größte Campingplatz Spaniens! Zur Besichtigung fährt man am besten mit dem Auto, denn zu Fuß muss man weit über 1 km zurücklegen, bevor man überhaupt die Zone mit dem Supermarkt und der Bar erreicht. Praktisch alle Stellplätze liegen unter Pinien. Die Sanitäranlagen sind in Ordnung ohne zu glänzen. Viele Dauercamper haben ihr Refugium im strandnahen Bereich aufgeschlagen, aber natürlich bleibt trotzdem viel Platz, sogar im Hochsommer.

Mazagón

- **Einwohner:** 4100
- **PLZ:** 21130
- **Entfernung nach Huelva:** 18 km
- **Touristeninformation:** Plaza Odón Betanzos, Edificio de la Mancomunidad, Tel. 959 376 044.

Mazagón ist nicht viel mehr als ein Straßendorf. Da erstaunt die Auskunft des Touristenbüros, dass der Ort im

674cl sm

Sommer auf 35.000 Bewohner anwachsen soll. Allerdings gibt es schon eine ganze Reihe von Chalets und Ferienwohnungen, unübersehbar liegen diese Gebäude in den Seitenstraßen und auch außerhalb in kleineren *urbanizaciones*. Der Sportboothafen lockt unzweifelhaft Liebhaber an.

Ein Blick zurück auf dem Weg zur Playa Mazagón

Eine relativ breite Durchgangsstraße führt durch die Ortschaft hindurch. Sie passiert zwei Hotels und von ihr zweigt auch die zentral gelegene, allerdings kaum 200 Meter messende Fußgängerstraße ab. Hier befinden sich eine Handvoll Lokale und auch einige Geschäfte.

Die Durchgangsstraße führt nun weiter hinunter zum Sportboothafen und verläuft dann immer am Meer entlang, passiert dabei Ferienwohnungen und

den Campingplatz, bevor sie schließlich wieder auf die Straße nach Matalascañas stößt.

Die Strände

Playa de Mazagón verläuft über 10 Kilometer, nur kurz unterbrochen von einem Sportboothafen. Hochoffiziell heißt der südlich vom Hafen gelegene Teil Playa de las Dunas und später Playa de Alcor. An seiner breitesten Stelle überschreitet der Strand locker die 100 Meter, im Mittel liegt seine Breite bei 40 Metern. Direkt im Ort verläuft eine Straße am Strand entlang, außerhalb von Mazagón schlängelt sich eine Nebenstraße in Sichtweite vorbei. Auch wenn es im Sommer im Ort voll wird, am Strand bleibt immer genügend Platz.

Playa El Espigón ist eine 2500 Meter lange Sandinsel, die beständig durch die Strömung mit Sand gespeist wird und von Punta Umbría aus über eine sehr schmale Straße zu erreichen ist.

Praktische Tipps

Unterkunft

■ **Hotel Mazagonia④**, Avda. Santa Clara, Ecke c/ Arroyo de la Miel, Tel. 959 377 856. Kleines, schickes Haus (18 Zimmer), moderne, leicht gestylte Einrichtung und Zimmer mit Balkon. Mit Pool und schöner Meerblick-Terrasse. WLAN.

■ **Hotel Albaida②**, Ctra. Huelva – Matalascañas, km 18,3, Tel. 959 379 029, Fax 959 376 108, www.hotelalbaida.com. Ein kleines Haus mit 24 Zimmern, liegt an der Durchgangsstraße, aber nur fünf bis zehn Minuten Fußweg vom Strand entfernt. Nichts Sensationelles, aber recht ordentlich.

Camping

■ **Playa Mazagón,** 2. Kategorie, Cuesta de la Barca s/n, Tel. 959 376 208, Fax 959 536 256, www.campingplayamazagon.com. Platz für 3000 Personen nahe bei Mazagón, direkt am Meer. Viel Schatten durch dichten Pinienbestand und ein breites Serviceangebot, mit Pool. Ganzjährig geöffnet.

Essen und Trinken

■ Entlang der **Avda. Conquistadores,** der Hauptstraße zum Strand, reiht sich ein gutes halbes Dutzend Lokale aneinander, alle mit Terrasse zur Straße, so z. B. *Asador de Paco, Terranova* oder *Europa.*

■ Die Avda. Fuentepiña ist eine kurze **Fußgängerzone** mit vielen Shops und Bars. Sie verläuft schräg gegenüber vom Hotel Santa María.

■ **Restaurante El Remo,** Avda. Conquistadores 123–124, Tel. 959 536 138. Das Lokal liegt in Strandnähe, etwas außerhalb vom Ort, bietet eine fundierte Küche und betreibt im Sommer gleichzeitig einen Chiringuito am Strand.

■ **Restaurante Las Dunas,** Avda. Conquistadores 178, Tel. 959 377 811. Liegt schräg gegenüber vom Hafen und bietet vor allem gegrillten Fisch oder Fleisch.

Einkaufen

■ **Markt:** Freitag.

Feste

■ **1. Mai:** Romería Nuestra Señora del Carmen – Patronatsfest.

■ **16. Juli:** Fiesta de Nuestra Señora del Carmen – Patronatsfest.

■ **Erstes Wochenende im August:** das große Sommerfest.

Palos de la Frontera

- **Einwohner:** 9600
- **PLZ:** 21810
- **Entfernung nach Huelva:** 12 km
- **Touristeninformation:** Im Museum Casa Martín Alonso Pinzón, www.palosfrontera.com, geöffnet: Mo–Fr 10–14 Uhr.

Am Ortseingang von Palos steht eine kleine Karavelle: ein Modell des winzigen Schiffes, mit dem *Kolumbus* seine Fahrten antrat. Entlang der dann folgenden Zufahrtsstraße zum Zentrum fallen links und rechts die gefliesten Ehrerbietungen und Danksagungen amerikanischer Städte und Nationen an die **„Wiege der Entdeckung"** *(cuna del descubrimiento)* auf.

Kolumbus startete seine erste Reise mit drei Schiffen. Zwei der Kapitäne kamen aus Palos: *Martín Alonso Pinzón* und sein Bruder *Vicente*. Auch die 90-köpfige Besatzung bestand überwiegend aus Bewohnern dieses Ortes. Obendrein brach *Kolumbus* in Palos zu seiner ersten Entdeckungsfahrt 1492 auf. Acht Monate später kehrten zwei der Schiffe zurück. Grund genug für das nette Städtchen sich selbst als „Wiege der Entdeckungen" zu feiern.

Sehenswertes

Die Hauptzufahrtsstraße bringt den Besucher zum zentralen Platz beim Rathaus. Dieser ist recht klein, aber durchaus nett. Dort befindet sich auch die kleine, einfache Bar El pensionista Colón (der Rentner Kolumbus), wo man angenehm draußen sitzen kann. Hier steht eine **Statue zu Ehren von Martín Alonso Pinzón,** der ein wenig traurig von seinem Sockel blickt. Kein Wunder, kennt doch alle Welt den Namen *Kolumbus*. Wer aber weiß etwas mit *Pinzón* anzufangen?

Die Stadtväter von Palos widmeten dem größten Sohn ihrer Gemeinde ein eigenes Museum, das **Casa-Museo de Martín Alonso Pinzón.** Es befindet sich in seinem ehemaligen Wohnhaus, das an der Verlängerung der Hauptzufahrtsstraße steht. Dort dreht sich alles um die Entdeckungsfahrt, aber auch um frühere Expeditionen, die *Pinzón* schon vor *Kolumbus'* Zeit zu einer lokalen Berühmtheit gemacht hatten.

Zu sehen sind Bilder und Karten sowie eine Abschrift des Briefes der Katholischen Könige, die von Palos forderten, dass der Ort zwei Schiffe zu stellen hätte für *Kolumbus'* erste Reise. In der oberen Etage sind Schiffsmodelle ausgestellt; außerdem findet man hier auch die Porträts und Lebensläufe von Seefahrern, die *Kolumbus* auf seiner Reise begleiteten.

- **Casa-Museo de Martín Alonso Pinzón,** c/ Colón 24, Tel. 959 371 898. Geöffnet: Di–Sa 10–14 Uhr, Eintritt: 2 €.

Die **Iglesia de San Jorge** stand schon zu *Kolumbus'* Zeiten. Hier wurde einst die Bevölkerung von Palos zusammengetrommelt, um das Königliche Dekret zu verlesen, nach dem der Ort zwei Schiffe samt Besatzung für *Kolumbus'* Abenteuer stellen musste. Das wird damals einen gehörigen Schrecken verursacht haben, denn – so die gängige Meinung –

682cl sm

hinterm Horizont hörte die Welt auf und Schiffe kippten in den Abgrund.

Unterhalb der Kirche befindet sich **La Fontanilla,** ein alter Ziehbrunnen, aus dem *Kolumbus* auf seiner ersten Reise Wasser mitnahm. Einige Lokalpatrioten veranlasste dies zu der Aussage, dass „mit diesem Wasser Amerika getauft wurde". Nun ja ... Interessant ist jedenfalls, dass hier früher auch der **Hafen** lag – also sehr viel weiter im Landesinneren als heute – und die drei Schiffe unter dem Kommando von *Kolumbus* und den beiden Brüdern *Pinzón* von hier starteten. Deswegen steht neben dem alten Brunnen auch ein Denkmal zu Ehren von *Martín Alonso* und *Vicente Yáñez Pinzón.*

Praktische Tipps

Unterkunft

- **Hotel La Pinta**②, c/ Rábida 79, Tel. 959 350 511, Fax 959 530 164, www.hotellapinta.com. Ein kleines, hübsch dekoriertes Haus im Zentrum von Palos mit 30 nicht allzu großen Zimmern.
- **Hotel Santa María**②, Carretera Palos – La Rábida km 16, Tel. 959 520 001, Fax 959 350 499, www.hsantamaria.com. Relativ nahe am Kloster und damit ca. 3 km außerhalb gelegenes Haus mit 18 großzügig eingerichteten Zimmern.

⌃ Iglesia de San Jorge in Palos de la Frontera

Essen und Trinken

■ **El Bodegón,** c/ Rábida 46, Tel. 959 531 105. Ein uriges Lokal, in dem gute Gerichte der Region serviert werden, hauptsächlich Fisch und Fleisch vom Grill. Untergebracht in einer ehemaligen Bodega mit sehr rustikalem Charme.

■ **El Paraíso,** c/ Rábida 57, Tel. 959 350 003. Kleines Lokal an der Durchgangsstraße. Bietet Tapas, Gerichte der Region, darunter vor allem gegrillten Fisch.

■ **La Pinta,** c/ Rábida 75, Tel. 959 350 511. Das Restaurant des gleichnamigen Hotels bietet eine gute Küche, u. a. mit Fischgerichten oder Fleisch vom iberischen Schwein. Neben Tagesmenüs gibt es auch eine Art Überraschungsmenü.

Feste

■ **15. März:** Rückkehr der Schiffe „La Niña" und „La Pinta".

■ **23. April:** San Jorge – Patronatsfest.

■ **3. August:** An diesem Tag liefen die Schiffe zur ersten Fahrt aus.

■ **15. August:** Virgen de los Milagros – Patronatsfest.

■ **12. Oktober:** Día de la Raza oder Día de la Hispanidad – Tag der Entdeckung Amerikas, wird übrigens in der gesamten hispanischen Welt gefeiert.

Ausflüge

Kloster La Rábida

Nur ein paar Kilometer außerhalb von Palos liegt das Kloster **Monasterio Santa María de la Rábida.** Auch diese Anlage ist eng mit *Kolumbus* verknüpft. Der Entdecker suchte hier Trost und Beistand, nachdem sein Projekt vom Königspaar zunächst abschlägig beschieden worden war. Einer der Mönche, *Juan Pérez,* war seinerzeit Beichtvater der Königin. Durch seinen Einfluss änderte sie ihre Meinung. Nachdem am 1. Januar 1492 die letzte maurische Bastion in Granada gefallen war, hatten die Herrscher wieder Zeit für neue Eroberungen. So bekam *Kolumbus* eine zweite Chance, seine Pläne vorzutragen.

Das Franziskanerkloster stammt aus dem 14. Jahrhundert und gilt als ein besonders schönes Exemplar der andalusischen **Mudéjarkunst.** Neben verschiedenen Kirchenschätzen sind die Deckenmalereien herausragend. Und natürlich wird präsentiert, wie *Kolumbus* sich hier mit den Mönchen über seine Pläne beriet. Die Besucher sehen den Kapitelsaal, das Refektorium und die Bibliothek, u. a. mit **einer der ersten Weltkarten,** die *Juan de la Cosa* zeichnete. Er begleitete *Kolumbus* auf seiner ersten Reise auf dem Schiff „Santa María" und er war auch bei der zweiten und dritten Entdeckungsfahrt dabei. Ferner werden hier je eine Landesfahne aller amerikanischen Länder sowie ein wenig Erde aus all diesen Ländern aufbewahrt.

■ **Monasterio Santa María de la Rábida,** Besichtigung nur in Gruppen möglich, Di–Sa 10–13 und 16–19 (im Winter bis 18.30) Uhr, So 10.45–13 und 16–19 (im Winter bis 18.15) Uhr, Mo geschlossen, August täglich 10–13 und 16.45–20, So ab 10.45 Uhr. Eintritt: 3 €, Familie 7 €.

Die **Parkanlage,** die bis hinunter zum Ufer des Río Tinto geht, ist den Entdeckungsfahrten und der Verbindung zwischen Spanien und Hispanoamerika gewidmet – eine bunte Mischung, der ein kritisches Wort über die Eroberungszüge gut getan hätte.

Kolumbus – Entdecker oder Fälscher?

Als Christoph Kolumbus 1492 in Richtung Westen segelte, stieß er zufällig und unbeabsichtigt auf einen neuen Kontinent. Er nahm an, dass es sich um Indien handelte, und taufte das Land schließlich „Neu Indien", *Nuevas Indias.* So steht es seit einem halben Jahrtausend in den Geschichtsbüchern und auch in unserem Geschichtskapitel.

Seit einiger Zeit sind aber erste Zweifel an dieser Version aufgetaucht. Der spanische Seefahrer und Professor der Marineschule von Cádiz *Luís Miguel Coín Cuenca* studierte jahrelang die Aufzeichnungen über Kolumbus' Entdeckungsfahrten. Er hegte schließlich den Verdacht, dass Kolumbus sehr wohl wusste, dass er nach drei bis vier Wochen Fahrt Land entdecken würde. Ihm kamen nach dem Studium der Logbücher erste Zweifel daran, dass Kolumbus wirklich so unwissend gehandelt hatte. Und so bereiste er die Strecke mit originalgetreu nachgebauten Schiffen noch einmal, wobei er seinen Verdacht bestätigt sah. Seine Theorie basiert im Wesentlichen auf folgender Annahme:

Kolumbus wusste von der Existenz eines Landes zwischen Europa und Indien. Durch angespülte Gegenstände und verirrte Seefahrer erahnte man schon in der damaligen Zeit die Existenz eines im Westen gelegenen Landes.

Die Portugiesen hatten bereits die Kapverdischen Inseln erobert. Diese liegen noch heute im Bereich des nach Westen wehenden Passatwindes. Und so nimmt Coín Cuenca an, dass einige portugiesische Schiffe, die vom Mutterland zu den Kapverden reisten, ungewollt abgetrieben wurden und in der Karibik

684cl sm

landeten. Möglicherweise gelang es einer Besatzung sogar, wieder nach Portugal zurückzukommen.

Kolumbus besaß eventuell eine Karte, auf der Teile des fremden Landes verzeichnet waren. Immerhin arbeitete er jahrelang als Kartenzeichner in portugiesischen Diensten, was damals eine Top-Secret-Position war. So konnte er sicher sein, dass er nach einiger Zeit Land erreichen würde. Er wusste, dass man die Passatwinde erreicht, wenn man weit genug nach Südwesten segelt (auf Höhe der Kapverdischen Inseln).

Laut seinen Aufzeichnungen ist er von den Kanarischen Inseln direkt Richtung Westen gesegelt. Die in seinem Logbuch beschriebenen Phänomene (ungünstige Strömungen, weniger salzhaltiges Wasser, bestimmte Fische) passen aber nicht zu dieser Route. Sie wurden jedoch bei der anderen Route, die Coín Cuenca nachsegelte, angetroffen.

Doch warum sollte Kolumbus in seinem Logbuch gefälschte Angaben gemacht haben? Er konnte nicht seine tatsächlich gefahrene Route ins Logbuch schreiben, da sie durch die Hoheitsgewässer der Portugiesen führte, was für einen im spanischen Auftrag segelnden Kapitän strengstens verboten war. Außerdem wäre es einem Hochverrat gleichgekommen, wenn man ihn mit einer geheimen portugiesischen Karte erwischt hätte.

Theorie oder Hirngespinst? Coín Cuenca trägt genügend Indizien zusammen, die seine Theorie untermauern. Einen unumstößlichen Beweis liefert er aber noch nicht.

078drjf

< Wohin steuerte Martín Alonso Pinzón die „La Pinta", eines der drei Schiffe, die zu Kolumbus' erster Entdeckungsfahrt aufbrachen? In seinem Heimatort Palos de la Frontera erinnert diese Statue an ihn

> Die Richtung gab dieser Mann vor: Kolumbus, hier auf einer Statue in Santo Domingo

Etwa in Höhe des Hauptweges, der zum Kloster führt, ragt ein **Denkmal** in die Höhe. Dieser etwas angegraute und nicht gerade hübsche Kreuzturm von 1892 erinnert an den 400. Jahrestag der Entdeckung Amerikas.

Auf der anderen Straßenseite liegt das kleine **Centro de Información y Recepción,** ein ehemaliges Bauernhaus. Das Gebäude wird auch *Casita de Zenobia* genannt, da die Ehefrau des Literaturnobelpreisträgers *Juan Ramón Jiménez, Zenobia,* lange Zeit hier lebte.

Muelle de las Carabelas

Die Hauptattraktion der gesamten Anlage ist die Muelle de las Carabelas, die **„Mole der Karavellen“**. Dort liegen Nachbauten der drei Schiffe, mit denen *Kolumbus* 1492 von Palos in See stach: backbords (links) „La Niña“, in der Mitte „Santa María“ und steuerbords „La Pinta“, die *Martín A. Pinzón* aus Palos befehligte und von der aus erstmals Land entdeckt wurde. Diese Szene wird nachgestellt durch eine Puppe, die in den Wanten hängt und mit weit ausgestrecktem Arm den berühmt gewordenen Satz schreit: „Tierra a la vista!“ (Land in Sicht).

Alle Schiffe können betreten werden. Aus heutiger Sicht mag man es kaum glauben, dass diese kleinen Schiffe den Atlantik überqueren konnten. Im Hauptschiff sind ein paar Szenen nachgestellt, wie die Matrosen damals hausten. Nur der Admiral sitzt schreibend in seiner Kajüte. Die Schiffe liegen nebeneinan-

Die drei Schiffe von Kolumbus

Kolumbus brach mit drei Schiffen zu seiner ersten Entdeckungsreise auf. Die **„Santa María“,** das Hauptschiff, gehörte *Juan de la Cosa* aus El Puerto de Santa María. Kommandant war Kolumbus persönlich. Das Schiff trug 40 Seeleute, war aber nicht gut zu navigieren. Es zerschellte am 25. Dezember 1492 vor der Nordküste der heutigen Dominikanischen Republik. Aus den Holzresten baute sich die Mannschaft eine provisorische Unterkunft, denn es war nicht genügend Platz für alle auf den anderen Schiffen. Da es gerade Weihnachten war, erhielt diese Siedlung den Namen Fuerte Navidad (Weihnachtsfestung). Kolumbus segelte nach Spanien und kehrte ein Jahr später zurück, aber er fand keinen Spanier mehr lebend vor.

„La Niña“ wurde bei Moguer erbaut und gehörte den Gebrüdern *Niño*. Kapitän war auf der Hinreise *Vicente Yáñez Pinzón*, auf der Rückfahrt übernahm Kolumbus selbst das Kommando. Es war das kleinste der drei Schiffe und hatte Platz für etwa 20 Seeleute.

„La Pinta“ wurde in Palos erbaut, Kapitän war *Martín Alonso Pinzón*. Das Schiff trug etwa 30 Mann, darunter auch *Juan Rodríguez Bermejo,* der im Morgengrauen des 12. Oktober 1492 als erster Land entdeckte.

der, sodass man von einem zum anderen hinübergehen kann. Alles wirkt sehr authentisch. Der Wind lässt die Segel flattern, der Mast knarrt, Wasser schwappt gegen die Bordwand, Möwen segeln vorbei.

Ergänzt wird das Bild durch eine Ausstellung mit dem Titel: **„Begegnung der Kulturen"**. Auf der einen Seite wurde ein spanischer Marktplatz aus dem 15. Jahrhundert nachgebildet – mit allem, was damals im alltäglichen Gebrauch war. Auf der gegenüberliegenden Seite sind Markt, Behausung und Jagdutensilien der indianischen Bevölkerung des Karibikraumes dargestellt. So findet man etwa einen typischen Bohío: ein Rundhaus aus Holz und Palmenblättern. Der Besucher hat die Möglichkeit Nahrungsmittel und die Lebensumstände der beiden Kulturen zu vergleichen. Ob die Indianer die „Entdeckung" Amerikas jedoch als „Begegnung" zweier Kulturen erlebt haben, darf man wohl bezweifeln. Ein kritisches Wort hätte hier nicht geschadet. Außerdem gibt es eine Ausstellung über die Reisen von *Kolumbus*, allerdings alles nur auf Spanisch.

Ergänzend gibt es eine Sammlung von maritimen Exponaten und Landkarten sowie einen 20-minütigen Film zur Entdeckungsreise.

■ **Muelle de las Carabelas,** geöffnet: 16.9.–14.6. Di–So 9.30–20 Uhr, 15.6.–15.9. Di–So 10.30–22 Uhr, Eintritt: 3,55 €.

Foro Iberoamericano

Ganz in der Nähe der Mole der Karavellen gibt es noch weitere Monumente und Sehenswürdigkeiten, die eine Verbindung zu Hispanoamerika haben. Das Foro Iberoamericano ist eine Art Stadion mit Platz für 4000 Personen, ohne Überdachung allerdings. Hier finden kulturelle Veranstaltungen statt, beispielsweise Konzerte.

Plaza Macuro

Ein in blauen Farben gehaltenes, dreistufiges Denkmal, das an einen Hubschrauberflug von Venezuela nach La Rábida erinnert.

Muelle de la Reina

Erinnert an den Transatlantikflug 1926 mit einem Wasserflugzeug von Palos nach Buenos Aires.

Parque Botánico

Der Parque Botánico José Celestino Mutis liegt ein klein wenig abseits, lohnt aber einen Spaziergang. Pflanzen aus allen fünf Kontinenten sind hier vereint, unterbrochen von kleinen Flüsschen, Springbrunnen und schmalen Brücken.

■ **Parque Botánico José Celestino Mutis,** geöffnet: Di–So 10–19 Uhr, Eintritt frei.

[»] „La Niña", „Santa María" und „La Pinta" (von vorn nach hinten), in der „Santa María" sind Szenen vom Leben an Bord nachgestellt (kleines Bild)

679cl jf

678cl jf

Moguer

- **Einwohner:** 21.000
- **PLZ:** 21800
- **Entfernung nach Huelva:** 19 km
- **Touristeninformation:** c/ Castillo, s/n, Tel. 959 371 898, Fax 959 371 853, www.aytomoguer.es.

Moguer ist ein adretter, angenehmer Ort. Die Wege sind kurz, die Gassen eng, die wenigen Sehenswürdigkeiten schnell erreicht. Was gibt es zu sehen? An klassischen Anziehungspunkten eine Kirche, ein ehemaliges Kloster und ein Museum zu Ehren des einheimischen Literaturnobelpreisträgers. Nichts Außergewöhnliches also und so sollte ein Besuch auch aufgefasst werden. Man genießt den Aufenthalt in diesem **schönen Weißen Dorf** ganz besonders, wenn man sich einfach treiben lässt. Schmiedeeiserne Gitter vor den Fenstern und etliche schick dekorierte Innenhöfe gilt es zu entdecken – mal auf Details achten!

697cl sm

Sehenswertes

Am Ortseingang – aus Richtung der ersten Zufahrt von der Autobahn aus – steht die hübsche **Capilla de San Sebastián** (hier bestehen auch Parkmöglichkeiten). Auf der gegenüberliegenden Avenida de la Constitución befindet sich ein **Denkmal** in Form dreier Schiffskörper zur Erinnerung an die Seeleute aus Moguer, die *Kolumbus* auf der ersten Reise begleiteten, vor allem die Gebrüder *Niño. Pedro Alonso* war Steuermann auf dem Schiff „La Niña", das aus Moguer kam. Außerdem reisten noch zwei Brüder mit, *Francisco* sogar noch einmal auf der zweiten Reise von *Kolumbus*.

An der Plaza del Cabildo steht ein **Denkmal** zu Ehren des Literaturnobelpreisträgers **Juan Ramón Jiménez.** Er wurde am 24.12.1881 in Moguer geboren und starb am 29.5.1958 in San Juan auf Puerto Rico. Den Nobelpreis für Literatur erhielt er 1956. Sein wichtigstes Werk heißt *Platero y yo* („Platero und ich"). Es erschien bereits 1917 und erzählt in 138 Sequenzen, Bildern, Geschichtchen und Zyklen von seinem Heimatdorf Moguer. Beinahe an jeder Straßenecke sind hübsche **Kacheln** angebracht, auf denen ein Satz aus „Platero y yo" zitiert wird.

< > Juan Ramón Jiménez und Passanten in Moguer

WOMAN
COMPLEMENTS
Oficina

Natürlich erwähnte Jiménez auch die örtliche Kirche **Iglesia de Nuestra Señora de Granada:** *„La Torre de Moguer de cerca parece una Giralda vista de lejos"*, so steht es an einer Ecke bei der Kirche. „Der Turm von Moguer, aus der Nähe betrachtet, erinnert an die Giralda (Turm der Kathedrale von Sevilla) aus der Ferne besehen." Auffällig ist tatsächlich der schlanke, eckige Glockenturm, der leicht gelblich und mit einigen blauen Kachelstreifen verziert ist. Ganz oben thront eine Figur – fast wie die Giralda von Sevilla. Die Kirche, die ursprünglich an dieser Stelle gestanden hat, wurde beim schweren Erdbeben von Lissabon im Jahre 1755 zerstört. Kaum zu glauben, dass dieses Unglück sich bis hier auswirkte. 1783 konnte der Wiederaufbau beendet werden.

Zweimal um die Ecke liegt das **Casa Museo Zenobia y Juan Ramón.** In diesem schönen Haus lebte der Dichter mit seiner Frau *Zenobia* und schrieb u.a. sein bekanntestes Werk. Er verbrachte hier seine Kindheit und Jugendzeit. Es ist ein typisch andalusisches Haus mit einem Patio, um den auf zwei Etagen die Räume verteilt sind. Heute finden sich ausschließlich Exponate über den Dichter sowie Fotos, seine Bibliothek, Handschriften und Ähnliches.

■ **Casa Museo Zenobia y Juan Ramón,** c/ Juan Ramón Jiménez 10. Geöffnet: geführte Besichtigungen Di–Sa 10.15–13 und 17.15–19 Uhr, So nur 10.15–13 Uhr. Eintritt: 3 €, Mo und So nachmittags geschlossen.

Das **Monasterio de Santa Clara** ist ein großes, festungsartiges Gebäude aus dem 14. Jahrhundert. Das Kloster wurde 1337 gegründet und über 600 Jahre später aufgelöst. Heute kann man es besichtigen

687cl sm

und die schönen Arbeiten im Mudéjarstil bewundern, beispielsweise den Kreuzgang oder das Chorgestühl. Angeschlossen ist ein Diözesanmuseum, in dem religiöse Kunstschätze ausgestellt werden. *Kolumbus* kehrte nach seiner ersten Reise zu einer Dankesmesse hier ein.

■ **Monasterio de Santa Clara,** Besichtigung: Di–Sa 10.30, 11.30, 12.30, 16.30, 17.30, 18.30 Uhr, So nur am Vormittag, Eintritt: 3 €, So Eintritt frei.

Etwas weltlicher geht es auf dem schön gepflasterten Platz vor dem Kloster zu. Bänke laden zum Verschnaufen ein und alles wirkt schön entspannt. Dazu trägt auch die nahe **Fußgängerzone** bei, etwa die Calle Andalucía, wo ein auffälliges Theater steht. Das Gebäude, in dem das **Teatro Felipe Godínez** untergebracht ist, sticht mit seinen hübschen Kacheln auf gelbem Grund ins Auge.

Vor dem großen Freigelände **Recinto Ferial** steht eine **Skulptur** zu Ehren der Schutzpatronin der Stadt, der Jungfrau von Montemayor, *Nuestra Señora de Montemayor.* Dargestellt wird, wie etliche starke Männer diese Skulptur leicht schwankend zu tragen versuchen. Ein eindrucksvolles Sinnbild für eigentlich jede Prozession.

Praktische Tipps

Unterkunft

■ **Hotel Plaza Escribano**③, c/ Lora Tamayo s/n, Tel. 959 373 063, www.hotelplazaescribano.com. Zentral gelegenes Haus mit 20 korrekt eingerichteten Zimmern ohne besondere Schnörkel. Gäste werden oftmals mit kostenlosen Früchten im Zimmer überrascht.

■ **Hostal Santa Clara**②, c/ J. R. Jiménez 20, Tel. 959 370 979. Einfaches Haus, ca. 20 m hinter dem Jiménez-Haus und damit ziemlich zentral gelegen, 9 Zimmer.

Essen und Trinken

■ **Restaurant La Parrala,** Plaza de las Monjas 22 (beim Kloster), Tel. 959 370 452. Sozusagen das erste Haus am Platze. Spezialisiert auf Fleisch- und Fischgerichte, *comidas caseras* („Hausmannskost") lautet die Eigenwerbung. Mo geschlossen.

■ **Bodeguita los Raposos,** c/ Fuentes 60, Tel. 959 371 281, fast am Ortseingang. Leckere Tapas, vor allem Chipirones – kleine, frittierte Tintenfische.

■ **Taberna Parilla la Bodeguita,** Plaza Coronación 14, Tel. 959 372 593. Breite Auswahl an Tapas.

■ **El Lobito,** c/ Rábida 31, Tel. 959 370 660, am Ortseingang. Uriger Laden in einem ehemaligen Weingeschäft.

Feste

■ **2. Sonntag im Mai:** Romería de Montemayor – farbenprächtiger Umzug, an dem Tausende von Teilnehmern hoch zu Ross oder in wunderbar geschmückten Kutschen zur Ermita de Montemayor ziehen, 2 km außerhalb von Moguer.

■ **Juli:** Flamencofestival.

■ **8. und 9. September:** Fiestas de Montemayor – Patronatsfest.

◁ Capilla de San Sebastián

703cl sm

Huelva

- **Einwohner:** 149.000
- **PLZ:** 21003
- **Touristeninformation:** Plaza de las Monjas s/n, Tel. 959 251218, Fax 959 251 218; Plaza del Alcalde Mora 2, Tel. 959 650 200; www.huelva.es.

Ein bisschen schwer tut sich die Provinzhauptstadt, zumindest im Vergleich zu anderen größeren Städten. Übermäßig viel Spannendes wird der Besucher nicht finden. Die Außenbezirke sind von **Industrieanlagen** geprägt, der innerstädtische Kern versprüht auch keinen historischen Reiz. Sicher, es macht schon Spaß, durch die Fußgängerzonen zu schlendern, die Atmosphäre aufzunehmen und vielleicht auch ein wenig durch die Geschäfte zu bummeln. Doch klassische Sehenswürdigkeiten gibt es nur in sehr reduzierter Form. Dafür entpuppen sich die Menschen als überaus herzlich und freundlich. Wer sich also mal traut, in einer Bar das Gespräch zu suchen, wird vielleicht gerade in Huelva Erfahrungen machen, die einem in touristisch stärker besuchten Orten meist verwehrt bleiben.

Sehenswertes

Das **Monumento a Colón** ist wohl so etwas wie das Markenzeichen von Huelva geworden. Es steht am Ortseingang beim Punta del Sebo und ist ein Geschenk der USA an die „Entdecker der Neuen Welt"! Geradezu monströs trägt diese 30 Meter hohe Betonskulptur nicht unbedingt zur Verschönerung des Stadtbildes bei.

< > Lebendiges Treiben auf Straßen und Markt

Das **Barrio Obrero Reina Victoria** ist wirklich mal etwas anderes, nämlich ein winziges Viertel von kleinen gelb-weißen Einfamilienhäusern mit Spitzdächern und winzigen Gärten inklusive Gartenzaun. Diese Häuser wurden 1916 von einer ehemaligen britischen Minengesellschaft für ihre Arbeiter gebaut. Obwohl sie sich alle stark ähneln, trägt jedes Haus ein signifikantes Detail, das es von den anderen unterscheidet. Im Hochhäusermeer von Huelva fallen diese kleinen Häuschen heute sofort auf. Sie liegen unweit des großen Kaufhauses El Corte Inglés. Sie sind nach britischem Modell erstellt, alle mit einem kleinen Vorgarten versehen in neun parallel verlaufenden Straßen ohne Namen (nur Buchstaben) angelegt, die von zwei Straßen zerschnitten werden.

Casa Colón: Obwohl der Name auf *Kolumbus* (Colón) hindeutet, wurde dieses Haus an der Alameda Sundheim erst 1883 von der Minengesellschaft *Riotinto* als Firmensitz erschaffen, außerdem wohnten dort leitende Angestellte. Hier war auch der organisatorische Sitz der Feierlichkeiten zur 400-Jahr-Feier der Entdeckung Amerikas im Jahr 1892. Insgesamt gibt es vier Gebäude mit Garten, heute befindet sich hier ein Kulturzentrum. Auffällig: die Flaggen aller lateinamerikanischen Staaten wehen draußen im Wind.

Gran Teatro: Das große Theater in der Fußgängerzone von Huelva entstand nach dem Entwurf von *Teodoro Anasagasti.* Die Fassade zeigt neoklassizistische Anklänge.

Die **Iglesia Nuestra Señora de la Concepción,** Calle Núñez, entstand in der Zeit vom 16. bis 18. Jahrhundert im gotischen Mudejarstil mit barocken Einflüssen. Hier soll erstmals in Spanien eine Feierlichkeit zu Ehren der Unbefleckten Empfängnis (Inmaculada Concepción) gefeiert worden sein. Im Inneren sind Gemälde von *Zurbarán* herausragend, sowie das handwerklich prächtige Gestühl.

Die **Iglesia de San Pedro** am Plaza de San Pedro ist die älteste Kirche von

704d sm

Huelva, sie stammt aus dem 14./15. Jahrhundert. Auf den Überresten einer Moschee erbaut, ist sie mit einem barocken Glockenturm versehen. Das Gotteshaus erlitt schwere Schäden beim Erdbeben von 1755.

Im Jahr 1605 wurde die **Catedral de la Merced,** eine Kapelle zu Ehren von La Merced, als Teil eines Klosters gegründet, allerdings wurde sie erst 1954 geweiht. Die Außenfassade ist im Renaissancestil gearbeitet. Die kleine Kapelle am Plaza de la Merced wurde im Laufe der Zeit mehrfach umgebaut und vergrößert, auch weil sie durch das Erdbeben von Lissabon im 18. Jahrhundert größere Schäden erlitt. Sie ist dreischiffig und hat ein Querhaus. Herausragend im Innern sind die Skulptur der Schutzpatronin der Stadt, La Virgen de la Cinta, und eine Holzskulptur des Cristo de Jerusalem.

Das **Museo de Huelva** hat zwei Abteilungen: die Abteilung der schönen Künste und eine zweite mit archäologischen Exponaten aus der Frühgeschichte und der römischen Epoche dieser Gegend.

■ **Museo de Huelva,** Alameda de Sundheim 13. Geöffnet: 16.9.–31.5. Di–Sa 10–20.30, So 10–17 Uhr, 1.6.–15.9. Di–Sa 9–15.30, So 10–17 Uhr, Eintritt für EU-Bürger frei.

Lohnenswert ist auch ein Spaziergang durch die recht ursprünglichen Straßen in Richtung Plaza de las Monjas. Hinter dem Platz erstreckt sich ein Gassengewirr in Richtung Busterminal. Hier schlägt das **Altstadtherz** mit vielen kleinen und kleinsten Läden, diversen Bars und einer Menge Atmosphäre, viel Volk ist unterwegs. Eine der interessantesten Ecken der Stadt!

Huelva

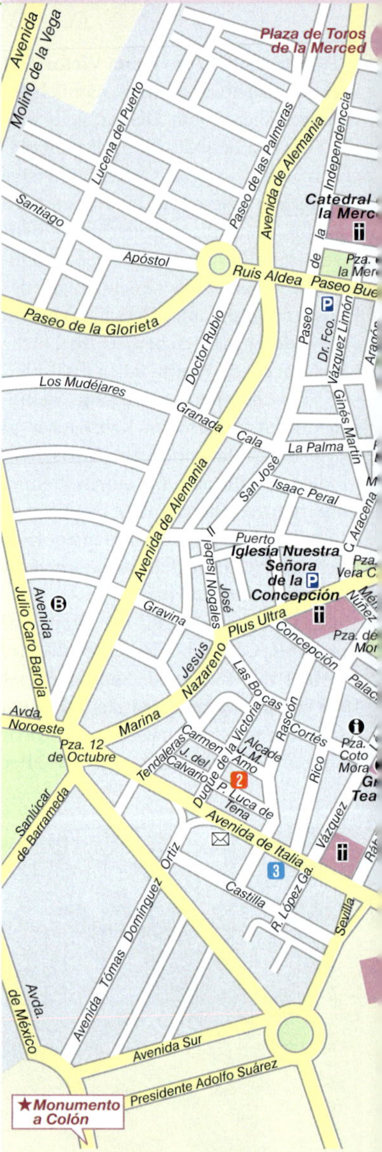

■ **Übernachtung**
1 Jugendherberge
2 Hotel Costa de la Luz
5 Hotel Tartessos
6 Hotel Familia Condes
8 NH Hotel Luz Huelva

Essen und Trinken

3 Rest. La Marina
4 Rest. La Cazuela
7 Rest. Las Marismas
10 Rest. Las Meigas

Einkaufen

9 El Corte Inglés

Praktische Tipps

Unterkunft

■ **Hotel Tartessos**③-④, Avda. Martín Alonso Pinzón 13, Tel. 959 282 711, Fax 959 250 617, www.eurostarstartessos.com. Ein Hochhaus im Zentrum mit schickem Eingangsbereich und 112 modernen Zimmern. WiFi.

■ **NH Hotel Luz Huelva**③-④, Alameda Sundheim 26, Tel. 959 250 011, Fax 959 258 110, www.nh-hotels.com. Relativ großes Haus von sechs Etagen (107 Zimmer) mit kleinen Balkonen. Nicht weit außerhalb vom Zentrum gelegen. Die Zimmer sind wie immer bei dieser Hotelkette gut und zweckmäßig. In bläulichem Ton gehalten.

■ **Hotel Familia Condes**③, Alameda Sundheim 14, Tel. 959 282 400, Fax 959 285 041, www.hotelfamiliaconde.com. Das schlanke Haus mit sechs Etagen liegt im Zentrum und hat 54 funktionale und modern eingerichtete Zimmer.

■ **Hotel Costa de la Luz**③, c/ José María Amo 8, Tel. 959 256 422, Fax 959 253 214, www.hotelcostaluzhuelva.com. Ein 2-Sterne-Haus von drei Etagen mit 35 Zimmern, mitten im Zentrum gelegen. Sieht optisch von außen zwar etwas schlicht und wohnblockmäßig aus, zählt aber zu den preiswerten Alternativen.

■ **Jugendherberge,** c/ Marchena Colombo 14, Tel. 959 650 010, www.inturjoven.com. Liegt nicht gerade zentral, ein Taxi sollte deshalb drin sein.

Essen und Trinken

■ **Restaurante Las Marismas,** c/ Padre Laraña 2, Tel. 959 253 679. Einfaches Lokal, aber mit guten Fischgerichten und Tapas zu vernünftigen Preisen.

■ **Restaurante Las Meigas,** Avda. Guatemala 44, Tel. 959 271 958. Sehr gute baskische Küche, aber auch lokale Gerichte. Zählt mit zum Besten, was Huelva zu bieten hat.

■ **Restaurante La Marina,** Avda. Itálica 20, Tel. 959 259 692. Nicht ganz klein, hat auch eine Terrasse. Auf der Karte überwiegen Fisch und Meeresfrüchte, es gibt aber auch Fleisch und Tapas. Traditionshaus, sehr beliebt.

■ **Restaurante La Cazuela,** c/ Garci y Fernández 15, Tel. 959 258 096. Altgedientes Traditionshaus ohne großen Pomp. Nicht allzu groß, daher häufig rasch voll. Es gibt regionale Gerichte, darunter auch viel Fisch.

⌃ Das kleine Punta Umbría hat einen großen Strand

722cl sm

Verkehrsverbindungen

- **Busterminal:** c/ Dr. Rubio Slu, an einer schmalen Parallelstraße zur breiten Avenida Alemania am Rande des Zentrums, Tel. 959 256 900.

Einkaufen

- In den **Fußgängerzonen** finden Shopper eine Vielzahl von kleinen Läden, eine Filiale der großen Kaufhauskette *El Corte Inglés* liegt bei der **Plaza España,** nicht weit vom Museo de Huelva entfernt.

Nützliche Adressen

- **Post:** in der Avenida de Italia.

Feste

- **20. Januar:** San Sebastián – Patronatsfest.
- **Erste Augustwoche:** Fiestas Colombinas – dem großen Entdecker *Colón* huldigt man durch ein Sommerfest.
- **8. September:** Virgen de la Cinta – Patronatsfest.

Punta Umbría

- **Einwohner:** 15.000
- **PLZ:** 21110
- **Entfernung nach Huelva:** 16 km
- **Touristeninformation:** Avda. Ciudad de Huelva 1, Tel. 959 495 160, Fax 959 495 166, www.aytopuntaumbria.es, geöffnet: Mo–Fr 9–14, 18–20, Sa 10–13 Uhr.

Punta Umbría ist auf drei Seiten von Wasser umgeben: vom Atlantik, dem Río Punta Umbría und dem Canal de la Madres. Zwar befindet sich der Ort fast in Sichtweite zur Großstadt Huelva, aber aufgrund eines **Marschlandes** und der **trennenden Flüsse** muss der Besucher einen gehörigen Bogen fahren. Das hat dazu geführt, dass die Stadtväter eine autobahnähnliche Straße von Huelva an die Strände von Punta Umbría bauten. Und die suchen tatsächlich ihresgleichen!

Kein Wunder, dass sich hier ein intensiver **nationaler Tourismus** entwickelt hat. Während der spanischen Reisesaison Juli und August platzt der Ort aus allen Nähten. In der übrigen Zeit geht es ruhiger zu, da kann der Besucher tat-

Küste bei Punta Umbría

sächlich den Fischern beim Flicken der Netze zuschauen.

Der **Fischfang** ist durchaus noch lebendig und die Boote dümpeln nicht nur malerisch im Wasser. Mittags kippen sich die wettergegerbten Fischer ihre bleischwere Müdigkeit mit einem kräftigen Schluck aus den Knochen.

Im Bereich des Hafens wirkt Punta Umbría ziemlich geschäftig, außerhalb dominieren **Ferienwohnungen.** Diese liegen unweit der Strände und dort bleibt es relativ ruhig – bis auf die Monate Juli und August eben.

Die Strände

Playa de Punta Umbría beginnt an der Spitze des Ortes, dort wo der Río Punta Umbría ins Meer mündet. Der Strand ist 3,8 Kilometer lang und hat eine durchschnittliche Breite von 50 Metern, die aber im östlichen Bereich beträchtlich zunimmt. Begleitet wird er stadtauswärts mehrere Kilometer von einer Ferienhaussiedlung. Die Avenida del Océano verläuft etwa 50 Meter entfernt parallel zur Küste. Alle hundert Meter zweigen Stichstraßen zum feinen Sandstrand ab.

Playa del Calé wird ein kleiner Strandabschnitt genannt, der im Übergangsbereich zwischen *urbanización* und Pinienwald liegt. Hier zeigt sich der Strand sehr breit: etwa 60 bis 80 Meter. Er wird von einer schönen Dünenlandschaft beherrscht, die unter Naturschutz steht. Deshalb sollen Besucher nur auf Holzbohlen hier durchlaufen. Es gibt einen Parkplatz, aber keine Serviceeinrichtungen.

Playa los Enebrales liegt schon außerhalb von Punta Umbría. Offiziell trennt man noch einen Strandabschnitt namens **Playa de Mata Negra** ab, aber da es keine erkennbare Grenze gibt, werden die Abschnitte hier vereint. Das Strandgebiet verläuft über 2300 Meter und verbreitert sich auf solide 50 Meter. Eine Straße verläuft teilweise in Sichtweite, teilweise versteckt im Pinienwald vorbei, sie ist aber relativ schwach befahren. An mehreren Stellen kann geparkt werden und dann hat der Strandläufer ein einsames Fleckchen von diesem schönen Sandstrand für sich. Ausgedehnte Spaziergänge können auch durch den direkt angrenzenden Pinienwald unternommen werden. Ein 162 Hektar großes Gelände wurde unter Naturschutz gestellt: die **Paraje Natural de los Enebrales.** Neben dem Wanderweg führt hier auch ein Radweg durch. Da der Strand abseits liegt, gibt es außer einem sporadisch geöffneten Kiosk keinen Service.

Sehenswertes

Viel zu besichtigen gibt es in Punta Umbría nicht. Vom **Torre Almenara** sind noch Reste erhalten. Der Aussichtsturm wurde im 17. Jahrhundert auf Befehl von König *Felipe III.* erbaut. Von dort kontrollierte man die Einfahrt nach Huelva.

Gleich nebenan steht die hübsche Kirche **Iglesia de Nuestra Señora de Lourdes.** Sie ist jüngeren Datums und wurde erst 1950 fertig gestellt.

Die **Hafenmeile** mit der *lonja,* der Fischauktionshalle, lohnt dann einen Bummel, wenn die Fischer am späten Vormittag wieder einlaufen.

Ansonsten bleibt nur noch der Gang durch die Fußgängerzone **Calle Ancha,** wo die meisten Geschäfte und Lokale liegen, das war's im Grunde schon; neben den **tollen Stränden** natürlich.

Im **Casa Museo de los Ingleses** wird die Phase Ende des 19. Jahrhunderts dokumentiert, als viele Engländer in den nahen Minen arbeiteten und sich in Punta Umbría an den Stränden erholten. Damals wurden 14 Häuser für die Engländer errichtet, und zwar im Stil ihrer Heimat. Dieser wurde sehr viel später auch übernommen beim Bau der Touristeninformation.

■ **Casa Museo de los Ingleses,** Avda. Ciudad de Huelva s/n, Tel. 959 495 190, www.casadelosingleses.com, geöffnet: nur nach telefonsicher Anmeldung.

Im Hafen von Punta Umbría

Praktische Tipps

Unterkunft

■ **Hotel Barceló Punta Umbría**④, Avda. del Océano s/n, Tel. 959 495 400, Fax 959 310 244, www.barcelo.com. Die Hotelkette Barceló betreibt das große, quadratische Haus unmittelbar am Strand. In der Mitte liegt ein großer Pool. 296 Zimmer und vier Suiten. Von vielen Räumen hat der Gast wenigstens einen seitlichen Meerblick.

■ **Hotel Emilio**③, c/ Ancha 23, Tel. 959 311 800, Fax 959 659 051, www.hotelemilio.com. Ein kleines, aber sehr zweckmäßig eingerichtetes Haus mit 35 Zimmern und einer Terrasse in zentraler Lage. WiFi.

■ **Hotel Ayamontino**②, Avda. Andalucía 35, Tel. 959 311 450, Fax 959 310 316, www.hotelayamontino.com. Das kleine, helle Haus hat 45 Zimmer und liegt nicht weit vom Zentrum unweit der Fußgängerzone. Ein Fischrestaurant ist angeschlossen.

■ **Hostal Playa**②, Avda. del Océano 95–97, Tel. 959 310 112, Fax 959 314 113, www.hostalplaya.

726cl sm

net. Kleines Haus in Strandnähe schräg gegenüber vom unübersehbaren Hotel Pato Amarillo. Einfach, aber solide. WiFi.

Camping

- **La Bota,** 2. Kategorie, Carretera Huelva – Punta Umbría am km 11, Tel. 959 314 537, Fax 959 314 546, www.campingplayalabota.com. Ein recht großer Platz für knapp 1000 Personen in einem Pinienwald, vielleicht 300 m vom Meer entfernt am Strand La Bota, etwa 5 km außerhalb. WiFi.

Essen und Trinken

- Entlang der **Calle Ancha** liegen viele Bars. Es ist die erste Parallelstraße zum Hafen und gleichzeitig eine Fußgängerzone. Im Sommer bleibt hier kein Auge trocken! Dort liegt auch die hübsch gekachelte Bar *El Marinero,* c/ Ancha 61, Tel. 959 310 398.
- **Rest. El Velero,** Paseo de la Ría 13, Tel. 959 313 054, liegt beim Hafen an der Fischbörse La Lonja. Ist zwar relativ unscheinbar, aber beliebt wegen der Grillfisch-Gerichte.
- **Bar Antonio,** c/ Combes Ponzones 10 (Seitenstraße der c/ Ancha), Tel. 959 314 132, eine authentische Bar mit Hafen-Atmosphäre und sehr leckeren *coquinas,* einer speziellen Muschelart.

Verkehrsverbindungen

- **Busterminal:** Avda. Ciudad de Huelva, nahe der unübersehbaren Touristeninformation.

Einkaufen

- Ziemlich genau gegenüber vom Hafen und der *lonja,* der Fischauktionshalle, befindet sich die **Markthalle** im Keller eines modernen Gebäudes.

Nützliche Adressen

- **Post:** Avda. de Andalucía, auf der gegenüberliegenden Seite der Touristeninformation.

Feste

- **April:** Muestra Nacional de Coquina – ein Koch-Festival mit Probiermöglichkeiten.
- **Letzter Sonntag im Mai:** Santa Cruz – mit einer gut besuchten *romería,* also einem farbenfrohen Umzug.
- **Juli:** Fiesta Nacional del Marisco – den Meeresfrüchten wird gehuldigt.
- **16. Juli** und **15. August:** Nuestra Señora del Carmen – Patronatsfest mit Meeresprozessionen.

Ausflug

Marismas del Odiel

Zwischen Huelva und Punta Umbría liegt das **Naturschutzgebiet** Marismas del Odiel: ein Brackwasserbereich im Flussgebiet des Río Odiel, der durch die Gezeiten des Meeres periodisch überschwemmt wird (Brackwasser ist die Vermischung von Süß- und Salzwasser). Hier können zu bestimmten Zeiten Flamingos und Löffler beobachtet werden, die auf der streng geschützten Insel Isla de Enmedio rasten und teils auch brüten. Das Besucherzentrum Anastasio Sierra an der Dique Juan Carlos I. findet man an der Straße Punta Umbría – Huelva, km 3, bei der Brücke abbiegend und der Ausschilderung folgend. Am einfachsten ist das Gebiet auf ausgeschilderten Wanderungen zu erkunden. Es gibt fünf Wege unterschiedlicher Länge, von 400 Metern bis zu 3,8 Kilometern.

718cl sm

El Portil

El Portil ist ein für die Gegend nicht so kleiner **touristischer Komplex,** der vor allem in den Sommermonaten genutzt wird. Dann füllen sich all die Apartments mit spanischen Touristen. Außerhalb der Monate Juli und August wird es ruhig, der Ort verwandelt sich beinahe in eine Geisterstadt.

Die Mehrheit der Gebäude erreicht maximal fünf bis sechs Etagen, sodass sich während der Saison gut und gerne **ein paar Tausend Urlauber** hier tummeln. Dann sind natürlich alle Lokale geöffnet und der Strand ist gut besucht, aber nicht überlaufen, denn dazu ist er zu breit.

Radeln auf eigenen Wegen unter Pinien

Die Strände

Playa la Bota liegt etwas außerhalb von El Portil. Aber dieser schöne Sandstrand erstreckt sich über 3800 Meter und hat eine durchschnittliche Breite von 35 Metern. Die Straße nach Punta Umbría verläuft in Sichtweite. Es ist also problemlos möglich, ein relativ einsames Plätzchen zu ergattern. Die meisten Urlauber drängeln sich lieber am nächsten Strand. Am Playa la Bota liegt auch der gleichnamige Campingplatz (↗ Punta Umbría: Camping).

Playa del Portil heißt der Hauptstrand der *urbanización*. Er geht nahtlos in eine benachbarte Zone namens **Playa de San Miguel** über. Hier tummeln sich im Sommer Tausende, da die Reihen der Ferienwohnungen direkt hinter dem Strand beginnen. Er ist 45 Meter breit, 3600 Meter lang und von feinem, hellem Sand. Kleine Besonderheit: Durch bestimmte Strömungsverhältnisse hat sich ein paar Hundert Meter vor der Küste ein kilometerlanger Nehrungshaken im Wasser aufgebaut. Das Phänomen schreitet fort und schützt dabei die Küste. Die Badenden können auf diese Weise absolut ruhiges Wasser genießen.

An den Stränden von El Portil bleibt viel Platz rund ums Handtuch

717cl sm

Sehenswertes

Ein wenig Abwechslung bietet ein Spaziergang um den Binnensee **Laguna del Portil.** Ein 3 Kilometer langer Fußweg, der direkt bei der rosafarbenen Kirche Santa María del Portil startet, führt einmal um die 15,5 Hektar große Lagune herum. Es handelt sich um eine Süßwasserlagune, die von einem Pinienwald und einigen Dünen umgeben ist: ein hübsches Naturbild.

⌄ › Von innen und außen hübsch: die kleinen Lokale am Strand von El Rompido

El Rompido

■ **Touristeninformation** im benachbarten Ort Cartaya: Oficina de Turismo, c/ Nueva 16, Tel. 959 393 775, Fax 959 390 688, geöffnet: Mo–Fr 10–14 Uhr.

El Rompido war einst ein kleines Fischerdorf am Atlantikzufluss des Río Piedras. Da sich ein **Nehrungshaken** kilometerweit parallel zur Küste am Ort vorbeischiebt, liegt der Hafen sehr geschützt. Das haben auch immer mehr Touristen erkannt, sodass sich El Rompido langsam gewandelt hat. Heute dominieren hier Ferienwohnungen, außerdem gibt es ein großes Hotel der Fuertegruppe, sowie, etwas abseits, ein sehr

728cl sm

732cl sm

großes und sehr schickes Golf-Hotel in herrlich ruhiger Umgebung. Außerdem entstand ein ziemlich großer Sportboothafen. Aber ein netter ursprünglicher Dorfkern mit flachen Häusern und einer erstaunlichen Anzahl von Lokalen, nicht wenige mit Strandterrasse, hat sich am Hafen noch erhalten können (am Leuchtturm der Straßengabelung nach unten folgen). Etwa 20 Meter erhöht verläuft die Durchgangsstraße mit hauptsächlich neueren Bauten und Ferienwohnungen.

Der Strand

Playa de El Rompido hat eine Länge von 3600 Metern und eine mittlere Breite von 40 Metern, er verjüngt sich jedoch zunehmend in Richtung Hafen. Die meisten Urlauber sonnen sich etwas außerhalb, da dort die Ferienwohnungen in zwei *urbanizaciones* liegen. Wie entlang der gesamten Küste ist der Strand feinsandig und hellgelb, aber nicht von der Güte „Südseetraum". Dann lieber rüber auf die Landzunge fahren (↗ Ausflug).

Sehenswertes

Zu sehen gibt es eigentlich nichts außer dem **Hafen,** dem **Leuchtturm** und einigen alten, gitterbesetzten **Fischerhäusern.** Der alte Leuchtturm stammt aus dem 19. Jahrhundert, er ist heute nicht mehr in Betrieb, dafür leuchtet ein neuer, größerer Turm ganz in der Nähe. Der alte weist aber als Markierungspunkt den Weg zu einem kleinen kommerziellen Zentrum mit etlichen Lokalen, von deren Terrassen man ganz hervorragend den Sonnenuntergang bewundern kann.

Die **Parroquía de Carmen** ist weiß, klein und wird von einem ziemlich großen Wandgemälde geschmückt, das Fischer zeigt, wie sie die Jungfrau lobpreisen, was ja bestens zum Ort passt. Das Ganze ist schlicht, aber eindrucksvoll.

☑ Beim Schlemmen im Restaurant oder ganz für sich am Strand zu beobachten: Sonnenuntergang vor El Rompido

Praktische Tipps

Unterkunft

■ **Hotel Fuerte el Rompido**④, Ctra. H-4111, km 8, Tel. 959 399 929, Fax 959 399 930, www.fuertehoteles.com. 2005 eröffnetes, nach ökologischen Grundsätzen erbautes Hotel, oberhalb vom

Ortskern unweit vom Hafen. 300 moderne Zimmer, teilweise mit Meerblick. Außerdem: Indoorpool, Wellnessbereich, Außenpool mit Bar.

■ **Hotel San Miguel**③, Straße nach Cartaya, km 6, Tel. 959 504 262, Fax 959 504 510, www.hotel-sanmiguel.com. Sehr idyllisch gelegenes 32-Zimmer-Haus auf einem 60.000 m² großen Piniengelände, gut 2 km außerhalb.

735cl sm

Essen und Trinken

MEIN TIPP: Im alten Ortskern an der Straße c/ Nao **beim Hafen** wartet wenigstens ein halbes Dutzend schnörkelloser Lokale auf Kundschaft. Fast alle haben eine Terrasse zum Meer, sind ohne Firlefanz eingerichtet und auf Fisch spezialisiert. Die Öffnungszeiten können je nach Saison stark schwanken, doch zumeist ist am Wochenende geöffnet, auch außerhalb des Sommers.

■ **El Caribe II,** c/ Nao 13, Tel. 959 399 027. Wie alle Lokale hier mit einer Terrasse am Strand. Es gibt Fischgerichte und auch eine gute Auswahl an Meeresfrüchten.

■ **Rincón de Pescadores,** c/ Barca 8, Tel. 959 399 338. Beste Strandlage mit Terrasse. Fischgerichte in allen Variationen und Meeresfrüchte nach Rezepten aus allen Regionen Spaniens sind die Spezialität des Hauses. Hat eine offene Küche.

■ **La Cantina,** Paseo Marítimo 25, Tel. 959 105 302. Ein sehr beliebtes Lokal mit Terrasse. „Gut Essen, gut Trinken" wäre sehr frei übersetzt das Motto des Hauses, auch hier dominieren Fisch und Meeresfrüchte die Karte.

■ **Marisquería Doña Gamba,** Plaza de las Sirenas 15, Tel. 618 813 672. Hat den Speiseraum oben und unten gibt es einen meist schwer umlagerten Tresenbereich, nach hinten eine Terrasse. Das Lokal ist sehr beliebt und vor allem für seine Gerichte mit Gambas, aber auch für seine Schinkenkreationen bekannt.

■ **La Ola,** Paseo del Mar 1, Tel. 959 399 470. Eines der größeren Lokale mit entsprechend großer Terrasse zum Wasser. Auch hier werden Fisch und Meeresfrüchte serviert, es gibt aber auch Fleischgerichte.

■ **El Patera,** c/ Nao 1, Tel. 959 399 320, Mo geschlossen. Etwas kleiner als die Nachbarn, aber auch mit Terrasse und Meerblick. Auch hier werden hauptsächlich Fisch und Meeresfrüchte serviert.

■ **Vor dem Leuchtturm** befindet sich ein kleines kommerzielles Zentrum, wo es auch ein paar Lokale gibt, u. a. ein italienisches Restaurant sowie eine

Bar, von der man zum Sundowner einen unvergleichlichen Blick aufs Meer genießt. Ausgesprochen beliebt!

Aktivitäten

- **Aquopolis Cartaya Water Park,** Carretera Cartaya – El Rompido, km 2,5, Tel. 902 345 023, www.cartaya.aquopolis.es, geöffnet: 8.6.–1.9. ab 12 Uhr, Eintritt: 21,50 €, Kinder (0,90 m bis 1,40 m Körpergröße) und Senioren 16,95 €. Nur wenig außerhalb des Ortes liegt der Badepark mit Rutschen, Liegewiesen, Snackbars und allem, was dazugehört.
- **Karting Cartaya,** Carretera Cartaya – El Rompido, km 2,4, Tel. 959 393 822, www.kartodromo cartaya.com, geöffnet: ganzjährig, im Sommer täglich ab 10 Uhr und durchgehend, sonst eingeschränkter. Hier kann man auf einer 1130 m langen Piste seine Runden drehen.

Ausflug

Einsamer Strand

Ab dem Hafen pendelt vom 1. Juni bis zum 15. September zwischen 10.30 und 15 sowie 16 und 20 Uhr halbstündlich (Nebensaison stündlich, Preis: 3 €) ein kleines Schiff hinüber zu einer Anlegestelle auf der Landzunge, die den Namen **Flecha de El Rompido** („Pfeil von El Rompido") trägt. Von der Anlegestelle führt ein 200 Meter langer Holzbohlenweg auf die andere Seite zum Strand, der dort in völliger Einsamkeit liegt und über viele Kilometer verläuft. Von daher leitet sich auch der Name der Landzunge ab, denn sie ist eigentlich ziemlich schmal, aber eben sehr lang. Gut für einsame Strandspaziergänge, ein ruhiges Fleckchen zum Sonnenbaden findet sich auch.

El Terrón

Der Ort ist winzig. Er hat aber einen gar nicht so kleinen Hafen, in dem noch **Fischfang** betrieben wird. Doch der Fischfang geht zurück, es gibt auch keine Fischbörse mehr. Gefangen werden vor allem Tunfisch und Gambas, aber nicht mehr in großen Mengen. Deswegen haben sich die (ehemaligen) Fischer auch auf das Flicken von Netzen spezialisiert. Ein Teil der Fänge bleibt gleich hier und wird in einem der **Hafen-Restaurants** angeboten.

Der Strand

Eigentlich hat El Terrón keinen Strand. Man kann aber von der Zufahrtsstraße zum Hafen über einen Fußweg durch die Marismas zum Strand auf dem **Nehrungshaken Flecha de El Rompido** laufen. Der Weg startet gegenüber der Straße, die zur Kapelle Nuestra Señora de la Bella führt, und ist 2 Kilometer lang. Wer sich dieser Mühe unterzieht, erreicht dann schließlich den Strand **La Antilla – Nueva Umbría**, der sich über 12 Kilometer hinzieht! Die Nehrung wird aus Sedimenten gespeist, die die gleichförmige Strömung ablagert. Sie wächst rund 40 Meter pro Jahr. Momentan reicht sie bis El Portil. Vom Nehrungshaken aus gibt es eine regelmäßige Schiffsverbindung nach El Rompido (↗ El Rompido: Ausflug).

▷ Ein Fischer bei der Arbeit im Hafen von El Terrón

Praktische Tipps

Essen und Trinken

- **La Señora María,** Tel. 959 380 930, hat eine kleine Terrasse und serviert Meeresfrüchte sowie Fischgerichte.
- **La Bella Casa Revuelta,** Tel. 959 380 261, liegt in der zweiten Reihe, ist aber so etwas wie das erste Haus am Platze, was schon durch Tischdecken dokumentiert wird. Hier wird auch mehr als nur Fisch geboten.

La Antilla

- **Einwohner:** 1500
- **PLZ:** 21449
- **Entfernung nach Huelva:** 45 km
- **Touristeninformation:** Avda. de Castilla s/n, Tel. 959 481 479.

Eine Mischung aus kleinem Dorf und moderner *urbanización* ist hier zu finden. Offensichtlich besteht La Antilla zum größten Teil aus Ferienwohnungen, die sich **nur im Sommer mit Leben** füllen. Auch die temporär in den umliegenden touristischen Betrieben Beschäftigten wohnen hier.

La Antilla liegt unmittelbar am Meer, eine **harmonisch gestaltete Promenade** lädt zum Bummeln ein. Sie hat eine Länge von 200 Metern und verläuft vom Hauptplatz bis zur Kirche Iglesia de Nuestra Señora de los Reyes. Kein Autoverkehr, keine Kneipen – ein paar Palmen und vereinzelt Holzbohlenwege zum Strand, das war's.

Allzu viel wird im Ort nicht geboten, die Auswahl an Lokalen ist recht beschränkt (möglicherweise ein Zugeständnis an die kurze Saison). Zwei Straßen führen von der außen vorbeilaufenden Hauptverkehrsader in den Ort hinein: die Calle La Antilla und die Calle de Castilla. Hier haben sich die meisten Lokale und Geschäfte angesiedelt.

Der Strand

Playa de La Antilla – Nueva Umbría ist ein sehr feiner Sandstrand von 2000 Metern Länge und einer Breite von an die

739cl sm

100 Meter. Die EU verlieh dem Küstenstreifen sogar die blaue Fahne für besonders gute Wasser- und Strandqualität.

Praktische Tipps

Unterkunft

- **Hostal Azul,**②-③, Plaza La Parada 9, Tel./Fax 959 480 700, www.hostalazul.com. Sieht schon von außen recht hübsch aus. Das Haus bietet insgesamt elf Zimmer. WiFi.
- **Hostal La Antilla**②, Plaza la Parada 2, Tel. 959 480 056, Fax 959 480 088. Eine kleine Pension mit 15 Zimmern, die nicht einmal 100 m vom Meer entfernt liegt.
- In unmittelbarer Nachbarschaft liegen noch weitere sehr kleine, aber preiswerte Pensionen, die jedoch außerhalb der Saison schließen, z. B.: **Pensión La Parada,** Tel. 959 481 462.

Camping

- **La Antilla,** 2. Kategorie, an der Straße nach El Terrón, km 2, Tel./Fax 959 480 829, www.campingantilla.com. Recht ordentliche bis gute Einrichtungen, die vor ein paar Jahren grundlegend renoviert wurden. Die 700 m bis zum Strand muss niemand zu Fuß zurücklegen, da ein kleiner Bummelzug die Camper kostenfrei dorthin bringt. Der Platz kann knapp 1000 Personen aufnehmen.

Essen und Trinken

Wie es bei Saisongeschäften üblich ist, schließen im Winter etliche Betriebe über einen mehr oder weniger langen Zeitraum.

- **Restaurant Coral Playa,** c/ Estrella de Mar 3, Tel. 959 481 406, liegt strategisch sehr gut am zentralen Platz bei der Strandpromenade und hat eine Terrasse mit Meerblick.
- **Restaurant Miramar,** Paseo Marítimo s/n, Tel. 959 481 085. Liegt sehr schön in der ersten Strandreihe und hat natürlich eine Terrasse mit Meerblick. Es gibt Meeresfrüchte, Salate, Fischgerichte sowie auch Tapas und viele Reisgerichte, nicht zu vergessen die hausgemachten Desserts.

743cl sm

La Antilla liegt direkt am breiten Sandstrand

Islantilla

- **PLZ:** 21410
- **Entfernung nach Huelva:** 47 km
- **Touristeninfo:** Avda. de Río Frío s/n, Tel. 959 646 013, www.islantilla.es, geöffnet: Mo–Fr 9–14 Uhr.

Islantilla ist eine **reine urbanización von beachtlicher Größe.** Über mehrere Kilometer wurden am Strand entlang Apartmentanlagen, Ferienwohnungen und einige wenige Hotels errichtet. Ausgangspunkt des ganzen Baubooms war ein **Golfplatz** mit 27 Löchern. Dort entstand obendrein eine Vielzahl von Residenzen. Allein diese Golf-Residenz-Anlage umfasst 60.000 Quadratmeter.

Die Unterkünfte liegen näher am Meer, der Golfplatz ist weiter nördlich zu finden, man könnte sagen: in der zweiten Reihe. Insgesamt gibt es 2500 Betten (Hotels, Apartments), zwei Einkaufszentren, den Golfplatz und einige Privat-Residenzen. Die ganze *urbanización* geht fast nahtlos in die beiden Nachbarorte über, unterscheidet sich aber im Baustil doch deutlich, denn in Islantilla versucht man, ein kaufkräftigeres Publikum anzusprechen.

Erkennbar wird aber auch versucht, diese Zone zu schützen. So führen Holzbohlenwege durch die Dünen zum Strand, so wie man es von den Nordseeinseln kennt. Damit soll verhindert werden, dass jeder durch die Dünen latscht. Hinweisschilder erklären den Sinn von Dünen und warum diese bepflanzt werden (gegen Verwehungen).

Der Ort besteht aus zwei Querstraßen, von denen ein paar Stichstraßen zum Meer abzweigen. Es sind nur wenige, große Hotels zu finden und ansonsten nur **Ferienwohnungen.** Zentraler Punkt ist das **Einkaufszentrum** *Centro Comercial* in der Avenida de Alemania. Neben etlichen Shops findet man einige angenehme Lokale, von manchen schaut man aus der oberen Etage richtig nett aufs Meer.

Der Strand

Die **Playa de Islantilla** ist das Lockmittel. Der Strand ist 1200 Meter lang und 80 bis 90 Meter breit. Von leichten Dünen gezeichnet wird er von einer hübschen Promenade ohne viele Lokale begleitet. Einige der Anlagen und die zwei Hotels liegen in Strandnähe.

Praktische Tipps

Unterkunft

- **Confortel Islantilla**④, Avda. Islantilla s/n, ist im Ort ausgeschildert, Tel. 959 486 017, Fax 959 486 070, www.confortelhoteles.com. Ein großes Haus mit 344 Zimmern, die weitläufig über vier Etagen verteilt sind. Es ist in einer Art U-Form mit Öffnung zum Meer angelegt und stellt hohe Ansprüche an Komfort und Service.

Camping

- **Playa Taray,** 2. Kategorie, liegt an der Carretera La Antilla – Isla Cristina am km 9, außerhalb in Richtung Isla Cristina, Tel. 959 341 102, Fax 959 341 196. Ein großer Platz für 850 Personen, der größtenteils unter Pinien liegt.
- **Luz,** 2. Kategorie, bei km 5 der Straße nach Isla Cristina, somit dichter an Islantilla, Tel. 959 341 142, Fax 959 486 454. Hat Platz für 850 Personen

und bietet u. a. einen Pool, Bungalows und separate Caravan-Stellplätze. Die spanische Zeitung „El Mundo" kürte den Platz vor ein paar Jahren zum besten der Provinz Huelva.

Essen und Trinken

MEIN TIPP: **Restaurante Escuela de Hostelería,** Avda. de Islantilla s/n, Tel. 959 646 010, Fax 959 646 099. Ein ganz heißer Tipp! Dies ist die Fachschule für Nachwuchsköche und Lehrlinge der Gastronomie. Hier können etwa 40 Schüler unter echten Bedingungen ihr Können zeigen, was sie auch mit viel Engagement tun: Ein sehr bemühter Service und eine außergewöhnliche Karte zeichnen das Restaurant aus. Es hat allerdings nur von Mo bis Fr über die (spanische!) Mittagszeit geöffnet, also 13.45–15.30 Uhr.

- **Im Centro Comercial** liegen mehrere Lokale, u. a. eine Tapasbar mit dem Namen *100 montaditos,* die also einhundert verschiedene „montierte" Kleinigkeiten offeriert. Im „typisch" andalusischen Lokal *Taberna Flamenca Las Marismas* werden tatsächlich Flamencoshows gezeigt. *Casa Machaquito* im ersten Stock bietet Fisch- und Fleischgerichte.

751cl sm

☒ Strand, wohin man auch blickt: Schier endlos wirkt die Playa de Islantilla. Eine hübsche Promenade ohne viel Schnickschnack folgt ihrem Verlauf

746cl sm

749cl sm

Isla Cristina

- **Einwohner:** 22.000
- **PLZ:** 21410
- **Entfernung nach Huelva:** 56 km
- **Touristeninformation:** Patio de San Francisco, c/ San Francisco 12, Tel. 959 332 694, Fax 959 332 806, www.islacristina.es, geöffnet: Mo–Fr 10–14 und 17.30–19, Sa/So 10–14 Uhr.

Der Name des Ortes verwirrt ein wenig, denn auf einer **Insel** *(isla)* liegt Isla Cristina nicht. Das war allerdings einmal anders. Im 18. Jahrhundert siedelten sich hier katalanische Fischer an. In jenen Tagen hieß der Ort Real Isla de la Higuerita und war tatsächlich eine Insel. Im Laufe der Zeit verlandete jedoch die eine Seite und so wurde die Insel Teil des Festlandes. Schließlich taufte man sie zu Ehren der Königin auf ihren heutigen Namen.

Der Fischfang spielt sicher noch eine gewisse Rolle, aber unübersehbar dominiert hier der nationale Tourismus. Es wird geschätzt, dass sich die Bevölkerungszahl im Sommer verdreifacht! Natürlich zieht es alle Welt an den schönen Strand. Doch der alte Ortskern bleibt erhalten. Am Hafen stehen kleine, gedrungene Häuser, warten rustikale Kneipen auf den Durst hart arbeitender Fischer. Die neuen Gebäude liegen am Ortsrand bei den Stränden, die Fischer verbleiben in ihrem überschaubaren Viertel am Hafen. Die Straßen sind im Neubaugebiet deutlich breiter als im alten Ortskern. Außerdem wurden Radwege angelegt – ein Phänomen, das man sonst selten in Spanien findet. Einige Blocks sehen ansprechend aus, andere weniger.

760cl sm

Auf dem Weg ins historische Zentrum von Isla Cristina

Die Strände

Der feine Sandstrand **Playa del Hoyo** liegt am Ortsrand und wird gern von Joggern und Einsamkeitsuchenden frequentiert. Er zieht sich über 2800 Meter hin und ist etwa 65 Meter breit. Begrenzt wird er von einem weitläufigen Pinienwald. Die Verbindungsstraße läuft gute 200 Meter entfernt vorbei. Wer möchte, findet hier also tatsächlich seine Ruhe.

Playa Central ist genau das, was der Name andeutet: der Hauptstrand des Ortes. Natürlich ist er deshalb immer gut besucht. Der Strand misst 200 Meter Länge und durchschnittlich 70 Meter in der Breite. Vom Ortskern aus erreicht man ihn über eine Zufahrtsstraße, die einen Pinienwald mit ein paar Hotels durchquert. Dadurch sind die Parkmöglichkeiten eingeschränkt. Weitere Parkplätze liegen im Neubaubereich. Dort muss man etwas ausgeprägtere Dünen durchqueren.

Punta Caimán trägt zwar einen gefährlich anmutenden Namen, aber das täuscht: Krokodile gibt es hier nicht! Der Strand ragt wie der ausgestreckte Finger einer Nehrung quer zur Küste und durch das Mündungsgebiet des Río Carreras. Irgendwann wird einmal die gegenüberliegende Küste von Punta del Moral erreicht sein. Zurzeit misst der Strand 2000 Meter Länge und gute 75 Meter Breite. Durch die etwas isolierte Lage gibt es kaum Service. Ungewöhnlich zu erreichen: Am Ende der Promenade, Avenida Atlántico, erreicht man einen Kreisverkehr und von dort zweigt eine 150 Meter lange Holzbrücke ab, die quer über das Wasser zum Strand führt. Recht ordentliche Dünen müssen auf beiden Seiten bezwungen werden. Dann hat man den feinen Sandstrand aber fast für sich.

Sehenswertes

Im Zentrum breitet sich ein Viertel mit engen Gassen Richtung Hafen aus. Hier liegt die hübsch begrünte **Plaza de las Flores,** wo bunte Kachelbänke zum Verweilen einladen. Zum *„puerto"* ausgeschilderten Hafen ist es gar nicht weit. Diese Ecke strahlt einen pittoresken Charme aus, wirkt vereinzelt aber auch etwas vernachlässigt.

Einen Bummel durch das **Hafengebiet** sollte man sich gönnen. Dort herrscht die Lautstärke und Hektik, die in einem Hafen dieser Größe immer zu finden ist. Der Fang wird sofort verkauft. Große Kühlwagen aus Madrid stehen bereit die Restaurants der Hauptstadt zu beliefern. Im Hafen gibt es auch einige Fabriken, die den Fisch gleich weiterverarbeiten. Wo so viel Handel mit Meerestieren stattfindet, dürfen kleine Bars mit entsprechendem Angebot natürlich nicht fehlen.

In der **lonja,** der Fischauktionshalle, im Sommer von 17 bis 20 Uhr geöffnet, wird beinahe täglich Fisch versteigert, zumeist am späten Nachmittag.

Im Zentrum, 100 Meter von der Plaza de las Flores, steht die strahlend weiße **Iglesia de Nuestra Señora de los Dolores** aus dem 18. Jahrhundert, nur zur Messe geöffnet, aber auch von außen sehr hübsch.

Praktische Tipps

Unterkunft

Alle hier genannten Unterkünfte sind kleinere Häuser, die in Strandnähe, aber schon gut 2 km außerhalb des Zentrums liegen.

- **Hotel Paraíso Playa**③, Avda. de la Playa Central s/n, Tel. 959 330 235, Fax 959 343 745, www.hotelparaisoplaya.com. Das kleine Haus mit 40 Zimmern liegt an der Zufahrtsstraße zum Hauptstrand, der vielleicht 100 m entfernt ist, in einem Pinienwald. Das Haus macht einen angenehm familiären Eindruck, wirbt mit *„English spoken"* und hat eine sehr verspielte Dekoration. Es hat offiziell nur zwei Sterne, was untertrieben wirkt, es gibt einen Pool, ein Restaurant und eine Cafeteria.
- **Hotel Plata Isla Cristina**③, Avda. Playa Central 1, Tel. 959 331 800, Fax 959 331 950. Nettes Hotel mit 22 Zimmern, das nur wenige Schritte vom Strand entfernt liegt. Obwohl inmitten eines Wohngebiets, ist es doch hübsch eingebettet in die Natur.
- **Hotel Sol y Mar Playa**③, Paseo Marítimo s/n, Tel. 959 332 050, www.hotelsolymar.org. Am Strand in einer Sackgasse gelegenes kleines Haus mit 16 Zimmern. Einige Zimmer haben Balkon und Meerblick. Unten befindet sich eine Bar.

Camping

- **Giralda,** 1. Kategorie, Carretera Isla Cristina – La Antilla, km 1,5, Tel. 959 343 318, Fax 959 343 284, www.campinggiralda.com. Ein ziemlich großer Platz für 2100 Personen, der beinahe komplett unter Pinien liegt. Zum Strand sind es 200 m durch einen Wald, zu den Kneipen der Playa Central 500 m am Strand entlang. Großes Sportangebot.

Essen und Trinken

- **Casa Rufino,** Avda. Playa Central s/n, Tel. 959 330 810. Ein gutes und durch die Lage stark frequentiertes Fischlokal unweit vom Hauptstrand. Das Restaurant ist mit schönen Kachelbildern geschmückt, eine Anlehnung an die ebenso geschmückte Plaza España in Sevilla.
- **La Sal,** Paseo de las Flores 1, Tel. 662 159 386. Mitten im Herzen des Ortes an dem hübschen Platz

gelegenes Traditionslokal mit größerem Speiseraum sowie ein paar Tischen draußen vor der Tür. Geboten wird klassische andalusische Küche. Wer nur Tapas oder *raciones* wünscht, stellt sich an den gar nicht kleinen Tresen. Insgesamt ein sehr beliebtes Lokal.

- An der **c/ Padre Mirabent** gegenüber der *lonja* sind gleich mehrere Bars zu finden, in denen man den Fisch fangfrisch auf den Teller bekommt. So im *El Pescador* und im *Hermanos Moreno* (Tel. 959 343 571), das exzellente Fischgerichte anbietet und auch außer Haus verkauft.
- Einer der weiteren Läden im **Hafengebiet** ist das von außen unscheinbare (ohne Reklame) *Mesón del Pescaíto Frito* in der c/ del Barbate, die von der Hafenmeile abzweigt. Hat den Charme einer Halle, aber es gibt guten frittierten Fisch.

Verkehrsverbindungen

- **Busterminal:** c/ Manuel Siurot s/n, nicht weit von der Plaza de las Flores.

Nützliche Adressen

- **Post:** c/ Extremadura 3.

Feste

- **16. Juli:** Virgen del Carmen – Patronatsfest mit Meeresprozession.
- **Zweite Augusthälfte:** Fiesta de la Virgen del Mar – im Barrio Punta Caimán.
- **September:** Fiesta de San Francisco, Patronatsfest.
- **9.–11. Oktober:** Choralfestival des Atlantiks – berühmte Chöre aus ganz Spanien, teilweise auch aus Hispano-Amerika, treten hier auf.
- **Oktober:** Fiesta de Nuestra Señora del Rosario, Patronatsfest.

Isla Canela

Diese *Isla* ist keine klassische Insel, sondern eher eine **Landzunge,** die durch eine Brücke mit dem Festland bei Ayamonte verbunden ist. Dort liegen sehr schöne **Strände** und ein winziges **Fischerdörflein.** Leider hat der Tourismus nun auch diese Gegend entdeckt und schon ordentlich bebaut. Momentan sind hier eine Golfanlage, ein knappes halbes Dutzend Hotels und **etliche Apartmenthäuser** zu finden.

Der schöne Strand war und ist der Hauptanziehungspunkt und die Zufahrtsstraße ist gut und breit ausgebaut. Im Hochsommer ist es hier sehr voll, doch außerhalb dieser Zeit verlaufen sich die Gäste dann recht schnell – ob alle Zweit- oder Drittwohnungen belegt sind, ist eher fraglich. An der Spitze dieser Halbinsel liegt ein großer **Sportboothafen** und dort gibt es weitere Unterkünfte, auch einige große Hotels sowie Lokale.

Das eigentlich Besondere ist das winzige Fischerdörflein **Punta del Moral,** das über eine etwas schmalere Straße zu erreichen ist. Dort stehen kleine, etwas gedrungen wirkende Häuser und insgesamt wirkt das Dorf ein wenig wie aus der Zeit gefallen – verglichen mit den schicken Bauten der 4-Sterne-Hotels und den großen Segelbooten. Aber anscheinend suchen doch viele Menschen diesen rustikalen, geerdeten Charme, denn die Restaurants des Ortes sind meist gut besucht.

Es gibt sogar eine **kleine Fähre** („El Pelón“ mit Platz für 12 Personen), die zwischen 9 und 18 Uhr zwischen Isla

765cl sm

Cristina und dem Dörflein Punta del Moral pendelt. Frequenz: im Sommer halbstündlich, im Winter immer noch stündlich zwischen 9.30 und 19 Uhr, Preis: 3 €.

Die Strände

Playa de Canela ist der erste bzw. letzte (je nach Sichtweise) Strand Spaniens. Nach Westen bildet der Río Guadiana die Landesgrenze zu Portugal. Der feine Sandstrand misst 5500 Meter und verbreitert sich auf stolze 60 bis 80 Meter. Man könnte ihn als typischen Strand der Costa de la Luz bezeichnen: eine wahre Eintrittskarte also. In den letzten Jahren wurde hier kräftig gebaut, vor allem Ferienwohnungen entstanden, aber auch einige Hotels. Wie immer ist es im Sommer ziemlich voll, ansonsten aber nur am Wochenende und auch da nur im Frühling.

Playa Punta Moral ist eine relativ kleine Strandzone von 1000 Metern Länge und 80 Metern Breite.

⌃ Hotels direkt am Meer können auch architektonisch Charme haben

Praktische Tipps

Unterkunft

■ **Hotel Barceló Canela**④, Paseo Gavilanes s/n, Tel. 959 477 124, Fax 959 477 170, www.barcelo.com. Das ziemlich verschnörkelt wirkende Haus liegt nur wenige Schritte vom Strand entfernt. Drei Pools befinden sich in der Hotelanlage, Fußball- und Golfplätze liegen nicht weit entfernt.

■ **Meliá Riu Atlántico**④, Punta del Moral, Tel. 959 621 000, Fax 959 621 003. Direkt am Strand liegt dieses Hotel mit 359 Zimmern auf vier Etagen. Es ist von einem rund 10.000 m² großen Garten umgeben.

Essen und Trinken

■ **La Palmera,** Av. de la Palmera 4, Tel. 959 477 211. Überschaubares Lokal, in dem frittierter Fisch die Spezialität ist. Es gibt eine Terrasse zum Hafen.

■ **Simón,** Av. de la Palmera 11, Tel. 959 477 353. Fischgerichte in allen Facetten, ob gegrillt, gekocht oder gebraten. Obendrein gibt es Meeresfrüchte und auch Reisgerichte mit Fischzutaten.

■ **La Cala,** Av. de la Palmera s/n, Tel. 959 477 960. Ist eine Spur größer und es fällt auch optisch auf, ein Fass dient als Blickfang. Hier gibt es schon Frühstück, ansonsten natürlich viel Fisch, aber auch Reis- und Nudelgerichte und hausgemachte Desserts.

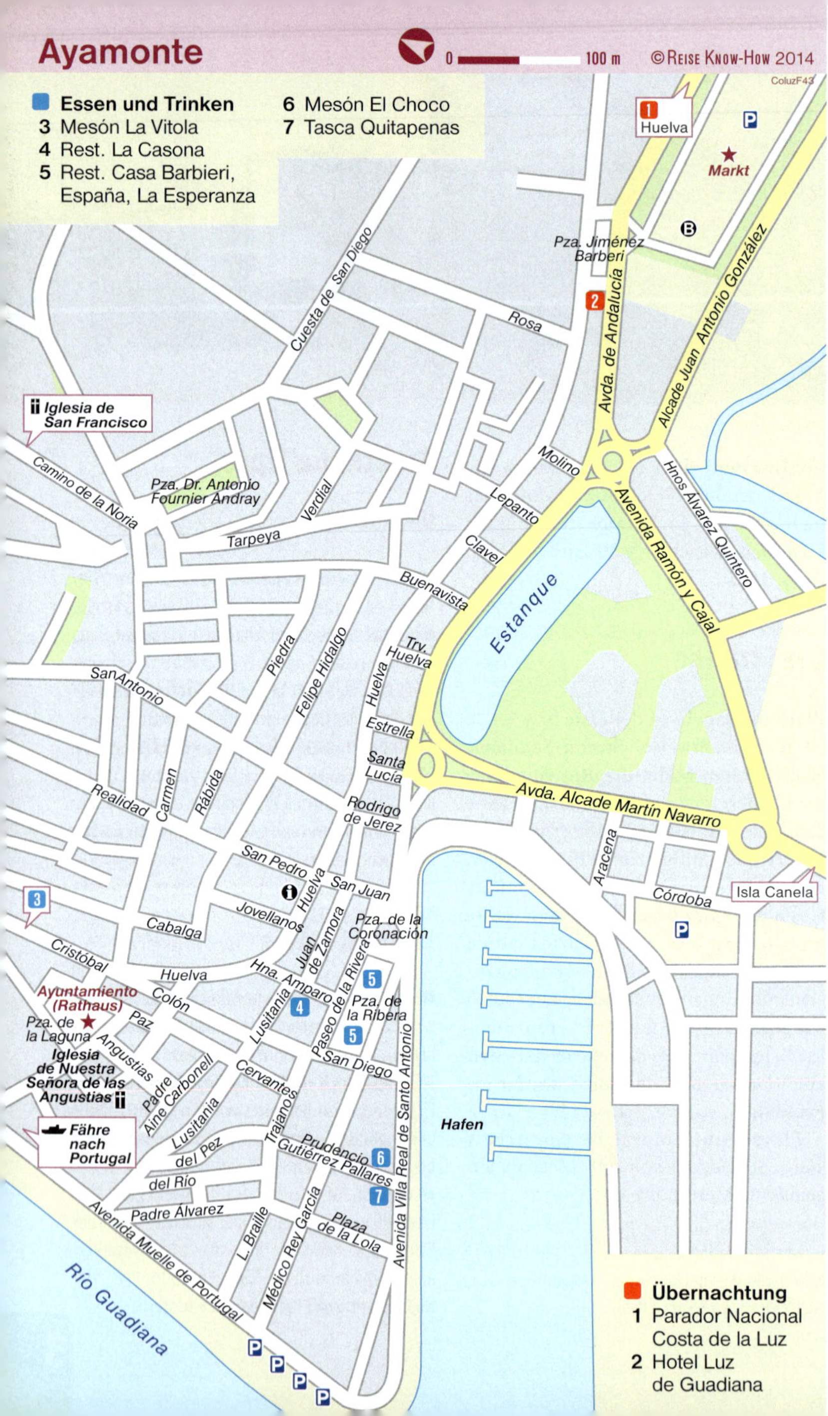
Ayamonte
0 100 m
©Reise Know-How 2014
ColuzF43
Essen und Trinken
3 Mesón La Vitola
4 Rest. La Casona
5 Rest. Casa Barbieri, España, La Esperanza
6 Mesón El Choco
7 Tasca Quitapenas
Übernachtung
1 Parador Nacional Costa de la Luz
2 Hotel Luz de Guadiana
Huelva
Markt
Pza. Jiménez Barberi
Rosa
Cuesta de San Diego
Avda. de Andalucía
Alcade Juan Antonio González
Iglesia de San Francisco
Camino de la Noria
Pza. Dr. Antonio Fournier Andray
Verdial
Tarpeya
Molino
Lepanto
Clavel
Hnos Álvarez Quintero
Avenida Ramón y Cajal
Estanque
Buenavista
Trv. Huelva
Huelva
Estrella
Santa Lucía
San Antonio
Piedra
Felipe Hidalgo
Realidad
Carmen
Rábida
Rodrigo de Jerez
Avda. Alcade Martín Navarro
Aracena
Córdoba
Isla Canela
San Pedro
Huelva
San Juan
Jovellanos
Pza. de la Coronación
Cabalga
Cristóbal
Juan de Zamora
Huelva
Hna. Amparo
Paseo de la Rivera
Ayuntamiento (Rathaus)
Colón
Pza. de la Laguna
Paz
Lusitania
Pza. de la Ribera
Iglesia de Nuestra Señora de las Angustias
Angustias
Padre Aine Carbonell
Cervantes
San Diego
Avenida Villa Real de Santo Antonio
Hafen
Fähre nach Portugal
Lusitania
Trajanos
del Pez
Prudencio Gutiérrez Pallares
del Río
Padre Álvarez
L. Braille
Médico Rey García
Plaza de la Lola
Avenida Muelle de Portugal
Río Guadiana

776cl sm

Ayamonte

- **Einwohner:** 20.600
- **PLZ:** 21400
- **Entfernung nach Huelva:** 56 km
- **Touristeninformation:** c/ Huelva 27, Tel. 959 320 737, Fax 959 321 783, www.ayto-ayamonte.es, geöffnet: Mo–Fr 9–20, Sa 10–14 Uhr.

„Das Tor nach Spanien“ wurde Ayamonte lange Zeit genannt. Aber damals war es gar nicht so einfach hineinzukommen, pendelte doch nur eine relativ kleine Fähre hinüber auf die portugiesische Seite. Das hat sich seit 1993 grundlegend geändert: Jetzt verbindet eine gewaltige Brücke über den Río Guadiana die beiden Staaten der Iberischen Halbinsel.

Das Viertel vor dem Fähranleger wird von schmalen und teilweise **steilen Straßen** durchzogen, immer mal wieder unterbrochen von kleinen, **netten Plätzen.** Ganz hübsch also und an **Bars** herrscht auch kein Mangel. Genügend Parkplätze wurden ebenfalls geschaffen. Wer der Ausschilderung *„Ferry“* entlang der Avda. de Villa Real de San Antonio folgt, wird sie finden. Auch direkt vor dem Busterminal gibt es Parkplätze.

Sehenswertes

Grundsätzlich ist das ganze **Viertel gegenüber vom Fähranleger** sehenswert. Die Plätze werden von hübsch gekachelten Bänken geprägt, ein Lokal ist nie zu weit weg und ein Bummel immer entspannend.

Mittendrin steht die **Iglesia de San Francisco,** erbaut 1527 im Mudéjarstil. Während des großen Erdbebens von 1755 wurde das Konvent zerstört, übrig blieb nur die helle Kirche. Das Innere zeigt sich franziskanisch streng. Im angeschlossenen Museum können Schätze der Bruderschaften bewundert werden.

Auch die **Iglesia de Nuestra Señora de las Angustias** hebt sich aus dem Häusermeer. Sie wurde im 15. Jahrhundert auf den Mauern einer Moschee erbaut. Beide Kirchen sind leicht zu finden, die Türme überragen die Häuser.

Die **Plaza de la Laguna** liegt im Herzen der Altstadt und wird von hübschen Sitzbänken geschmückt, die farbenfrohe *azulejos* (Kacheln) tragen. Dort steht auch das **Rathaus** *(Ayuntamiento)* mit seiner kunstvoll geschmückten Fassade.

⌃ Ein Merkmal von Ayamonte: hübsch gekachelte Sitzbänke

783cl sm

Praktische Tipps

Unterkunft

- **Parador Nacional Costa de la Luz**③, Avda. de la Constitución s/n, Tel. 959 320 700, Fax 959 022 020, www.parador.es. Das Haus liegt ausgeschildert etwas außerhalb hoch über den Dächern der Stadt auf einem Hügel. Von dort hat man eine perfekte Aussicht auf die Brücke, den Grenzfluss und die Stadt. Aber es ist doch so weit zum Zentrum, dass sich ein Fußweg verbietet.
- **Hotel Luz de Guadiana**②, Av. de Andalucía 119, Tel. 959 322 002. Liegt in einem unscheinbaren Gebäude beim Busterminal und ist ein solides 2-Sterne-Haus ohne große Ansprüche.

Essen und Trinken

- **Casa Barbieri,** Plaza de la Ribera 13, Tel. 959 470 289, Di geschlossen. Traditionslokal, in dem seit Ewigkeiten eine breite Auswahl an guten Fischgerichten serviert wird.
- **España,** Plaza de la Ribera 9, Tel. 959 470 782. Kleines andalusisches Restaurant mit einer Terrasse zum begrünten Platz. Paella, Fisch und Meeresfrüchte sind zu erschwinglichen Preisen zu haben.
- **La Esperanza,** Plaza de la Ribera 7, Tel. 959 470 856. Hat ein günstiges Mittagsmenü, ansonsten auch Tapas, Fisch und Meeresfrüchte auf der Karte.

■ **Mesón la Vitola,** c/ José Pérez Barroso 14, Tel. 959 470 585, Mo geschlossen. Mal was anderes: Kein Fischlokal, sondern mehr ein fleischiges, und hier wird nach Rezepten aus Galicien gekocht. Wie ein kleines Landlokal eingerichtet und mit Bauchbinden (spanisch: *vitula*) von Zigarren dekoriert, daher stammt auch der Name.

■ **La Casona,** c/ Lusitania 2, Tel. 959 321 025. Tapas, *raciones,* aber auch Menüs werden im kleinen Lokal angeboten.

■ Nicht weit vom **Fähranleger** liegen zwei urige Lokale: *Tasca Quitapena,* Av. Villa Real de San Antonio 7, und *Mesón El Choco,* c/ Prudencio Gutiérrez Pallares 14.

Verkehrsverbindungen

■ **Busterminal:** Avda. Cayetano Feu, kurz vor dem ersten Kreisverkehr an der Straße nach Huelva.

Einkaufen

■ **Markt:** Samstag auf dem Freigelände Recinto ferial an der Avenida Cayetano von 9 bis 15 Uhr.

Feste

■ **August:** Festival Internacional de Música.

■ **8. September:** Nuestra Señora de las Angustias – Patronatsfest.

Ausflug

Portugal

Wie wäre es mit einer Stippvisite in Portugal? Die **Fähre** zum portugiesischen Ufer pendelt zwischen 9 und 20 Uhr stündlich, im Sommer bis 21 Uhr etwa halbstündlich. Es wird übrigens ausdrücklich darauf hingewiesen, dass in den Fahrplänen *hora española* – spanische Zeit – gemeint ist. Portugal ist eine Stunde zurück. Ticket: Erwachsene 1,70 €, Kinder (3–10 Jahre) 1,10 €, Auto 5 €.

☒ Die Plaza Laguna in Ayamonte

☒ Portugal ist um die Ecke – oder besser gesagt: über die Brücke

781cl sm

Praktische Reisetipps von A bis Z

Auf zur Fiesta

Anreise

Per Auto

Von Hamburg bis nach Cádiz, dem Zentrum der Costa de la Luz, sind es stolze **3200 Kilometer!** Da lohnt sich die Fahrt mit dem Auto eigentlich erst, wenn man etwa drei Wochen Urlaub zur Verfügung hat.

Um nach Cádiz zu fahren, bieten sich zwei Routen an: entlang der Mittelmeerküste oder durchs Inland über Madrid. Die Küstenstrecke ist ca. 200 km länger, geht dafür aber fast durchgängig über Autobahnen. Bei der Inlandsvariante spart man zwar durch geringere **Autobahngebühren** etwas Geld, muss aber mit dichterem Verkehr in der Hauptstadt und auf den Nationalstraßen rechnen. In Frankreich fällt die Mautgebühr ebenfalls *(péage)* pro Streckenabschnitt an. Für eine Durchquerung Frankreichs von Nord nach Süd über die *Autoroute du Soleil* muss man mit je 60 € für den Hin- und Rückweg rechnen. Die genauen Gebühren für die geplante Strecke wird u. a. unter www.autoroutes.fr angezeigt. Dort kann man sich auch eine sehr detaillierte Routenbeschreibung anzeigen lassen und ausdrucken.

Nach Süden

Ab der französisch-spanischen Grenze geht es stramm nach Süden. Auch auf der spanischen Autobahn ist eine Mautgebühr zu entrichten, von der französischen Grenze bis Alicante sind es noch einmal ca. 52 €. Zunächst herrscht auf der A-7 bis Barcelona und Tarragona recht starker Verkehr, danach wird es bis Valencia ruhiger. **Valencia wird großzügig umfahren,** danach rollt man Richtung Alicante. Die gebührenpflichtige Autobahn endet wenig später bei Murcia, bevor es auf mautfreier, zweispuriger Straße bis Almería weitergeht.

Lange Zeit folgte nun eine nicht sehr schöne, sehr kurvige und enge Straße bis etwa Nerja. Vorbei und vergessen, nun wird **durchgehend zweispurig gefahren,** entweder auf einer gebührenpflichtigen oder freien Autobahn. Vorbei an Málaga bis hinunter nach Algeciras, wo der Atlantik und damit auch die Costa de la Luz erreicht wird.

Durchs Inland

Wer die Inlandsvariante wählt, reist sinnvollerweise bereits durch Frankreich über **Paris** und **Bordeaux** an.

Ab der spanischen Grenze geht es dann auf der Autobahn zunächst über die **A8** nach **Bilbao** und dann über die **AP-68** Richtung **Burgos.** Von dort führt die bestens ausgebaute **Autovía A-1** schnurgerade bis nach **Madrid.**

Die Metropole kann leider nicht weiträumig umfahren werden, aber die Ausschilderung ist hervorragend. Im Zuge der 1992 gefeierten Weltausstellung in **Sevilla** wurde auch die **A-4,** die über 600 km von Madrid in die andalusische Hauptstadt führt, sehr gut ausgebaut.

Von Sevilla führt schließlich eine 100 km lange Autobahn **AP-4** (gebührenpflichtig) direkt nach **Cádiz,** überwiegend auf zweispurigen Straßen.

▷ Im schönen Bahnhof Atocha in Madrid

Per DB AutoZug

Im Hochsommer quält sich halb Europa über die französischen Autobahnen Richtung Spanien und steht kollektiv im Stau. Bequemer geht es mit dem DB AutoZug, wenn auch zunächst der Preis manchen Reisenden zögern lässt.

Die DB AutoZug GmbH bietet zwischen Mai und Oktober von verschiedenen Terminals (Düsseldorf, Hamburg-Altona, Neu Isenburg) eine Verbindung bis zum südfranzösischen Narbonne an. Von dort fährt man dann nur noch 140 km bis zur spanischen Grenze. Der angehende Urlauber erreicht jeweils am Vormittag ausgeschlafen Narbonne. Gewählt werden kann zwischen Schlafwagenabteilen (für max. drei Personen), Einzelplätzen im Liegewagen und einem ganzen Liegewagenabteil für max. fünf Personen.

Der **Preis** richtet sich nach Saisonzeiten. Die 1570 km lange Strecke von Hamburg nach Narbonne kostet je nach Reisezeit und Buchungszeitpunkt für zwei Erwachsene im Liegewagen inklusive Autotransport 440 bis 1400 €.

- **DB AutoZug,** www.dbautozug.de.

Per Bahn

Die bis 2013 verkehrenden Nachtzüge zwischen Frankreich und Spanien wurden eingestellt. Damit ist die Möglichkeit einer eleganten Reise mit einem Schlafwagen der „Gran Classe" verloren gegangen. Nun geht es immer mit teils umstei-

832cl sm

gefreien **TGV-Verbindungen** von Paris, Lyon, Marseille (und mit weiteren Zwischenhalten) nach Barcelona oder Madrid und von dort dann weiter mit schnellen, teils direkten Zügen nach Sevilla und Cadiz.

Da es kaum noch Nachtzüge Richtung Südwesteuropa gibt, ist auf der Reiseroute von Deutschland an die Costa de la Luz eine Hotelübernachtung in einem der Umsteigeorte meist unumgänglich – was aber eine willkommene Abwechslung auf der langen Reise sein dürfte.

Für den **Bahnhofswechsel per Metro in Paris** sollten etwa anderthalb Stunden eingeplant werden. Die Züge aus Deutschland kommen am Bahnhof Paris-Nord, Paris-Est oder Paris-Lyon an.

Beim Bahn-Spezial-Reisebüro Gleisnost gibt es für den Paris-Transit neben einer Beschreibung der erforderlichen Metrofahrt auch gleich noch das Metroticket dazu.

Alle Fernzüge in Frankreich und Spanien – also auch die oben genannten – **sind reservierungspflichtig.** Das verhindert einerseits spontane Reisen, garantiert aber andererseits jedem Fahrgast einen bequemen Platz.

Im reinen Vergleich der Fahrzeiten (ab Deutschland mindestens 24 Stunden für die einfache Fahrt) und auch beim Preis (je nach Ausgangsort, Zeitpunkt der Buchung und gewählter Verbindung 150 bis 250 € einfache Fahrt) ist die Bahnfahrt dem Flugzeug meist unterlegen. Die Anreise mit dem Zug an die Costa de la Luz ist dennoch nicht nur etwas für Exoten und Flug-Ängstliche: Es hat durchaus seinen Reiz, gemütlich den halben Kontinent zu durchqueren und bei der Ankunft gleich mittendrin zu sein. Der größte Vorteil gegenüber dem Flug ist die Möglichkeit, in den vielen interessanten Orten unterwegs die Fahrt für ein paar Stunden oder Tage zu unterbrechen und so, „en passant", einfach mehr als nur den eigentlichen Zielort kennenzulernen.

Für alle genannten Verbindungen gibt es häufig **interessante Frühbucher-Rabatte** – allerdings mit unterschiedlichsten Konditionen und Preisen. Auch bieten die beteiligten Bahngesellschaften diverse Pässe an, deren jeweilige Attraktivität von der restlichen Reiseplanung abhängt. Einen halbwegs vollständigen Überblick über die besten Preise zu geben ist auch wegen der häufig wechselnden Angebote kaum möglich. Ein Grundprinzip gilt jedoch auch hier: Wer früh bucht, kann gute Schnäppchen machen.

Buchung

Die komplizierteste und meist teuerste Art so eine Reise zu buchen, führt über den Schalter einer der beteiligten Bahnen oder über deren Website: Jede Bahn listet nur ihre eigenen Angebote vollständig – die der anderen Bahnen dagegen oft gar nicht oder ohne jegliche Sonderpreise.

Wer sich also nicht selbst durch den Dschungel der Bahntarife und Fahrpläne schlagen und trotzdem Geld sparen will, erhält bei spezialisierten Bahn-Agenturen kompetente Beratung – und auf Wunsch die Tickets an jede gewünschte Adresse in Europa geschickt. Die hier genannten Informationen wurden uns von der Freiburger Bahn-Agentur **Gleisnost** zur Verfügung gestellt:

- **Gleisnost,** Tel. 0761-2055130, www.gleisnost.de.

Per Bus

Von Pauschalreisen abgesehen (Information und Buchung in vielen Reisebüros) gibt es, bedingt durch die langjährige Gastarbeiter- und Urlaubertradition, gute Verbindungen mit Linienbussen zwischen Deutschland und Spanien.

Von vielen deutschen Großstädten aus wird mit recht **komfortablen Fernreisebussen** mehrmals die Woche Sevilla angesteuert, teils direkt und teils mit Umstieg in Barcelona. Die Kosten belaufen sich auf etwa 150–170 € (einfach) bzw. **250–280 € (hin- und zurück).** Kinder unter 12 Jahren zahlen die Hälfte, unter 4 Jahren 20 % des Fahrpreises. Auf allen Routen erhalten Studenten mit Ausweis 10 % Rabatt, alle Tickets können mit festem oder offen gelassenem Rückreisetermin gebucht werden. Die Fahrtzeit bis Sevilla beträgt je nach Ausgangsort rund 30 bis 35 Stunden.

Die Mitnahme von Reisegepäck ist auf zwei Gepäckstücke in Koffermaßen und ein Handgepäck pro Person begrenzt, das Handgepäck ist frei. Wenn es die Gepäckraumkapazität zulässt, kann nach Ermessen des Fahrers ein drittes Gepäckstück gegen eine Gebühr von 5 € mitgenommen werden. Es ist daher reine Spekulation, ob ein Fahrrad mitgenommen werden kann oder nicht, und dann auch nur ordentlich in Karton verpackt.

Wichtig: Die **Reservierung für die Rückfahrt** (Rückbestätigung) muss für offen gelassene Rückfahrttermine vier Tage vor Fahrtantritt am Zielort durchgeführt werden, wofür vor Ort eine Gebühr von 3 € erhoben wird.

Vor allem für Preisbewusste, die sich nicht Ewigkeiten im Voraus festlegen wollen, ist der Bus eine gute Wahl. Während bei der Bahn oder den Billigfliegern alle bezahlbaren Kontingente nur bei langfristiger Vorbuchung zu haben sind, kann man ein Busticket auch noch kurzfristig kaufen. Informationen online oder persönlich gibt es bei:

- **Deutsche Touring GmbH,** Tel. 069-7 903 501, www.touring.de.

Per Flugzeug

Vier Flughäfen kommen in Frage bei einer Reise an die Costa de la Luz: **Jerez de la Frontera, Sevilla, Faro** und **Málaga.** In allen vier Orten können Mietwagen am Flugplatz gebucht werden.

Jerez wäre vor allem für Reisende an die Küste von Cádiz erste Wahl (Conil, Tarifa, Rota etc.). Am Flugplatz stehen Mietwagen bereit. Ansonsten gibt es sowohl eine direkte Bahn- als auch Busverbindung vom Flugplatz bis nach Cádiz, allerdings nicht so häufig. Als Faustregel gilt: einmal stündlich entweder per Bus oder per Bahn. Vom zentralen Busterminal in Cádiz (liegt direkt beim Bahnhof) geht es dann ziemlich häufig per Bus weiter, zumeist mit der Gesellschaft Comes. Infos: www.tg.comes.es.

Von **Sevilla** ist es ein Stückchen weiter bis zur Küste, aber dank der durchgehenden Autobahn letztlich unproblematisch, egal, ob es zur Küste von Cádiz oder Huelva gehen soll. Allerdings muss zunächst auf der stark befahrenen Ringautobahn Sevilla umfahren werden. Dort herrscht zwar viel Verkehr, aber die Ausschilderung ist gut.

Wer mit öffentlichen Verkehrsmitteln reist, nimmt zunächst den Flughafenbus

Mini-„Flug-Know-how“

Check-in

Nicht vergessen: Ohne einen gültigen **Reisepass oder Personalausweis** für EU-Staatsbürger und Schweizer kommt man nicht an Bord. Kinder benötigen einen eigenen Reisepass.

Bei innereuropäischen Flügen sollte man mindestens **eine Stunde vor Abflug** am Schalter der Airline eingecheckt haben. Je nach Fluggesellschaft kann man den Check-in ab 23 Stunden vor Abflug auch vorab zuhause im Internet erledigen und muss am Flughafen nur noch die ausgedruckte Boardkarte vorlegen und sein Gepäck an dem entsprechenden Schalter abgeben. Manche Fluglinien bieten darüber hinaus die Übermittlung des Boardkarten-Barcodes aufs Handy oder Smartphone an – interessant für Passagiere, die nur mit Handgepäck reisen.

Das Gepäck

In der Economy Class darf man pro Person in der Regel ein **Handgepäckstück bis zu 7 kg** in die Kabine mitnehmen (nicht größer als 55 x 40 x 20 cm) und bei Bedarf zusätzlich **ein Gepäckstück bis zu 23 kg** einchecken. In der Business Class sind es pro Person meist zwei Handgepäckstücke (insgesamt bis 12 kg) und ein Gepäckstück bis zu 30 kg zum Einchecken. Aufgepasst: Bei sogenannten Billigfluggesellschaften wie z. B. Ryanair gelten andere Gewichtsklassen. Man sollte sich beim Kauf des Tickets über die Bestimmungen der Airline informieren.

Beim Packen des Handgepäcks sollte man darauf achten, dass man **Getränke oder vergleichbare Substanzen** (Gel, Parfüm, Shampoo, Creme, Zahnpasta, Suppe, Käse, Lotion, Rasierschaum, Aerosole etc.) nur in geringen Mengen bis zu jeweils 100 ml mit ins Flugzeug nehmen darf. Diese Substanzen muss man separat in einem durchsichtigen Plastikbeutel (z. B. Gefrierbeutel) transportieren, den man beim Durchleuchten in eine der bereitstehenden Schalen auf das Fließband legt. Auch das Notebook oder Smartphone muss in eine solche Schale gelegt werden. Hat man einen Gürtel mit einer Schnalle aus Metall, empfiehlt es sich, diesen auszuziehen und ebenfalls in die Schale zu tun, da sonst in der Regel der Metalldetektor anschlägt und man vom Flughafenpersonal abgetastet werden muss.

Aus Sicherheitsgründen dürfen **Nagelfeilen sowie Messer und Scheren aller Art,** also auch Taschenmesser, nicht im Handgepäck untergebracht werden. Solche Gegenstände sollte man unbedingt daheim lassen oder im aufzugebenden Gepäck verstauen, sonst werden sie bei der Sicherheitskontrolle einfach weggeworfen. Darüber hinaus gilt, dass **leicht entzündliche Gase in Sprühdosen** (Schuhspray, Campinggas, Feuerzeugfüllung), **Benzinfeuerzeuge und Feuerwerkskörper** etc. weder im Koffer noch im Handgepäck transportiert werden dürfen.

Vom Verschließen des Gepäcks mittels eines Vorhängeschlosses wird abgeraten, da das Gepäck von dem Flughafenpersonal bei Auffälligkeiten beim Durchleuchten durchsucht werden können muss.

in die City von Sevilla. Dieser passiert auch den Bahnhof, von dort gibt es Anschlüsse nach Jerez, Huelva und Cádiz. Soll es per Bus weitergehen an die Küste, muss der richtige (!) Busterminal angesteuert werden. Der Flughafenbus endet am Busterminal **Prado de San Sebastián.** Sollte der Anschluss vom anderen Busterminal starten, empfehle ich ausnahmsweise mal ein Taxi. Wer noch Kraft und Zeit genug hat, kann auch mit dem Ringbus C-1 bzw. C-2 fahren, beide passieren den anderen Busterminal. Busse zu den Orten in der Provinz Cádiz starten alle vom Terminal Prado San Sebastián, zumeist ist es die Gesellschaft Comes (Infos: www.tgcomes.es), in die Provinz Huelva fahren Busse der Gesellschaft DAMAS (Infos: www.damas-sa.es) vom Terminal Plaza de Armas.

Im portugiesischen **Faro** landen vor allem Urlauber, die zur Isla Canela wollen und von ihrem Reiseveranstalter dorthin gebracht werden. Mietwagenfahrer sollten vorher klären, ob ein Grenzübertritt möglich ist. Vom Flugplatz Faro in die Stadt zur Haltestelle Faro (Av. Republica) fährt knapp halbstündlich *Eva-Bus*. Von dort gibt es einen Bus über die Grenze nach Ayamonte und weiter über Huelva nach Sevilla, dieser Bus fährt aber sehr selten (8.20 und 15.35 Uhr). Infos: www.eva-bus.com.

Málaga liegt so etwa 150 km von der Costa de la Luz entfernt und bietet sich als Zielflughafen nur an, wenn es keine Flüge nach Jerez oder Sevilla mehr gibt. Per Auto dank der bis Algeciras (Höhe Gibraltar) durchgehenden Autobahn kein Problem, per Bahn und Bus etwas umständlich, aber machbar.

Per Bahn: Vom Airport mit der Vorortbahn Cercanias nach Málaga bis zum Bahnhof María Zambrano fahren. Von dort weiter per Zug nach Sevilla (Infos: www.renfe.es). Frequenz: ca. alle 2 Stunden, Dauer: knapp 2 Stunden.

Per Bus: Dazu per Nahverkehrsbahn *Cercanías* bis zum Bahnhof María Zambrano fahren und dort aussteigen. Der Busterminal liegt unmittelbar neben dem neuen Bahnhof, man kann einfach durch das Gebäude hinübergehen, von wo Busse nach Cádiz und nach Sevilla starten. In Richtung Tarifa geht es sogar recht häufig, allerdings mit Umsteigen in Algeciras.

Hier die wichtigsten Linienfluggesellschaften nach Jerez de la Frontera, Faro, Sevilla und Málaga:

- **Vueling,** www.vueling.com. Von Amsterdam direkt nach Sevilla. Von Hamburg, Hannover, München und Brüssel direkt nach Málaga.
- **Lufthansa,** www.lufthansa.com. Von Frankfurt nonstop nach Málaga und Faro sowie von vielen anderen Flughäfen in Deutschland, Österreich und der Schweiz mit Anschlussflügen über Frankfurt oder München.
- **TAP Air Portugal,** www.flytap.com. Von Hamburg, Hannover, Frankfurt, Düsseldorf, München und Zürich über Lissabon nach Faro.

Flugpreise

Ein Economy-Ticket von Deutschland, Österreich und der Schweiz hin und zurück nach Sevilla bekommt man je nach Jahreszeit und Aufenthaltsdauer **ab knapp über 150 €** (einschließlich aller Steuern, Gebühren und Entgelte). Am teuersten ist es in der Hauptsaison von April bis Oktober, wobei die Preise für Flüge in den Sommerferien besonders hoch sind, über 300 € betragen können.

Kinder unter zwei Jahren fliegen ohne Sitzplatzanspruch für 10 % des Erwachsenenpreises, ansonsten werden für ältere Kinder die regulären Preise je nach Airline um 25–50 % ermäßigt. Ab dem 12. Lebensjahr gilt der Erwachsenentarif.

833cl sm

Indirekt sparen kann man als Mitglied eines **Vielflieger-Programms** wie www.star-alliance.com (Mitglieder u. a. Lufthansa, TAP Air Portugal) oder www.oneworld.com (Mitglied u. a. Iberia). Die Mitgliedschaft ist kostenlos und mit den gesammelten Meilen von Flügen bei Fluggesellschaften innerhalb eines Verbundes reichen die gesammelten Flugmeilen dann vielleicht schon für einen Freiflug bei einer der Partnergesellschaften beim nächsten Flugurlaub. Bei Einlösung eines Gratisfluges ist langfristige Vorausplanung nötig.

Fliegen ist schön – für die Anreise braucht man allerdings schon ein Flugzeug

Buchung

Für die Tickets der Linienfluggesellschaften kann man bei folgendem zuverlässigen Reisebüro meistens günstigere Preise als bei vielen anderen finden:

- **Jet-Travel,** In der Flent 7, 53773 Hennef, Tel. 02242-868 606, www.jet-travel.de. Buchungsanfragen oder Onlinebuchungen auf der Website unter der Auswahl „Flüge".

Billigfluglinien

Preiswerter wird es mit etwas Glück, wenn man bei einer Billigairline **früh online bucht.** Es wird kein Ticket ausgestellt, sondern man erhält eine Buchungsnummer per E-Mail. Zur Bezahlung ist in der Regel eine Kreditkarte erforderlich.

Im Flugzeug gibt es oft **keine festen Sitzplätze,** sondern man wird meist schubweise zum Einstieg aufgerufen, um Gedränge weitgehend zu vermeiden. **Verpflegung** wird manchmal extra berechnet, bei einigen Fluggesellschaften auch aufgegebenes Gepäck. Für die Region interessant sind:

- **Air Berlin,** www.airberlin.com. Von vielen deutschen, österreichischen und schweizerischen Flughäfen nach Jerez, Sevilla, Málaga und Faro (häufig mit Umsteigen in Palma de Mallorca, teilweise auch Direktfüge).
- **Condor,** www.condor.com. Ab Düsseldorf, Frankfurt, Stuttgart und München nach Jerez.
- **Germanwings,** www.germanwings.com. Ab Stuttgart nonstop nach Málaga, ab Köln/Bonn nonstop nach Jerez, ab Stuttgart nonstop nach Faro sowie ab vielen anderen deutschen Städten und ab Zürich und Wien via Deutschland nach Málaga oder Faro.
- **Ryan Air,** www.ryanair.com. Ab Hahn im Hunsrück und Weeze am Niederrhein nach Jerez, Faro und Málaga, von Bremen, Köln/Bonn und Eindhoven nach Málaga und Faro.
- **Transavia,** www.transavia.com. Ab Amsterdam und Eindhoven nach Faro und Málaga.
- **Easyjet,** www.easyjet.com. Ab Berlin-Schönefeld nach Málaga und Faro.
- **Tuifly,** www.tuifly.com. Ab Hamburg, Hannover, Düsseldorf, Frankfurt, Stuttgart und München nach Faro und/oder Jerez.

Last-Minute

Wer sich erst im letzten Augenblick für eine Reise an die Costa de la Luz entscheidet, kann Ausschau nach Last-Minute-Flügen halten, die mit deutlicher Ermäßigung **ab etwa 14 Tagen vor Abflug** angeboten werden. Diese Last-Minute-Flüge lassen sich bei Iberia (www.iberia.de) direkt und ansonsten nur bei Spezialisten buchen:

- **L'Tur,** www.ltur.com, Tel. 00 800 21 212 100 europaweit.
- **Lastminute,** www.lastminute.de, (D-)Tel. 089-17 923 040.
- **5 vor Flug,** www.5vorflug.de, (D-)Tel. 089-710 454 109, (A-)Tel. 0820 203 085.
- **Holiday Check,** www.holidaycheck.at.

Autofahren

Autobahnen

Die gebührenpflichtige Autobahn **AP-4** verbindet Cádiz mit Sevilla. Zwar verläuft beinahe in Sichtweite parallel dazu die ebenfalls zweispurige, aber gebührenfreie **A-4,** doch wesentlich ruhiger geht es auf der *autopista* **AP-4** zu. Kurz vor Sevilla vereinigen sich beide, dann geht es gemeinschaftlich ins hektische Verkehrsgetümmel der Stadt.

Eine zweite Autobahn im Bereich der Costa de la Luz, die **A-49,** führt von Sevilla nach Westen bis zur portugiesischen Grenze, sie ist gebührenfrei.

Eine neue Autobahn, **A-48,** schiebt sich so langsam von Cádiz Richtung Osten und wird sich wohl in nicht allzu ferner Zukunft mit der Mittelmeer-Autobahn bei Algeciras vereinen. Momentan verläuft sie bis etwa Höhe Vejer de la Frontera, doch das wird nicht lange so bleiben.

Höchstgeschwindigkeiten

	in Orten	Landstraßen[1]	Landstraßen[2]	Autobahnen
Pkw und Motorräder	50	90	100	120
Busse	50	80	90	100
Pkw mit Anhänger, Lkw	50	70	80	80, 90[3]
Wohnmobile bis 3,5 t	50	90	90	120
Wohnmobile über 3,5 t	50	80	80	100

[1] zwei Fahrspuren
[2] drei Fahrspuren
[3] Lkw ohne Anhänger

Auch im Umfeld von Cádiz und Jerez wurde viel gebaut, beide Großstädte können nun großräumig auf zweispurigen und gebührenfreien Straßen umfahren werden. Die Straßen von Jerez nach Sanlúcar und Chipiona sind ebenfalls erstklassig und vor allem zweispurig ausgebaut.

Die **Autobahngebühren** werden am Ende der mautpflichtigen Strecke bezahlt. Begleichen kann man die Summe sowohl bar als auch per Kreditkarte. Wer den Betrag passend hat, fährt an die Kasse mit dem Schild *automático* und wirft dort die Münzen in einen Trichter. Wechselgeld gibt's nicht. Wer es nicht passend hat, reiht sich in die Schlange beim Schild *manual* ein. Dort sitzt ein Kassierer, der wechselt. Und wer mit Kreditkarte zahlen will, nutzt die Spur mit dem großen „T", das für *tarjeta* („Karte") steht.

[>] Ein schönes Plätzchen in der ersten Reihe – die schmalen Gassen in den Orten sollte man mit dem Wohnmobil allerdings lieber meiden

Nationalstraßen

Es existiert nur eine wichtige Straße im Bereich der Provinz Cádiz. Die **Nationalstraße N-340,** die spanisch *Carretera Nacional* heißt und in vielen offiziellen Adressen *Ctra. 340* oder *Ctra. N-340* abgekürzt wird, verläuft in etwa parallel zur Küste. Sie beginnt im südspanischen Ort Cádiz. Ab dort werden die Kilometerangaben gezählt, sie steigen also in West-Ost-Richtung auf. So manches Hotel und die meisten Campingplätze tragen in ihrer offiziellen Adresse keinen Straßennamen, sondern nur den Hinweis, an welchem Kilometerstein sie liegen. Das liest sich dann so: Camping XYZ, Ctra. N-340, km 88,3. Die N-340 endet nach etwa 1300 km in Barcelona.

Zwischen der Provinz Cádiz und der benachbarten Provinz Huelva fließt der Guadalquivir. Es gibt keine Möglichkeit, diesen Fluss zu überqueren, da sich hier unmittelbar ein weitläufiges Naturschutzgebiet anschließt. Wer also von der Küste bei Cádiz an die Küste bei Huelva fahren möchte, muss einen **Umweg über Sevilla** akzeptieren – eine Strecke von 250 km.

Im Bereich der Provinz Huelva verläuft ebenfalls eine Straße entlang der Küste. Die **A-494** startet beim Ferienort Matalascañas und zieht sich durch einen riesigen Pinienwald in Richtung Huelva. Kurz vor der Provinzhauptstadt gabelt sich der Weg. Hier kann man durch ein großes Industriegebiet direkt nach Huelva hineinfahren oder aber der Einfallstraße folgen, die eng an der Stadtgrenze entlang schließlich auf die **N-431** Richtung Portugal führt. Aber diese Nationalstraße wird heute eher weniger genutzt, führt doch die **gebührenfreie Autobahn A-49** von Huelva bis zur portugiesischen Grenze bzw. in die andere Richtung bis nach Sevilla. Etwas ruhiger geht es auf der Küstenstraße zu, die von La Antilla bis Isla Cristina verläuft. Aufgrund der vielen tief ins Land eingeschnittenen Flussläufe muss man allerdings doch immer wieder auf die Hauptstraße ausweichen.

Wer von Algeciras auf direktem Weg durchs Hinterland nach Jerez de la Frontera fahren möchte, wählt die A-381. Diese beginnt bei Los Barrios (liegt knapp nördlich von Algeciras) und hat Anschluss an die Mittelmeer-Autobahn A-7.

Straßenkarte

- **„Andalusien"**, world mapping project, Maßstab 1:350.000. Neben exakten Höhenlinien und Höhenschichten-Reliefs ermöglichen das klassifizierte Straßennetz sowie Gradnetz und Ortsindex die bestmöglichste Orientierung. Außerdem ist die Karte durch UTM-Raster am Blattrand für GPS geeignet und auf hochreißfestem und wasserfestem Spezialpapier gedruckt.

869cl sm

Cristi One
468cl jf

Verkehrsregeln

Es gilt ein **Überholverbot** 100 m vor Hügelkuppen und auf Straßen, die nicht mindestens 200 m weit zu überblicken sind.

Auf beleuchteten Straßen, außer Autobahnen und Kraftfahrstraßen, darf man nur mit **Standlicht** fahren.

Fremd dürfte vielen Reisenden auch der sehr häufig anzutreffende **Kreisverkehr** sein. An größeren Kreuzungen hat man auf Ampeln verzichtet und stattdessen einen geräumigen Kreisverkehr angelegt. Wie es scheint, erfolgreich, denn lange Schlangen bilden sich hier nie. Jeder passt ein wenig auf, fädelt sich ein, dreht eine halbe Runde und fährt wieder raus, fertig! Wer drauf ist, hat Vorfahrt, wer reinfahren will, muss warten. Und wenn man nun „seine" Abfahrt verpasst hat? Kein Problem, eine Runde drehen, auf die Schilder achten und ab.

Verboten ist in Spanien das **Abschleppen** durch Privatfahrzeuge.

In etlichen kleineren Orten sind **flexible Ampeln** zu finden. Diese hängen unübersehbar gelb blinkend hoch oben über der Zufahrtsstraße. Rauscht nun ein Pkw mit überhöhter Geschwindigkeit heran, springt die Ampel auf Rot. Simples Prinzip, nicht wahr? *„50 km/h, a más velocidad semáforo cerrado"*, so steht es dazu auf kleinen Schildern.

In Spanien gilt hochoffiziell die **0,5-Promille-Grenze.** Wer mit mehr Alkohol im Blut erwischt wird, muss mit bis zu 600 € Strafe rechnen.

< Auch eine schöne Art zu reisen: mit dem Bötchen

869cl sm

Eine ähnlich hohe Summe soll zahlen, wer fahrend mit einem **Handy** am Ohr erwischt wird. Erlaubt ist das Telefonieren am Steuer nur über eine Freisprechanlage.

Abweichende Regeln: In Spanien müssen in allen Autos **zwei Warndreiecke** mitgeführt werden. Zumindest gilt dies für in Spanien zugelassene Autos, also auch für Mietwagen. Für im Ausland zugelassene Autos gelten abweichende Regeln, wenn das jeweilige nationale Recht nur ein Warndreieck vorsieht.

Bei einer Panne oder Unfall auf einer Autobahn oder Landstraße müssen Fahrer, die das Auto verlassen, eine **reflektierende Weste** anziehen, die in allen Autos vorhanden sein muss.

Bandas sonoras bedeutet, dass zwei quer über die Straße gelegte Schwellen kommen. Wer hier nicht die Geschwindigkeit reduziert, kracht so richtig schön darüber, dass es wirklich „wohlklingt“, wie das Schild verspricht.

Cambio de sentido besagt, dass man hier die Richtung wechseln kann, also einen U-turn, wie es so schön neudeutsch heißt, fahren darf. Es steht aber auch für „Abfahrt“ mit anschließender Möglichkeit, die Fahrtrichtung zu wechseln.

Ungewohnt ist auch dies: Speziell auf Überlandstraßen muss der **Linksabbieger** oftmals zuerst nach rechts auf eine besondere Spur schwenken, die einen Halbkreis beschreibt, und dann die eben verlassene Straße kreuzen. Dadurch werden Staus vermieden. Ähnlich verhält es sich an Stellen, an denen man sich in den Verkehr einfädeln will. Biegt man an einer Kreuzung nach links ab, befindet man sich manchmal noch nicht gleich auf der eigentlichen Straße, sondern erst auf einer Art **Einfädelungsspur,** die links neben der Straße verläuft. Ungewohnt, aber durchaus sinnvoll.

Blaue Linien: Hier kostet das Parken

792cl sm

Parken

In den Städten einen Parkplatz zu finden, ist nicht immer ganz einfach. Dem Ausländer kann man nur dringend empfehlen, in den Großstädten den **Parkleitschildern** zu folgen, auch wenn man dort immer eine Gebühr zahlen muss. Wer auf eigene Faust einen Platz irgendwo an einer Straßenecke suchen will, kann sich nur allzu schnell heillos verfahren.

Mit **blauen Linien** gekennzeichnete Parkplätze sind gebührenpflichtig. Also nicht einfach forsch rein in eine Parklücke und verschwinden, sondern erst einmal den Automaten suchen. Dort muss der Parkschein gezogen werden. Das verlangt aber, sich ungefähr darüber im Klaren zu sein, wie lange man hier parken möchte. Die Gebühren sind sehr unterschiedlich, die mögliche Parkdauer ebenfalls. In einigen Orten beträgt die Höchstgrenze zwei Stunden, in anderen vier. Wer aber seine Zeit überzieht und ganz viel Pech hat, wird von der GRUA (dem staatlichen Abschleppunternehmen) abgeschleppt.

Bei **gelben Bordsteinmarkierungen** heißt es aufpassen, hier herrscht absolutes Parkverbot! Und bei **grünen Linien** ist der Parkplatz reserviert für Anwohner.

In Andalusien wird es heiß, im Sommer sogar sehr heiß. Im Auto wird es dann sogar sehr sehr heiß. Deshalb sollte, wo auch immer möglich, in einem **Parkhaus** oder in einer Tiefgarage geparkt werden. Der kühle, schattige Platz ist die Gebühren wert. Jeder, der schon einmal sein Vehikel nach zwei Stunden in der prallen Sonne aufgeschlossen hat, wird wissen, was gemeint ist.

Sommerliche Staus

Die Ausländer fliegen zumeist ganzjährig ein, braten brav am Strand und mieten sich vielleicht mal ein Auto. Die Spanier dagegen reisen im **Juli** und noch verstärkter im **August** mit ihrem Pkw an die Küste. Die Bewohner der Großstädte Sevilla und Huelva fliehen dann vor der innerstädtischen Hitze in Scharen an die weitläufigen Strände der Costa de la Luz. Entsprechend voll wird es in jener Zeit. Erschwert wird die Situation in dieser Zeitspanne an jedem **Wochenende.** Da herrscht ein kollektiver Aufbruch in allen andalusischen Städten und jeder, der das Pech hat, keinen Urlaub nehmen zu können, flüchtet an die Strände. Alle, ich wiederhole, alle *playas* werden dann okkupiert, jeder Campingplatz, jedes noch so miese Hotelzimmer, schlichtweg alles ist dann besetzt. Und entsprechend eng ist es dann auch auf den Straßen.

Die Spanier starten ihre Fahrt in die Ferien am gleichen Wochenende, unweigerlich landen alle im Stau, trotzdem wird's gemacht. Und mit schöner Regelmäßigkeit mischen sich dann auch noch die Wochenendausflügler darunter. In der Zeitung heißt es warnend: „Bis Mitternacht werden etwa zehn Millionen Bewegungen auf Spaniens Straßen erwartet."

Autounfall

Was tun, wenn es kracht? Mir ist klar, dass die folgenden Ratschläge in dem Stress und der möglichen Hitze nicht immer einfach zu befolgen sind. Dennoch: Möglichst die **Polizei** rufen. Zuständig ist innerorts die *Policía Muni-*

cipal (Tel. 092), außerorts die *Guardia Civil* (Tel. 062).

Sie wird allerdings nur bei größeren Schäden oder bei Unfällen mit Verletzten ein **Protokoll** aufnehmen. Deshalb sollte man so genau wie möglich selbst dokumentieren. Hierbei hilft der internationale Unfallbericht, den jeder Versicherer ausgibt. Die Unfallstelle genau fotografieren, genaue Lage der Fahrzeuge, Bremsspuren, Verkehrszeichen nicht vergessen. Auch den Kilometerstein notieren. Anschrift, Kennzeichen und Versicherungsnummer des Unfallgegners festhalten und Anschriften von Zeugen notieren. Den internationalen Unfallbericht vom Unfallgegner unterschreiben lassen. Ohne diese Angaben wird es später ziemlich schwierig, seine Rechte durchzusetzen.

Es gibt inzwischen europaweit eine Gesetzeslage, die eine Schadensabwicklung von im Ausland aufgetretenen Unfällen vereinfacht. Der Geschädigte muss sich nicht mehr mühsam durch ausländische Rechtssprechung kämpfen, sondern hat auch die Möglichkeit, in seinem Heimatland Ansprüche geltend zu machen. Dazu wurden eine **Auskunfts-** und eine **Entschädigungsstelle** eingerichtet.

Alle Kfz-Versicherungen der EU, und damit auch alle spanischen Versicherungen, müssen einen **Schadensregulierungsbeauftragten** in Deutschland benennen, an den man sich später wenden kann. Je mehr Daten man von seinem Unfallgegner erfahren konnte, desto besser. Hierzu gehören: Name, Anschrift von Fahrer und Halter, Policen-Nummer der Kfz-Haftpflichtversicherung, Kennzeichen. Die Adresse des Repräsentanten erfährt man dann über die Auskunftsstelle:

- **Zentralruf der Autoversicherer,** Tel. 0180-25 026 oder über www.zentralruf.de.

Geschädigte können sich an diesen Repräsentanten wenden und ihre Ansprüche geltend machen. Binnen drei Monaten nach Schadensmeldung muss ein Angebot unterbreitet oder eine begründete Absage erteilt werden.

Erhält der Geschädigte keine Antwort innerhalb der drei Monate, kann er sich direkt an eine Entschädigungsstelle wenden. Unter bestimmten Voraussetzungen kann diese dann sogar selbst den Schaden regeln.

- **Verkehrsopferhilfe,** Wilhelmstraße 43/43 G, 10117 Berlin, Tel. 030-20 205 858, Fax 20 205 722, www.verkehrsopferhilfe.de.

Auch wenn die Abwicklung eines in Spanien passierten Unfalls nun von der Heimat aus geregelt werden kann, greift dennoch spanisches Recht. Das bedeutet u. a. eine Abweichung der Höchstgrenzen von Entschädigungen: bei Sachschäden 100.000 € und bei Personenschäden 350.000 €.

Jeder Autofahrer ist gut beraten, einen **internationalen Unfallbericht** sowie den **Schutzbrief** eines Automobilclubs oder eine **Verkehrsrechtschutzversicherung** zu haben.

Panne

In mehreren Orten entlang der Küste befinden sich autorisierte **Werkstätten** der namhaften Autohersteller. Vor allem in Huelva sind viele Marken mit großen Werkstätten vertreten. Sprachprobleme? Dann fragen Sie doch ein-

793cl sm

fach mal den Kellner Ihres Restaurants oder den Hotelportier.

■ Zum Thema Notruf und Pannenhilfe ⧉ Notfälle.

Mietwagen

In jedem Ort, in dem sich überwiegend ausländische Touristen aufhalten, werden Mietwagen angeboten. Werbende Handzettel liegen überall aus, an der Hotelrezeption genauso wie in vielen Läden. Man kann sie gar nicht übersehen. *Rent-a-car* oder spanisch *alquiler de coches,* manchmal auch *alquiler de motos* („Motorradverleih") heißt es dann. Als Voraussetzungen gelten ein Mindestalter von 21 Jahren und eine **Kreditkarte.** Der Vermieter zieht sich einen Blankoabschnitt. Eine **Vollkaskoversicherung** abzuschließen, kann nur jedem angeraten werden.

Die Angebote sind meist so gehalten, dass die **Preise** für einen Tag, für drei und sieben Tage genannt werden, selten jedoch der Endpreis. Addiert werden dann Steuern, Versicherung und eventuell die mehrgefahrenen Kilometer.

Der Wagen muss mit der gleichen Menge **Benzin,** wie sich bei Abholung im Tank befand, zurückgegeben werden. Die Menge wird im Vertrag festgehalten. Treibstoff ist in Spanien etwas billiger als in Deutschland.

Wer für einen längeren Zeitraum einen Wagen mieten möchte, sollte sich eventuell schon **zu Hause** darum kümmern. Reiseveranstalter bieten nämlich mitunter ganz erstaunliche Tarife an, die zumeist in Kombination mit einer Flugreise gelten. Außerdem kommt im Streitfall in der Regel deutsches Recht zum Tragen, was im Falle eines Falles nicht unwichtig sein kann.

⌃ Viele Gassen in den Dörfern sind selbst mit dem Kleinwagen eine Herausforderung

Diplomatische Vertretungen

Vertretungen in Spanien

Wie überall auf der Welt sitzt die Botschaft in der Hauptstadt des Landes, also in Madrid. **Konsularische Betreuung** wird aber auch im Bereich der Costa de la Luz angeboten:

Deutschland

- **Jerez de la Frontera:** Deutsches Honorarkonsulat, Avda. de Méjico 10, portal 1 – 2° D, Tel. 956 187 463, Termine nach telefonischer Absprache.

Österreich

- **Malaga:** Alameda de Colon, 26, Piso 2, Esc. izq., Tel. 0646-060 972.

Schweiz

- Die Schweiz wird im Bereich der Costa de la Luz konsularisch nicht vertreten. Das nächste Konsulat befindet sich in **Málaga,** neben einer Postfachadresse sind nur eine Handy-Nummer (Tel. 645 010 303) und eine E-Mail-Adresse veröffentlicht: malaga@honrep.ch.

Spanische Vertretungen

In Deutschland

- **Spanische Botschaft,** Lichtensteinallee 1, 10787 Berlin, Tel. 030-2 540 070, www.spanischebotschaft.de.

In Österreich

- **Spanische Botschaft,** Argentinierstraße 34, 1040 Wien, Tel. 01-5 055 788.

In der Schweiz

- **Spanische Botschaft,** Kalcheggweg 24, Postfach 310, 3000 Bern 15, Tel. 031-3 505 252.

Ein- und Ausreisebestimmungen

Dokumente

Reisende aus allen EU-Ländern und aus der Schweiz benötigen zur Einreise nach Spanien für einen Aufenthalt von unter drei Monaten lediglich einen gültigen **Personalausweis oder Reisepass.** Kindereinträge im Reisepass eines Elternteils sind nicht mehr gültig. Jedes Kind benötigt einen eigenen Reisepass. Der alte Kinderausweis wird akzeptiert, wenn er noch gültig ist und ein Foto hat (dieser wird jedoch seit 2006 nicht mehr ausgestellt).

Für Reisende mit anderen Staatsangehörigkeiten kann eine Visumpflicht bestehen. Im Zweifelsfall sollte man sich rechtzeitig bei der entsprechenden spanischen Auslandsvertretung erkundigen.

Die meisten Hotels und alle Campingplätze verlangen ein Personaldokument. Die meisten Betreiber eines Campings nehmen den Ausweis sogar als Pfand in Verwahrung und rücken ihn erst nach Bezahlen der Rechnung wieder raus.

Autofahrer benötigen den nationalen Führerschein und das Nationalitätenkennzeichen; die grüne Versicherungskarte muss nicht an der Grenze vorgezeigt werden, aber bei einem Unfall wird danach gefragt.

Ein- und Ausfuhrbestimmungen

Trotz des vereinfachten Warenverkehrs zwischen den Schengen-Staaten gibt es in allen EU- und EFTA-Mitgliedstaaten weiterhin nationale Ein-, Aus- oder Durchfuhrbeschränkungen, z. B. für Tiere, Pflanzen, Waffen, starke Medikamente und Drogen (auch für Cannabis-Besitz und -handel).

Verboten ist auch die Aus- und Einfuhr von wildlebenden Tier- oder Pflanzenarten oder Produkten aus ihnen, die auf Anhang I des **Washingtoner Artenschutzübereinkommens** (CITES; www.cites.org) gelistet sind. Darunter fallen z. B. viele Schildkröten, Korallen, Muscheln, Schnecken und deren Gehäuse sowie Schmuck, der daraus hergestellt wurde. Bei Anhang II Arten sind Ein- und Ausfuhrgenehmigungen erforderlich. Die Strafen für einen Verstoß gegen CITES-Bestimmungen sind empfindlich.

Begrenzt ist weiterhin die steuerfreie Mitnahme von Alkohol, Tabak und Kaffee. Bei Überschreiten der Freigrenzen muss nachgewiesen werden, dass keine gewerbliche Verwendung beabsichtigt ist.

Freimengen innerhalb der EU

- **Alkohol** (für Personen über 17 Jahre): 90 l Wein (davon max. 60 l Schaumwein) oder 110 l Bier oder 10 l Spirituosen über 22 Vol.-% oder 20 l unter 22 Vol.-% oder eine anteilige Zusammenstellung dieser Waren.
- **Tabakwaren** (für Personen über 17 Jahre): 800 Zigaretten oder 400 Zigarillos oder 200 Zigarren oder 1 kg Tabak oder eine anteilige Zusammenstellung dieser Waren.
- **Andere Waren:** 10 kg Kaffee und 20 Liter Kraftstoff im Benzinkanister.

Freimengen für Reisende aus der Schweiz

- **Alkohol** (für Personen ab 17 Jahren): 1 l Spirituosen (über 22 Vol.-%) oder 2 l Spirituosen (unter 22 Vol.-%) oder eine anteilige Zusammenstellung dieser Waren, und 4 l nicht-schäumende Weine, und 16 l Bier.
- **Tabakwaren** (für Personen ab 17 Jahren): 200 Zigaretten oder 100 Zigarillos oder 50 Zigarren oder 250 g Tabak oder eine anteilige Zusammenstellung dieser Waren.
- **Andere Waren:** 10 Liter Kraftstoff im Benzinkanister; für Flugreisende bis zu einem Warenwert von insgesamt 430 €, über Land Reisende 300 €, alle Reisende unter 15 Jahren 175 €.

Freimengen bei Rückkehr in die Schweiz

Bei der **Rückeinreise in die Schweiz** müssen folgende Freimengen beachtet werden:

- **Alkohol** (für Personen ab 17 Jahren): 2 l bis 15 Vol.-% und 1 l über 15 Vol.-%.
- **Tabakwaren** (für Personen ab 17 Jahren): 200 Zigaretten oder 50 Zigarren oder 250 g Schnitttabak oder eine anteilige Zusammenstellung dieser Waren, und 200 Stück Zigarettenpapier.
- **Andere Waren:** neuangeschaffte Waren für den Privatgebrauch bis zu einem Gesamtwert von 300 SFr. Bei Nahrungsmitteln gibt es innerhalb dieser Wertfreigrenze auch Mengenbeschränkungen.

Informationen

- **Deutschland:** www.zoll.de oder unter Tel. 0351-44834510.

- **Österreich:** www.bmf.gv.at oder unter Tel. 01-51433564053.
- **Schweiz:** www.ezv.admin.ch oder unter Tel. 061-2871111.

Hund und Katze

Die Mitnahme von Hund oder Katze ist prinzipiell erlaubt. Bei Anreise im Flugzeug werden mitgeführte Hunde und Katzen bis zu 5 kg in der Passagierkabine mitgenommen, Tiere mit einem höheren Gewicht im Laderaum. Der zu zahlende Preis richtet sich in der Regel nach den Tarifen für Übergepäck. Blindenhunde werden meist kostenlos transportiert. Voranmeldung bei Haustiertransporten bei der Fluggesellschaft ist unbedingt anzuraten, da die meisten Airlines nur maximal zwei Haustiere pro Flug mitnehmen.

Für EU-Länder gilt, dass man eine **Tollwutschutzimpfung** und einen EU-Heimtierausweis (Pet Passport) für Hund oder Katze haben muss. Dieser gilt in allen EU-Staaten und im Nicht-EU-Land Schweiz und kostet ca. 15–25 €. Darüber hinaus muss das Tier mit einem **Microchip** gekennzeichnet sein (für Tiere die vor dem 3. Juli 2011 registriert wurden, reicht ihre bestehende Tätowierung aus, wenn diese gut lesbar ist). Weitere Informationen gibt es beim Tierarzt.

[>] Einkaufen in einer Markthalle – Augenweide und Gaumenfreude, hier in Cádiz

Essen und Trinken

Spanische Essgewohnheiten

Frühstück

Spanier halten sich nicht lange mit dem Frühstück auf. Ein Kaffee, begleitet von einem **Croissant oder Toast oder churros,** einem länglichen Fettgebäck, das in Kakao getunkt und dann gegessen wird. Das war's im Wesentlichen. Nicht wenige gehen morgens gegen 8 Uhr zum *desayuno* gleich in eine Bar und frühstücken überhaupt nicht zu Hause. Ähnlich verhält es sich in manchen kleinen, typisch spanischen Hotels, in denen das Frühstück oft ziemlich mager ausfällt. Das gilt natürlich nicht für die großen internationalen Hotels, dort wird ein üppiges Frühstücksbüffet serviert.

Wer einen Kaffee bestellen will, hat drei Varianten zur Auswahl: Ein **café sólo** ist tiefschwarz und winzig, er wird gerne nach dem Essen bestellt. **Cortado** („Abgeschnittener") heißt eine kleine Tasse Kaffee mit etwas Milch, und ein **café con leche** („Milchkaffee") besteht aus einer normal großen Tasse Kaffee mit viel Milch. Speziell im sehr heißen Sommer trinken Spanier nach dem Essen gerne einen **Café cortado con hielo,** einen schwarzen Kaffee mit Eis. Dabei bekommt der Gast zusätzlich ein Glas mit Eiswürfeln, in das der Kaffee dann gegossen wird und etwas abkühlt.

Das bisschen Mageninhalt reicht natürlich nicht bis zum Mittag, also wird mindestens noch einmal die Bar für eine

457cl sm

Art zweites Frühstück aufgesucht. Zwischen 10 und 11 Uhr bleiben es aber bescheidene Mengen, die verzehrt werden: **Gebäck** vielleicht, möglich auch eine **Eierspeise,** ein Stückchen **Tortilla.** Um diese Zeit gibt's meist noch Kaffee, nur wenige versuchen sich schon am *vino.*

Zwei Stunden später, so zwischen 12 und 13 Uhr, geht es dann zur Vor-Mittags-Pause in die Bar. Gerne werden jetzt **bocadillos** (belegte Baguettes) gegessen, begleitet von einem **Bierchen** oder **Wein.**

Mittagessen

Das Mittagessen wird nie vor 14 Uhr eingenommen, häufig erst um 15 Uhr. Dann versammelt sich die Familie am Tisch, die Arbeitskollegen gehen ins Restaurant.

Mittags werden in beinahe allen Restaurants günstige Menüs serviert. Ein **menú del día** besteht zumeist aus zwei Gängen nebst Nachtisch und einer halben oder gar einer ganzen Flasche Hauswein. Der Preis liegt irgendwo zwischen 10 und 15 €. Eine andere Variante sind „Mittagsteller", **plato del día** genannt. Dabei bekommt der Gast einen gut gefüllten Teller mit einem variantenreichen Gericht, mehr aber nicht.

Das Mittagessen zieht sich hin, vor 16 Uhr steht niemand auf, die letzten Ausdauernden erst um 17 Uhr. Dann wird entweder eine *siesta* geschlafen oder es geht zurück an die Arbeit.

Abendessen

Abends wird entsprechend **spät** gegessen, vor 21 Uhr öffnen die wenigsten Restaurants. Eine *cena* („Abendessen") um 22 oder gar 23 Uhr ist nichts Ungewöhnliches. Kein Wunder also, dass Spanier morgens keinen Hunger verspüren.

In den Touristikorten regiert ein anderer Rhythmus. Dort werden in den großen Hotels und in vielen Restaurants Mahlzeiten nach nordeuropäischen Zeiten serviert.

Spanische und regionale Spezialitäten

Tapas

In spanischen Bars wird eine breite Auswahl kalter oder manchmal warmer **Häppchen** angeboten, die, auf kleinen Tellerchen serviert, den Wein oder das

797cl sm

Bier begleiten. In Andalusien sind sie normalerweise sogar eine kostenlose Beigabe des Wirtes und werden dem Gast, der am Tresen steht und ein Getränk bestellt hat, mit dem Glas gereicht.

Über die **Ursprünge** dieser *tapas* kursieren verschiedene Legenden. Die gebräuchlichste behauptet, dass irgendwann im 18. Jahrhundert Gästen in Wirtshäusern das Glas Wein mit einem Tellerchen bedeckt gereicht wurde. So sollte vermieden werden, dass Fliegen ins Glas gerieten. Auf diese Tellerchen wurde dann immer häufiger eine kleine Beigabe gelegt: eine Olive, ein halbes Ei, ein Stück Schinken – die *tapa* war geboren. Der Begriff leitet sich nämlich vom spanischen Wort *tapar* ab, was „zudecken" heißt.

Diese sympathische Sitte der **kostenlosen Dreingabe** einer kleinen Leckerei wird noch in vielen andalusischen Bars gepflegt, in den Touristikhochburgen natürlich selten. In einigen Bars werden sogar derart umfangreiche Tapas gereicht, dass man erschrocken zunächst ablehnen möchte: „Ich habe doch gar nichts bestellt!". Denn – so selbst erlebt – mancher Wirt klaubt ein ganzes Dutzend *gambas* (Garnelen) zusammen, schaufelt sie auf einen Teller und platziert sie neben dem Glas. Das ist selbst für spanische Verhältnisse eine Menge. Selten, aber nicht unmöglich.

Es gibt eine unglaubliche Vielfalt an Tapas. Einfache Varianten, die kostenlos serviert werden, sind Oliven, eine Sardine oder ein halbes Ei mit einem kleinen Belag, wie etwa ein Paprikastreifen. Oder einfach ein Schälchen Erdnüsse, frittierte Kartoffeln oder ein Klecks Kartoffelsalat, manchmal auch eine Scheibe Schinken.

Andere Tapas müssen bezahlt werden und hier kennt die Fantasie keine Grenzen: ganze Teller mit Schinken-, Salami- und Käsescheiben oder unterschiedliche Meeresfrüchte, mit einem Zahnstocher auf kleine Stangenbrot-Scheiben gespießt, oder *patatas bravas*, frittierte Kartoffeln in scharfer Sauce.

Es können auch verschiedene Varianten auf einem Teller zusammengestellt werden, sodass der Gast mehrere probiert. *Montados* werden solche Teller auch genannt.

Heute gibt's Paella als Tapa, als halbe und als ganze ración

Standard-Tapas sind *albóndigas,* kleine Hackbällchen in scharfer Sauce, oder *ensaladilla rusa,* eine Art Kartoffelsalat, ebenso *boquerones,* sauer eingelegte Sardinen. Dazu ein Bier – schmeckt köstlich! Manche Tapas sind richtig teuer, beispielsweise der *jamón de bellota,* ein Schinken der unglaublich zart auf der Zunge zergeht.

Wenn der Hunger etwas größer ausfällt, kann man gleich eine *ración* (Portion) bestellen. Dann erhält man einen gutgefüllten Teller. Oder man wählt eine *media ración,* also eine halbe Ration.

006cl jf

Paella – ein Arme-Leute-Gericht

Die weltberühmte Paella wird nur im Ausland als das typisch spanische Gericht angesehen, in Spanien keineswegs. Das Reisgericht mit Fisch und Meeresfrüchten heißt eigentlich *Paella valenciana,* weil es ursprünglich aus dem Gebiet um Valencia stammt. Denn nur dort wächst im Ebro-Delta in ausreichenden Mengen der benötigte Reis. Paella war in Valencia nichts weiter als ein Arme-Leute-Essen: Man nehme viel Reis und vermische ihn mit Fleisch- oder Fischresten. Erst später wurde das Gericht dann verfeinert und vor allem mit dem teuren Safran gewürzt.

Die Zubereitung einer Paella erfordert viel Zeit, 45 Minuten gelten als normale Wartezeit im Restaurant. Der Reis wird nämlich in einer besonderen Paella-Pfanne (einer Pfanne mit zwei seitlichen Griffen) über offenem Feuer gekocht, die Zutaten und Gewürze kommen in genau festgelegten Abständen hinzu. In den meisten Restaurants wird eine Paella deshalb auch nur ab zwei Personen aufwärts angeboten. Sollte der Kellner keinen Hinweis auf die lange Zubereitungszeit geben und das Gericht gar nach kürzester Zeit servieren, wurde die Paella in der Mikrowelle erwärmt.

Eine **Tapastour** durch mehrere Bars ist ein kulinarisches Highlight! *Irse de tapas* oder *tapeo* bedeutet einen Bummel durch mehrere Tapasbars zu unternehmen. Ganze Familien, Gruppen, Nachbarn (immer zu mehreren, niemals alleine) treffen sich dann in einer Bar, stehen am Tresen (niemals am Tisch), bestellen eine Runde Bier oder *vino* und die jeweilige Tapa-Spezialität der Bar. Beim Trinken und Naschen der Tapas wird viel geplaudert (niemals schweigen!), dann zahlt einer die Runde und weiter geht's. Mittlerweile gibt es ganze Bücher, die nichts weiter als die besten Tapasbars auflisten.

Tipp: Ganz wunderbar lässt sich eine Tapastour im Küstenort El Puerto de Santa María unternehmen, dort warten mehrere Dutzend Lokale mit Tapas und kleinen Gerichten, zumeist auf Basis von Fisch und Meeresfrüchten.

Bocadillos

Bocadillos sind **kleine Baguettes** oder etwas größere Brötchen, die ohne Butter z. B. mit Schinken, Käse, *tortilla,* Fleisch oder Salat belegt werden. Die idealen Hungerstiller für zwischendurch gibt es ebenfalls in jeder Bar.

Andalusische Küche

Ein schöner Satz charakterisiert die spanische Küche folgendermaßen: „Im Süden wird frittiert, in der Mitte gegrillt und im Norden gekocht." Wie wahr, wie wahr. Vor allem Fisch, insbesondere Sardinen, werden gerne frittiert. Die Hitze Andalusiens und die Nähe zum Meer prägen die Küche. Randvoll mit Fleischbergen gefüllte Teller werden selten angeboten, bestenfalls in Form von Eintöp-

758cl sm

fen, die in den Bergdörfern geschätzt sind.

An Besonderheiten muss an erster Stelle *gazpacho* genannt werden, eine erfrischende **kalte Suppe,** bestehend aus passierten Tomaten, Öl, Essig, etwas Brotkrume, Paprika und vor allem viel Knoblauch. Ähnlich hoch geschätzt wird *ajoblanco,* eine weitere kalte Suppe mit Mandeln und unendlich viel Knoblauch, dazu werden Weintrauben gereicht.

Fisch gibt es natürlich in allen denkbaren Variationen, gegrillt, gekocht oder gebraten. In etlichen Küstenorten werden in den Strandbars, den *chiringuitos*, Sardinen auf kleinen Holzspießen über offenem Feuer gegrillt. Der Kunde bestellt einfach *media docena* („ein halbes Dutzend"), und wenig später liegen sie frisch gegrillt auf dem Teller. Auf der Speisekarte häufig angebotene Gerichte sind *panojas malagueñas,* panierte Sardellenfilets, *pescacito frito*, frittierte Fischchen, oder *rape con patatas,* Seeteufel mit Kartoffeln. Gerne serviert man auch *bacalao,* Stockfisch, und **Muscheln** der unterschiedlichsten Größe, Art und Zubereitung, des Weiteren **Garnelen, Gambas** und kleine **Tintenfische,** als da wären: *calamares en su tinta,* kleine Tintenfische im eigenen Saft geschmort, *chopitos* bzw. *chipirones,* sehr kleine gegrillte Tintenfische, und *chocos,* kleine Tintenfischlein, die meist frittiert serviert werden – einfach köstlich!

Weit verbreitet sind auch **Eierspeisen,** vor allem *tortilla*, ein Eieromelett mit Kartoffeln, manchmal aber auch mit weiteren Zutaten. Ein *pincho de tortilla* („Stückchen tortilla") zwischendurch dämpft den größten Hunger, und man bekommt es in jeder Bar. Eine weitere Spezialität der andalusischen Küche ist *salmorejo,* eine kalte, dickflüssige **Suppe** aus Tomaten, Knoblauch und Brot sowie Gemüse.

Getränke

Bier

Auch Kurzzeiturlauber lernen relativ schnell wenigstens ein spanisches Wort: *cerveza*. Tatsächlich hat der **Bierkonsum** in Andalusien schon lange das Weintrinken in den Schatten gestellt. Auf ein kleines Gläschen mal eben in die nächste Bar gehen, auch schon mal morgens um 11 Uhr, das gehört heute zum alltäglichen Leben. Trotzdem sieht man selten einen Spanier sturzbetrunken. Ein kleines Gläschen: ja, auch mehrmals am Tag, aber literweise Bier in sich hineinschütten: so gut wie nie!

Ein kleines Glas **Bier bestellt man** mit *una caña,* ein etwas Größeres mit *un tubo,* beides wird dann blitzschnell gezapft. Die „7-Minuten-braucht-ein-gutes-Bier"-Regel gibt es in Spanien nicht. Wer einen Krug möchte, sagt *una jarra.* Ein großes Glas Bier kann mit *un tanque* bestellt werden, wobei „Tank" sich gewaltig anhört, meist jedoch „nur" ein halber Liter ist. Eine Flasche ist *una botella,* ein winziges Fläschchen *un botellín.* Alkoholfreies Bier, *cerveza sin alcohol,* findet auch in Spanien immer mehr Freunde, und *una clara,* mit Limo gemischtes Bier, schmeckt in der andalusischen Hitze ebenfalls sehr erfrischend.

☐ Häufig liegen in den Ortschaften gleich mehrere Lokale dicht beeinander, so hier in Isla Cristina

Wein

Wein aus Spanien ist längst nicht so bekannt wie französischer oder italienischer. Zu Unrecht, denn spanische Winzer achten schon seit den 1920er Jahren auf hohe Qualität. In jener Zeit entstand nämlich ein System der **Herkunftsbezeichnung,** das strengen Kriterien unterliegt. Eine sogenannte *denominación de origen* gilt für bestimmte Weinanbaugebiete, in denen jeweils regionale Vorschriften eingehalten werden müssen. So versucht man, eine gleichbleibende Qualität zu erzeugen. Momentan existieren rund 70 *denominaciones* in ganz Spanien, davon zwei im Gebiet der Costa de la Luz: Jerez und Huelva.

Festgelegt wird beispielsweise, welche Rebsorten verwendet werden dürfen, in welchem Gebiet angepflanzt wird, und gegebenenfalls ist sogar eine Höchstmenge festgesetzt. Weiterhin wird die Lagerzeit bestimmt. Weiß- und Roséweine müssen wenigstens ein Jahr, Rotweine zwei Jahre gelagert werden, ein Jahr davon im Fass. Die Einhaltung all dieser Vorgaben überwacht ein unabhängiges Gremium und vergibt dafür ein **Gütesiegel.** Jedes Gebiet der etwa 70 *denominaciones* hat sein eigenes. Obendrein erhalten die Weine eine fortlaufende Nummer, sodass eventuelle Unregelmäßigkeiten sich genau zurückverfolgen lassen. Auf den Etiketten der Flaschen müssen neben dem Herkunftssiegel und der Nummer die Traubenbezeichnungen erscheinen.

Wenn man keine Tapa mehr verdrücken kann, dann ist es einfach nur noch der Blick über die Weite des Meeres, die Füße im Sand

Im Gebiet von **Huelva** wird D.O.-Wein vor allem in der Umgebung von Bollullos Par del Condado angebaut, aber nicht nur dort. Insgesamt umfasst das Gebiet 15 Gemeinden mit etwa 6000 ha.

Ein sehr großes und sehr berühmtes D.O.-Gebiet liegt im Städtedreieck Jerez, Puerto de Santa María und Sanlúcar de Barrameda. Dort wird auf einer Fläche von gut 100 km² Wein für die **Sherryproduktion** angebaut, das D.O.-Siegel heißt daher auch: *Jerez-Xérès-Sherry.*

Wein kann wie überall in unterschiedlichen Qualitäten und zu entsprechenden Preisen bestellt werden. In den Bars ist der **Hauswein** preiswert, aber leider nicht immer gut. Bestellt wird er am Tre-

806cl sm

sen einfach mit *„un blanco“* („ein Weißer“), *„un rosado“* („ein Rosé“) oder *„un tinto“* („ein Roter“). Im Restaurant klappt es im Prinzip ähnlich, da sollte nur der Zusatz *„vino de la casa“* („Hauswein“) nicht fehlen. Eine erfrischende Variante heißt *vino del verano,* („Sommerwein“), eine Art gespritzter Rotwein mit Selters.

Lokalitäten

Bar

In jedem noch so kleinen Dorf findet man wenigstens eine Bar. Darunter darf man sich keinen Nachtclub vorstellen, sondern mehr eine Mischung aus **Eckkneipe und Café.** Die Einrichtung ist schlicht, die Gäste drängeln sich am Tresen, um ein Gläschen zu trinken und eine Kleinigkeit zu essen. Die meisten verweilen aber nicht lange, sodass die wenigen Sitzplätze selten in Anspruch genommen werden.

Cafetería

Unter einer Cafetería darf man sich wiederum kein stilvolles Kaffeehaus vorstellen, in dem Kellner Tabletts mit Kaffee und Cognac durch rauchgeschwängerte Luft balancieren. Eine Cafetería ist ein

Die Bar – das Wohnzimmer des Spaniers

Es gibt sie in jeder Stadt, in jedem Ort, in jedem Dorf. Keine Gemeinde ist zu klein, eine Bar gibt es immer. Und sie ist wichtig, ist Sozialstation, Wärmehalle, Aufenthaltsraum, und Wohnzimmer zugleich – ein unverzichtbares Medium der Kommunikation.

Wesentlicher Bestandteil einer Bar ist ihr Tresen. Der ist oft aus Metall und wird ständig geputzt. Ein paar Barhocker stehen zwar davor, aber das ist zweitrangig, denn niemand setzt sich. Auf dem Tresen stehen hinter Glas kleine Leckereien, die im Laufe des Tages wechseln.

Eine Bar öffnet früh, gegen 8 oder 9 Uhr. Dann platziert ein verschlafener Kellner Dutzende von Tellerchen auf dem Tresen, legt auf jeden einzelnen Zuckertütchen und Löffelchen und baut sie dann in einer Weise auf, dass dabei regelrechte Pyramiden entstehen. So ist man für den ersten Ansturm gewappnet.

Der kommt in Form von Frühstücksgästen. Aber: Kein Spanier hält sich lange mit dem Frühstück auf, zu Hause sowieso nicht und auch nicht in der Bar. Einen Kaffee, dazu etwas Gebäck, vielleicht ein Toast oder *churros*, damit begnügt er sich zumeist.

Ab 11 Uhr kommen schon die Vor-Mittags-Gäste – die, die zwischen Frühstück und Mittag noch einen Happen brauchen, und das sind beinahe alle. Man isst ein *bocadillo,* ein Stückchen *tortilla* oder eine *empanada* (Pastete). Ein erstes Bierchen darf auch schon sein, alternativ ein *vino.* Selbst wer einen Brandy ordert, wird nicht stirnrunzelnd abgestraft.

Gegen 12 Uhr tauchen die ersten Hausfrauen auf, mischen sich unter die Rentner, die bei einem Glas Wasser schon seit Stunden herumhocken und das Treiben beäugen. Die Einkaufstaschen werden unten am Tresen abgestellt und bei einem Kaffee, Wein oder auch Wasser verschnauft Frau erstmal. Das war früher undenkbar, aber die Zeiten ändern sich. Der Tresen ist längst keine Bastion der Männer mehr.

Gegen 14 Uhr verlagert sich das Geschehen in den *comedor,* den Speiseraum. Es beginnt die Mittagszeit. Hat die Bar keinen *comedor,* wird es erstmal ruhiger. Aber irgendwer kommt immer auf ein Gläschen, für ein Schwätzchen oder auch nur, um den größten Hunger zu stillen, denn ein Tagesgericht bietet eigentlich jede Bar an.

Wenn dann am späten Nachmittag die Zeit der *siesta* sich ihrem Ende neigt, setzt der Besucherstrom wieder ein. Es ist die Stunde der *aperitivos* – ein Glas Wein, garniert mit ein paar Oliven oder auch ein Bierchen, zusammen mit in Essig eingelegten Sardinen. Das schmeckt köstlich und macht munter!

Gegen 18 Uhr trudeln die Söhne ein, zum gegenseitigen Angeben. Die Mütter sind auf dem Rückweg von der zweiten Einkaufstour – diesmal fürs Abendessen – stets in Begleitung einer ihrer Töchter. Dann kommen die Krawattenträger, genießen ihren Feierabend-Brandy. Auslieferungsfahrer stärken sich für die letzte Tour und die Söhne streiten sich um die Spielautomaten.

Eine Stunde lang bleibt es nun ruhig, Zeit fürs Abendessen gegen 21 Uhr. Aber danach kommen alle noch einmal wieder auf eine *copa* („Gläschen"). Sie bleiben nicht allzu lange, trinken etwas und ziehen weiter. Um Mitternacht fängt einer der Kellner an, die Herdplatte zu schrubben. Ein anderer beginnt wieder aus Tellerchen Pyramiden zu bauen. Der Moment des vorletzten Glases naht. Denn eins ist klar: Zur *última copa,* dazu kommt es nie! Und warum nicht? Das hätte so etwas Endgültiges, so als ob danach nichts mehr käme. Nur noch der Tod. Deshalb.

393cl sm

schlichtes **Lokal,** das sich meist nur durch andere Öffnungszeiten von einer Bar unterscheidet. Auch die Cafetería ist mit einem langen Tresen, grellem Neonlicht, einigen wenigen Tischen und einem meist ununterbrochen laufenden Fernseher ausgestattet. Als entscheidender Unterschied kann hier ein kleines Mittagessen eingenommen werden, was nicht in jeder Bar möglich ist.

Chiringuito

Chiringuitos waren früher kleine, **einfache Kioske** am Strand oder auf dem Lande. Dort wurde eine begrenzte Anzahl an Gerichten für die Urlauber oder Wochenendgäste zubereitet. Das Angebot war bescheiden, Ambiente und Preise ebenfalls. Mit der Zeit entwickelten sich beliebte Chiringuitos zu kleineren Bars, vor allem an Stränden, die von vielen Menschen aufgesucht werden.

Restaurant-Knigge

In einem typischen Restaurant geht es oft recht laut her. Abendessen wird selten vor 21 Uhr angeboten. Ausnahmen gibt es in den Touristenorten.

Platzsuche

Wer ein **Restaurant** betritt, setzt sich niemals direkt an einen freien Tisch. Ein Kellner wird unverzüglich kommen, nach der Personenzahl fragen und dann Tischvorschläge unterbreiten. Sollten alle Tische besetzt sein, wird man gebeten einen Moment an der Bar zu warten. Niemals zu einem Tisch gehen und fragen: „Ist hier noch frei?“, auch nicht, wenn nur eine Person einen Riesentisch okkupiert!

⌃ Viel los in der Bar Los Hermanos in Conil

In **Bars** stellt man sich an den Tresen. Der Kellner nimmt die Neuankömmlinge garantiert wahr und fragt nach den Wünschen. Sodann wird das Plätzchen am Tresen geputzt und dann kommen auch schon Speis und Trank.

Flamenco in Conil

431cl jf

Rauchen

In Spanien herrscht ein absolutes Rauchverbot in allen Lokalen! Nachdem 2006 zunächst ein Anti-Tabak-Gesetz mit vielen Lücken beschlossen wurde, das nicht zu den erhofften rauchfreien Bars und Restaurants geführt hatte, wurde Anfang

2011 die Gangart verschärft. Nicht nur in sämtlichen gastronomischen Betrieben herrscht nun Rauchverbot, auch am Arbeitsplatz und teilweise sogar unter freiem Himmel (auf Schulhöfen bzw. auf Plätzen vor einem Krankenhaus). Ausnahmen gelten für offene Sportplätze (Stierkampfarena, Fußballstadion) und im Gefängnis.

Bezahlen

Die **Preisliste** muss in allen Gastronomiebetrieben aushängen. Zwar findet man die Liste häufig erst nach intensivster Suche, aber es gibt sie immer. In Bars und Cafés, aber auch in manchen Restaurants, findet man auf der Preisliste unter den Worten **barra** und **mesa** zwei verschiedene Preise. Das Getränk am Tresen, an der *barra,* zu bestellen und zu verzehren ist immer billiger als am Tisch *(mesa),* da der Laufweg des Kellners entfällt. Einige Lokale haben noch einen dritten Preis, den man auf der Terrasse *(terraza)* zahlt. Der Terrassenpreis ist immer der teuerste, da der Kellner den weitesten Weg zurückzulegen hat.

Beim Bezahlen in einer Bar muss man kein **Trinkgeld** geben; wer möchte, lässt einen kleinen Betrag auf dem Tellerchen, auf dem die Rechnung gebracht wurde, liegen. Ein „stimmt so!" kennt man nicht. Das Trinkgeld landet in einer Extra-Kasse, dem *bote.* Nicht selten ein Eimerchen, das in einer Ecke steht und dorthinein schleudert der Kellner die Münzen in unnachahmlicher Lässigkeit. Die Hälfte segelt vorbei, egal, Hauptsache der Stil bleibt gewahrt und der besagt: „Danke, aber ich hab's eigentlich nicht nötig."

Wer in einem **Restaurant** speist, zahlt in der Regel inklusive Bedienung. Trinkgeld wird zwar immer gegeben, aber nie besonders viel. Beim Bezahlen wird immer die **Gesamtrechnung** auf einem kleinen Tellerchen präsentiert, auseinanderdividiert wird nicht. Es sollte möglichst einer für alle zahlen oder jeder gibt einen Teil. Spanische Kellner sind getrennte Rechnungen nicht gewöhnt und mögen sie auch nicht. Einzelne Posten zu bezahlen ist völlig unüblich!

■ **Literaturtipp:** In der Reihe „Kauderwelsch" ist im Reise Know-How Verlag der Sprachführer Spanisch kulinarisch (Band 151) erschienen, mit dem Wortschatz fürs Restaurant und die Tapasbar.

Feste und Feiertage

Jeder Ort feiert seine eigenen Feste, nicht nur das des jeweiligen Ortspatrons, sondern auch weitere, die meistens uralten Traditionen entspringen. Unter den jeweiligen Ortsbeschreibungen sind die Termine aufgeführt.

Der **Karneval von Cádiz** ist landesweit berühmt für seine Vielfalt und fantasievollen Kostüme und Umzüge.

Semana Santa

Obwohl die Spanier die **Osterwoche** mittlerweile auch gerne zum mehrtägigen Kurzurlaub nutzen, wird das Fest noch immer weihevoll-feierlich begangen. Es beginnt mit der **Prozession** am Palmsonntag, also am Sonntag vor Karfreitag. Auch an den folgenden Tagen finden Messen und prunkvolle Umzüge statt, vor allem in Sevilla, wo über 50 Bruderschafen aktiv sind. Im Mittelpunkt steht die Leidensgeschichte Jesu. Gewaltige Figuren werden von stolzen Trägern gemessenen Schrittes durch die Straßen getragen, die Bevölkerung folgt würdevoll.

Fiestas

Jeder Ort, und sei er noch so klein, feiert einmal im Jahr das **Fest zu Ehren des Ortspatrons.** Im Grundsatz verlaufen diese *fiestas* immer ähnlich. Nach der Messe wird das Bildnis des Ortspatrons bzw. der Patronin in einer Prozession durch die Straßen getragen, die Bewohner laufen hinterher. Je nach Ausrichtung werden diese Umzüge mal feierlich, mal feucht-fröhlich gehalten. Aber immer findet abends eine richtige *fiesta* statt, die die ganze Nacht dauert, und das kann man wörtlich nehmen. Ich selbst durfte einmal in einem kleinen Dorf mitmachen – als ich um 3 Uhr morgens die Segel strich, galt ich als *debilucho,* als Schwächling ...

Romerías

Ähnlich verlaufen die *romerías*. Im ursprünglichen Wortsinn sind das **Wallfahrten** zu Ehren von bestimmten Heiligen. Am berühmtesten dürfte die *romería* über Pfingsten nach El Rocío sein, einem kleinen Dorf im Südwesten Andalusiens. Von Sevilla aus wandert eine Gruppe von Pilgern in tagelangen Märschen dorthin, in manchem Jahr sind es 100.000 Menschen. Besonders spektakulär fallen die *romerías* zu Ehren der *Virgen del Carmen* aus, wenn Prozessionen in offenen Booten über das Meer fahren.

813cl sm

Gesetzliche landesweite Feiertage

- 1. Januar — **Año Nuevo,** Neujahr
- 6. Januar — **Día de Reyes,** Heilige Drei Könige
- Gründonnerstag — **Jueves Santo**
- Karfreitag — **Viernes Santo**
- 1. Mai — **Día del Trabajo,** Tag der Arbeit
- 25. Juli — **Santiago Apóstol,** Sankt Jakobus
- 15. August — **Fiesta de la Asunción,** Mariä Himmelfahrt
- 12. Oktober — **Día de la Hispanidad,** auch: **Día de la Raza,** Tag der Entdeckung Amerikas
- 1. November — **Todos los Santos,** Allerheiligen
- 6. Dezember — **Día de la Constitución,** Tag der Verfassung
- 8. Dezember — **Purísima Concepción,** Tag der Unbefleckten Empfängnis
- 25. Dezember — **Navidad,** Weihnachten.

Regionaler Feiertag

- 28. Februar — **Día de Andalucía,** Feiertag der Autonomen Region Andalusien

Ob Jung, ob Alt, mit Pferd oder Kutsche, wenn eine andalusische Fiesta steigt, brechen sie auf, festlich herausgeputzt und stolz, manche ausgelassen, andere mit dem angemessenen Ernst – für die Besucher ist es auch ein Fest der Farben

815cl sm

819cl sm

Ferias

Eine *feria* wird in den Sommermonaten in vielen Orten gefeiert. Ursprünglich ein Viehmarkt, hat sich das Fest heutzutage zu einer Mischung aus **Jahrmarkt, Sommerfest** und **Dauerfete** gewandelt. Als die wohl bekannteste *feria* an der Costa de la Luz gilt die einwöchige Party in Sevilla, die jedes Jahr kurz nach Ostern stattfindet. In jener Woche spazieren feierfreudige Sevillanos tagsüber im traditionellen Outfit durch die Straßen, Männer als stolze Herren, Frauen in rüschenbesetzten Flamenco-Kleidern. Aus den Kneipen dröhnt **Flamenco,** jede Bar versucht die nächste zu übertreffen und geschlossen wird höchstens mal zum Durchfegen. Es wird getrunken, getanzt, gescherzt. Und nachts geht's erst richtig los, insbesondere in einer eigens aufgebauten Zeltstadt, zu der aber nicht jeder Zutritt hat.

Geldfragen

Währung

Die spanischen Euro-Münzen zeigen den spanischen König, außerdem *Miguel de Cervantes* (Autor des „Don Quichote") und die Kathedrale von Santiago de Compostela.

Geldautomaten

In jeder Stadt finden sich Geldautomaten, hier kann man mit der Bankkarte (Maestro oder V PAY) oder der Kreditkarte Geld ziehen. Die Geheimnummer (PIN) eintippen und als nächsten Schritt die Sprache wählen, dann folgen alle weiteren Anweisungen auf Deutsch. Ob und wie hoch die **Kosten für die Barabhebung** sind, ist abhängig von der kartenaustellenden Bank und von der Bank, bei der die Abhebung erfolgt. Man sollte sich daher vor der Reise bei seiner Hausbank informieren, mit welcher spanischen Bank sie zusammenarbeitet. Im ungünstigsten Fall wird pro Abhebung eine Gebühr von bis zu 1 % des Abhebungsbetrags per Maestro-Karte oder gar 5,5 % des Abhebungsbetrags per Kreditkarte berechnet.

Viele Geldautomaten sind außerhalb einer Bank direkt an der Straße angebracht. Sicherer aber ist das Geldabheben im kleinen **Vorraum einer Bank,** wo es häufig auch Automaten gibt. Dazu muss oftmals die Tür mithilfe der Scheckkarte geöffnet werden, meistens zieht man sie durch einen Schlitz. Die Kunden schließen dann für gewöhnlich die Tür wieder hinter sich und können in Ruhe und vor allem sicher das Geld abheben.

Mit Karte zahlen

In zahlreichen Geschäften kann man mit der Bankkarte (Maestro-, Cirrus- oder V PAY-Logo) direkt bezahlen, beispielsweise auch in den Kaufhäusern von *El Corte Inglés*. Dazu ist die Eingabe der PIN-Nummer oder (immer seltener) die Unterschrift erforderlich.

Für das **bargeldlose Zahlen per Kreditkarte** innerhalb der Euro-Länder darf die Hausbank keine Gebühr für den Auslandseinsatz veranschlagen; für Schweizer wird ein Entgelt von 1–2 % des Umsatzes berechnet.

Bei Verlust oder Diebstahl der Geldkarte ⧉ **Notfälle**.

Geldwechsel

Schweizer müssen ihre Franken weiterhin umtauschen, wenn sie nach Spanien reisen. Geld wechseln kann man buchstäblich überall, wobei neben den **Banken** vereinzelt **Wechselstuben** existieren. Banken haben einen deutlichen Nachteil, sie sind nur von 9 bis 14 Uhr geöffnet.

Kaufkraft

Auch wenn noch immer vereinzelte Produkte billiger als bei uns angeboten werden, sollte man bei der Kalkulation des Urlaubsbudgets zur Sicherheit von heimatlichen Preisen ausgehen. Lebensmittel auf dem Markt sind meist etwas günstiger, Benzin ebenfalls und auch ein Kneipenbesuch schlägt oft nicht so in die Kasse. Aber generell muss schon festgehalten werden, dass Spanien **kein Billigreiseland** mehr ist.

Das dürfte nach der letzten Erhöhung der Mehrwertsteuer auf 21 % noch mehr gelten. Bei zuvor mit einem speziellen Satz versehenen Waren und Dienstleistungen bedeutete das einen Sprung von 8,5 % auf 21 % Mehrwertsteuer. Darunter sind so unterschiedliche Bereiche wie Kino, Theater, Frisör, Schönheitsoperation, Shampoo, Brillen, Freizeitparks, Blumensträuße und zu guter Letzt auch: Begräbnisse.

⌵ In Tarifa können Fans des Surfsports ihre Urlaubskasse plündern

310cl sm

Gesundheit

Ein nicht unerhebliches Hindernis beim Arztbesuch ist sicherlich das Sprachproblem. Mitglieder des ADAC können unter Tel. 0049-89 767 676 erfragen, wo sich in der Nähe des Urlaubsortes ein deutschsprechender Arzt befindet; die Liste kann man auch vorab anfordern. Eine solche Liste bekommt man als ÖAMTC-Mitglied unter Tel. 0043-12 512 020.

Gesetzliche Krankenversicherung

Die gesetzlichen Krankenkassen von allen EU-Staaten und der Schweiz (sowie Lichtenstein, Norwegen, Island) garantieren eine Behandlung im akuten Krankheitsfall auch in Spanien (und Frankreich), wenn die Versorgung nicht bis nach der Rückkehr warten kann. Als Anspruchsnachweis benötigt man die **Europäische Krankenversicherungskarte,** die man von seiner Krankenkasse erhält.

Im Krankheitsfall besteht ein Anspruch auf ambulante oder stationäre Behandlung nur bei staatlichen Gesundheitszentren und in staatlichen Krankenhäusern. Da jedoch die Leistungen nach den gesetzlichen Vorschriften im Ausland abgerechnet werden, kann man auch gebeten werden, zunächst die Kosten der Behandlung selbst zu tragen. Obwohl bestimmte Beträge von der Krankenkasse hinterher erstattet werden, kann ein Teil der finanziellen Belastung beim Patienten bleiben und zu Kosten in kaum vorhersagbarem Umfang führen. Wichtig zu wissen ist auch, dass der **Zahnarztbesuch nicht** im Leistungskatalog der spanischen Sozialversicherung enthalten ist.

Auslandskrankenversicherung

Deshalb wird der Abschluss einer privaten Auslandskrankenversicherung dringend empfohlen.

Bei Abschluss der Versicherung – die es mit bis zu einem Jahr Gültigkeit gibt – sollte auf einige Punkte geachtet werden. Zunächst sollte ein Vollschutz ohne Summenbeschränkung bestehen, im Falle einer schweren Krankheit oder eines Unfalls sollte auch der Rücktransport übernommen werden, denn der Krankenrücktransport wird von den gesetzlichen Krankenkassen nicht übernommen. Diese Zusatzversicherung bietet sich auch über einen Automobilclub an, insbesondere wenn man bereits Mitglied ist. Das bietet den Vorteil billiger Rückholleistungen (Helikopter, Flugzeug) in extremen Notfällen. Wichtig ist auch, dass im Krankheitsfall der Versicherungsschutz über die vorher festgelegte Zeit hinaus automatisch verlängert wird, wenn die Rückreise nicht möglich ist.

Zur Erstattung der Kosten benötigt man ausführliche **Quittungen,** die Datum, Name, Bericht über Art und Umfang der Behandlung, Kosten der Behandlung und Medikamente enthalten.

> In einer ehemaligen Eisfabrik in Sanlúcar de Barrameda zeigt das Informationszentrum zum Nationalpark Doñana ein Schiffsmodell

Infostellen

Ortsbüros

Viele Orte haben ein eigenes Touristenbüro, die Adresse ist hier jeweils vor der Ortsbeschreibung angegeben. Wer **allgemeine Infos** zum Ort oder eine **Liste der Unterkünfte** möchte, der wird hier gut bedient. Die Büros antworten auch auf Anfragen aus dem Ausland.

Fremdenverkehrsämter

Mit ganz allgemeinen Auskünften kann man sich auch an das spanische Fremdenverkehrsamt wenden. Hier klappt der Prospektversand ebenfalls tadellos, Infos über spezielle kleinere Orte können aber nicht immer gegeben werden.

- **www.tourspain.es,** offizielle Seite des spanischen Fremdenverkehrsamtes, Informationen zu ganz Spanien.
- **www.spain.info,** die Seite des spanischen Fremdenverkehrsamtes. Infos auch zum Rest von Spanien auf Deutsch.
- **www.andalucia.org,** Homepage der andalusischen Regionalbehörde. Suchfunktion für einzelne Orte (auch auf Englisch).
- **www.andalucia.com,** viele praktische Tipps, u. a. ein recht breites Unterkunftsverzeichnis, einfach zu bedienen und logisch aufgebaut. Klappt auf Englisch besser als auf Deutsch.
- **www.cadizturismo.com,** die Provinz Cádiz stellt sich touristisch vor, u. a. mit einer ausführlichen Beschreibung der wichtigsten Monumente (auch auf Deutsch).
- **www.guiadecadiz.com,** gut gemachte Seite mit einer Vielzahl praktischer Tipps zu vielen Orten.
- **www.playasdehuelva.com,** touristische Infos zur Provinz Huelva mit einer ausführlichen Vorstellung der Orte. Die praktischen Tipps fallen etwas mager aus (auf Spanisch).

490cl sm

Mit Kindern unterwegs

Auch die größten „Wasserratten“ wollen irgendwann mal etwas anderes sehen als Meer und Strand. Viele Angebote speziell für Kids gibt es zwar nicht, doch die folgenden Unternehmungen werden auch den Kleinen Spaß machen.

Kolumbusschiff

Nur ein paar Kilometer von Palos de la Frontera entfernt, dümpeln drei **originalgetreue Nachbildungen** der Schiffe, mit denen Kolumbus die „Neue Welt“ entdeckte. Hier kann man an Bord gehen, alles anfassen und sogar menschengroße Matrosenpuppen bei der Maloche über die Schulter gucken.

Torre Tavira in Cádiz

In einer Dunkelkammer zaubern ein paar Spiegel und andere Hilfsmittel ein Live-Bild der Straße auf eine halbrunde Leinwand. Wenn der Vorführer winzige Menschen auf einer Postkarte durch die Luft schweben lässt, sperren nicht nur die Kleinen den Mund auf. Eine ähnliche **Cámara oscura** gibt es auch im Alcázar in Jerez.

837cl sm

839cl sm

Auf dem Wasser

Familienausflug auf dem Meer: Von Puerto Santa María nach Cádiz quer über die Bucht tuckern und sich den **Seewind um die Nase wehen lassen,** eine ähnliche Tour kann von Cádiz nach Rota unternommen werden. Eine reine Ausflugsfahrt wird vom alten Hafen in Novo Sancti Petri angeboten. Im Sportboothafen des Ortes werden **Kajaks** vermietet. Von Gibraltar aus werden **Delfintouren** angeboten und von Tarifa geht es zum **Beobachten von Walen** aufs Meer.

Affenfelsen

Warum, wieso, weshalb **Gibraltar** britisch und nicht spanisch ist, dürfte den lieben Kleinen piepegal sein. Die niedlichen Affen dagegen wohl kaum, mit denen spielen alle Kinder gerne.

Badepark

Mit „Juchhee" kurvige Rutschen runtersausen, stundenlang im warmen Becken planschen und zwischendurch Pommes verdrücken: möglich im **Badepark** in El Rompido, unweit von Huelva.

Kutschfahrt durch Sevilla

Viel besser als immer nur laufen – sich gemütlich in einer offenen Kutsche durch die riesige Stadt „kutschieren" lassen und den **Zuckeltrab** genießen.

⌃ Museen müssen nicht langweilig sein

‹ Mit 1 PS durch Sevilla

Notfälle

Autopanne, Autounfall

Hilfe ist beispielsweise für ADACPlus-Mitglieder oder ÖAMTC-Mitglieder teilweise kostenlos. Man kann sich auch direkt an seinen Automobilclub wenden. Hier die drei größten für Deutschland, Österreich und die Schweiz sowie weitere Nummern für Unfall- und Pannenhilfe:

- **Pannendienste** unter Tel. 900 112 222 bei RACE (Partnerclub von ADAC, ÖAMTC, TCS; sprechen auch Deutsch).
- **Unfall- und Pannenhilfe** innerorts durch die Policía Municipal unter Tel. 092, außerorts durch die Guardia Civil unter Tel. 062, oder Notruf allgemein: Tel. 112.
- **ADAC,** Tel. 0049-89 222 222 bei Fahrzeugschaden (man wird mit einer eventuellen deutschsprachigen Notrufstation vor Ort verbunden), Tel. 0049-89 767 676 für medizinische Notfälle.
- **ÖAMTC** Wien unter Tel. 0043-12-512 000, in Barcelona unter Tel. 935 082 825, in Frankreich unter

656cl sm

Tel. 04-72 171 223, für medizinische Notfälle Tel. 0043-12-512 020.

- **TCS** Genf unter Tel. 0041-224-172 220.

Verlust von „Plastikkarten"

Bei Verlust oder Diebstahl der der Kredit- oder Maestro-(EC-)Karten sollte man diese umgehend sperren lassen. Für deutsche Karten gibt es die **einheitliche Sperrnummer (0049) 116 116** und im Ausland zusätzlich (0049) 3 040 504 050.

Für österreicherische und schweizerische Karten gelten hingegen folgende Nummern:

- **Maestro/Bankomat,** (A-)Tel. 0043 12 048 800; (CH-)Tel. 0041 442 712 230, UBS: 0041 800 888 601, Credit Suisse: 0041 800 800 488.
- Für **MasterCard, VISA, American Express** und **Diners Club** sollten Österreicher und Schweizer sich vor der Reise die Rufnummer der kartenausstellenden Bank notieren.

Geldnot

Wer dringend eine größere Summe ins Ausland überweisen lassen muss – wegen eines Unfalles oder Ähnlichem –, kann sich auch nach Spanien über **Western Union** Geld schicken lassen. Für den Transfer muss man die Person, die das Geld schicken soll, vorab benachrichtigen. Diese kann es via www.westernunion.de online über ihr Bankkonto versenden oder muss bei einer Western Union Vertretung (in Deutschland u .a. bei der Postbank) ein entsprechendes Formular ausfüllen und den Code der Transaktion telefonisch oder anderweitig übermitteln. Mit dem Code und dem Reisepass geht man zu einer beliebigen Vertretung von Western Union in Spanien (siehe Telefonbuch oder unter www.westernunion.de „Vertriebsstandort suchen"), wo das Geld nach Ausfüllen eines Formulars binnen Minuten ausgezahlt wird. Je nach Höhe der Summe muss der Absender eine Gebühr zahlen (2000 € nach Spanien kosten z. B. 5 € Gebühr).

Das sieht nach Erholung für alle aus

Notfall-Telefonnummern

- **Notruf allgemein:** 112
- **Medizinische Notfälle:** 061
- **Rotes Kreuz:** 915222222
- **Polizei:**
Policía Municipal: 092
Guardia Civil: 062
- **ADAC** (München, 24-Std.-Hilfe): (0049) 89222222
- **GRUA** (Infos über abgeschleppte Autos): 092
- **Geldkarten-Sperrung:** (0049) 116116

Ausweisverlust, dringender Notfall

Wird der **Reisepass** oder **Personalausweis** im Ausland **gestohlen,** muss man das bei der örtlichen Polizei melden. Darüber hinaus sollte man sich an die nächste diplomatische Auslandsvertretung seines Landes wenden, damit ein Ersatz-Reiseausweis zur Rückkehr ausgestellt wird (ohne kommt man nicht an Bord eines Flugzeuges!).

Auch in **dringenden Notfällen,** beispielsweise medizinischer oder rechtlicher Art, Vermisstensuche, Hilfe bei Todesfällen, Häftlingsbetreuung oder Ähnlichem sind die Auslandsvertretungen bemüht vermittelnd zu helfen (↗ Diplomatische Vertretungen).

Öffentliche Verkehrsmittel

Bus

Die Gesellschaft **DAMAS** dominiert weite Strecken entlang der Costa de la Luz, vor allem in der Provinz Huelva. Mittlerweile existiert sogar eine grenzüberschreitende Verbindung von Sevilla ins portugiesische Lagos.

- **Info:** www.damas-sa.es.

Im Bereich der Provinz Cádiz verkehren vor allem die Gesellschaften **Comes** und **Amarillos,** nebst einiger kleinerer. In die nächstgrößere Stadt oder gar Provinzhauptstadt zu fahren, klappt problemlos, dank häufiger Verbindungen.

- **Info:** www.tgcomes.es, www.losamarillos.es.

535cl sm

☒ Wichtig für Gibraltar-Besucher:
Der rote Bus Nr. 5 pendelt zwischen Grenze und City

Bahn

Eine Bahnverbindung entlang der Costa de la Luz gibt es leider nicht. Man kann lediglich von Cádiz nach Jerez oder Sevilla fahren und von Sevilla über Huelva nach Ayamonte.

Öffnungszeiten

Geschäfte

Generell sind Geschäfte von 9 bis 14 und von 17 bis 20 Uhr geöffnet. Dies wird aber nicht als unumstößliches Dogma verstanden, besonders nach hinten bleibt **oft Spielraum.** Größere Geschäfte und Supermärkte schließen nicht über Mittag, manche haben sogar bis 21 oder 22 Uhr auf.

Aufgrund der sommerlichen Hitze wird die **siesta** ansonsten besonders genau eingehalten. Um 13.30 Uhr, spätestens 14 Uhr schließen die Geschäfte, lassen die Metallrollos herunter, sperren die Sonne aus. Dann leeren sich spürbar die Straßen, bestenfalls ein paar unbelehrbare, rotgesichtige Touristen stolpern schwitzend herum. Vor 17 Uhr läuft zumeist gar nichts. Dann rattern die Rollladen wieder quietschend nach oben, öffnen sich die Türen, schleppen sich siesta-müde Verkäufer wieder hinter die Tresen. Im August kann es sogar passieren, dass kleinere Läden am Nachmittag gar nicht mehr aufsperren.

Wohlgemerkt: In den Touristenorten gilt das Gesagte nur eingeschränkt. Natürlich öffnen dort alle Geschäfte am Abend – vor allem am Abend sogar. Aber etwas außerhalb, dort wo Andalusier leben, ändert sich der **jahrhundertealte Rhythmus** eben nicht. Dort öffnen die Besitzer abends ihre Läden so lange, wie sie sich ein Geschäft versprechen. Die Mini-Shops sind auch mehr örtliches Kommunikationszentrum als Verkaufsstellen, dort treffen sich die Hausfrauen, klatschen und kaufen nebenbei ein. Die Männer hocken derweil in der Bar und machen nichts anderes. Deshalb kann es durchaus passieren, dass ein Verkäufer sich direkt an einen eben eingetretenen Kunden wendet, obwohl der Laden voll ist. Diese Kundschaft hat eben Zeit.

Andere Einrichtungen

- **Post:** ähnliche Öffnungszeiten wie Geschäfte.
- **Banken:** 8.30/9–14 Uhr.
- **Touristenbüros:** wie Geschäfte, einige im Juli/August durchgehend geöffnet.
- **Museen:** mit wenigen Ausnahmen montags geschlossen.

Post

Briefe und Karten

Früher gab es **Briefmarken** nur in der Post und dem Tabakladen *(estanco)*. Das war lästig, kaufte man eben noch gutgelaunt seine Ansichtskarten, wollte bei einem Glas Wein die lieben Kollegen daheim neidisch machen („Sitze an der Strandpromenade bei 30 Grad – hoffe, es geht euch gut im Regen ...“), und dann fehlen die Briefmarken! Das ist vorbei, die meisten Kioske verkaufen sie heute gleich mit. Sowohl Postkarte als auch Brief kosten **0,75 €.**

Die Karten wird man in den öffentlichen **Briefkästen** los, große, unscheinbare gelbe Kästen mit dem verschnörkelten Wappen der spanischen Post *(correos).* Manchmal finden sich unterschiedliche Einwurfschlitze, beispielsweise *provincia* („Provinz") und *extranjero* („Ausland"). Die Karten und Briefe in die Heimat wandern in den *extranjero*-Kasten. Etwa nach fünf bis acht Tagen sollte der Gruß die Daheimgebliebenen erreicht haben.

Ein beliebter Fehler der Abteilung *falsos amigos* („falsche Freunde") ist es, nach einer **carta** zu fragen und eine Postkarte zu meinen. Das spanische Wort *la carta* wäre tatsächlich „der Brief", während „Postkarte" **tarjeta postal** heißt.

Radfahren

Radeln entlang der Costa de la Luz, das scheint gar nicht so wenige Leute anzulocken. Versprechen doch schier endlose Strände genügend erholsame Unterbre-

857cl sm

chungen, bei denen man die überhitzten Waden im Atlantikwasser kühlen kann. Nach der Tour geht's dann zur Erfrischung in die nächste Bar und schließlich zur verdienten *siesta* in den kühlen Schatten der Pinien. Tatsächlich suchen nicht wenige Radler dieses Ideal auf dem Weg an die Algarve oder bei einer Rundreise durch Andalusien.

Radwege werden immer häufiger gebaut und manchmal führen sie sogar idyllisch abseits der Straßen (z. B. bei Punta Umbría). Oft sind sie farblich gekennzeichnet und sogar durch Poller von der Fahrbahn getrennt. Wenn spanische Autofahrer überholen wollen, kündigen sie das manchmal durch Hupen an, was also kein Missfallen ausdrückt, sondern eine Art Hinweis sein soll.

Touren

Grundsätzlich kann man entlang der Küste auch halbwegs vernünftig radeln. Die Strecken sind **weitestgehend flach.** Fiese Steigungen gibt es nur im Bereich von Algeciras. Die Hauptstraße von Algeciras nach **Cádiz** ist bis Conil auch nicht so stark befahren. Je mehr man sich Cádiz nähert, desto dichter wird der Verkehr allerdings.

In der Provinz **Huelva** kann man überall gut Rad fahren, außer im Großraum der Provinzhauptstadt und entlang der Nationalstraße nach Portugal.

Ein Riesenproblem bleibt natürlich auch für die Radler, dass man nicht entlang der Küste von Cádiz nach Huelva fahren kann, sondern den Umweg über Sevilla nehmen muss. Zu empfehlen ist, an dieser Stelle den **Zug** zu nehmen, beispielsweise ab Jerez.

Wind

Größtes Handicap ist in jedem Fall der Wind, denn der pfeift heftig kräftig und um einige Oktaven stärker als an heimischen deutschen Küsten! Wenn er wenigstens immer aus einer **Richtung** blasen würde, könnte man seine Route ja entsprechend planen. Aber so einfach ist es auch nicht. Die Statistik verrät Folgendes: Im Sommer dominieren Westwinde, bzw. Südwestwinde, im Herbst und Winter dagegen Ostwinde. Im Frühjahr hält es sich die Waage. Wer die sommerliche Hitze nicht scheut, sollte also eher an der portugiesischen Grenze starten. Im Herbst und Winter hingegen ist es ratsam, Tarifa als Ausgangspunkt zu wählen. Aber bitte: Dies ist ausdrücklich ohne Gewähr, *claro?*

Gesetze

Vor einigen Jahren verabschiedete das spanische Parlament neue Gesetze, die Radlern unschöne **Einschränkungen** brachten. So bestehen eine Helmpflicht außerhalb von Ortschaften sowie die Pflicht zum Tragen von reflektierender Kleidung. Verboten sind außerdem Kinderwagenanhänger. Doch auch in Spanien wird die Suppe nicht so heiß gegessen wie gekocht. Das zunächst abgeschaffte Vorfahrtsrecht für Radler wurde glücklicherweise wieder eingeführt. Aber Vorsicht: Als Radler würde ich mich niemals auf irgendwelche Vorfahrtsrechte in Spanien verlassen!

[<] Radfahren an der andalusischen Küste: Die Ausblicke sind herrlich

Reisezeit

Das Wetter

Zuerst das Positive: Die Costa de la Luz hat bis zu 320 Sonnentage im Jahr. Dann das Negative: Es bläst IMMER ein **heftiger Wind!** Sonnenbaden ist daher nur an geschützten Stellen möglich. Speziell im Frühjahr scheint zwar schon sehr schön die Sonne, aber der Wind kühlt einen doch recht bald aus. Grundsätzlich kann man bereits im Februar/März angenehme 15–20 °C erwarten. Nachts fällt das Thermometer dann aber doch spürbar ab. Auch ohne Regen wird es im Frühjahr nicht abgehen, zwischen Januar und April muss sich der Urlauber auf durchschnittlich sechs bis elf Regentage im Monat einstellen. Im Herbst ziehen an etwa sieben bis acht Tagen Regenwolken auf. Grundsätzlich kann man also Sonnenschein erwarten, allerdings immer gepaart mit heftigem Wind. Regen bleibt dagegen zumeist eine Randerscheinung.

Vom klimatischen Gesichtspunkt her ist die Costa de la Luz also **zu jeder Zeit eine Reise wert.** Schöne Vorstellung: bei einem *vino* am Strand hocken, während im Norden das Schmuddelwetter regiert. Trotzdem muss ein Besucher in den Wintermonaten mit bedecktem Himmel, Regenschauern und vor allem starkem Wind rechnen. Ein anderes Problem ist, dass etliche Hotels und Restaurants außerhalb der Sommermonate in eine Art Winterschlaf verfallen. Da wird so manche Ortschaft im Februar zur Geisterstadt – auch keine schöne Urlaubsatmosphäre.

Frühjahr und Herbst sind die besten Reisezeiten. Das Klima ist angenehm, die sommerliche Hitze lähmt noch nicht bzw. hat sich schon verabschiedet. Viele Nord- und Mitteleuropäer ziehen diese Zeit dem Sommer vor, die Spanier weniger. Sie strömen zwar gern übers Wochenende *a la playa,* verbringen ihren Jahresurlaub aber generell im Juli und vor allem im August am Meer. Genau das ist der ungünstigste Zeitpunkt für eine Reise nach Südspanien. **Die sommerliche Hitze** erreicht ihren Höhepunkt mit Temperaturen um die 40 °C im Schatten.

Spanien im August

Während der Zeit der größten Hitze bekommen die Spanier frei, müssen oder wollen Ferien machen. „Bis September dann!“, so verabschiedet man sich am 31. Juli voneinander. Dann wird kollektiv am folgenden Wochenende das Auto vollgepackt und aufgebrochen. Die naheliegende Folge: Alle Straßen sind völlig verstopft, die wenigen Überlandstraßen kollabieren. Jedes Jahr berichtet die Presse ausführlich über diese sogenannte **operación salida** („Operation Aufbruch“), gibt Tipps und listet zwei Tage später die Unfallzahlen auf. Vier Wochen später geht's dann wieder zurück, und die Medien haben ein neues Thema: die *operación regreso* („Operation Rückkehr“).

Diese Warnungen haben einen traurigen Hintergrund, da es bei kollektivem Aufbruch und kollektiver Rückreise immer wieder zu tragischen Unfällen kommt. 2001 starben auf spanischen Straßen in den Monaten Juli und

344cl sm

August noch knapp 800 Menschen, zehn Jahre später waren es „nur" 321. Eine ähnlich „niedrige" Quote gab es zuletzt im Jahr 1962, aber damals rollten auch nur 1,5 Millionen Autos auf Spaniens Straßen. Heute sind es beeindruckende 32 Millionen.

Sicherheit

Taschendiebstahl

Taschendiebstahl kommt überall dort häufiger vor, wo Massen sich durch die Gassen schieben. Signalisieren Sie einem potentiellen Dieb, dass es nichts zu holen gibt, also Geld, Papiere, Kamera, Handtaschen nicht lässig tragen, sondern immer **versteckt** oder **gut befestigt.**

Zu Verlust oder Diebstahl von **Reisepass** oder **Personalausweis** ↗ Notfälle.

Blumenverschenkerinnen

Speziell in Sevilla vor der Kathedrale und dem Alcázar warten die „Blumenverschenkerinnen". Vor ihnen warnt selbst das Touristenbüro, leider muss dies weitergegeben werden. Die Frauen haben nichts zu verschenken, sie beschwatzen einen und wollen natürlich eine kleine Münze als Gegenleistung. Gewährt man die, wissen sie, **wo die Börse steckt.** Also, nicht auf ein Gespräch einlassen, sondern sofort überzeugend ablehnen und weitergehen.

In Málaga passierte mir beinahe etwas Ähnliches. Während der *feria* zog ich fotografierend durchs Gewimmel. Plötzlich Auftritt Blumenverschenkerin: Nelke vors Gesicht, ablenken, beschwatzen, dabei ein schneller Griff zur Kamera. Erfolglos, die war mehrfach mit dem Trageriemen ums Handgelenk geschlungen.

⌃ Der Wind bläst immer, die Wassersportler freut's

Jedes Hotel und immer mehr Campingplätze haben kleine **Mietsafes,** die Gebühren sind gering, und die Wertsachen sind dort gut aufgehoben.

Auto abstellen

Mit dem Pkw entlang der Küste gondeln, kleine Fischerdörfer besuchen oder ins Hinterland fahren, dagegen ist nichts einzuwenden. Gewarnt werden muss aber vor dem unbeaufsichtigten Abstellen des Wagens in **Sevilla.** Suchen Sie dort unbedingt eine Tiefgarage oder einen **bewachten Parkplatz** auf oder noch besser: gleich aufs Auto verzichten! In praktisch allen touristisch stark frequentierten Orten besteht die Gefahr, dass das Auto geknackt wird. Die Täter gucken sich vielversprechende Wagen aus, und das sind nun mal Pkws mit ausländischen Kennzeichen. Deshalb **nichts im Auto liegen lassen,** was einen Dieb zur Tat reizen könnte. Bei einer meiner letzten Recherchereisen wurde mein Golf auf dem Parkplatz eines abgelegenen Paradors geknackt! Gestohlen wurde eine – leere – Fototasche.

Wer mit einem **Mietwagen** reist, hat diese Probleme eher nicht. Zumeist mietet man sich einen Klein- oder Mittelklassewagen. Die fallen nicht weiter auf im Straßenverkehr, da sowieso die allermeisten Spanier diese Wagenklasse fahren. Und glücklicherweise prangt auf den wenigsten Wagen ein Aufkleber des Vermieters, sodass vom Äußeren ein Mietwagen überhaupt nicht auffällt.

Sport zu Lande: Golfplatz in El Rompido

860cl sm

Sport und Erholung

Hier folgt eine knappe Übersicht über sportliche Aktivitäten, genaue Adressen stehen unter den Ortsbeschreibungen.

Wind- und Kitesurfen

In Tarifa steigen vorwiegend Könner aufs Brett, obwohl auch Kurse für nicht ganz sichere Surfer angeboten werden. Für Einsteiger ist dieses Revier jedoch überhaupt nicht geeignet.

Joggen

In Novo Sancti Petri und Conil trainieren im Frühjahr nicht nur ehrgeizige Amateure, sondern auch die nationale Elite. Man sieht diese Gruppen meist frühmorgens und am späten Nachmittag gemeinsam trainieren, vielleicht kann sich ja ein interessierter Läufer-Urlauber dort eine schöne Strecke abgucken.

Reiten

Im Hotel Dos Mares und im Hurricane Hotel in Tarifa kann man sich nach Möglichkeiten zum Ausritt erkundigen.

Golfen

Den Schläger schwingen kann der Gast auf hoteleigenen Greens in Novo Sancti Petri, in El Rompido und in Islantilla. In Andalusien gibt es insgesamt ca. 60 Golfplätze (Übersicht unter: www.1golf.eu).

Vögel beobachten

Zur richtigen Jahreszeit sind Vogelbeobachtungen im Nationalpark Doñana nicht nur für den Ornithologen lohnend.

Spanisch lernen

In Conil bieten zwei Sprachschulen Spanischkurse an.

Bodegas besichtigen

Wohl weniger sportiv, dafür sicherlich unterhaltsam: Im Städtedreieck Jerez de la Frontera, El Puerto de Santa María und Sanlúcar können Bodegas besichtigt werden.

Whale Watching

In Tarifa bieten Unternehmen Ausflüge an, bei denen man die Meeresriesen zu Gesicht bekommen soll.

Abstecher nach Tanger

Einmal nach Marokko und in der Medina von Tanger stöbern? Von Tarifa pendelt eine Fähre nach Tanger. Zudem bietet Maruecotours einen geführten Trip.

» Erholung und Sport an und auf dem Wasser: Da gibt es auch abgesehen vom Surfen an den bekannten Spots viele Möglichkeiten

856cl sm

858cl sm

461cl jf

Abstecher nach Portugal

Bei Ayamonte pendelt eine kleine Fähre hin und her. Wer es aber etwas flotter wünscht, fährt über die gewaltige Autobrücke ins Nachbarland.

Erholung pur

Sprache

Andalusisch

Auf der Iberischen Halbinsel wird größtenteils Spanisch, genauer gesagt Kastilisch, gesprochen. Aber natürlich haben sich in den verschiedenen Regio-

912cl sm

nen unterschiedliche Varianten entwickelt. Man kann grob zwischen den Dialekten des Nordens und des Zentrums sowie denen des Südens unterscheiden. Zum südlichen Sprachgebiet gehört auch Andalusien mit der Costa de la Luz. Man spricht hier **andaluz,** einen Dialekt, der sich durch folgende Besonderheiten auszeichnet:

Zunächst wird nicht zwischen den Konsonanten -c-, -z- und -s- unterschieden, sie werden alle als stimmloses -s- gesprochen. Diese Form der Aussprache nennt man *seseo.* Ungeübten Hörern fällt es nicht leicht, beispielsweise *coser* („nähen") und *cocer* („kochen") zu unterscheiden.

Weiterhin wird der Auslaut -s- entweder ganz verschluckt oder bestenfalls gehaucht. So kann man auf einem Markt vielleicht hören: *„Dame do' kilo' de patata'"* statt *„Dame dos kilos de patatas"* („Gib mir 2 Kilo Kartoffeln").

Außerdem wird ein zwischen zwei Vokalen stehendes -d- gern verschluckt. Fast schon klassische Beispiele dafür sind *tablao* statt *tablado* („Bühne") oder *pescaito* statt *pescadito* („Fischchen").

In der Gegend um Cádiz ist ein besonderes sprachliches Phänomen verbreitet: Gewisse Laute werden etwas weicher gesprochen, z. B. der ch-Laut. So sagen die Menschen für *ocho* („acht") nicht *„otscho"* sondern weicher etwa *„oscho".*

Literatur

Wer weniger oder gar kein Spanisch spricht, sollte in den großen Urlaubsorten trotzdem klarkommen; mehr oder weniger jedenfalls, denn Hoteliers, Kellner und Taxifahrer haben die Grundzüge der Sprachen ihrer Kunden verinnerlicht. Aber es macht doch viel mehr Spaß, mal ein paar tapsige Schritte in der Sprache des Gastlandes zu wagen, oder? Eine gute Hilfe dabei bieten, neben der kleinen Sprachhilfe im Anhang, Bücher aus diesem Verlag (↗ Anhang: Sprachführer).

Eine kostenlose **Sprachhilfe für Allergiker** unter dem Titel „Mit Allergien auf Reisen“ bietet das Europäische Verbraucherzentrum online an. Unter www.evz.de werden in mehreren Sprachen, auch auf Spanisch, Begriffe für Allergie auslösende Lebensmittel aufgelistet. Man kann sich auch einen **Vordruck** herunterladen mit dem übersetzten Hinweis: „Ich habe Allergien gegen ...“ und dann die entsprechenden Begriffe einsetzen.

Telefonieren

„*¡Llámame!*“ („Ruf mich an!“), beinahe hat diese Floskel das gute alte „*adiós*“, „*hasta luego*“ oder „*nos vemos*“ abgelöst. Telefonzellen stehen nur noch wenige an den Straßen, öffentliche Fernsprecher gibt es mitunter auch noch in Bars und Restaurants. Dort sind die Geräte leuchtend rot, während die Telefonzellen generell eine hellblaue Farbe aufweisen.

- **Telefonauskunft** (bei Telefónica):
Inland: 11818
Ausland: 11825

Vorwahlen

Von Spanien ins Ausland

- Deutschland: 0049
- Österreich: 0043
- Schweiz: 0041

Nach der Landesvorwahl wird jeweils die lokale Vorwahl ohne Null gewählt und dann die Anschlussnummer.

In Spanien

In Spanien wurde schon vor Jahren die ehemalige Vorwahl in die Nummer integriert. Alle Festnetznummern beginnen mit einer 9 und alle Handynummern mit einer 6, eine Vorwahl gibt es nicht.

Interessanterweise kann man jedoch an der zweiten Zahl der Festnetznummer schon eine regionale Eingrenzung erkennen. Eine Nummer aus Madrid beginnt beispielsweise immer mit 91, ein Anschluss in Barcelona mit 93 und in Andalusien mit 95. Für die Provinz Cádiz, also das Gebiet, in der die Costa de la Luz liegt, ist es die 956, die Provinz Huelva hat 959.

Nach Spanien

- 0034 + Anschlussnummer

Handy

Mit seinem Handy *(móvil)* kann man auch von Spanien aus nach Hause telefonieren (GSM 900/1800 und 3G 2100). Wer im europäischen Ausland telefoniert (für Schweizer gelten diese Regeln einstweilen noch nicht), zahlt seit Juli 2013 höchstens 9,6 Cent für eine SMS, maximal 29 Cent pro Minute für einen Anruf, den er tätigt, und nicht mehr als 9,6 Cent pro Minute für einen empfangenen Anruf. Der Empfang von SMS ist in der Regel kostenfrei.

Gewarnt seien jedoch Nutzer von Smartphones, denn die Nutzung des Datapacks im Ausland ist mitunter mit hohen Kosten verbunden. Empfehlenswert ist die Nutzung einer kostenlosen

WiFi-Verbindung im Hotel oder Café. Dort kann man dann auch Skype zum Telefonieren nutzen.

Tarjeta recargable

Falls das Mobiltelefon **SIM-lock-frei** ist (keine Sperrung anderer Provider vorhanden ist) und man viele Telefonate innerhalb Spaniens führen möchte, kann man sich eine örtliche **Prepaid-SIM-Karte** *(tarjeta)* besorgen. Diese lässt sich völlig unproblematisch in den Läden der großen Telefongesellschaften wie Vodafone oder Movistar erwerben, nur der Ausweis ist vorzulegen. Man muss sich halt dann daran gewöhnen, dass man eine neue, eine spanische Nummer hat. Ich selbst habe seit Jahren eine spanische Karte, die ich jedesmal neu aufladen lasse.

Aber Achtung: Es gibt Prepaid-Karten, die nach sechs oder neun Monaten ihre Gültigkeit verlieren, wenn sie nicht aufgeladen werden, egal, ob noch ein Rest-Guthaben vorhanden ist oder nicht.

R-Gespräch

Wer völlig abgebrannt sein sollte, kann einen „Notruf“ nach Hause schicken, auf Kosten der Angerufenen. „Deutschland direkt“ nennt sich dieser Service, den die Telekom anbietet. Im Prinzip handelt es sich dabei um die Wiederbelebung des guten alten **R-Gesprächs.** Man ruft über eine spezielle Nummer die Zentrale in Deutschland an. Der Operator in der Vermittlung fragt den Anrufer, welchen Teilnehmer er sprechen möchte. Dann versucht er diesen zu erreichen. Wenn der gewünschte Gesprächsteilnehmer sich einverstanden erklärt, die Gebühren zu übernehmen, wird das Gespräch vermittelt.

- Die Telefonnummer der **Zentrale in Deutschland** lautet: 900 990 049, der Minutenpreis liegt bei 0,50 €, die Vermittlung kostet einmalig 3,99 €, Informationen unter: www.telekom.de/r-gespraech.
- **Notfalltelefonnummern** ↗ Notfälle.

Unterkunft

Bei Weitem nicht alle Hotels öffnen das ganze Jahr über, etliche schließen über den Winter. Wer ab Anfang November reisen möchte, sollte sich vorsichtshalber nach den **Öffnungszeiten** erkundigen. Die **Winterpause** kann sich leicht bis in den Februar hineinziehen, allerspätestens zu Ostern öffnen die meisten Häuser aber dann wieder.

Pauschalreise

Das Angebot an Pauschalreisen ist noch bescheiden. Vor allem werden Hotels in **Novo Sancti-Petri** angeboten. Weitere Pauschalziele sind **Islantilla, Conil, El Rompido** oder **Rota.**

Ferienwohnung

Wer im Bereich der Costa de la Luz eine Ferienwohnung mietet, landet zumeist in recht netten und vor allem **überschaubaren Anlagen.** Nicht selten werden sogar einzelne, kleine Häuschen vermietet. Obwohl in manchen Orten auch schon kräftig gebaut wird, existiert ein vergleichbarer Beton-Wahnsinn wie an der Costa del Sol noch nirgends. *Urbanizaciones,* also künstlich geschaffene Orte, die nur aus Apartments und Reihenhäusern bestehen, sind selten anzutreffen.

Bei der **Anmietung** einer Ferienwohnung erfolgt die Anreise individuell. Den Schlüssel erhält man von der örtlichen Agentur, die auch für die Betreuung und Abrechnung von Nebenkosten zuständig ist. Preisangaben zu machen ist praktisch unmöglich, denn der Mietpreis richtet sich nach Größe, Lage, Anbieter und Saison. Grundsätzlich können die Preise in den Sommerferien aber leicht das Doppelte der Nebensaison erreichen. Anbieter:

- **Interhome,** Hoeschplatz 5, 52349 Düren, Tel. 02421-1 220, Fax 12 299, www.interhome.de, mit einem dicken Spanienkatalog.
- **Interchalet,** Heinrich-von-Stephan-Str. 25, 79100 Freiburg, Tel. 0761-10 077, Fax 2 100 154, www.interchalet.com, bietet einen umfangreichen Katalog mit breitem Spanien-Angebot.
- **Terraviva,** Scheffelstr. 4 A, 76275 Ettlingen, Tel. 07243- 30 650, Fax 537 676, www.terraviva.de.

Camping

Campingurlaub ist an der Costa de la Luz durchaus üblich, jedoch vornehmlich unter **spanischen Campern.** Viele Städter haben einen Dauerplatz gemietet und kommen jedes Wochenende. Unter der Woche bleiben die Plätze aber eher leer, zumindest außerhalb der Sommermonate. Nordeuropäer, speziell Senioren mit viel Zeit, kommen eher im Winter und Frühjahr.

Im **Juli** und noch schlimmer im **August** sieht es völlig anders aus. Nicht wenige reisen dann aus Madrid oder anderen fernen Städten an und richten sich im wahrsten Sinne des Wortes häuslich ein – ein Zelt mit Fernseher und ein eigenes Kochzelt mit Kühlschrank zählen zum Standard. Ruhe und Beschaulichkeit darf niemand erwarten, auch keine Zimmerlautstärke. Die nächsten drei Nachbarn können immer verfolgen, welches Fernsehprogramm gerade läuft. Wenn am Wochenende dann noch das Jungvolk einfällt, die letzten freien Parzellen belegt und die Autoradios dröhnen lässt, ergibt das einen Klangsalat, der nicht jedermanns Sache ist. Man muss es aushalten können oder auf Camping verzichten. Um Mitternacht werden die Geräte aber doch ausgeschaltet.

865cl sm

Das **Unterkunftsverzeichnis** der Provinz Cádiz listet 30 Plätze auf, mit örtlichen Schwerpunkten bei Tarifa und Conil. In der Provinz Huelva gibt es ein knappes Dutzend Campingplätze, darunter einen der größten Plätze Spaniens. Soweit nicht anders vermerkt, sind die unter den „Ortsbeschreibungen" vorgestellten Plätze alle ganzjährig geöffnet.

Spanische Campingplätze sind in vier **Kategorien** eingeteilt: Die einfachste Ausführung erhält die Einstufung 3. Kategorie, etwas bessere Plätze sind in der 2. oder gar in der 1. Kategorie zu finden. Absolute Spitzenplätze tragen das Etikett *lujo,* die Luxus-Kategorie. Die Einteilung erfolgt nach klaren Kriterien. So muss ein Platz der Luxus-Klasse immerhin Parzellen von 90 m^2 anbieten, bei den Plätzen der 1. Kategorie sind es Parzellen von wenigstens 70 m^2, und die Stellplätze der 3. Kategorie bringen es auf 55 m^2. Weiterhin wird z. B. für die Einstufung in die 1. Kategorie gefordert, dass für je 14 Parzellen eine Dusche von 1,30 m^2 zur Verfügung steht und dass mindestens die Hälfte der Duschen und Wasserhähne warmes Wasser aufweist. Und so gibt es noch eine ganze Reihe weiterer Gradmesser, nach denen die Bewertung erfolgt.

Das große Hotel Fuerte Conil wurde so gebaut, dass von jedem Zimmer das Meer zu sehen ist

311cl sm

Die Plätze der Costa de la Luz zählen allesamt entweder zur 1. oder zur 2. Kategorie, obwohl eine Einstufung in die unterste Klasse bei einigen Plätzen sicher angebracht wäre. Vom Ambiente und den Serviceangeboten her sticht kaum einer heraus. Mit den vielen hervorragend ausgestatteten Plätzen an der Costa Brava sind diese Campingeinrichtungen gar nicht zu vergleichen. Die **notwendigen Serviceleistungen** werden aber immer geboten, sehr häufig z. B. ein schattenspendendes Dach aus Matten – ohne würde man es auch nicht aushalten!

Beim **Preis** muss man mit ca. 20 bis 35 € rechnen, je nach Platz und Berechnungsmodalität (also inkl. oder zzgl. Auto, Strom, Steuern usw.). Berechnet werden zumeist ganze Parzellen und die Anzahl der Personen. Das wird für Familien, die mehrere Zelte aufbauen, dann günstiger. Richtig billig ist ein Campingurlaub aber auch nicht.

⌃ › Die Vielfalt an Unterkünften ist immens an der Costa de la Luz

Jugendherbergen

In Jerez de la Frontera, Chipiona, Huelva, Punta Umbría und Sevilla gibt es auch einige Jugendherbergen, die dem internationalen Jugendherbergsverband (www.reaj.com bzw. www.hihostels.com) angeschlossen sind. Eine **Jahresmitgliedschaft** bei den Verbänden daheim kostet jährlich 7–21 € in Deutschland (www.jugendherberge.de), 15–25 € in Österreich (www.oejhv.at) und 22–44 SFr in der Schweiz (www.youthostel.ch). Für österreichische Jugendliche bis zum Alter von 16 Jahren oder Schweizer Jugendliche bis 18 Jahre ist die Mitgliedschaft kostenlos. Lebenspartner und Kinder bis 26 Jahre erhalten kostenlos eigene Mitgliedskarten. Übrigens kann man in den Jugendherbergen unabhängig vom Alter absteigen!

Hotels

Im Frühjahr und im Winter schließen einige Häuser. Sofern dies über einen längeren Zeitraum geschieht, ist es bei den Hotelangaben in den Ortsbeschreibungen vermerkt.

Jedes Touristenbüro hat eine **Hotelliste** für die jeweilige Provinz. Diese Hefte sind zwar niemals vollständig, bieten aber eine gute Übersicht, obendrein werden auch Campingplätze und Apartments genannt.

Der deutsche Veranstalter Ibero Tours bietet besondere Hotels über seinen Katalog an.

- **Ibero Tours,** Immermannstr. 23, 40210 Düsseldorf, Tel. 0221-8 641 520, Fax 0221-8 641 529, www.iberotours.de.

Sternekategorien

Hotels werden in **fünf Kategorien** eingeteilt. Ein Stern bedeutet einfaches Hotel, während die fünfte Kategorie für ein 5-Sterne-Luxushotel steht. Ausschlaggebend für die Beurteilung sind in erster Linie die Lage und Einrichtung, weshalb manch kritischer Reiseveranstalter in seinen Prospekten eigene (niedrigere) Sterne vergibt.

Parador

Paradores sind **staatlich geführte Hotels,** die entweder in einer landschaftlich ungemein reizvollen Umgebung oder in historischen Gemäuern zu finden sind. Das erste Haus wurde 1928 in der Sierra de Gredos eröffnet, heute existieren in ganz Spanien etwas über 90, weitere sind geplant. Da in jeder Provinz wenigstens ein Parador eröffnet wurde, liegen sie maximal 150 km auseinander. Viele Häuser wurden in alten Schlössern oder Burgen untergebracht, so in Carmona und Cardona, oder in malerischen alten Städtchen wie in Santillana del Mar. Sogar im nationalen Kunstschatz, der Alhambra in

745cl sm

Granada, wurde ein Parador eingerichtet. Der vielleicht ungewöhnlichste Ort befindet sich auf Teneriffa in 3000 m Höhe, unweit der Seilbahnstation, die zum höchsten Berg Spaniens führt. Einsamer geht's nicht!

Im Bereich der Costa de la Luz liegen vier Paradores: Der schönste befindet sich in traumhafter Lage am Strand von Mazagón. In Ayamonte liegt ein nicht ganz so reizvolles Gebäude hoch oberhalb des Ortes mit toller Weitsicht. In Cádiz steht ein Haus mitten im Stadtzentrum, aber auch nicht weit vom Strand entfernt. Der vierte Parador schließlich liegt nicht mehr direkt an der Küste, sondern im Hinterland, dafür aber in außergewöhnlich schöner Lage in Arcos de la Frontera. Infos unter:

- **Paradores, Reservation Center,** c/ Requena 3, E-28013 Madrid, Buchungszentrale: Tel. 0034-902 547 979, www.parador.es.
- Buchungen auch über **Ibero Tours:** Immermannstr. 23, 40212 Düsseldorf, Tel. 0211-8 641 520, Fax 8 641 529, www.iberotours.de.

Hostal

Die kleinere Version eines Hotels, zumeist etwas **familiärer** gehalten. Eine Einteilung von ein bis drei Sternen wird vorgenommen.

Hotel Residencia

Diese Unterkunftsform ist an einem Schild mit dem Kürzel „HR" auf hellblauem Untergrund erkennbar; es sind Unterkünfte **ohne Restaurant,** also Garni-Betriebe, die nur Frühstück bieten.

Wer in Conils Altstadt eine Ferienwohnung findet, ist sicher zufrieden

389cl jf

Preiskategorien (Hotel)
(Übernachtung für 2 Personen im DZ ohne Frühstück in der Hauptsaison)

①	=	unter 40 €
②	=	40–70 €
③	=	70–100 €
④	=	über 100 €

Pensión

Dieser Begriff für eine preiswerte und oftmals einfache Unterkunft setzt sich immer mehr durch. Die früher ziemlich häufig vor allem in Großstädten angebotenen Zimmer in einer Privatwohnung, genannt *Casa de Huéspedes* oder *Fonda,* sind praktisch verschwunden. Unter einer Pensión versteht man heute das international übliche Angebot einer einfachen Herberge, idealerweise mit eigenem Bad.

Weitere Kategorien

- **HA = Hotel Apartamentos:** ein Aparthotel, also ein Haus, das Apartments vermietet, auch für längere Zeiträume, aber nicht für die Ewigkeit.
- **RA = Residencia Apartamentos:** ein Aparthotel ohne Restaurant.
- **M = Motel:** wie international üblich.

Preise

Die Preise müssen an der Rezeption aushängen sowie in den Zimmern an der Tür oder am Schrank, eine Gesetzesvorschrift. Sie gelten grundsätzlich für ein Doppelzimmer. Einzelzimmer sind selten und kosten meistens 60 bis 70 % des Doppelzimmers. Nur in seltenen Fällen ist die **Preisliste** gezielt unterteilt. Natürlich schwanken die Preise je nach **Saison,** und bei der Festlegung der Saisonzeiten entwickeln die Hoteliers ein gehöriges Maß an Kreativität. Nichts ist klar, alles möglich. Der eine bietet einen einzigen Preis fürs ganze Jahr, der nächste führt alle möglichen Gründe ins Feld, die Tarife schwanken zu lassen, als da wären: „N“ *(Navidad),* also Weihnachten, aber wann beginnt „Weihnachten“? SS *(Semana Santa),* das wäre Ostern und, ganz besonders schick, FL *(Fiestas locales),* also örtliche Festivitäten.

Die **Hotelpreise in diesem Buch** sind in Kategorien angegeben. Sie sagen nichts über die Qualität aus, sondern geben den Preisrahmen für ein Doppelzimmer in der Hochsaison an. In den Sommermonaten liegen auch die Hotelpreise am oberen Limit, sie können jedoch sehr schnell fallen, schon im Juni bzw. September (Betonung liegt auf „können“).

Wer nach einem Doppelzimmer fragt, sollte bedenken, dass *cama matrimonial* **„Ehebett“** heißt, zumeist ist damit ein etwas kleineres Französisches gemeint. Ansonsten stehen zwei Betten hübsch getrennt im Raum.

Beschwerdeblätter

Hojas de reclamación („Beschwerdeblätter“) müssen überall vorrätig liegen. Wer einen Mangel anzeigen will, füllt das Formular aus. Die rosa Kopie erhält der Wirt, das weiße Original geht nach Madrid an die Touristikbehörde (Adresse steht drauf) und der grüne Teil verbleibt beim Gast.

Versicherungen

Die wichtigste Versicherung dürfte eine **Auslandskrankenversicherung** sein (Näheres ↗ Gesundheit). Autofahrer benötigen immer noch die **Grüne Versicherungskarte,** auch wenn dies heute kein Mensch mehr an der Grenze kontrolliert. Sollte es aber zu einem Unfall kommen, wird die Polizei danach fragen.

Egal welche Versicherungen man abschließt, hier ein Tipp: Für alle abgeschlossenen Versicherungen sollte man die **Notfallnummern** notieren und mit der **Policenummer** gut aufheben! Bei Eintreten eines Notfalles sollte die Versicherungsgesellschaft sofort telefonisch verständigt werden!

Der Abschluss einer Jahresversicherung ist in der Regel kostengünstiger als mehrere Einzelversicherungen. Günstiger ist auch die Versicherung als Familie statt als Einzelpersonen. Hier sollte man nur die Definition von „Familie" genau prüfen.

475cl sm

Ist man mit einem Fahrzeug unterwegs, ist der **Europaschutzbrief** eines Automobilclubs eine Überlegung wert. Wird man erst in der Notsituation Mitglied, gilt diese Mitgliedschaft auch nur für dieses Land und man ist in der Regel verpflichtet fast einen Jahresbeitrag zu zahlen, obwohl die Mitgliedschaft nur für einen Monat gültig ist.

Ob es sich lohnt, weitere Versicherungen abzuschließen wie eine Reiserücktrittsversicherung, Reisegepäckversicherung, Reisehaftpflichtversicherung oder Reiseunfallversicherung, ist individuell abzuklären. Aber gerade diese Versicherungen enthalten viele Klauseln, sodass sie nicht immer Sinn machen.

Die **Reiserücktrittsversicherung** für 35 bis 80 € lohnt sich nur für teure Reisen und gilt nur im Fall eines schweren Unfalls, einer Erkrankung, einer Schwangerschaft, einer Kündigung, eines neuen Arbeitsplatzes u. Ä. Es gelten hingegen nicht: Krieg, Unruhen, Streik, etc.

Auch die **Reisegepäckversicherung** lohnt sich seltener, da z. B. bei Flugreisen verlorenes Gepäck oft nach Kilopreis ersetzt wird. Auch sonst wird nur der Zeitwert nach Vorlage der Rechnung berücksichtigt. Wurde eine Wertsache nicht im Safe aufbewahrt, gibt es bei Diebstahl auch keinen Ersatz. Kameraausrüstung und Laptop dürfen beim Flug nicht als Gepäck aufgegeben worden sein. Gepäck im unbeaufsichtigt abgestellten Fahrzeug ist ebenfalls nicht versichert. Die Liste ist endlos ... Überdies deckt häufig die Hausratsversicherung schon Einbruch, Raub und Beschädigung von Eigentum, auch im Ausland.

Eine **private Haftpflichtversicherung** hat man in der Regel schon. Hat man eine Unfallversicherung, sollte man prüfen, ob diese im Falle plötzlicher Arbeitsunfähigkeit aufgrund eines Unfalls im Urlaub zahlt. Auch durch manche Kreditkarten oder Automobilclubmitgliedschaft ist man für bestimmte Fälle schon versichert. Die Versicherung über die Kreditkarte gilt jedoch nur für den Karteninhaber!

Ist der Wachturm am Strand nicht besetzt, gilt besondere Vorsicht

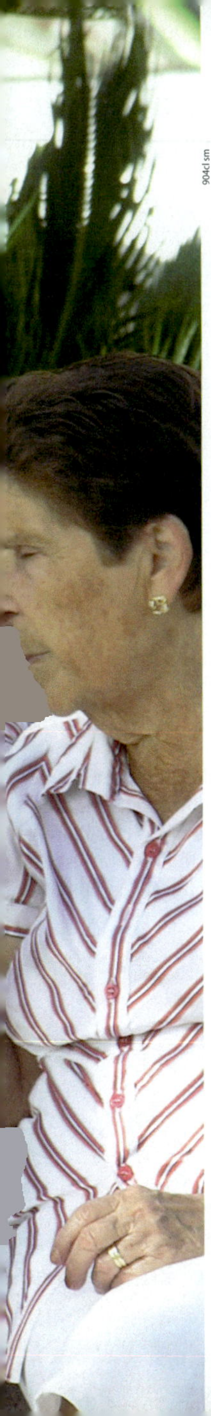

904cl sm

Land und Leute

< Welcher Weg ist der richtige für Andalucía?

5

741cl sm

Geografie

Die Costa de la Luz erstreckt sich über knapp 200 km von Tarifa bis zur portugiesischen Grenze. Geografisch fällt das Gebiet in die Provinzen Cádiz und Huelva. Die Grenze zwischen beiden bildet der Río Guadalquivir, der ziemlich genau in der Mitte der Küste ins Meer mündet.

Gebirge

Bis auf eine Ausnahme liegt der Küstenstreifen in einer **flachen Ebene.** Nur im äußersten Südosten ragt ein Gebirgszug bis ans Meer heran, zwischen den Orten Tarifa und Zahara de los Atunes. Ein weiterer Gebirgsstreifen erhebt sich erst weit im Hinterland. Die Ausläufer der Sierra del Algibe können gerade noch von Vejer de la Frontera aus erspäht werden. Das gesamte restliche Gebiet ist flaches, allenfalls leicht hügeliges Land.

Flüsse

Die Küstenlinie wird von **mehreren Flüssen** unterbrochen. Der breiteste ist der **Río Guadalquivir,** er fließt direkt am bekanntesten Feuchtgebiet Spaniens, dem Nationalpark Doñana, entlang. Auch der Río Guadalete mündet bei Cádiz in ein Feuchtgebiet. Weiter im Nordwesten fließen der Río Tinto und der Río Odiel bei Huelva ins Meer, noch weiter westlich der Río Piedras. Schließlich bildet der Río Guadiana die Grenze zu Portugal. All diese Flussläufe haben bislang den Bau einer durchgehenden Küstenstraße verhindert, sodass teilweise weite Umwege gefahren werden müssen.

Strände

Typisch für die gesamte Küste sind die streckenweise **kilometerlangen hellen Sandstrände.** An einigen Orten (Matalascañas, Caños de Meca, Tarifa, Bolonia) türmen sie sich zu mehreren Meter hohen Wanderdünen auf – ein äußerst malerisches Bild. In anderen Ecken Spaniens haben schon wesentlich bescheidenere *playas* eine unglaubliche Bauwut ausgelöst. Das mag hier der ständig wehende Wind verhindert haben, zum Glück.

Weite Strände und plattes Land

873cl sm

Klima

Küste des Lichts

Im Juli und August macht die „Küste des Lichts“ ihrem Namen alle Ehre. Gegen 7 Uhr geht die **Sonne** auf, zieht gnadenlos brennend ihre Bahn und versinkt glutrot gegen 22 Uhr. Keine Wolke trübt den Blick, kein Regentröpfchen sorgt für Linderung. Temperaturen bis 40 °C muss man dann aushalten, nur der beständige Wind sorgt für etwas Abkühlung. Da macht selbst das Brutzeln am Strand keinen rechten Spaß mehr und ein Stadtbesuch schon lange nicht.

Außerhalb der heißen Sommermonate wird es spürbar angenehmer an der Küste. Selbst im Winter fällt die Quecksilbersäule aber selten unter 10 °C. Auch ein paar Regentage mit bedecktem Himmel sind möglich, doch bei 320 Sonnentagen im Jahr ist das alles kein Vergleich zum deutschen Schmuddelwetter.

Wetterdaten

Die **Luftfeuchtigkeit** liegt generell niedrig, was zu trockenen, heißen Sommertagen, aber auch zu milden, angenehmen Wintertemperaturen führt.

Der kühlende **Wind** sorgt für ein relativ angenehmes Klima, selbst während der heißen Sommermonate.

Die jährliche **Durchschnittstemperatur** liegt bei 18 °C, während das Meer 17 °C erreicht; zum Herumplanschen in den Wellen also nicht gerade warm.

Mit **Regen** muss man zwar ab Herbst und vor allem in den ersten Monaten des Jahres rechnen, aber statistisch nur an maximal elf Tagen.

☑ ▷ Warm, trocken, sonnig – und windig

Winde

Jahreszeit	Windrichtung	
Frühjahr	wechselnd aus Westen oder Osten	
Sommer	51 % aus Westen bzw. Südwesten 20 % aus Osten	
Herbst	Provinz Cádiz: 29 % aus Südwesten 43 % aus Nordosten	Huelva: 29 % aus Westen 43 % aus Osten
Winter	Provinz Cádiz: 33 % aus Südwesten 56 % aus Osten	Huelva: 55 % aus Osten 33 % aus Westen bzw. Südwesten

Klimatabelle

Mittlere tägliche Maximum- und Minimumtemperaturen in °C

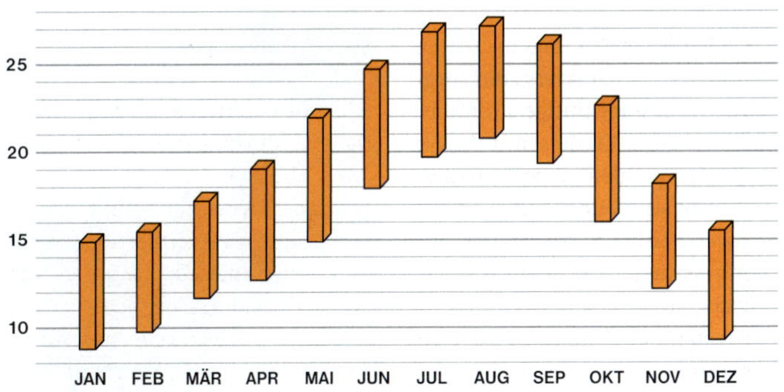

Mittlere Niederschlagsmenge pro Monat in mm

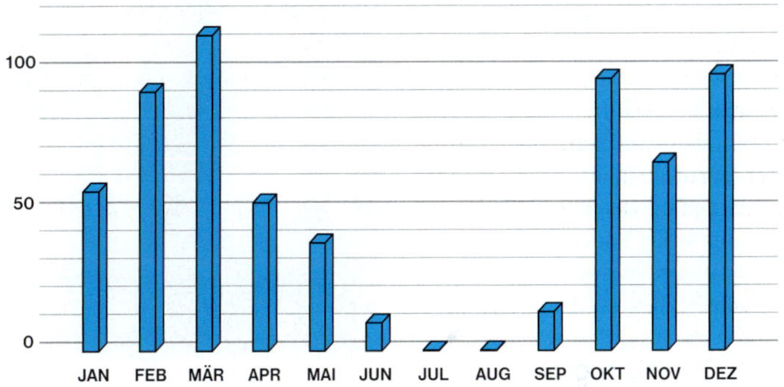

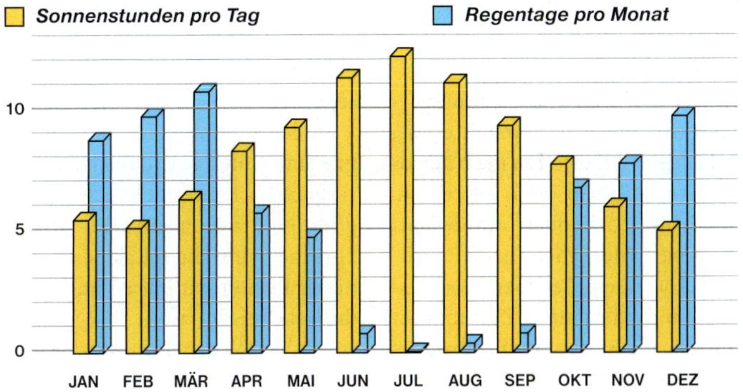

Die Andalusier

„Die hervorstechenden Eigenschaften des andalusischen Charakters sind sorgloser Leichtsinn, übermütige Fröhlichkeit, Redseligkeit ... Zu diesen teilweise nicht sehr empfehlenswerten Eigenschaften gesellt sich jedoch ein gutmütiges, leicht versöhnliches Wesen, höfliche Zuvorkommenheit ... und eine überschwengliche orientalische Fantasie." So steht es in einem über hundert Jahre alten Spanien-Lexikon. Ein Klischee? Sicherlich! Aber wo endet ein Klischee? Wann beginnen Vorurteile? Wie viel Körnchen Wahrheit lassen sich in diesem Satz finden?

Eine gewisse **Fröhlichkeit** und eine Portion **Leichtigkeit** im Leben der Andalusier sind tatsächlich augenscheinlich. Gerade im alltäglichen Miteinander bleibt für gedankenschwere Problembewältigung wenig Raum. Dabei geht es den Andalusiern, zumindest wirtschaftlich betrachtet, alles andere als blendend. Das Gebiet zählt zu den wirtschaftlich eher schwachen Regionen Spaniens.

Emigration

Mit Beginn der Industrialisierung verbesserten sich die Bedingungen etwas, viele Andalusier emigrierten nach **Nordspanien,** nach Bilbao oder Barcelona. Von 1940 bis 1970 sollen mindestens 1,6 Millionen Menschen nach Nordspanien gezogen sein. So leben beispielsweise in Katalonien mehr Zuwanderer aus Almería, als in der Stadt selbst, die knapp 160.000 Einwohner zählt. Gern gesehen waren sie im Norden aber nicht, mussten so manche katalanische Überheblichkeit ertragen, bis hin zu rassistischen Tönen.

In der Provinz Barcelona leben heute gut eine Million Andalusier. Dort sind sie auch bis heute noch nicht völlig integriert, und zwar allein schon durch ihre Sprache, denn die Katalanen pflegen in dieser Region seit Jahren immer stärker ihr Katalanisch.

In der Wahrnehmung der eigenen Landsleute werden Andalusier häufig

864cl sm

als fröhliche und umgängliche Menschen gesehen, aber gleichzeitig auch als etwas unzuverlässig und – zumindest früher war das so – als etwas faul. So mancher stolze *señor* möchte hier ein Erbe der 700-jährigen arabischen Herrschaft in Andalusien sehen, was noch mal eine Steigerung der Vorurteile bedeutet.

Der nicht ganz leicht zu verstehende **andalusische Akzent** wurde zumindest früher ähnlich als eine Art „unkorrektes Spanisch" gewertet und der Sprecher damit auch gleich etwas despektierlich beurteilt. Noch heute wird manchmal auf der Theaterbühne der andalusische Akzent genutzt, um Personen als etwas einfältig darzustellen.

Auch lebhaft diskutiert wird viel

Schöne Frauen hat das Land

882cl sm

878cl sm

879cl sm

877cl sm

Stellenwert der Familie

Lange lebten die Menschen in fest umrissenen sozialen Strukturen, die zumindest in den Dörfern unumstößlich waren. Heute hat sich die Situation sicherlich entspannt, sowohl in den Städten als auch im ländlichen Raum. Den Menschen stehen mehr Möglichkeiten zur Verfügung als noch zwei, drei Generationen vor ihnen. Aber die Arbeitslosigkeit ist nach wie vor groß, insbesondere unter den Jugendlichen. Da kommt der Familie ein hoher Stellenwert zu, als **monetäre Unterstützung** ebenso wie als **sozialer Halt.** Wer keinen Job hat, muss fast zwangsläufig zu Hause wohnen bleiben. Viele Studenten leben angesichts hoher Studiengebühren bis zum Examen bei ihren Eltern. Studentenjobs gibt es so gut wie nicht, das typische Kellnern oder Taxifahren sind in Andalusien „normale" Vollzeitberufe. Aber auch bereits berufstätige junge Leute bleiben heute lange im „Hotel Mama" wohnen, und nicht immer ist das nur eine Frage des niedrigen Einkommens. Die Familie gibt Halt und wird gepflegt.

Mentalität

Soweit die äußeren Bedingungen. Sie werden hingenommen, manchmal auch verdrängt. „Man kann ja doch nichts machen", ein schulterzuckendes Bekenntnis, dass es ist, wie es ist. Die ökonomischen Verhältnisse sind nicht rosig und darunter leiden viele Menschen auch.

‹ Muschelverkäufer in Punta Umbría

Flamenco – die Seele Andalusiens

914cl sm

Nicht ganz einfach, über eine Kunstform etwas zu erzählen, über die so viele Klischees bestehen. Und die auch in fast allen Touristenorten an der Mittelmeerküste genau so bedient werden. Es gilt daher zunächst einmal mit ein paar Irrtümern aufzuräumen. Beispielsweise ist Flamenco **kein urtypisch spanischer Tanz.** Er ist noch nicht einmal ein reiner Tanz, jedenfalls nicht ausschließlich. Flamenco hat seine Heimat in Andalusien und wird in Sevilla noch heute mit Hingabe gepflegt. Ursprünglich einmal von den *gitanos* (den spanischen Zigeunern) entwickelt, fand er später auch Fans außerhalb der Familien der *gitanos.*

Flamenco besteht grundsätzlich aus Gesang, Tanz und Rhythmusbegleitung. Letztere kann durch eine Gitarre erfolgen, aber auch durch **Klatschen.** Ursprünglich einmal wurde sogar nur mit einem Stock der Takt mitgeklopft. Es gibt heute eine Vielzahl von verschiedenen Tänzen und auch von unterschiedlichen Gesängen. Meist erzählen die Sänger etwas sehr Persönliches einem kleinen Kreis von Zuhörern. Die thematische Grundhaltung ist oft pessimistisch, erzählt wird von verflossener Liebe, vom Pech im Spiel, von Sehnsüchten, von der eigenen unverschuldeten Armut. Dieses „Erzählen" einer Seelenlage kommt aus tiefstem Herzen und wird sehr emotional vorgetragen. Drückt der Sänger dabei Gefühle aus, die auch seine Zuhörer teilen, feuern sie ihn an: *„¡Eso es!"* („So ist es!"), oder Ähnliches, was den Sänger und Tänzer dann zu noch mehr Emotionalität anspornt. Springt der Funke einmal endgültig über, werden Tänzer und Publikum seelisch sozusagen vereint, dann spricht man von *el duende* (dem Dämon), der nun aus der Seele spricht. Das wird natürlich eher nicht auf einer kommerziellen Showbühne passieren.

Der Tanz bleibt trotzdem das wichtigste künstlerische Ausdrucksmittel. Normalerweise tanzen Männer und Frauen getrennt, nur die *Sevillanas* sind als Paartanz ausgelegt. Frauen tragen oft weite, rüschenbesetzte Kleider, die in die Bewegungen eingebaut werden. Ihre Schuhe haben **kräftige Absätze,** mit denen sie kraftvoll und rhythmisch auf den Boden knallen. Die Tänzer müssen sehr konzentriert agieren, alle Körperteile sind eingebunden. Oberkörper, Arme, Finger vollführen eine genau festgelegte und möglichst perfekte Gesamtbewegung. Diese Bewegungen wechseln ständig zwischen ruhigen und sehr schnellen Phasen. Besonders bei Männern können die schnellen Phasen etwas eckig, fast ein wenig zackig wirken. Kastagnetten werden sehr selten genutzt und wenn, dann nur von Frauen. Die Begleitung besteht aus Gitarre und/oder aus Händeklatschen. Dies ist eine sehr schwierige Technik, denn Tanz, Klatschen und eventuell auch noch Gitarre und Gesang müssen perfekt aufeinander abgestimmt sein. Auf den kommerziellen Bühnen werden zumeist eingespielte Choreografien vorgeführt, die auch ohne *„duende"* meist sehr eindrucksvoll sind. Zum Schluss gibt es dann häufig ein rauschendes Finale mit fröhlichen Sevillanas, in die das ganze Ensemble eingebunden ist.

Doch die Verhältnisse dominieren das Bewusstsein oft nicht; etwa wenn ein Andalusier in einer Bar großzügig eine Runde schmeißt, obwohl es sein letztes Geld war. Ist das dann der eingangs zitierte „sorglose Leichtsinn“ oder eine Lebenshaltung, von der wir uns eine Scheibe abschneiden könnten?

La siesta oder warum die Spanier nicht aussterben

Preisfrage: Wann ist die beste Zeit, um in eine spanische Großstadt zu fahren, in der man sich überhaupt nicht auskennt? Antwort: Gegen 16 Uhr. Dann sind alle Straßen leer, ganz Spanien hält Siesta.

Die *siesta* – ein kleines Nickerchen nach dem Essen, ein Kräftesammeln vor den Pflichten der zweiten Hälfte des Tages, ein Überbrücken der größten Hitze. Nordeuropäische Touristen staunen immer wieder über diesen stark verschobenen Tagesablauf. Man arbeitet von 9 bis 14 Uhr, dann folgen drei Stunden Pause. Alle Geschäfte schließen, die Büros leeren sich ebenso wie die Fabrikhallen. Spanien geht zu Mittagstisch, und zwar ausgiebig. Vor 15 Uhr steht niemand auf. Dann wird ein Nickerchen gehalten, *dormir la siesta* („die Siesta schlafen“) oder *echarse la siesta* („zur Siesta hinlegen“), und nach dem Aufwachen schaut man noch auf einen After-Siesta-Drink in der nächsten Bar vorbei, bevor es wieder an die Arbeit geht.

Während in Nordeuropa um 17 Uhr der Hammer fällt und generell Feierabend ist, legen die Spanier noch eine dreistündige Arbeitsschicht ein. Zu keiner Zeit des Tages ist eine spanische Stadt öder, verlassener, einsamer als um 16 Uhr. Aber schon 60 Minuten später kommt wieder Leben in die Bude. Das muss man wissen. Als ich mal ein Auto am Vormittag in die Werkstatt brachte, hieß es, am Nachmittag sei es dann fertig. Ich wusste Bescheid, fragte zurück, ob 18 Uhr gemeint sei. – Nein, eher 19 Uhr.

Ursprünglich wohl eingeführt um die Zeit der größten Nachmittagshitze zu überbrücken, verliert die Siesta heutzutage allmählich diese Bedeutung. Internationale Firmen fassen Fuß in Spanien und führen andere Arbeitszeiten ein. Auch grenzüberschreitende Verflechtungen lassen immer häufiger keine langen Pausen zu, orientieren sich zwangsläufig am europäischen oder amerikanischen Rhythmus. Und die Klimaanlage sperrt die sommerlichen Hitzewellen sowieso aus den Büros aus.

In Mexiko ging man schon einen Schritt weiter. Um die Wirtschaft des Landes stärker an den US-Nachbarn zu binden, wurde den 1,5 Millionen Staatsbeamten per präsidialem Dekret verboten, weiterhin eine dreistündige Mittagspause einzulegen! Das war zwar nicht der Untergang des Abendlandes, aber das Ende eines geliebten Lebensstils. Soweit ist es in Spanien noch nicht. Und dass es zu einem königlichen Verbot kommen könnte, ist eher unwahrscheinlich. Dann würden die Spanier nämlich aussterben, denn angeblich sei jeder zweite während der Siesta gezeugt worden ...

Symbole Andalusiens

Flagge

An manchen Stränden flattern drei Fahnen im Wind, zwei davon kennt wohl jeder: die blaue EU-Fahne und die rotgelbe spanische Flagge. Bei der dritten, der **grün-weiß-grünen,** handelt es sich um die andalusische Flagge, schlicht gehalten, aber doch mit Stolz neben den anderen am Mast hochgezogen. Kein Wunder, ist Andalusien doch die zweitgrößte autonome Region Spaniens; nach der Bevölkerungszahl ist sie sogar die Nummer Eins.

Lange hat es allerdings an diesem Bewusstsein gemangelt. Erst 1915 veröffentlichte ein ausgeprägter andalusischer Regionalist namens *Blas Infante* ein wegweisendes Buch: *El ideal Andaluz* („Das andalusische Ideal"). Seine Vorschläge wurden später von den Provinz-Deputierten angenommen. 1918 legte man die Symbole für eine eigene Fahne und ein Wappen fest. Es dauerte aber noch bis 1982, bis erstmals ein andalusisches Regionalparlament gewählt wurde.

Hymne

Die andalusische Hymne thematisiert ebenfalls die grün-weiße Fahne:

La bandera blanca y verde
vuelve, tras siglos de guerra
a pedir paz y esperanza,
bajo el sol de nuestra tierra

„Die grün-weiße Fahne / kehrt heim nach Jahrhunderten des Krieges, / um Frieden und Hoffnung zu erbitten / unter der Sonne unserer Erde."

Geschichte

Spanische Geschichte, das war jahrhundertelang andalusische Geschichte. Hier spielte das Konzert der Macht, wurden Schlachten geschlagen, Gebiete erobert und zurückerobert, von hier wurde die Iberische Halbinsel beherrscht. Einen einheitlichen Staat „Spanien" gab es überhaupt noch nicht. Madrid war damals tatsächlich nichts weiter als ein winziges Dörflein. *„Una población manchega"*, wie einst Nobelpreisträger *Camilo José Cela* scherzte, ein rückständiges Dörfchen aus der Mancha, der Gegend, wo Don Quichote die Windmühlen bekämpfte. Jahrhundertelang prägten die Araber von Andalusien aus das Geschehen auf der ganzen Iberischen Halbinsel. Erst nach deren Vertreibung 1492 verlagerte sich das Zentrum der Macht nach Madrid. Von da ab spielte Andalusien historisch gesehen in Spanien nur die zweite Geige, von gelegentlichen Ausnahmen einmal abgesehen.

Erste Besiedlung

Man nimmt an, dass die ersten Siedler um 2000 v. Chr. die **Iberer** waren. Historische Zeugnisse verraten, dass um 1100 v. Chr. die **Phönizier** auf der Iberischen Halbinsel eine erste Siedlung mit Namen Gadir gründeten, das heutige Cádiz. Um 800 v. Chr. verschlug es zunächst **Kelten** nach Nordspanien. Keltische Stämme gelangten dann um 600 v. Chr. bis ins Zentrum des Landes, wo sie auf die Iberer trafen und sich mit ihnen zu den **Keltiberern** vermischten. Um 300 v. Chr. wurde die keltiberische Stadt Numancia gegründet. Sie lag am Río Duero in der Provinz Soria, etwa zwischen Valladolid und Zaragoza.

Die Römer

Um 250 v. Chr. betraten von Afrika aus **Karthager** spanischen Boden. **Hannibal,** ihr Anführer, begnügte sich aber nicht mit der Inbesitznahme dieses Landstriches, er wollte sogar das mächtige Rom angreifen. Die Geschichte ist bekannt: Mit einem riesigen Heer zog er über die Alpen, inklusive 37 Elefanten. Rom einzunehmen schaffte er trotz einiger Siege im Vorfeld nicht. Die Römer waren aber so sehr verärgert, dass sie selbst auf der Iberischen Halbinsel einrückten. Man einigte sich zunächst auf eine Art Nichtangriffspakt, indem man den Río Ebro als Trennlinie festlegte, die von keiner Partei überschritten werden durfte. 219 v. Chr. brach Hannibal diesen Pakt, als er die Stadt Sagunto eroberte. Das war der Auslöser für den **Zweiten Punischen Krieg,** der von 218 bis 201 v. Chr. dauerte. Im Jahr 203 v. Chr. musste Hannibal spanischen Boden verlassen und nach Afrika zurückkehren. 197 v. Chr. wurde Cádiz eingenommen, die letzte Bastion der Karthager. Hispania war unter römischer Kontrolle, beinahe jedenfalls.

Aber die Römer wollten natürlich das ganze Land beherrschen. Eine kleine Siedlung namens **Numancia** leistete jedoch anhaltend Widerstand. Der römische Feldherr ließ einen Wallring um die Stadt ziehen und belagerte sie neun Monate lang, bis sie sich im Jahr 133 v. Chr. ausgehungert ergab. Die Römer machten Numancia dem Erdboden gleich, eine Ruine der einstigen Siedlung kann aber noch heute 8 km nördlich von Soria besucht werden.

Viele Bauwerke aus der römischen Epoche sind ebenfalls bis zum heutigen Tage erhalten geblieben. So wurde etwa schon 25 v. Chr. die römische Kolonie Emérita Augusta gegründet, das heutige **Mérida.**

Dann kam die Zeitenwende, das römische Reich welkte so langsam dahin. 258 n. Chr. kamen erstmals Stämme aus Gallien und Germanien nach Hispania: die **Sweben, Alanen** und **Vandalen.** Noch hielten die Römer Stand, aber als nach vielen Kämpfen – jeder gegen jeden – auch noch 411 n. Chr. die **Westgoten** einfielen, war's aus. Die Römer verschwanden, die Goten blieben – etwa drei Jahrhunderte lang. Die ursprünglich besiegten Vandalen nisteten sich 425 n. Chr. kurzfristig in Nordafrika ein.

Arabische Herrschaft

Die Eroberung (711-756)

Dann folgte die **700-jährige Phase** der arabischen Herrschaft. 711 n. Chr. sah die Situation so aus, dass ein gotischer Herrscher namens *Roderich* sich mit dem Clan der Witzia um die Macht stritt. Letztere, in Nordafrika schon fest verwurzelt, fragten bei einem **Berberstamm** um Unterstützung an. Die kam

Emirat und Kalifat 756-1031

Herrschaft der Taifas 1031-1086

prompt. Im Maghreb residierte *Musa Ibn Nusayr,* ein Repräsentant des Kalifen von Damaskus. Er trug sich schon lange mit der Idee, den Islam über die Meerenge zu tragen, als ihn der Hilferuf erreichte. Sein Heerführer *Tarik Ibn Ziyab* wurde mit 7000 Männern losgeschickt. Sie setzten an einer schmalen Stelle über und landeten an einem steil aufragenden Felsen. Den nannten sie zu Ehren ihres Anführers „Berg von Tarik" *(Yabal Tariq),* woraus später **Gibraltar** werden sollte.

Im andalusischen Barbate gab's den ersten Kampf mit den Goten, die schnell besiegt wurden. Das war das **Ende des gotischen Reiches** auf der Iberischen Halbinsel. Die Sieger marschierten gleich weiter nach Norden. Zuerst wurde Toledo eingenommen, der Hauptsitz der Goten. Da alles gut verlief, kam *Musa Ibn Nusayr* 712 selbst nach Hispania und brachte noch 18.000 Mann Verstärkung mit. So ging es dann Schlag auf Schlag: Bis 716 eroberten sie Zaragoza, Pamplona, Barcelona, Gerona und Narbonne, 719 sogar Toulouse.

Innerhalb von sieben Jahren war fast die gesamte Iberische Halbinsel erobert, nur das gebirgige Galicien und Asturien nicht. Der Vormarsch der Berber endete 732 vor Portier, wo sie die erste große Niederlage kassierten. 722 hatten sie bereits eine Schlacht in den asturischen Bergen bei **Covadonga** verloren. In den spanischen Geschichtsbüchern wird diese Schlacht bis heute als der **Beginn der Reconquista,** der Rückeroberung, gefeiert. Der lokale Häuptling *Pelayo* gilt seitdem als Held; in einer asturischen Höhle wurde ihm ein Denkmal gesetzt.

Emirat von Córdoba (756-929)

Nicht nur die Berber, die das Land erobert hatten, sondern auch eine arabische Kultur- und Oberschicht aus weiter östlich gelegenen Ländern setzte sich in Hispania fest. Während der Anfangszeit der maurischen Herrschaft wurden Münzen mit dem Aufdruck **al-Andalus** in Umlauf gebracht. Dieser Begriff stand für die unter maurischer Hoheit stehenden Gebiete, die zunächst von Córdoba aus regiert wurden. Aus *al-Andalus* wurde dann viel später der Name Andalusien.

Die Grenzen von al-Andalus veränderten sich ständig, immer wieder kam es zu Kriegen. Aber alles in allem waren die Bewohner gar nicht so abgeneigt gegen die neuen Herren. So manche gotische Stadt soll sogar die Pforten freiwillig geöffnet haben. Die **Mauren** zwangen die Bevölkerung zu nichts, niemand musste konvertieren, Christen und Juden konnten ihre Religionen weiter ausüben.

Währenddessen geschahen im islamischen Mutterland weitreichende Ereignisse. In Damaskus wurde 750 der Kalif blutig abgesetzt. Eine schiitisch ausgerichtete Dynastie betrat die Bühne und brachte die Herrschaftsfamilie kurzerhand um.

Nur ein junger Prinz konnte entkommen, *Abderramán Ibn Mu'awiya.* 755 erreichte er spanischen Boden in Almuñécar. Er erhielt dort von allen Getreuen sofort Unterstützung und ernannte sich ein Jahr später zum Emir von al-Andalus mit dem Namen *Abderramán I.* Als Symbol seiner Herrschaft wurde dann die berühmte **Moschee von Córdoba** errichtet.

Kalifat von Córdoba (929–1031)

Die Sippe festigte ihre Position in den nächsten Jahrzehnten. Zwei Generationen später regierte *Abderramán III.*, der 912 an die Macht kam und sich 929 zum von Bagdad unabhängigen Kalifen ernannte. Das bedeutete, dass er nun geistiger Führer der hispanischen Araber war. Unter seiner Zeit blühte Córdoba als **geistig-kulturelles Zentrum des Islams** auf und behielt diese Position auch eine ganze Weile. So ließ sein Nachfolger *Hakam II.* eine gewaltige Bibliothek in Córdoba anlegen.

Reinos de Taifas (1031–1086)

Mit Hakams Tod begann allerdings der schleichende Niedergang. Hakams Sohn *Hisam III.* war zu schwach, den Intrigen und Kämpfen standzuhalten. Es gab Unruhen und interne Kämpfe, obendrein ständige Kriege im Norden gegen attackierende christliche Heere. Nach und nach bildeten sich eine Menge **lokaler Herrschaftsgebiete** heraus, die sogenannten *Reinos de Taifas* (etwa: „Herrschaft der Kleingruppen"). Diese innere Zerstrittenheit half indirekt den Christen. 1085 eroberte *Alfonso VI.* die Stadt Toledo, was ein schwerer Schlag für die Mauren war. In ihrer Not wandten sich die lokalen Fürsten an einen neuen starken Mann in Nordafrika, den Sultan der Sippe der Almoraviden, *Yusuf I.*

◁ Die Moschee von Córdoba mit ihrer Kuppel aus verschlungenen Bögen, errichtet unter Abderramán I.

Die Almoraviden (1086–1148)

Er kam und sein Einstand war nicht von schlechten Eltern. Bei Badajoz wurden die **Christen vernichtend geschlagen.** Da *Yusuf I.* nun schon einmal da war, entschied er sich auch gleich zu bleiben. Die lokalen Heeresgrößen der Reinos de Taifas waren ihm unterlegen und schon bald wurde aus dem Retter in der Not der neue starke Mann in al-Andalus. Die Sippe der Almoraviden regierte bis 1148, dann kamen die Almohaden.

Die Almohaden (1148–1232)

Dieser Berberstamm besetzte 1143 große Teile Nordafrikas, sogar Marrakesch, den Hauptsitz der Almoraviden. Um 1149/1150 waren dann Sevilla, Córdoba und Badajoz an der Reihe und 1195 besiegten die Almohaden schließlich unter Führung von *al-Mansur* sogar *Alfonso VIII.*, immerhin König von Kastilien. Das war aber nur von kurzer Dauer. Denn Alfonso verbündete sich mit *Pedro II. von Aragón* und *Sancho von Navarra* und gemeinsam schlugen sie 1212 in Navas de Tolosa zurück, diesmal derart massiv, dass die Herrschaft der Almohaden ins Wanken geriet. *Fernando III.*, dem neuen König von Kastilien, blieb es dann vorbehalten, 1236 Córdoba und 1248 sogar Sevilla zu erobern. Zur gleichen Zeit nahm *Jaime I.* Mallorca (1229) und Valencia (1238) ein.

Die Nasriden (1232–1492)

Nach diesen Verlusten blieb von al-Andalus nur noch das **Königreich Granada** übrig. Dort regierte die Sippe der Nasriden. Noch beherrschten sie einen Landstrich, der Málaga, Jaén und Almería einschloss, aber die christlichen Heere drängten nach. Dann kam der entscheidende Schlag: 1469 heirateten *Isabel de Castilla* und *Fernando de Aragón,* zwei mächtige Herrschaftshäuser mit entsprechend großen Heeren vereinigten sich nun. Später sollte man dies auch die **Geburtsstunde Spaniens** nennen. Sie fühlten sich nun endgültig im göttlichen Auftrag die letzten maurischen Bastionen zu erobern. *Los Reyes Católicos* („die katholischen Könige“) ließen sie sich nennen, trugen das Banner des einzig rechten – katholischen – Glaubens mit Schwert und Bibel vor sich her. Granada musste fallen! 1492 war es soweit, zerstört und isoliert verblieb nur noch die Stadt selbst. In der dortigen Burg, der **Alhambra,** herrschte *Boabdil,* der es weise vorzog aufzugeben, bevor dieser Prachtbau durch Kämpfe zerstört würde. Weinend zog er sich zurück nach Nordafrika, heftigst beschimpft von seiner Mutter. An der Straße, die von Granada an die Küste führt, liegt ein Ort namens *Suspiro del Moro* („Seufzer des Mauren“). Dort soll er einen letzten Blick auf Granada geworfen haben.

Im März desselben Jahres wurde den **Juden** befohlen das Land zu verlassen, wenn sie nicht zum Christentum übertreten wollten. An die 100.000 gingen daraufhin. 1502 wurde die Anordnung auch auf die verbliebenen muslimischen **Araber** ausgedehnt, etwa 200.000 lebten zu der Zeit noch im Großraum Granada. 1609 der Schlusspunkt: König *Felipe III.* **verjagte** sogar 300.000 **Morisken,** so wurden Muslime genannt, die zum Christentum konvertiert hatten.

Almoraviden u. Almohaden bis 1212
F
Toulouse
Santiago de Compostela
León
LEÓN
NAVARRA
ARAGÓN
Zamora
CASTILLA
Zaragoza
Lérida
Barcelona
Atlantischer Ozean
Oporto
Salamanca
PORTUGAL
Tortosa
Madrid
Coimbra
Toledo
Valencia
Balearen
Lisboa
Mérida
Navas de Tolosa
Alicante
Córdoba
Mittelmeer
Granada
Sevilla
Cádiz
Málaga
Almería
Gibraltar
muslimisch
christlich
©Reise Know-How 2013

Nasridenreich 1232-1492
F
Toulouse
Santiago de Compostela
León
NAVARRA
Pamplona
ARAGÓN
Zaragoza
Zamora
Lérida
Barcelona
Atlantischer Ozean
Oporto
Salamanca
Tortosa
Madrid
Coimbra
PORTUGAL
Toledo
Valencia
LEÓN - CASTILLA
Balearen
Lisboa
Mérida
Navas de Tolosa
Alicante
Córdoba
Mittelmeer
Sevilla
Granada
GRANADA
Cádiz
Málaga
Almería
Gibraltar
muslimisch
christlich
©Reise Know-How 2013

897cl sm

Übergabe der Alhambra

Am 2. Januar 1492 übergab *Boabdil* die Alhambra gegen das **Versprechen,** Religion, Gesetze und Steuern der verbliebenen Mauren zu achten. Aber das hielt nicht lange vor. 1512 kam es ob der ständig gebrochenen Versprechen sogar zu einer Rebellion, die blutig niedergeschlagen wurde. Gegenüber „Heiden" müsse man keine Versprechen halten, so die damalige Devise. Die **Reconquista** („Rückeroberung") war mit der Übergabe der Alhambra 1492 abgeschlossen, genau 770 Jahre nach *Pelayos* erstem erfolgreichen Aufstand bei Covadonga.

Geschichte auf Kachelbildern:
⌃ Christliche Heere erobern 1489 Almería
› Kolumbus wird nach seiner ersten Reise von den spanischen Königen empfangen

Spanien als Weltreich

Kolumbus entdeckt Amerika (1492)

Glückliche Umstände bescherten den *Reyes Católicos* ein neues Feld. Am 12.10.1492, im gleichen Jahr also, als Granada fiel, entdeckte Kolumbus Amerika. *Cristóbal Colón* hatte Königin *Isabel* nach einigem Hin und Her von seiner Mission überzeugen können. Damit füllte sich auch die Lücke, die sich mit dem Ende der Kämpfe gegen die Mauren auftat. Spanien war befreit, aber weiter vordringen, nach Afrika gar, das traute man sich dann doch nicht. So blieben nur die fern im Atlantik liegenden **Kanarischen Inseln.** Aber das war ja nur ein Häppchen, verglichen mit Kolumbus' Neuentdeckungen.

Es dauerte noch ein paar Jahre, bis man überhaupt begriff, welche Reichtümer sich auftaten. 1519 eroberte der spanische Abenteurer *Hernán Cortés* das legendäre Aztekenreich in **Mexiko,** schier unglaubliche Goldschätze fielen ihm in die Hände. 1535 unterwarf ein anderer Spanier, *Pizarro,* das Inkareich in **Peru,** riesige Silberschätze waren die Beute. Beide Ereignisse führten dazu, dass Spaniens Politik mit einem Mal eine ganz neue Richtung erfuhr. Jenseits des Atlantiks sollten immer neue, immer reichere Länder erobert werden, „nur" einige **Kulturen wurden dabei vernichtet.** Die Gier zog unzählige Abenteurer und „arbeitslose Ritter" auf den neuen Kontinent.

Andalusien im Zentrum der Macht

In **Sevilla** wurde 1503 eine Art Monopolbehörde installiert, die *Casa de Contratación.* Sevilla profitierte davon, dass alle Schiffe hier oder im benachbarten Cádiz ihre Schätze abliefern mussten.

Immer größer wurde auch die Anzahl derer, die ihr Glück in den neuen Ländern, *„en las Indias"* wie es hieß, versuchen wollten. Die Reyes Católicos legten so den **Grundstein für Spaniens Weltreich.** 1504 starb Königin Isabel, 1516 ihr Gatte Fernando.

Nach einem kurzen Zwischenspiel mit Isabels Tochter *Juana* auf dem Königsthron regierte schließlich ab 1516 *Carlos I.* Er war von Geburt sowohl spanischer Herrscher, dort genannt *Carlos V.*, als auch **Habsburger.** 1519 wurde er dann als Karl V. gleichzeitig zum deutschen König gekrönt. Als römisch-deutscher Kaiser sorgte er sich um Germanien und nebenbei um Spanien. „Nebenbei" ist dabei wörtlich zu nehmen, er war nämlich ziemlich selten dort. In jenen Tagen ging in seinem Reich die Sonne nicht mehr unter, so formulierte es der Doppel-Herrscher selbst.

916cl sm

Begriffe aus al-Andalus

Während der arabischen Epoche wurden einige Begriffe geprägt, die auch heute noch in der spanischen Sprache zu finden sind. In erster Linie sind hier natürlich solche zu nennen, die im direkten Zusammenhang mit der Herrschaft der Mauren stehen:

- **Alcázar:** In den Städten von al-Andalus war dies der Sitz des Sultans, ein Palast oder eine Festung. In den Provinzen lebte dort auch der lokale Herrscher.
- **Almohades:** „Almohaden", ein Berberstamm aus dem Süden des heutigen Marokkos. Sie besiegten den Stamm der Almoraviden und übernahmen etwa Mitte des 12. Jh. die Macht in al-Andalus.
- **Almorávides:** „Almoraviden", eine muselmanische Sekte, die den Islam in Nordafrika verbreitete. Ende des 11. Jh. dehnten sie ihr Machtgebiet nach al-Andalus aus, bis sie von den Almohaden besiegt wurden.
- **Cadí:** Ein Zivilrichter, der bei Streitigkeiten Entscheidungen fällte, aber auch in zivilen Angelegenheiten (Heirat, Erbschaft, Scheidung) Recht sprach.
- **Mezquita:** Die Moschee, zumeist aus einem geschlossenem Raum bestehend, ohne Schmuck und Abbildungen. Dort versammeln sich die Gläubigen, um Richtung Mekka zu beten.
- **Moriscos:** „Morisken" sind Araber, die nach der Reconquista in Spanien blieben. Sie behielten trotz Taufe oft ihre Sitten und Gebräuche bei und wurden 1614 schließlich auch aus dem Land gejagt.
- **Mozárabe:** „Mozaraber" sind gewissermaßen „arabisierte" Christen, also Christen, die in al-Andalus lebten und ihrem Glauben nachgingen.
- **Nasríes:** Die „Nasriden" regierten al-Andalus, oder was noch übrig geblieben war, von Granada aus zwischen 1231 und 1492. *Boabdil,* der letzte Herrscher von Granada, gehörte zu dieser Dynastie.
- **Omeyas:** Omajiaden, eine arabische Dynastie, die im 7. Jh. die islamische Welt von Damaskus aus regierte. Sie wurde im 8. Jh. gestürzt, die Herrscherfamilie getötet. Nur ein Prinz, *Abderramán I.,* konnte nach al-An-

Die Historie berichtet, dass *Jakob Fugger,* ein schwerreicher Augsburger Kaufmann, Carlos V. seinerzeit massiv mit Geld unterstützt habe. Dieser regierte damit eines der größten europäischen Reiche inklusive der spanischen Überseekolonien in Amerika und den Philippinen. In seine Regentschaft fielen auch die Eroberungen von Pizarro und Cortés, **unglaubliche Reichtümer** flossen in die spanische Truhe. Aber nicht nur dorthin, genügend Gelder wurden an Jakob Fugger und andere Kaufleute weitergereicht. Carlos V. musste **Schulden** begleichen, wie *Eduardo Galeano* in seinem Buch „Die offenen Adern Lateinamerikas" anschaulich schildert. Galeano schreibt, dass 1543 insgesamt 65 % der königlichen Einnahmen zur Schuldenbegleichung genutzt wurden.

Zwischen 1503 und 1660 gelangten 185.000 Kilogramm Gold und 16 Milliodalus fliehen. Er gründete das Emirat von Córdoba.

- **Taifas, Reinos de:** „Herrschaft kleiner Gruppen" wird die Zeitspanne ab 1031 genannt, als kein starker Alleinherrscher al-Andalus regierte. Die Sippe der Nasríes überlebte in Granada am längsten.

Aber auch im Spanischen des **alltäglichen Lebens** finden sich viele Begriffe, die, wenn auch zum Teil verändert, ursprünglich aus dem Arabischen übernommen worden sind, so beispielsweise in den folgenden Bereichen:

- Wissenschaft: **cifra** („Ziffer"), **cenit** („Zenit")
- Landwirtschaft, Gärtnerei: **azúcar** („Zucker"), **zanahoria** („Möhre"), **azucena** („Lilie"), **acequia** („Bewässerungsgraben")
- Handwerk: **albañil** („Maurer"), **alfarero** („Töpfer")
- Handel: **almacén** („Lager, Laden"), **alquiler** („Miete")
- Haus: **azulejo** („Kachel"), **alfombra** („Teppich")
- Speisen: **albóndigas** (spezielle Hackbällchen)
- Musikinstrumente: **tambor** („Trommel")
- Spiele: **ajedrez** („Schach")

nen Kilogramm Silber in den Hafen von San Lúcar de Barrameda, ein schierer Wahnsinn. Die Gelder wurden verpulvert in **Kriegen,** in **Eroberungszügen** durch Amerika und in der **Inquisition,** der Verfolgung Andersgläubiger. Und nicht zuletzt musste ein Heer von **Müßiggängern** unterhalten werden – spanische Edelmänner, *caballeros,* arbeiteten schließlich nicht. Wenig fiel dabei für Andalusien ab.

Carlos V. war es auch, der sich Denkmäler schuf. Er ließ in die **Moschee von Córdoba** hinein eine **Kathedrale** bauen und direkt neben den maurischen Palästen in der **Alhambra** einen eigenen **Palast.** Beides kann aus heutiger Sicht nur als störend betrachtet werden. Carlos trat im Jahr 1556 zurück und verbrachte seine letzten Lebensjahre in einem Kloster.

In Spanien regierte nun sein Sohn *Felipe II.* Dieser setzte sich selbst ebenfalls ein Denkmal, nämlich das riesige Kloster El Escorial bei Madrid. Felipe zog es auch vor, von **Madrid** aus zu regieren. Andalusiens Zeit als Machtzentrum war nun zu Ende. Sieben Jahrhunderte lang war spanische Politik von andalusischem Boden aus betrieben worden, mit Felipe II. endete diese Epoche. Deshalb seien im Folgenden die wichtigsten Ereignisse der spanischen Geschichte im Zeitraffer dargestellt. Andalusien spielte darin bis auf wenige Ausnahmen nur noch eine Nebenrolle.

Spanische Geschichte im Zeitraffer

1556 *Felipe II.* wird König.
1559 Die ersten Ketzergerichte in Valladolid und Sevilla, die Inquisition setzt ein.
1561 *Felipe II.* verlegt seinen Thron nach Madrid.
1568 Aufstand der Morisken in Granada.
1581 In Andalusien herrscht die Pest.
1588 Die „unsinkbare" Armada geht vor Schottland unter.
1598 *Felipe III.* wird König.
1605 Der erste Teil vom „Don Quichote" erscheint.
1609 Ausweisungsbeschluss der Morisken.
1621 *Felipe IV.* wird König.

917cl sm

1640 Vergeblicher Aufstand der Katalanen gegen die kastilische Herrschaft.

1665 *Carlos II.* wird König.

1700 *Carlos II.* stirbt in Madrid kinderlos, er ist der letzte Habsburger. In seinem Testament verfügt er, dass *Felipe de Anjou* ihn beerben soll, die Familie akzeptiert dies nicht.

1702 Der Erbfolgekrieg bricht aus.

1704 England besetzt Gibraltar.

1713 Friedensvertrag von Utrecht, *Felipe V.* wird König und bestraft die Katalanen wegen ihrer „falschen" Parteinahme.

1746 *Fernando VI.* wird König.

1759 *Carlos III.* wird König.

1765 Fünf Häfen wird der Handel mit Amerika erlaubt, ein fast 300-jähriges Monopol fällt.

1788 *Carlos IV.* wird König.

1805 Vor Trafalgar in Südspanien zerschlägt eine britische Flotte unter *Lord Nelson* die französisch-spanische Armada. Zur Erinnerung an diesen Sieg wird noch heute auf allen Schiffen und Landeinrichtungen der Royal Navy das sogenannte Trafalgar Night Dinner am 21.10. veranstaltet.

1808 Französische Truppen marschieren ein, *Carlos IV.* tritt zurück, *Joseph Bonaparte* regiert. In Madrid kommt es zum Aufstand, zahlreiche Straßen wurden danach benannt *(Calle dos del mayo), Goya* malt ein anklagendes Bildnis.

1810 Die Cortes, das Parlament, konstituiert sich in Cádiz.

1811 Venezuela und Paraguay erklären sich unabhängig.

1812 Die erste Verfassung wird formuliert.

1813 Die Cortes schaffen die Inquisition ab.

1822 Ecuador wird befreit.

1824 Peru erklärt sich unabhängig.

1833 *Fernando VII.* stirbt, der Karlistenkrieg beginnt, sie wollen einen Bourbonen zum König, *Isabel II.* regiert.

1839 Ende des Karlistenkrieges, eine Militärherrschaft mit insgesamt dreißig ständig wechselnden Regierungen beginnt.

1844 Die Guardia Civil wird gegründet.
1859 Krieg mit Marokko.
1868 Provisorische Regierung unter *Francisco Serrano.*
1871 *Amadao I.* aus dem Hause Savoyen regiert.
1872 Der Zweite Karlistenkrieg beginnt.
1873 Die Erste Republik wird ausgerufen.
1874 *Alfonso XII.* wird König.
1876 Ende des Zweiten Karlistenkrieges.
1876 Die sozialistische Arbeiterpartei PSOE wird gegründet.
1885 *Alfonso XII.* stirbt.
1886 *Alfonso XIII.* wird König.
1898 Die USA erklären Spanien den Krieg und besiegen Truppen in Santiago de Cuba. Verlust der letzten Kolonien: Kuba, Puerto Rico und Philippinen.
1904 Erste Autofabrik in Spanien „Hispano-Suiza".
1910 Frauen wird erlaubt, eine Universität zu besuchen.
1914 Im Ersten Weltkrieg bleibt Spanien neutral.
1923 Staatsstreich von General *Primo de Rivera,* die Militärs regieren bis 1925.
1929 Iberoamerikanische Weltausstellung in Sevilla.
1931 Die Zweite Republik wird ausgerufen.
1933 Rechte Parteien gewinnen die Wahlen, Frauen dürfen erstmals wählen.
1936 Wahlsieg der linken Volksfront, das Militär erhebt sich in Melilla, der Bürgerkrieg bricht aus.
1939 Ende des Bürgerkrieges, Beginn von *Francos* fast 40-jähriger diktatorischer Regierungszeit.
nach 1945 Spanien steht jahrelang sehr isoliert da, verbündete Diktatoren *(Hitler, Mussolini)* leben nicht mehr, nach 1940 brechen „Hungerjahre" aus.

☒ Als Spanien von französischen Truppen besetzt war, konstituierte sich von 1810 bis 1813 weit weg von Madrid in Cádiz das spanische Parlament, die Cortes, und verkündete eine erste liberale Verfassung

1953 Abkommen mit den USA, vorsichtige Öffnung des Landes
1959 Die baskische Untergrundorganisation ETA erscheint auf der Bildfläche. *Franco* lässt sich mit dem Valle de los Caídos („Tal der Gefallenen") ein gigantisches Ehrenmal bauen, errichtet vor allem durch Zwangsarbeiter.
1968 Erste Attentatsopfer der ETA.
1973 Der von *Franco* als Ministerpräsident eingesetzte *Carrero Blanco* wird durch die ETA ermordet.
1975 Hinrichtung von fünf Antifrankisten, im selben Jahr stirbt *Franco* friedlich. *Juan Carlos I.* wird zum König ernannt, er regiert noch heute.
1977 Die ersten freien Wahlen gewinnt die UCD *(Unión de Centro Democrático),* eine Zentrumsunion.
1978 Die Verfassung wird verabschiedet.
1979 Bei den zweiten Wahlen gewinnt die UCD erneut.
1981 Ministerpräsident *Adolfo Suárez* tritt zurück, *Calvo-Sotelo* wird neuer Regierungschef. Am 23. Februar versucht die Guardia Civil das Rad der Geschichte zurückzudrehen, besetzt das Parlament und will, dass die Panzer rollen. Der Putschversuch scheitert jedoch am festen Eintreten König *Juan Carlos I.* für die verfassungsmäßige Ordnung, was die Spanier ihm nie vergessen werden. Im gleichen Jahr wird das Scheidungsrecht eingeführt.
1982 Spanien tritt der NATO bei, die sozialistische Partei PSOE gewinnt die Wahl, *Felipe González* wird Ministerpräsident.
1983 Die UCD wird aufgelöst.
1986 Spanien wird Mitglied der EG, die Mehrwertsteuer wird eingeführt.
1988 Generalstreik gegen die Politik der Regierung. Das Privatfernsehen wird eingeführt.
1989 Dritter Wahlerfolg für die PSOE, *Camilo José Cela* erhält den Nobelpreis für Literatur. Frauen dürfen in die Armee.

588cl sm

1991 Vizepräsident *Alfonso Guerra* tritt zurück.

1992 Olympische Spiele in Barcelona, Madrid ist Kulturhauptstadt Europas, in Sevilla findet die Weltausstellung statt, 500-Jahr-Feier der Entdeckung Amerikas.

1993 Vorgezogene Wahlen, die Sozialisten gewinnen wieder.

1994 Generalstreik, nachdem die Regierung soziale Einschnitte verkündet.

1995 *Solana* wird NATO-Generalsekretär, erste Skandale erschüttern das Land. *Roldán,* Ex-Chef der Guardia Civil, wird wegen Unterschlagung verhaftet. Der Geheimdienst CESID hat Politiker und sogar den König abgehört.

1996 Neuer Skandal: Die Antiterroreinheit GAL hat ETA-Leute umgebracht. Einige Polizisten wandern hinter Gitter. Bei vorgezogenen Neuwahlen gewinnt der konservative *José María Aznar* von der PP *(Partido Popular),* der „Volkspartei".

1998 Der ehemalige Innenminister *Barrionuevo* wird verurteilt und geht tatsächlich ins Gefängnis – wenn auch nur kurz.

1999 *Aznar* sitzt fest im Sattel, seinem Motto *„España va bien"* („Spanien geht's gut") wird nicht widersprochen.

2000 Das sehen auch die Wähler so, die PP gewinnt die absolute Mehrheit bei den Parlamentswahlen.

2001 Die ETA meldet sich mit Terror zurück, u. a. detonieren Bomben an den Mittelmeerstränden. *Aznar* beginnt einen Deregulierungskurs: Unternehmenssteuern sinken, Entlassungen werden erleichtert, Zeitverträge ermöglicht.

Aníbal González entwarf das halbkreisförmige Gebäude und damit auch die Plaza de España zur Iberoamerikanischen Weltausstellung 1929 in Sevilla

2002 Nach weiteren Bomben an der Mittelmeerküste wird die Partei *Batasuna* verboten, sie gilt als der politische Arm der ETA. *Aznars* harte Maßnahmen schaffen Jobs, aber es kommt auch zum ersten landesweiten Generalstreik seit Jahren.

2003 *Aznar* steht US-Präsident *Bush* bei dessen Irak-Feldzug treu zur Seite, gegen den Willen der überwältigenden Mehrheit der spanischen Bevölkerung, die diesen Krieg ablehnt.

2004 In Madrid kommt es drei Tage vor den Parlamentswahlen in einem Bahnhof zu einem fürchterlichen Bombenanschlag. Die Regierung Aznar beschuldigt sofort die ETA, was diese umgehend dementiert. Kurz vor dem Wahltag sickert durch, dass es Islamisten waren. Die Konsequenz: Aznar wird abgewählt, der Sozialist *Zapatero* gewinnt haushoch. Seine erste Maßnahme: sofortiger Abzug der 1300 spanischen Soldaten aus dem Irak.

2006 Am 1. Juli erhält Spanien eine Verkehrssünderkartei. Jeder Autofahrer bekommt einen „Kredit" von 12 Punkten, der sich nach Verkehrsverstößen reduziert.
Außerdem wird ein Rauchverbot in Lokalen eingeführt.

2007 Die Urteile im Prozess gegen die Attentäter von Madrid werden gesprochen. Die 21 Hauptangeklagten werden zu langjährigen Haftstrafen verurteilt.

2008 Die Parlamentswahl gewinnt die sozialistische Partei PSOE unter *Zapatero,* verfehlt aber die absolute Mehrheit.

2009 Die Wirtschaftskrise schlägt auch in Spanien zu. Die Arbeitslosigkeit steigt auf 26 % (Negativ-Rekord in der EU!) und die Preise für Immobilien fallen, nachdem das Land jahrelang einen Boom im Bausektor erlebte.

2011 Die Krise vernichtet zahlreiche Jobs, in Andalusien liegt die offizielle Arbeitslosen-

903cl sm

quote bei knapp 30 %. Die Regierung versucht durch unpopuläre Maßnahmen, die Wirtschaftskrise in den Griff zu kriegen. So wird die Mehrwertsteuer von 16 auf 18 % erhöht, die Gehälter der Staatsangestellten werden gekürzt und das Rentenalter wird heraufgesetzt.

Bei den Parlamentswahlen im November kommt es zu einem erdrutschartigen Sieg der konservativen PP; die bis dahin regierenden Sozialisten werden regelrecht aus dem Amt gefegt. Die Spanier werfen dem bisherigen Ministerpräsidenten *Zapatero* vor, nicht genügend und vor allem nicht richtig auf die Wirtschaftskrise reagiert zu haben. Nun regiert *Mariano Rajoy* mit 10 Stimmen über der absoluten Mehrheit und muss den Spaniern noch mehr zumuten, um das hochverschuldete Land zu sanieren.

2012 Die Wirtschaftskrise hat Spanien fest im Griff, 26 % der Spanier sind arbeitslos, bei Jugendlichen ist es sogar jeder zweite. Die Politik schnürt Sparpakete, so wird die Mehrwertsteuer erneut erhöht, nun auf 21 %.

2013 Regierungschef *Rajoy* stemmt sich gegen die Wirtschaftskrise, versucht EU-Hilfen zu generieren. Gleichzeitig muss er sich einem Korruptionsvorwurf stellen, den der frühere Schatzmeister gegen ihn erhebt. Und dann fordern immer mehr Katalanen eine staatliche Unabhängigkeit.

In Spanien macht man eine Rolle rückwärts und verabschiedet ein verschärftes Abtreibungsgesetz.

≪ < Sieht immer so gemächlich aus, ist aber harte Arbeit, das Fischefangen – und bringt häufig nur sehr wenig Geld ein

Andalusien heute

Andalusien zählte schon immer zu den wirtschaftlich schwächeren Regionen in Spanien, und das galt bereits in den 1960er Jahren, als Spanien selbst im europäischen Vergleich hinsichtlich Lebensstandard und Wirtschaftsleistung eher hintere Plätze einnahm. Seit Beginn der demokratischen Phase nach Francos Tod 1975 stieg Spaniens Wirtschaftskraft ganz langsam an, deutlich Fahrt nahm sie erst auf, als Spanien 1986 der EG beitrat. Das war ein Meilenstein, verkrustete gesellschaftliche Strukturen wurden aufgerissen.

Ziemlich schnell stiegen nun die Wirtschaftsleistung und der allgemeine Lebensstandard. An Andalusien ging dieser Boom allerdings etwas vorbei, denn hier blieben viele Grundkoordinaten konstant. Das durchschnittliche Pro-Kopf-Einkommen lag 2009 (letzte bekannte Zahl) in Andalusien bei 18.507 Euro im Jahr und erreichte damit 60 % vom spanischen Durchschnitt. Die Wirtschaft ist seit Generationen agrarisch geprägt, knapp die Hälfte des Landes wird landwirtschaftlich genutzt, wobei weite Teile davon immer noch Großgrundbesitzern gehören.

So war es bereits viele Jahrhunderte. In grauer Vorzeit wurden die Weichen gestellt für eine Situation, die noch heute dominiert. Wenige sehr Reiche besitzen sehr viel Land, die **Latifundien** (Höfe mit mehr als 500 Hektar Land), der große Rest der Landbevölkerung schuftet zumeist als Tagelöhner. Etliche politische Versuche, dies zu ändern, scheiterten regelmäßig. In Zahlen: 2,96 % der

863cl sm

870cl sm

Höfe mit mehr als 100 ha besitzen 63,2 % der Nutzfläche, das sind knapp 8 Millionen Hektar.

Das **System ist uralt.** Nach Abschluss der *Reconquista,* der Vertreibung der Araber im Jahr 1492, erhielten Adel, Ritter und Kirche das Grundeigentum der verjagten Mauren gewissermaßen als Dankeschön für die geleistete militärische Hilfe. Die neuen Herren dachten aber überhaupt nicht daran, jetzt als Bauern aktiv diese Güter zu bewirtschaften. Nein, ein Edelmann setzt seinen Fuß nicht in den Staub oder „arbeitet" gar! Sie holten sich Verwalter, die wiederum im Bedarfsfall Arbeiter aus dem nächsten Dorf beschäftigten, gerade solange es nötig war. So entstand ein System, das sich trotz aller Reformversuche bis heute nicht entscheidend geändert hat. Die Besitzer ließen es sich in Madrid gut gehen, die andalusischen Tagelöhner verblieben in Armut.

Auch wenn sich diese Situation mittlerweile etwas geändert hat, Hunderttausende fanden in vergangenen Jahrhunderten und etliche Menschen teilweise noch heute bestenfalls **zeitweise Arbeit** – beispielsweise bei der nur wenige Monate dauernden Olivenernte auf den großen Gütern. Eine minimale soziale Sicherung vom Staat gab es zumindest früher nicht. Die wenigen Großgrundbesitzer leben hervorragend in dieser Situation, warum also ändern? Die Menschen suchen ihr Glück seit Langem in der **Emigration.**

⌃ › Die andalusische Landschaft ist stark agrarisch geprägt

« Flanieren in der Stadt

Nur einmal, da versuchte Andalusien dann doch mit Macht aus diesem Tal herauszukommen. 1992 fand die EXPO, die Weltausstellung, in Sevilla statt. Viel Geld wurde investiert, die Infrastruktur verbessert, Autobahnen und eine ganz neue Bahnstrecke für Hochgeschwindigkeitszüge nach Madrid wurden gebaut. Vor allem wurde vor den Toren der Stadt ein riesiges Gelände errichtet mit Ausstellungshallen für die EXPO, in denen sich nach Ende der Ausstellung internationale Firmen ansiedeln sollten. So der Plan. Aber tatsächlich kam dann kaum jemand und internationale Firmen schon gar nicht. Die Fiesta ist vorbei, Andalusien wurde sich wieder selber überlassen.

Der Agrarsektor

Bis heute wird die wirtschaftliche Situation in weiten Teilen Andalusiens vom landwirtschaftlichen Sektor bestimmt, weniger stark auch vom Fischfang. Auf riesigen Feldern wachsen **Oliven** und **Erdbeeren** (vor allem bei Huelva), des Weiteren wird **Viehzucht** betrieben und man baut **Wein, Sonnenblumen** und **Gemüse** an. Auch **Baumwolle, Getreide** und vereinzelt **Orangen** werden angebaut.

An der Küste bei Almería, also sehr viel weiter nordöstlich, sind ganze Landstriche mit Treibhäusern zugestellt. Dort wächst all das Gemüse, das in Nord- und Mitteleuropa auch außerhalb der natür-

906cl sm

lichen Reifezeit erhältlich ist. Optisch alles andere als eine Bereicherung, sind diese Plastikdach-Zonen an der Costa de la Luz aber kaum zu finden. Rund um Huelva sind es eher Bodenplanen, um dort Spargel und Erdbeeren außerhalb der Saison züchten zu können.

Tourismus

Größter **wirtschaftlicher Motor** ist immer noch der Tourismus und hier durchaus auch der nationale Tourismus. Neben dem reinen Badeurlaub haben sich mittlerweile auch der Golf-Tourismus

913cl sm

915cl sm

(etwa 60 Golfplätze gibt es in Andalusien), Sprachtourismus (vor allem in Granada, wesentlich bescheidener in Conil) und Städtetourismus (vor allem in Ronda, Sevilla, Granada, Córdoba) etabliert. Insgesamt kommen jährlich etwa 30 Millionen Menschen nach Andalusien, das ist fast die Hälfte aller Ausländer, die nach Spanien einreisen.

Für die Costa de la Luz gilt diese massive Entwicklung allerdings eher nicht. Der nationale Tourismus hat schon seit Langem die Strände bei Matalascañas entdeckt, auch bei Isla Canela oder Islantilla, der internationale Tourismus dominiert hier keineswegs. Viele Hotels schließen über den Winter für einige Monate, was dann für die Beschäftigten zu einer schwierigen Zeit wird.

[<] [^] Zwei der wichtigsten Attraktionen, die Besucher an die Costa de la Luz locken: die schönen Strände und die Weißen Dörfer

Geliebt und verpönt – der Kampf mit den Stieren

Auch in Spanien wird um die *corrida de toros* heftigst gestritten, fanatische Befürworter zanken sich mit ebensolchen Gegnern. Tatsache bleibt, dass der Stierkampf seinen Platz im spanischen Alltagsleben hat. Die wichtigsten *corridas* werden live im Fernsehen übertragen. Damit nicht genug, die beste und angesehenste spanische Zeitung, „El País", schreibt montags mit dem gleichen Ernst über die Stierkämpfe aus Madrid und Sevilla wie ein paar Seiten weiter über Fußball und Basketball. Ob Gegner oder Fan, auch zahlreiche Urlauber schauen sich zumindest einmal eine *corrida* an.

Andalusien gilt gewissermaßen als die erste Liga. In den Sommermonaten finden jeden Sonntag in Städten wie Ronda, Sevilla oder Málaga Stierkämpfe statt, meist zur klassischen Uhrzeit um 17 Uhr. Dies ist übrigens schon sprichwörtlich geworden, gilt doch eine Verabredung *„a la hora de los toros"* (zur Uhrzeit der Stiere) als klar umrissener Zeitpunkt. In allen touristischen Orten werden Sonderfahrten angeboten, die Plakate hängen unübersehbar aus.

Der Stierkampf entwickelte sich aus einer früheren Jugendtradition, den Stier mit Lanzen zu bekämpfen. Erst im 16. Jahrhundert wurde daraus ein Sport für junge Adlige. Nachdem ihnen verboten wurde, auf diese Weise ihr Leben aufs Spiel zu setzen, wurde es dann eine Mutprobe für das „niedere Volk". Die *muleta,* das rote Tuch, entwickelte sich aus dem großen Mantel, mit dem Mutige dem Stier entgegentraten. Den offiziellen Charakter gab der *corrida* aber erst *Romera.* Sein Heimatort Ronda in Andalusien gilt als die Wiege des Stierkampfes. Hier wurde 1775 die erste Arena Spaniens gebaut.

Früher bestand die *corrida de toros* nicht nur aus würdigen Ritualen, die nach strengen Regeln vom Torero in ebenso würdiger Haltung aufgeführt wurden, sie war vielmehr eine Art Gaudi für jedermann. Die (männlichen) Zuschauer nahmen nicht selten aktiv am Geschehen teil, stürmten in die Arena, um den Stier zu ärgern oder dem Torero beizustehen. Ebenso begnügten sich die Toreros nicht damit, den Kampf nach den allgemein gültigen Regeln abzuhalten, sondern man sprang schon mal über den angreifenden Stier hinweg oder „bekämpfte" ihn mit einem Stuhl. Im Laufe der Zeit bildete sich die heutige Form des Kampfes heraus. Hierzu trug im besonderen Maße ein Buch über den modernen Stierkampf des legendären *Pepe Illó* bei.

Wer sich das Spektakel einmal ansehen möchte, sollte wenigstens die Grundregeln kennen. Ein unbedarfter Zuschauer erkennt tatsächlich nur eine unaufhörliche Folge von Versuchen, dem Stier irgendwelche Speere, Degen oder Messer in den Nacken zu rammen. Zwischendurch wird noch ein wenig mit dem roten Tuch gewedelt, das scheint dann alles zu sein. Tatsächlich ist es jedoch wesentlich komplizierter. Der Ablauf ist dabei genau festgelegt, und jede Handlung, jede Körperdrehung hat ihren eigenen Namen.

Die *corrida de toros* steht unter der Leitung eines Präsidenten *(el presidente)*. Sie beginnt immer mit dem Umzug aller Teilnehmer, dem **paseo,** bei dem die Musikkapelle den berühmten Paso Doble spielt. Angeführt wird der Zug von Männern in der Tracht des *siglo de oro* (goldenes Jahrhundert = 16./17. Jh.). Dann folgen die drei Matadore, die je zwei Kämpfe bestreiten. Rechts

908cl sm

geht der Älteste, links der Zweitälteste, in der Mitte der Jüngste. Ihnen folgen die *picadores* zu Pferd und die *banderilleros*. Den Schluss bilden die Helfer in roten Hemden und blauen Hosen, die nach dem Kampf den getöteten Stier von Maultieren aus der Arena schleifen lassen. Der Präsident wirft einen Schlüssel in die Arena, mit dem das Tor aufgeschlossen wird, hinter dem die Stiere warten.

Wenn der Stier in die Arena stürmt, beginnt die erste der drei Phasen, **tercio de varas** (Drittel der Lanzen). Im Nacken des Stieres steckt ein kleines Fähnchen mit den Farben seiner Zucht. Der Matador und seine Helfer vollbringen zum Kennenlernen des Stieres einige Manöver mit der *capa,* einem gelb-weinroten Tuch. Dieser Teil wird *suerte de capa* (Phase der Capa) genannt. Der Matador überprüft auch, ob der Stier gesund ist, die Sehkraft ungetrübt ist usw. Falls er nicht einwandfrei ist, wird der Stier auf Zeichen des Präsidenten wieder aus der Arena gelockt.

Im zweiten Abschnitt des ersten Drittels, *suerte de varas,* findet der Auftritt des **Picadors** statt. Dies ist gewöhnlich ein schwerer Mann, der auf einem muskulösen Pferd reitet, dessen Augen verbunden sind. Die Aufgabe des Picadors besteht darin, den Stier mit der *pica,* einer 2,60 Meter langen Lanze, zwischen den Schulterblättern zu treffen und ihn somit zu schwächen. Er muss dafür sorgen, dass der Stier nur von rechts angreift, da nur diese Seite besonders gut gepanzert ist. Er nutzt den Schwung des angreifenden Stieres aus, um die Lanze zwischen die Schulterblätter zu stoßen, da es ihm aus eigener Kraft nicht gelingen würde.

Der Präsident entscheidet über die Anzahl der *picas.* Dieser Akt wirkt tatsächlich recht brutal, verglichen mit den eleganten Bewegungen der Kämpfer in den beiden folgenden Dritteln. Da der Picador oft mit dem ängstlichen Pferd beschäftigt ist, kann der Stier schon mal Ross und Reiter zu Fall bringen und verletzen. In diesem Teil spielen auch die beiden Kreidekreise eine Rolle. Der Picador darf den Stier nur zwischen der Holzwand und maximal dem inneren Kreis bekämpfen, besser jedoch zwischen Wand und äußerem Kreis.

Im zweiten Drittel, **tercio de banderillas,** treten die **Banderilleros** auf. Ihre Aufgabe ist es, dem anstürmenden Stier zwei oder drei *banderillas,* kleine Holzstäbe mit einer Stahlspitze, in den Nacken zu stoßen. Das Ganze ist keine ungefährliche Sache. Stier und Mensch stürmen aufeinander zu, der Banderillero sticht mit Schwung in den Nacken und schwingt sich förmlich mit einem eleganten Seitenschwung vorbei. Bleiben die Stäbe stecken, ist der Applaus gewiss.

Der dritte Teil, **tercio de la muerte,** ist dann der eigentliche Auftritt des **Matadors.** Er beginnt mit einigen Manövern mit der *muleta,* dem roten Tuch, und versucht sie möglichst mutig, geschickt und genau durchzuführen. Ob der Stier links vom Matador steht oder rechts, mit gesenktem Kopf oder erhobenem, jede Bewegung hat ihren Namen und ist genau festgelegt. Diese *faena de la muleta* soll nicht zu lange andauern, um den Stier nicht übermäßig zu quälen.

Aufgabe des Matadors ist es, den Stier schließlich in die richtige Stellung zu manövrieren, um ihm den tödlichen Stoß mit dem Degen zu versetzen. Der Kopf des Stieres muss weit gesenkt sein (Ablenkung durch die *muleta*), und der Degen muss an der Wirbelsäule vorbei genau zwischen die Schulterblätter gestoßen werden. Dieser Stoß, „Augenblick der Wahrheit" genannt, tötet den Stier sofort, wenn er richtig ausgeführt wird. Leider muss er bei durchschnittlichen Matadoren häufig mehrmals wiederholt werden, da dies nur einem guten Matador auf Anhieb gelingt.

Wenn es geklappt hat, gibt es tosenden Applaus, die ganze Equipe schreitet stolz eine Ehrenrunde, und **Maulesel** schleifen den toten Stier aus der Arena. Zum Schluss gibt es für den erfolgreichen Kämpfer Geschenke und Blumen. Als Anerkennung erhält er das Ohr des Stieres, bei besonders gutem Auftritt beide Ohren und den Schwanz.

Eine *corrida de novillos* ist ein Anfängerkampf von Leuten, die noch nicht die *alternativa,* die Matadorenweihe, erhalten haben. Die hier Auftretenden kämpfen mit Jungstieren.

Da gerade die *suerte de varas* und der *tercio de la muerte* in kleinen Arenen von Anfängern oder sogar von Stümpern ausgeführt werden und damit tatsächlich zum blutigen Spektakel eskalieren können, lohnt es in jedem Fall, etwas mehr Geld für eine gute *corrida* in einer großen Stadt auszugeben. Zu den Eintrittspreisen: Grundsätzlich unterteilt man die Plätze in billige, *sol* (Sonnenplätze), und teure, *sombra* (Schattenplätze), manchmal gibt's auch noch die Zwischenstufe *sol y sombra.* Das sind Plätze, die zunächst in der Sonne und später im Schatten liegen.

Der Stierkampf hat in Spanien und speziell in Andalusien noch immer genügend Fans, aber so langsam ändert sich doch etwas. Das nördliche Katalonien beispielsweise hat den Stierkampf verboten, was sofort heftige Proteste aus dem Süden hervorrief. Kein Wunder, ist Stierkampf doch auch ein **Wirtschaftsfaktor:** Arenen, Züchter, Toreros, Andenkenhändler – sie alle verdienen mit. Aber wie lange noch? Auch in andalusischen Arenen bleiben durchaus mal Sitze frei, denn die spanische Jugend orientiert sich eher nach Europa und wendet sich zumindest teilweise vom Stierkampf ab. Es dauert sicher, aber zu übersehen ist diese Entwicklung auch nicht. Auf Facebook gibt es die Anti-Stierkampf-Seite *„No es mi fiesta nacional"* („Es ist nicht meine Nationalfeier", wobei mit *fiesta nacional* eben der Stierkampf gemeint ist), die 790.000 Leuten gefällt.

Ende 2013 erklärte allerdings das spanische Parlament den Stierkampf zum **„immateriellen Kulturgut"**, was dessen Fans erfreute, denn damit wird die *corrida de toros* unter besonderen kulturellen Schutz gestellt. Die einzelnen Regionen können jedoch weiterhin Verbote aussprechen, somit wird sich an der Situation eher wenig ändern.

Industrie

Industrielle Ansiedlungen gibt es nur im Bereich der wenigen Großstädte, in Huelva und Cádiz sowie an der weiter östlich gelegenen Küste bei Algeciras und La Línea, dem Grenzort zu Gibraltar. Unübersehbar ragen dort im Hafen die Türme der **petrochemischen Industrie** in den Himmel. Ein paar Kilometer weiter außerhalb verdorrt der Boden wie seit Jahrhunderten.

Arbeitslosigkeit

Der Arbeitsmarkt ist schwierig in Andalusien. Hier findet sich nicht zufällig die höchste Zahl an **Staatsangestellten** aller spanischen autonomen Regionen, fast eine halbe Million Menschen arbeiten im öffentlichen Sektor. Ansonsten arbeiten knapp 60 % im *Dienstleistungsbereich*, hier vor allem im Tourismus. Etwa 8 % arbeiten in der Landwirtschaft bzw. im Fischfang (in Punta Umbría sogar jeder zweite).

Die Industrie ist traditionell eher schwach ausgebaut in Andalusien, was auch daran liegt, dass die industrielle Revolution und damit auch Manufakturen und große Fabriken recht spät kamen. In Andalusien dominierte immer schon die Landwirtschaft und so wurde auch so manche Ansiedlung großer Firmen verhindert in der Vergangenheit.

Der **Bausektor brach** in der Krise seit 2009/2010 völlig **ein,** gebaut wird fast gar nicht mehr. Im Gegenteil: Überall stehen unfertige Häuser, bieten überschuldete Besitzer ihre Immobilien zum Kauf an. Ungefähr 800.000 Wohnungen entstanden vor der Krise pro Jahr in Spanien, mehr als in Deutschland, Frankreich und Italien zusammen. Die Wirtschaftskrise hat Spanien leider immer noch fest im Griff, Jobs sind rar, für Jugendliche noch schwieriger zu bekommen.

Die **Arbeitslosenquote** liegt in Andalusien höher als in Restspanien, sie lag Ende 2013 **bei 36 %,** unter Jugendlichen sogar noch deutlich darüber. Das ist die höchste Quote aller spanischen Provinzen. Da wird Emigration wieder zu einem Thema. Allerdings sucht das nordeuropäische Ausland vor allem qualifizierte Fachkräfte.

893cl sm

520cl sm

Anhang

[<] Die Plaza del Arenal in Jerez de la Frontera

Literaturtipps

■ *Ali, Tariq:* **Im Schatten des Granatapfelbaums.** Vor dem Hintergrund der Vertreibung der Mauren wird ein einzelnes Familienschicksal erzählt. Der Roman gibt fundierte Einblicke in den Lebensalltag im südlichen Spanien vor 500 Jahren, während die Intoleranz immer stärker zunimmt. Heyne Verlag, 2000.

■ *Grandes, Almudena:* **Die wechselnden Winde.** In eine Feriensiedlung in der Bucht von Cádiz ziehen zwei Menschen. Ihr Leben verwebt sich im Laufe der Zeit, bis es zu einem dramatischen Ereignis kommt. Der Roman mischt persönliches Schicksal mit spanischer Historie. Rowohlt, 2003.

■ *Hausemer, Georges:* **Im Land der Mauren und Olivenhaine.** Der Luxemburger Autor Georges Hausemer nennt sein Büchlein „Andalusische Streifzüge", und genau das sind seine Geschichten, stimmungsvolle Streifzüge durch die Dörfer abseits des Touristenrummels und Momentaufnahmen des modernen Lebens der Andalusier. Picus Verlag Wien, 2004.

■ *Hewson, David:* **Semana Santa.** *Semana Santa,* heilige Karwoche mit weihevoll-mystischen Osterprozessionen in Sevilla. Die Stadt brodelt vor Emotionen. Da geschieht ein brutaler Doppelmord. Ein zusammengewürfeltes Polizeiteam findet eine Spur, die zunächst zu einer religiösen Bruderschaft führt, später aber bis zum spanischen Bürgerkrieg zurückreicht. Ullstein, 1997.

■ *Hilgard, Peter:* **Der maurische Traum.** Der Autor beschreibt die Kultur des Alltags während der 800-jährigen arabischen Herrschaft und erzählt dabei zum Beispiel von Speisen, Kräutern und Liebesdrogen. Verlag Jenior, 1997.

■ *Jiménez, Juan Ramón:* **Platero und ich.** 1917 erschien dieses Werk, das dem Dichter später den Nobelpreis einbrachte. Das Buch besteht aus Abschnitten mit Szenen aus dem Alltagsleben eines andalusischen Dorfes um die Jahrhundertwende: Jiménez' Heimatdorf Moguer. Der Dichter beschreibt die teilweise bittere Wirklichkeit, indem er sie Platero, seinem Esel, erzählt. Insel Verlag, 1992.

■ *Pfänder, Petra:* **Kalte Rosen.** Psychiaterin Klara Keitz gibt ihre Stellung auf und folgt ihrem neuen Freund nach Andalusien. Beide wollen am Strand von Conil eine Surfschule eröffnen. Kaum angekommen, beginnen aber die Probleme: Der neue Freund hintergeht Klara, ihre beste Freundin verhält sich immer merkwürdiger und schließlich findet Klara auch noch einen Toten. Ariadne Krimi, Argument Verlag Hamburg, 2005.

Von derselben Autorin erschienen: **Die blaue Katze,** ein Krimi, der ebenfalls in Conil spielt.

■ *Wilson, Robert:* **Der Blinde von Sevilla, Die Toten von Santa Clara, Die Maske des Bösen.** Wilson entwickelt die Figur des Sevillaner Ermittlers Javier Falcón, der etwas eigenbrötlerisch seine Fälle in Sevilla löst. Falcón lebt in einem zu großen, geerbten Haus unweit des Museo de Bellas Artes im Centro. Seine Fälle führen ihn teilweise in die reichen Vororte, oft genug auch mitten hinein ins urtümliche Sevilla. Goldmann Verlag.

Sprachführer

■ **Spanisch – Wort für Wort,** Kauderwelsch Bd. 16. Der Band für Einsteiger ermöglicht schnelle Verständigung. Dazu ist ein **AusspracheTrainer** auf Audio-CD erhältlich und ein digitales Lehrbuch **Kauderwelsch digital** auf CD-ROM. Reise Know-How Verlag.

■ **Spanisch Slang,** Kauderwelsch Band 57. Alltagsspanisch für Fortgeschrittene, vom Autor dieses Buches. Reise Know-How Verlag.

■ **Spanisch Kulinarisch,** Kauderwelsch Band 151. Die Verständigungshilfe für Restaurants und Tapasbars. Reise Know-How Verlag.

■ **Spanisch für Andalusien,** Kauderwelsch Band 185. Zu dem Bändchen ist ebenfalls ein **AusspracheTrainer** auf Audio-CD erhältlich. Reise Know-How Verlag.

576cl sm

Kleine Sprachhilfe

Hier sollen nur ein paar Phrasen genannt werden, die man schnell lernen kann bzw. auf die keine komplizierte Antwort zu erwarten ist. Das reicht nicht zur Kommunikation, deshalb ist wenigstens ein Volkshochschulkurs angebracht oder ein vertiefender Blick in den **Kauderwelschband „Spanisch – Wort für Wort“** aus diesem Verlag. Der Autor erklärt die Sprache und führt den Leser auf leichte, unterhaltsame Weise ins Spanische ein.

Aussprache und Betonung

Spanisch

Zur Aussprache:

- Jedes Wort wird so ausgesprochen, wie es geschrieben wird, d.h. es werden keine Buchstaben zusammengezogen.
  Beispiel: **bien** (gut) wird „bi-en“ gesprochen.
- Ausnahme: **gue** und **gui** werden „ge“ und „gi“ gesprochen.
  Beispiel: *guerra* (Krieg) – „gerra“.
- **c** wird weich gesprochen, wie englisches „th“, wenn „e“ oder „i“ folgt.
- **c** wird wie „k“ gesprochen, wenn a, u, o folgt. Beispiel: *casa* (Haus) – „kasa“.
- **ch** – „tsch“. Beispiel: *mucho* (viel) – „mutscho“.
- **j** – „ch“, wie in „acht“. Beispiel: *Juan* – „chuan“.
- **ll** – „lj“, fast wie deutsches „j“. Beispiel: *Mallorca* – „Maljorka“.
- **ñ** – „nj“. Beispiel: *España* – „Espanja“.

Bei der **Betonung** gibt es folgende **Grundregeln:**

- Grundsätzlich werden die Wörter auf der **vorletzten Silbe** betont, wenn sie auf einem **Vokal** (a, e, i, o, u) bzw. auf -n oder -s enden.
- Endet ein Wort auf einem **Konsonanten** (außer: -n und -s), wird die **letzte Silbe** betont.
- Abweichungen von dieser Regel zeigen die **Akzente** an. In diesem Fall wird dann der Buchstabe betont, über dem der Akzent steht.

Ein Hinweis auf ein vom Deutschen abweichendes Phänomen: Das **umgedrehte Fragezeichen** (¿) vor dem Fragesatz ist eine typisch spanische Besonderheit. Analog wird vor einem Befehlssatz ein umgedrehtes **Ausrufungszeichen** gesetzt (¡).

Wichtige Begriffe und Phrasen

Deutsch	Spanisch
Höflichkeitsfloskeln	
Hallo	*hola*
Guten Tag	*buenos días*
Gute Nacht	*buenos noches*
Auf Wiedersehen	*adiós*
Bis später	*hasta luego*
Wie heißt du?	*¿Cómo te llamas?*
Ich heiße ...	*Me llamo ...*
Wie geht's?	*¿Cómo estás?*
Sehr gut, danke	*muy bien, gracias*
Bitte	*por favor*
Vielen Dank	*muchas gracias*
Gern geschehen, macht nichts	*de nada*
Ja	*sí*
Nein	*no*
In Ordnung	*vale*

« In der Altstadt von Sevilla

» Blick auf die Landzunge bei El Portil

Verständigung

Ich verstehe nichts	*No entiendo*
Sprechen Sie Deutsch?	*¿Habla Usted alemán?*
Tut mir leid, ich spreche kein Spanisch	*Lo siento, no hablo español*

Fragen und Aufforderungen

Wie teuer ist es?	*¿Cuánto vale?*
Wie kann ich nach ... gehen?	*¿Cómo podría ir a ...?*
Wo liegt ...?	*¿Dónde está...?*
Wie spät ist es?	*¿Qué hora es?*
Ich suche ...	*Estoy buscando ...*
Ich benötige ...	*Necesito ...*
Ich möchte ...	*Quiero ...*
Ich hätte gerne ...	*Querría ...*
Haben Sie ...?	*¿Tiene ...?*

Zeiten

jetzt	*ahora*
spät	*tarde*
später	*más tarde*
(der) Morgen	*mañana*
Nachmittag	*tarde*
Nacht	*noche*
gestern	*ayer*
heute	*hoy*
morgen	*mañana*
Tag	*día*
Woche	*semana*
Monat	*més*
Jahr	*año*

Wochentage

Montag	*lunes*
Dienstag	*martes*
Mittwoch	*miércoles*
Donnerstag	*jueves*
Freitag	*viernes*
Samstag	*sábado*
Sonntag	*domingo*

Monate

Januar	*enero*
Februar	*febrero*
März	*marzo*
April	*abril*
Mai	*mayo*
Juni	*junio*
Juli	*julio*
August	*agosto*
September	*septiembre*
Oktober	*octubre*
November	*noviembre*
Dezember	*diciembre*

Touristische Begriffe

Straße	*calle*
Paltz	*plaza*
Prachtstraße	*avenida*
Promenade	*paseo*
geschlossen	*cerrado*
geöffnet	*abierto*
Toiletten	*servicio/baño*
Männer	*hombres*
Frauen	*señoras*
Doppelzimmer	*habitación doble*
Einzelzimmer	*habitación simple*
Zimmer mit Bad/Dusche	*habitación con baño/ducha*
Flugplatz	*aeropuerto*
Hafen	*puerto*
Bahnhof	*estación de tren*
Busterminal	*terminal de autobús*
Preis	*precio*

Eintritt	*entrada*
Eintrittskarte	*billete*
Rückfahrkarte	*billete de ida y vuelta*

Zahlen

0	*cero*
1	*uno*
(aber: *un kilo, una cerveza*)	
2	*dos*
3	*tres*
4	*cuatro*
5	*cinco*
6	*seis*
7	*siete*
8	*ocho*
9	*nueve*
10	*diez*
11	*once*
12	*doce*
13	*trece*
14	*catorce*
15	*quince*
16	*dieciséis*
17	*diecisiete*
18	*dieciocho*
19	*diecinueve*
20	*veinte*
21	*veintiuno*
22	*veintidós*
29	*veintinueve*
30	*treinta*
31	*treinta y uno*
40	*cuarenta*
50	*cincuenta*
60	*sesenta*
70	*setenta*
80	*ochenta*
90	*noventa*
100	*cien*
101	*ciento uno*
102	*ciento dos*
110	*ciento diez*
138	*ciento treinta y ocho*
200	*doscientos*
300	*trescientos*
400	*cuatrocientos*
500	*qinientos*
600	*seiscientos*
700	*setecientos*
800	*ochocientos*
900	*novecientos*
1000	*mil*
2000	*dos mil*

Die Zahlen ab 1000 aufwärts werden wie im Deutschen gebildet, indem jeweils *mil* angehängt wird.

707cl sm

Weitere Titel für die Region von Reise Know-How

Spanisch – Wort für Wort

O'Niel V. Som

978-3-8317-6411-2

160 Seiten | Band 16

Umschlagklappen mit Aussprachehilfe und wichtigen Redewendungen, Wörterlisten Spanisch – Deutsch, Deutsch – Spanisch

9,90 Euro [D]

Spanisch für Andalusien – Wort für Wort

F. G. Outón, R. Müller

978-3-89416-472-0

160 Seiten | Band 185

Umschlagklappen mit Aussprachehilfe und wichtigen Redewendungen, Wörterlisten Spanisch – Deutsch, Deutsch – Spanisch

7,90 Euro [D]

Im Kauderwelsch Sprachführer sind Grammatik und Aussprache einfach und schnell er klärt. Wort-für-Wort-Übersetzungen machen die Sprachstruktur verständlich und helfer das Sprachsystem kennen zu lernen. Die Kapitel sind nach Themen geordnet, um sich i verschiedenen Situationen zurechtfinden und verständigen zu können – vom ersten Ge spräch bis zum Arztbesuch. In einer Wörterliste sind die wichtigsten Vokabeln alphabetisc einsortiert und ermöglichen so ein rasches Nachschlagen. Einige landeskundliche Hinweis runden diese handlichen Sprachführer ab.

Register

919cl sm

Der Autor

Hans-Jürgen Fründt, der fließend Spanisch spricht, rauschte 1975 als gehetzter Inter-Railer erstmals durch Spanien. Im Jahr 1984 kam er als Sprachstudent nach Madrid und blieb länger. Seitdem beschäftigt er sich auch journalistisch mit Spanien. Mittlerweile sind 15 Bücher über dieses Land entstanden; ein Titel erschien gleich in mehreren Sprachen. Mittlerweile hat Fründt über 50 Bücher geschrieben und Texte in vielen namhaften Reisemagazinen veröffentlicht.

Neben Spanien, das so etwas wie seine zweite Heimat geworden ist, widmet er sich auch intensiv seiner ersten Heimat, Schleswig-Holstein. In diesem Verlag sind fünf Titel zum Land zwischen den Meeren erschienen („Fehmarn“, „Nordseeküste“, „Ostseeküste“ und zwei Titel zu Sylt) sowie Stadtführer in der Reihe CityTrip zu Hamburg, Kiel, Lübeck und zu Granada, Sevilla & Córdoba. Als kleines Schmankerl publiziert Fründt seit Jahren zur Dominikanischen Republik. Ein bei Reise Know-How dazu erschienener Titel wurde 2008 auf der ITB (Internationale Tourismus-Börse) in Berlin als bester Individual-Reiseführer zum Karibik-Land ausgezeichnet.

Die Fotografin

Susanne Muxfeldt begleitet den Autor seit vielen Jahren auf dessen Recherchereisen durch Spanien. So hat sich eine produktive Arbeitsteilung ergeben. Während Autor Fründt tagsüber die Fakten sammelt, sucht Susanne Muxfeldt frühmorgens oder spätabends das beste Licht für ein gelungenes Foto.

787cl sm

788cl jf